新编大学体育与健康教程

王 慧 刘 彬/主编

 中国纺织出版社有限公司

图书在版编目（CIP）数据

新编大学体育与健康教程 / 王慧，刘彬主编. --北京：中国纺织出版社有限公司，2023.8（2025.9重印）

ISBN 978-7-5229-0562-4

Ⅰ.①新…　Ⅱ.①刘…②王…　Ⅲ.①体育－高等学校－教材 ②健康教育－高等学校－教材　Ⅳ.①G807.4②G647.9

中国国家版本馆 CIP 数据核字（2023）第 077009 号

责任编辑：郭　婷　责任校对：江思飞　责任印制：储志伟

中国纺织出版社有限公司出版发行
地址：北京市朝阳区百子湾东里A407号楼　邮政编码：100124
销售电话：010—67004422　传真：010—87155801
http://www.c-textilep.com
中国纺织出版社天猫旗舰店
官方微博 http://weibo.com/2119887771
三河市宏盛印务有限公司印刷　各地新华书店经销
2023年8月第1版　2025年9月第3次印刷
开本：787×1092　1/16　印张：28.5
字数：500千字　定价：56.80元

编委会

前　言

　　大学体育课程是对大学生进行体育教育、促进其全面发展的重要手段，它以体育教学、课外体育活动、课余体育训练和体育竞赛等为主要载体，通过合理的体育教育和科学的体育锻炼过程，达到增强体质、增进健康和提高学生体育素养的目标的一门公共必修课程，是高等学校课程体系的重要组成部分，是高等学校体育工作的中心环节。

　　本书坚持"以学生为本、健康第一"的指导思想，以科学的发展观为依据，根据《全国普通高等学校体育课程教学指导纲要》和《关于全面加强和改进新时代学校体育工作的意见》等文件，以"教学练一体"为特色，对教学内容进行了选择性的整合与删减，在内容编排上针对大学生的特点，主要讲述了大学生所具备的各种健康、体育知识，以及常见的各种体育锻炼方法。全书共十五章，内容包括体育与健康概述、科学进行体育锻炼、田径运动、球类运动、操类运动、武术与民族传统体育、游泳运动、体育舞蹈、跆拳道、拳击、柔道、击剑健身健美等锻炼方法，以及台球、保龄球、高尔夫球、飞镖、极限飞盘等休闲体育活动，并在最后详细介绍了大学生体质健康标准及测定。

　　我们希望通过本书的教学实践，使学生了解健康和体育的基本知识，主动参与体育运动与锻炼，掌握几项有终身体育锻炼价值的运动技能，使学生具有健康的体魄和实现对健康的自我调控能力，心理稳定、积极乐观，有良好的社会公德、协作精神、竞争意识和社会适应能力。

　　本书既适用于教师进行系统的课堂教学工作，也适用于学生自学，是一本涵盖面广、指导性强的体育教材。在本书编写过程中，编者查阅了大量相关的体育资料、教材和著作，在此，我们对这些资料的作者和编者表示衷心的感谢。但由于编者水平有限，书中难免存在疏漏之处，敬请读者批评指正。

编者

2023 年 4 月

目 录

第一章 体育与健康概述

✏️ **本章学习目标**

- ◆ 了解体育的起源和定义。
- ◆ 了解什么是健康。
- ◆ 掌握人体健康的 10 条标准和影响健康的主要因素。
- ◆ 了解体育与健康的关系。
- ◆ 熟悉高校体育教育的理念和目标。
- ◆ 掌握高校体育课程设置情况。

第一节 体育的起源与定义

体育虽然有悠久的历史，但是"体育"一词却出现得较晚。在"体育"一词出现前，世界各国对体育这一活动过程的称谓都不相同。

"体育"的英文是 physical education，指的是以身体活动为手段的教育，直译为身体的教育，简称为"体育"。在古希腊，游戏、角力、体操等曾被列为教育内容。17～18 世纪，在西方的教育中也加入了打猎、游泳、爬山、赛跑、跳跃等活动，只是尚无统一的名称。18 世纪末，德国的 J.C.F. 古茨穆茨曾把这些活动分类、综合，统称为"体操"。进入 19 世纪，一方面是德国形成了新的体操体系，并广泛传播于欧美各国；另一方面是相继出现了多种新的运动项目。学校也逐渐开展了超出原来体操范围的更多的运动项目，建立起"体育是以身体活动为手段的教育"这一新概念。于是，在相当长的一段时间里，"体操"和"体育"两个词并存，相互混用，直到 20 世纪初才逐渐在世界范围内统一称为"体育"。

我国体育发展历史悠久，但"体育"却是一个外来词，它最早见于 20 世纪初的清末。当时，我国有大批留学生东渡去日本求学，仅 1901 年至 1906 年，就有 13000 多人，其中，学体育的就有很多，回国后，他们将"体育"一词引进中国。

此外，"体育"一词在含义上也有一个演化过程。它刚传入我国时，是指身体的教育，作为教育的一部分出现的，是一种与维持和发展身体的各种活动有关联的一种教育过程，与国际上理解的"体育"（phyical education）是一致的。随着社会的进步和体育事业的不断发展，其目的和内容都大大超出了原来"体育"的范畴，体育的概念也出现了"广义"与"狭义"的解释。当用于广义时，一般是指体育运动，其中包括了体育教育、竞技运动和身体锻炼三个方面；用于狭义时，一般是指体育教育。

近年来，不少学者对"体育"的概念提出了一些解释，但比较趋于一致的解释为："体育是以身体活动为媒介，以谋求个体身心健康、全面发展为直接目的，并以培养完善的社会公民为终极目标的一种社会文化现象或教育过程。"体育的这一定义既说明了它的本质属性，又指出了它的归属范畴，同时也把自身从与其邻近或相似的社会现象中区别出来。但是，体育的概念并非是一成不变的，随着社会的发展和进步，人们对体育的认识也在进一步深化。

从学校的教育来讲，体育与德育、智育、美育相配合，已成为教育的有机组成部分，它是有目的、有组织、有计划地促进身体全面发展，增强体质，促进身心健康，传授锻炼身体的知识技能与方法，培养道德品质和坚强意志的一个教育过程。

第二节　健康常识及体育与健康的关系

健康是人类生存发展的一个最基本的要求，也是创造社会物质文明和精神文明的基础。古往今来，健康一直是人类共同追求的目标。健康是美好生命的象征，幸福的保证。

一、四维健康观

过去，人们总认为无病痛即健康。殊不知，即使没有任何躯体上的疾病，生活中的烦恼和抑郁等不良状态也会影响人们的健康。那么，什么是健康呢？

世界卫生组织（WHO）在 1948 年宪章中明确指出："健康不仅仅是免于疾病和衰弱，而应该是保持身体上、精神上和社会适应能力方面的完好状态。"这就是人们常说的身心健康。

随着自然科学和医学的发展，以及社会的文明进步，世界卫生组织在 1989 年对健康的概念又进行了重新定义，提出健康应包括躯体健康、心理健康、社会适应能力健康和道德健康，这就是所谓的四维健康观念，如图 1-1 所示。这种观念将人们对健康的认识提高到一个崭新的高度，并为世界各国学者广泛接受。

图 1-1　四维健康观

下面简要介绍一下四维健康观的具体内涵：

① 躯体健康，一般指人体生理的健康，即人体躯体的形态、结构和功能正常，并具有生活自理能力。

② 心理健康，是指能正确认识自己和周围的环境和事物，表现为人格完整、自我感觉良好、情绪稳定、积极向上和有较好的自控能力。

③ 社会适应能力健康，是指一个人的心理活动和行为能适应复杂的环境变化，并被他人理解和接受。

④ 道德健康，是指能明辨是非，能按照社会规范准则来约束自己的言行，愿意为社会做贡献。

二、健康五要素

美利坚大学的国家健康中心提出了一个与健康四维观类似的健康定义，即健康是人对环境适应后所达到的一种生命质量，个体只有在身体、情绪、智力、精神和社会各方面达到完美状态才称得上真正的健康，这种健康观又叫健康五要素，如图 1-2 所示。

图 1-2　健康五要素

① 身体健康，不仅包括无病，而且包括体能。体能是一种能满足生活需要和有足够能量完成各种活动的能力。具备这种能力，就可以预防疾病，提高生活质量。

② 情绪健康，情绪涉及对自己和他人的感受。情绪健康的主要标志是情绪的稳定性，所谓稳定是指个体应对日常生活中人际关系和环境压力的能力。当然，生活中偶尔有些情绪波动均属正常，关键是生活的大部分时间要保持情绪稳定。

③ 智力健康，是指在长期的学习和生活中，大脑始终保持活跃状态。

④ 精神健康，是指理解生活基本目的的能力，以及关心和尊重所有生命的能力。对于不同宗教、文化和国家的人来说，精神健康的内容也有所不同。

⑤ 社会健康，是指个体与他人及社会环境相互作用形成的和谐的人际关系和社会角色的能力。此能力将使人们在人际交往中充满自信和安全感，进而减少烦恼，保持心情愉快。

值得注意的是，健康的五个要素相互联系、相互影响，例如，身体不健康会导致情绪不健康，心理不健康会导致身体、情绪和智力的不健康。因此，只有每一个健康要素平衡地发展，人们才能真正健康，才能幸福地生活。

三、衡量人体健康的 10 条标准

近年来，为了便于普及健康知识，世界卫生组织提出了衡量人体健康的 10 条标准。大家对照这些标准，即可大致了解自己的健康状况。

① 精力充沛，能从容应对日常生活和工作。

② 处事乐观，态度积极，乐于承担责任。

③ 善于休息，睡眠质量好。

④ 应变能力强，能适应各种环境的各种变化。

⑤ 对一般感冒等传染性疾病具有一定的抵抗力。

⑥ 体型匀称，体重适当，身体各部分比例协调。

⑦ 眼睛明亮，思维反应敏捷。

⑧ 牙齿清洁，无损伤，无病痛，齿龈无出血。

⑨ 头发有光泽，无头屑。

⑩ 走路轻松，肌肉、皮肤富有弹性。

据报道，按上述 10 条健康标准评价，只有 15% 的人达到健康要求，另外 15% 的人有疾病，而大部分人都介于健康和疾病之间的亚健康状态。

四、关于亚健康状态

"亚健康"是近年来提出的新概念。亚健康状态是一种介于健康和疾病之间的状态，又叫"第三种状态"或"灰色状态"，是指机体在内外环境不良刺激下引起心理、生理发生异常变化，但尚未达到明显病理反应的状态。

从生理学角度讲，亚健康状态是指人体各器官功能稳定性失调，但尚未引起器质性损伤，医学检查时各项生理、生化指标均无明显异常，医生无法做出明确诊断。在这种状态下，人体机能和免疫功能已经有所下降，容易患病。但是，如能及时调控，可恢复健康状态。

此外，由于亚健康状态基本上是由于机体组织结构退化（老化）及生理功能减退所致。因此，目前也将人体衰老表现列入亚健康状态的一种类型。

亚健康在临床常被诊断为疲劳综合征、内分泌失调、神经衰弱、更年期综合征等。它在心理上的具体表现为：精神不振、情绪低落、反应迟钝、注意力不集中、记忆力减退、烦躁、焦虑和易惊等；它在生理上的表现为：疲劳、乏力、活动时气短、出汗和腰酸腿疼等。

那么，造成亚健康的原因是什么呢？下面就来讲述这个问题。

① 过度疲劳造成的精力和体力透支。随着生活和工作节奏的加快，各种竞争日益激烈，使得人们用脑过度，身心长期处于超负荷紧张状态，因而造成机体身心疲劳、精力不足和注意力不集中等。长期下去，必然会造成人体内脏功能过度损耗、机能下降，从而出现亚健康状态。

② 人的自然衰老。人体成熟以后，大约从 30 岁就开始衰老。到了一定程度，人体器官开始老化，此时人体虽然没有病变，但已经不完全健康了，这种状态也属于亚健康状态。

③ 现代身心疾病。目前，世界各国公布的导致人类死亡的前三种病因几乎都是心脑血管疾病和肿瘤。在这些疾病发病之前的长时间里，机体也可能处于亚健康状态。

④ 人体生物周期中的低潮时期。即使一个健康的人，在某一特定时期也可能处于亚健康状态。人的体力、精力、情绪都有一定的生物规律，有高潮也有低潮。在低潮时，人体也会处于亚健康状态。

五、影响健康的因素

健康是一个复杂的概念，是多种因素互相影响、互相制约的结果。一个健康人的身体机能及其工作环境都处在一个相对平衡的状态，如果这种平衡被破坏，就会影响到人的健康。根据健康的整体观念，现代医学将影响健康的因素归结为四类：先天遗传因素、生活环境因素、医疗卫生服务因素、行为与生活方式和运动因素。

（一）先天遗传因素

遗传是指自然生物通过一定的生殖方式，将遗传物质从上一代传给下一代的生物现象。在遗传物质传给后代的同时，也把亲代的许多隐性或显性的疾病传给了后代。现代医学发现，遗传病有 5000 多种。遗传病不仅种类多，而且发病率高。毫无疑问，每个人的健康都或多或少地受到遗传和进化的影响或制约，众多疾病的发生都有一定遗传因素的作用。

近期的研究进展表明，遗传倾向不仅在普遍认为的先天性缺陷或遗传性疾病中起着重要作用，而且在后天的常见病，例如冠心病、高血压、糖尿病、某些癌症和常见的精神障碍中也起着重要作用。遗传因素可能会使这些疾病提前发生。例如，老年性痴呆最常见的阿尔茨海默症，就是在家族中遗传的。现在还不能肯定癌症是否都会遗传，但是多达 10%～25% 的乳腺癌和结肠癌病例显示与遗传因素有关。以往人们普遍认为冠心病是由环境因素引起的，最近对家族史的研究揭示了冠心病有遗传倾向。糖尿病病例中约 85% 都为非胰岛素依赖性糖尿病（2 型糖尿病），这种糖尿病也有很强的家族遗传倾向。

（二）生活环境因素

生活环境因素可分为物理性的（如环境气候和空气污染等）和社会性的（如社会、家庭、工作环境、人际关系和经济收入等），它们都可从不同角度影响健康。

人类生活在自然与社会环境当中，健康状况自然离不开存在的环境。自然环境是人体生存的基础，包括天然形成的水、空气、土壤和阳光等生存系统。良好的自然环境对人体健康有着促进的作用。如果自然环境恶劣，营养匮乏，卫生条件差，则会导致传染病和地方疾病的流行。因此，作为大学生更要加强环保意识，爱护一草一木，为营造良好的自然生态环境做出自己的贡献。

社会性的环境因素在人类健康和疾病方面也起着重要的作用。广义的社会性的环境因素包括心理状态、社会状态、文化状态、种族和职业环境等方面。过去几十年，人们的研究重点都集中在饮食、体育锻炼、生活方式和行为对健康的影响，而忽视了社会条件对人类健康的影响。大量研究表明，经济状况低下和缺乏社会支持会导致疾病；营养不良、卫生条件较差、失业、工作压力和缺医少药会影响身体的健康。

（三）医疗卫生服务因素

医疗卫生服务是卫生医疗机构和专业人员为了达到预防疾病、促进健康的目的，运用卫生医疗手段向个人、群体和社会提供必须服务的过程。医疗卫生服务的范围、内容与质量直接关系到人的生、老、病、死，以及由此产生的一系列健康问题。因此，医疗卫生服务的提供与利用对人的健康有着至关重要的作用。

（四）行为与生活方式因素

生活方式是指在一定环境条件下所形成的生活意识和生活行为习惯的统称，包括人的"衣、食、住、行"，以及工作、生活、娱乐和社交等活动方式。生活方式对人体健康影响很大。

国内外大量研究表明，在现代社会里，不良生活方式和有害健康的行为习惯已经成为危害人们健康，导致疾病的主要原因。例如，吸烟、酗酒、缺乏锻炼、不良饮食习惯等是致使人群高血压、冠心病、糖尿病等"现代生活方式病"的患病率不断增高的危险因素。1992 年，世界卫生组织统计，从全球看，由于生活方式原因导致的疾病，发达国家占 70%～80%，发展中国家占 40%～50%。

六、体育与健康的关系

人生最宝贵的是健康，人人都希望有一个健康的身体，以便更好地为社会服务。然而，健康的身体又受到各种因素的影响，其中以体育运动和健康的关系最为密切。正像法国思想家伏尔泰说的"生命在于运动"，我国也有句俗语"健身之道，运动为妙"。可见体育运动是增进身体健康的重要措施。

体育是通过身体运动的方式进行的，它要求人体直接参与活动，这是体育的本质特点之一，这个特点决定了体育有健康的功能。随着社会的进步，体力劳动逐渐减少，脑力劳动越来越多，人们的闲暇时间也在慢慢增多，丰富多彩、健康文明的体育活动不仅可以使人们在繁忙的劳动之后获得积极性的休息，而且可以陶冶情操、愉悦身心和培养高尚的品格。

第三节　高校体育教育

学校是培养人的场所，"强身健体"是学校体育教育最基本的目标。科学证明，体育锻炼是进行自我心理调节和增强体质的有效手段之一。

高校学生经常处于紧张的学习状态，如果适当地参加一些体育锻炼，不仅能起到积极的休息作用，而且能使自己的身心得到良好的调节。

一、高校体育教育应具备的理念

（一）树立健康第一的思想

健康是人类生存发展最基本的自身条件，也是创造社会物质文明和精神文明的基础。健康一直是人们最关心的基本需要，同时也是一个民族或国家整体素质与社会文明的重要标志。《中共中央　国务院关于深化教育改革，全面推进素质教育的决定》指出："健康的体魄是青少年为祖国和人民服务的基本前提，是中华民族旺盛生命力的体现。学校教育要树立健康第一的指导思想，切实加强体育工作。"教育是立国之本，是提高整体国民素质的根本所在，学校体育作为教育的重要组成部分，在增进学生身心健康、提高学生综合素质方面具有不可替代的作用。体育教学内容应选择具有广泛性、可行性和趣味性等特点的适合群体锻炼的体育项目。

（二）与素质教育接轨

素质教育是当今中国教育改革与发展的主流。所谓素质，是指在人的先天生理基础上，经过后天教育和社会环境的影响，由知识内化而形成的相对稳定的心理品质。它包括思想道德素质、科学文化素质、劳动技能素质和身体心理素质。

所谓素质教育是指以提高人的素质作为重要内容和目标的教育。素质教育有三点基本含义：一是要面向全体。实施素质教育是提高整个民族素质的基础，因此必须面向全体学生。二是要全面发展。素质教育是在教育方针指导下，从学生身心发展的不同特点出发，因地、因校制宜，着眼于教育教学全过程与各个环节，运用多种方式着力培养学生学习的主动性和创造精神，促进学生在德、智、体、美、劳方面的发展。三是要主动发展。素质教育提倡"让学生主动发展",尊重学生的主体地位。教师应全面观察分析每个学生的特点,善于发现和开发每个学生的特长和潜力,从而做到因材施教,给学生创造一个自主的发展空间,使他们的个性得到充分和自由的主动发展。

体育是素质教育的重要内容,又是素质教育的手段。身体心理素质是素质教育的重要组成部分,而促进学生身心全面发展,提高学生身体心理素质正是学校体育教育的基本功能和首要目标。学校体育应遵循素质教育所提倡的观念和方法,注意发挥体育对身体心理素质发展的内化作用,注重体育作为一种文化对人的身体心理素质的影响,强调体育作为手段对发展人的基本活动能力、社会适应能力和生活劳动能力的作用,以及培养学生在竞争、友谊、合作和意志等方面的价值观。

二、高校体育教育目标

高校体育教育应以增强学生体质,提高身体健康水平、心理健康水平和社会适应能力为目标,具体包括如下几点。

① 全面锻炼学生身体,培养学生的健康体魄,促进身体的正常发育;提高学生的生理机能,增强对自然和社会的适应能力,以及对疾病的抵抗力;促进学生身心健康,以增强对挫折的承受力。

② 让学生学习并掌握体育和健康基础知识,学会锻炼身体的技能与方法,掌握部分体育项目的基本技术,并能运用所学知识进行自我调控、自我检测和自我评价。

③ 对学生进行爱国主义和集体主义教育,培养其积极乐观、顽强拼搏和团队合作意识,使其能正确对待个人和集体的成功与失败;树立现代体育意识,把健康与学习、生活和自身发展等联系起来,提高对体育的兴趣和对体育比赛的欣赏能力,养成积极参加体育锻炼的习惯。

三、高校体育课程设置

《中华人民共和国体育法》规定:学校必须开设体育课,并将体育列为考核学生学业成绩的科目。

目前,各高校都开设了体育理论课和体育实践课,其各自内容和目标如下。

① 体育理论课。体育理论课的目的是使学生掌握必须的健康知识和体育基础知识,树立正确的体育观,并掌握科学锻炼身体的方法。

② 体育实践课。体育实践课是通过提供体育锻炼所需运动场地与设施,以身体练习为基本手段,以教师为主导,以学生为主体的专门教学过程。通过体育实践教学,将使学生系统地掌握体育教学大纲中所规定的体育基本技术和技能,从而增强学生的健康水平和体质,促进学生的身心全面发展。

此外,目前高校体育课的组织形式主要有以下几种。

① 普通体育课。普通体育课在教学内容上具有基础性,教学要求上具有普遍性,主要是完成体育教学大纲中的主要任务。普通体育课有严格的学时规定和学籍管理约束,凡身体健康无残疾的学生都必须按规定要求通过考试标准。

普通体育课又包括基础课和选项课,其中,基础课的主要任务是加强学生身体全面训练,以提高学生身体素质和运动能力,改善身体形态和机能,增进身体健康;选项课则是为体质和体育基础较好，且有一定运动专长和爱好的学生开设的，它主要根据学生的意愿以某个运动项目为主进行教学。

② 体育选修课。体育选修课与其他选项课类似，是指学生根据个人兴趣和爱好选修某一运动项目，进行专门训练，不断提高专项技术水平和能力的课程。

③ 体育保健课。体育保健课专为个别身体异常和病弱学生开设，其目的在于增强学生体质，帮助恢复健康，调节生理机能和矫正某些身体缺陷。

④ 季节课。季节课指充分利用当地条件，有针对性地发展学生在某些项目上的能力，如夏季的游泳课、北方冬季的滑冰课和滑雪课等。

四、课外体育活动

课外体育活动的组织形式多种多样，内容丰富多彩，通过开展课外体育活动还可以培养学生的组织才干与开拓精神。

课外体育活动的组织形式包括早操、课间操、课外体育锻炼、运动队训练和运动竞赛，以及校内外各种体育活动组织形式。

课外体育活动除了要复习体育课的教学内容与教师所提出的其他锻炼内容之外，学生还可以根据自己的兴趣和特点去选择适合自己的锻炼内容。

广泛开展群众体育活动不仅要依靠体育教师，而且要依靠从学生中涌现出来的大批体育骨干与积极分子，充分发挥他们的才智，并通过实践使他们得到进一步的培养与提高。

第二章　科学进行体育锻炼

✏️**本章学习目标**

- ◆ 掌握科学制订体育锻炼计划的方法。
- ◆ 掌握进行体育锻炼时的注意事项。
- ◆ 掌握体育锻炼中常见的生理反应及其处理。
- ◆ 了解体育锻炼前后的营养搭配。
- ◆ 掌握体育损伤的原因、分类、预防及处理。
- ◆ 熟悉运动处方的概念、分类、内容及制订方法。

第一节　体育锻炼常识

对于参加体育锻炼的人来说，要达到增强体能、促进健康的目的，就必须科学锻炼，否则不但不会达到健身的效果，反而会有损健康。

一、科学制订体育锻炼计划

体育锻炼的效果在很大程度取决于刺激的强度，运动量过小达不到锻炼的目的，运动量过大则会因疲劳过度而有损健康。因此，大学生应科学制订体育锻炼计划，选择适合自己的运动项目、运动时间和运动负荷。

(一) 选择适合自己的运动项目

大学生正处于体能发育的敏感阶段，应根据爱好和身体特点选择若干运动项目，坚持经常性的锻炼。

一般来说，体质较弱者宜选择能够提高心肺功能但运动强度不大的运动项目，如慢跑、健美操等，待体能有所提高后，再逐步参加运动强度较大的项目。在进行了全面的身体锻炼之后，可以结合自己的兴趣特长选择一两项运动深入学习和锻炼。例如，男生可选择足球、篮球、网球、乒乓球、武术等，女生可选择羽毛球、健美操、体育舞蹈、键球、排球等。

此外，女生因其生理特点特殊，不宜多做单纯的支撑、悬垂和静力性练习，而应多做锻炼腹肌和骨盆肌的练习，如坐位双腿前举、仰卧起坐、扭腰转身、扩胸伸腰等。

(二) 选择适合自己的运动时间

大学生应根据个人生活习惯、身体状况等实际情况选择适合自己的运动时间。体育锻炼的时间一般应安排在清晨、下午或傍晚。

1. 清晨锻炼

清晨的空气新鲜，锻炼时可以吸入较多的氧气，有助于排出体内的二氧化碳，加快身体的新陈代谢，提高锻炼效果；清晨起床后大脑皮层处于抑制状态，通过一定时间的体育锻炼，可适度提高大脑皮层的兴奋性，有利于一天的学习与工作。由于清晨锻炼多在空腹情况下进行，所以运动量不宜太大，时间也不宜太长。

2. 下午锻炼

下午进行一定强度的体育锻炼，不仅可以增强体质，而且可以调整身心。下午进行体育锻炼时，运动强度可大一些，可以踢足球、打网球等，但应以消耗的体力易于恢复、不影响晚自习为度。

3. 傍晚锻炼

傍晚进行适当的体育锻炼，既可以健身强体，又可以帮助机体消化吸收。傍晚锻炼的主要形式为散步，锻炼时间一般不要超过 1 小时，运动强度也不宜过大，心率应控制在 120 次 / 分左右。另外，傍晚锻炼结束与睡觉的间隔时间要在 1 小时以上，否则会影响夜间的休息。

(三) 选择适合自己的运动负荷

运动负荷取决于运动中的强度、密度和运动时间三个要素。运动负荷通常可以用脉搏数来衡量，有研究认为，最适宜的运动负荷是平均脉搏在 130 次 / 分左右。大学生也可根据自己的主观感觉来判断运动负荷，如体育锻炼结束 10 分钟后恢复安静状态，呼吸、脉搏恢复到锻炼前的频率就可视为是合理负荷。

 小知识

运动服装的选择

运动服装应以质地柔软、合体，穿着舒适、便于活动为原则。夏季的服装面料应具有透气性和吸湿性，最好选择针织内衣，外套应选用颜色较浅、稍宽松的棉织品运动服；冬季气候较冷，运动服装应以保暖性较好的棉织物为佳，厚度可以根据运动时的环境温度而定。

大学生最好根据所参加运动项目的不同来选择功能不同的专用运动鞋，既适应运动的需要，又保证运动鞋的使用时间。

运动袜应与运动项目的特点相适应。例如，参加足球运动时，为了保护小腿，一般应选择高筒的运动袜；长跑时，则应选择柔软且透气和吸汗功能都较强的袜子。运动袜最好是针织或棉毛材料制成的。

二、体育锻炼的注意事项

(一) 体育锻炼前

体育锻炼前应进行充分的准备活动。准备活动是指体育锻炼前所进行的一系列身体练习，其目的是打破安静时的身体生理平衡状态，调动内脏各器官系统迅速地从安静状态过渡到运动状态。

准备活动包括一般性准备活动和专门性准备活动两种。首先应做一般性准备活动，利用走、跑和徒手操活动身体各个部位；然后做专门性准备活动，即针对所要从事的运动项目的特点进行一些专门性练习，例如，短跑前可做小步跑、高抬腿和后蹬跑，排球比赛前可做传球和垫球等练习。

准备活动量的大小和时间长短应根据运动项目、内容和强度，以及季节和气候的不同而有所差异，一般达到身体发热或微微出汗，自我感觉灵活、舒适即可。此外，在进行准备活动时，应注意运动前至少1小时内不进食，否则由运动引起的交感神经高度兴奋，不但妨碍食物消化、有害健康，而且因肠胃负担太重，也不利于运动能力的发挥。如果运动前已经感到十分饥饿、睡眠不足或情绪低落，最好暂停运动，或只进行轻微的体育锻炼。

 小知识

一般性准备活动的方法

1. 伸展肌肉

伸展肌肉的活动顺序一般为颈、上肢、躯干、下肢，伸展动作包括前后、左右以及绕环等。

① 颈部肌肉的伸展。颈部肌肉的伸展动作包括低头，仰头，分别向左、向右侧头，分别由左向右或由右向左绕环。

② 上肢肌肉的伸展。上肢肌肉的伸展动作可以是两臂上举后振，两臂下垂后摆，还可以是两手交叉，手掌上翻，手臂向上伸展。

③ 躯干肌肉的伸展。躯干肌肉的伸展动作包括体前屈，上体分别向左、向右侧屈和腰分别由左向右或由右向左绕环。

④ 下肢肌肉的伸展。下肢肌肉的伸展动作为跪撑在垫子上，慢慢向后倒体使腿部前群肌肉伸展，然后向前体前屈使膝关节微屈向下压，使腿部后群肌肉伸展。

2. 简单的热身活动

① 走。走一段距离，可以使被牵拉肌肉的弹性得到恢复。走的时候可以先自然走，也可以用脚后跟走、前脚掌走、脚外侧走以及脚内侧走等。走的速度应该由慢到快。

② 慢跑。在冬季或气温较低的时候，慢跑的时间可以相对长一些；反之，在夏季或气温较高的时候，慢跑的时间可以相对短一些。慢跑的速度也应由慢到快。

3. 伸展韧带

伸展韧带可以增加关节的活动幅度和灵活性，能够有效地防止受伤。在训练过程中应该重点伸展肩、躯干、髋、膝、踝等部位的韧带。

① 肩关节韧带的伸展。适当拉长前部的韧带，可以增加肩关节的活动幅度。准备活动中可以做扶墙压肩、双人相互压肩以及振臂等练习。

② 躯干关节韧带的伸展。伸展躯干关节韧带也就是伸展脊椎前后、左右的韧带。准备活动中可以做体前屈、跪撑后倒体、俯卧两头起、向后下腰以及体侧屈等练习。

③ 髋关节韧带的伸展。髋关节韧带直接影响到运动员跑步动作的幅度。准备活动中

可以做纵劈腿、横劈腿、正压腿、正踢腿、侧踢腿和前后踢腿等练习，伸展髋关节周围的韧带。

④ 膝关节韧带的伸展。伸展膝关节韧带可以使大小腿在膝关节处能够充分伸展。准备活动中可以做正面压腿的练习，注意勾脚尖，这样能够达到更好的练习效果。

⑤ 伸展踝关节韧带。运动中踝关节的韧带最容易受伤。准备活动中可以做脚内翻压、脚外翻压、脚后蹬压等练习。

（二）体育锻炼中

运动过程中不宜大量饮水，因为水分过多易渗入血液，不仅会增强心脏和肾的负担，还会使胃部膨胀，妨碍膈肌活动而影响呼吸。如果天气过热，排汗太多，可以临时用湿毛巾擦汗降温，并补充少许的淡盐水。在寒冷的天气跑步时，应尽量采用鼻呼吸的方法，以免冷空气直接刺激咽喉，使尘埃进入呼吸道。

（三）体育锻炼后

运动对身体生理平衡的破坏会引起一系列的生理变化，这种变化不会随着运动的停止而同时消失，它需要有一个恢复的过程。如果剧烈运动后突然停止、坐下或蹲下，不仅会加重疲劳，更会有晕倒的危险。因此，运动后要认真做好整理活动。

整理活动应着重于全身性放松，尽量采用轻松、活泼和柔和的练习，一般持续15～20分钟，活动量逐渐减少，节奏逐渐减慢，以促使呼吸频率和心率下降。例如，可在长跑到达终点后再慢跑一段，或边走边做深呼吸运动和放松徒手操。

此外，运动后不宜大量饮水，特别是在排汗较多、体内盐分浓度降低的情况下，如果立即大量饮水，还会因继续排汗使盐分损失，乃至产生脱水和头晕目眩等不良反应。正确的方法是：运动后稍休息，及时把汗擦干，换去被汗水浸湿的衣物，以免着凉感冒；然后最好用热水洗澡、擦身，适当对身体各部位进行按摩，以加速体力恢复的过程。

 小 知 识

体育锻炼的误区

大学生对如何进行有效锻炼等问题还存在着许多误区，要走出这些误区，就必须尊重科学、注意学习。

误区一：只要每天坚持做100个仰卧起坐，腹部脂肪就会减少

青少年腹部肥胖的原因有两种：一是小腹局部脂肪堆积；二是小腹肌肉薄弱无力，腹腔内脏器官的重力作用于肌肉张力不足的腹壁所致。仰卧起坐对腹部肌肉锻炼是有效的，但它不能把脂肪融化得无影无踪。还有，只想局部减肥是不现实的，因为消耗的脂肪来源于全身，而不是局部。因此，要想获得理想的体形，只有坚持经常性的全面锻炼，如长距离慢跑、游泳、骑自行车或爬山等，才能消耗掉腹部多余的脂肪。

误区二：体育锻炼一旦停止，发达起来的肌肉就会化为脂肪，因此还不如不锻炼

肌肉主要由蛋白质构成，所以，肌肉不会变成脂肪，就像脂肪绝不可能变成肌肉一样。许多人停止锻炼后发胖是因为他们的肌肉因缺乏锻炼而逐渐萎缩。同时，由于他们

仍然多饮多食，活动量减少，能量消耗也减少，多余的能量转化为脂肪存在于体内，人体就发胖了。

误区三：觉得某项运动有效，就天天做，多多益善

一周练 3 次可能很有效，但一周练 6 次的效果绝不是 3 次的两倍，可能还会适得其反。体育保健学家认为，过度激烈的运动往往容易破坏人体内外运动的平衡功能，加速体内某些器官的严重"磨损"和一些生理的失调，甚至导致生命进程缩短。因此，大学生应根据自己的实际情况合理地安排锻炼与休息，并非锻炼有益就多多益善。

三、体育锻炼中常见的生理反应及其处理

运动可能使人体生理活动过程的有序性受到暂时的破坏，从而出现某种生理反应，这种反应称为运动生理反应。正确认识和处理这些生理反应，可以克服盲目性和随意性。体育锻炼中常见的生理反应及处理方法如下。

(一) 极点和第二次呼吸

在剧烈运动特别是中长跑时，能量消耗大，下肢回流血量减少，氧债（即机体缺氧的现象）不断积累并达到一定的程度，就会出现呼吸急促、胸闷难忍、下肢沉重、动作不协调、甚至恶心的现象，这在运动生理学上称为极点。

极点出现后，适当地减慢运动速度，并加深呼吸，上述生理反应将逐渐缓解并消失。随后机能得到重新改善，氧供应增加，运动能力得到提高，动作变得协调有力。这种现象标志着极点已经有所克服，生理过程出现新的平衡，运动生理学上称为第二次呼吸。

极点与第二次呼吸是长跑运动中常见的生理反应，无须疑虑和恐惧，只要处理得当，极点现象是可以延缓和减轻的。克服极点的方法有以下三种：一是准备活动要充分，使神经提前兴奋；二是当极点出现后要放慢跑速、减小运动强度，并加深呼吸；三是要注意平时的锻炼，提高呼吸系统和血液循环系统的功能。

(二) 肌肉酸痛

在一次运动量较大的锻炼以后，或是隔了很久又开始锻炼之后，往往会出现肌肉酸痛。这种酸痛往往发生在运动结束后 1～2 天内，因此也称为肌肉延迟性疼痛。

肌肉酸痛主要是由于运动时肌肉运动量大，引起局部肌纤维及结缔组织的细微损伤，以及部分肌纤维的痉挛所致。由于这种肌纤维细微损伤及痉挛是局部的，因此就整块肌肉而言仍能完成运动功能，但是存在酸痛感。酸痛后，经过肌肉内部细微损伤的修复，肌肉组织变得较以前强壮，以后同样负荷将不易再发生损伤。

大学生在运动中如果出现肌肉酸痛，可在运动后对酸痛的局部肌肉进行热敷或按摩，以促进血液循环及代谢过程，或者口服维生素 C，以促进结缔组织中胶原的合成，有助于加速受损伤结缔组织的修复，从而减轻和缓解酸痛。

(三) 运动性腹痛

运动性腹痛是指直接由运动引起的腹部疼痛。运动性腹痛的常见原因有以下几种：

① 饭后过早地参加运动，容易引起胃部牵扯痛和胀痛；运动前饮水过多或腹部受凉，

容易引起胃肠痉挛。

②准备活动不充分，运动时过于剧烈，内脏器官功能尚未达到竞技状态，致使脏腑功能失调，引起腹痛。

③运动时呼吸紊乱，膈肌运动异常，引起肝脾膜张力性疼痛。

如果出现运动性腹痛，一般可通过减速慢跑、加深呼吸、按摩疼痛部位或弯腰跑一段距离等方法处理。若疼痛没有减轻或消失，甚至加重，则应立即停止运动，并口服十滴水或按揉内关穴、足三里等穴位。如仍不见效，应及时请医生诊治。

(四) 运动性昏厥

运动性昏厥是指运动中由于脑部突然供血不足而出现的暂时性知觉丧失现象。轻度晕厥者一般只昏厥片刻，脑贫血消除后会清醒过来，但清醒后精神不佳，仍感觉头昏。

当我们发现同伴出现运动性昏厥时，应立即使患者平卧，足略高于头部，并进行向心方向按摩，同时指压人中、合谷等穴位。如患者出现呕吐症状，应将其头偏向一侧，以利于呼吸道畅通；如呼吸停止，应立即进行人工呼吸。症状较轻者，可搀扶其慢走；症状较重者，经临场处理后应及时送往医院治疗。

(五) 运动性中暑

运动性中暑是指肌肉在运动时产生的热超过身体能散发的热而造成运动员体内的过热状态。轻度中暑者可出现面部潮红、头晕、头痛、胸闷、皮肤灼热、体温升高等症状；严重者会出现恶心、呕吐、脉搏快而细弱、精神失常、虚脱抽搐、血压下降，甚至昏迷。

当我们发现同伴出现运动性中暑后，应迅速将患者移至通风阴凉处，解开其衣领，冷敷额部，用温水抹身，并给予含盐清凉饮料或十滴水。症状严重者，经临时处理后应迅速转送医院治疗。

(六) 运动性低血糖症

运动性低血糖症是指进行长时间、高强度的体育运动时，运动员体内的血糖会大量消耗和减少，因而可能出现血糖浓度低于正常值时出现的一系列临床表现。轻者感到无力、饥饿、极度疲乏、头晕心慌、面色苍白、出冷汗、烦躁不安；重者出现神志模糊、语言不清、精神错乱等症状，甚至惊厥和昏迷。

对于运动性低血糖症患者，轻者可喝浓糖水或进食含糖类食物，平卧休息；重者若已昏迷，同伴可先指掐患者人中、百会、涌泉、合谷等穴位，并迅速送其去医院静脉注射葡萄糖液，以提高血糖浓度。

第二节　体育运动营养与保健

一、营养与健康

营养是指食物中的营养素和其他物质间相互作用与平衡，对人体健康产生影响的过程，它是一种全面的生理过程，而不是专指某一种养分。关注饮食习惯，保持合理营养，对保持健康状态至关重要。

(一) 营养素

营养素又称营养物质，是维持正常生命活动所必需摄入生物体的食物成分。它可以提供人体生长发育、维护健康和供应生活及劳动所需要的物质和能量。人体通常是以摄取食物的方式来获得营养素，只有在食物被消化、吸收之后，其中的营养素才能被利用。人体所必需的营养素主要包括糖类、蛋白质、脂肪、维生素、无机盐和水六大类。

1. 糖类

糖类又称为生命的燃料，它不是普遍意义上的糖，而是指碳水化合物，是神经系统和脑系统唯一的营养物质。糖类除了起供能作用之外，还能促进其他营养素的代谢。

糖类广泛存在于米、面、薯类、豆类和各种杂粮中，是人类最重要和最经济的营养素，其在一般膳食中的含量应占每日所吃食物总热能的 60%～70%。

2. 蛋白质

蛋白质又称为生命的载体，它是组成一切生命体的基本物质，也是维持生命、修补机体的重要材料。机体的生长、组织的修复、各种酶和激素对体内生化反应的调节、抵御疾病的抗体的组成等，无一不是蛋白质在起作用。

蛋白质广泛存在于动物性食品 (如奶类、蛋类和鱼类等) 和植物性食品 (如大豆、淀粉和玉米等) 中，其产热供给量占人体需要总能量的 12% 左右。

3. 脂肪

脂肪又称为生命的辅助剂，它是细胞的主要组成部分，没有脂肪的补充，新的细胞就无法产生。脂肪在体内不仅可起到贮存热量、调节和维持正常体温、保护和支持内脏器官的作用，而且能促进脂溶性维生素的吸收。

脂肪分为动物脂肪和植物脂肪两种，动物脂肪包括猪油、牛油、奶油等，植物脂肪包括豆油、花生油等。人体每日摄取的脂肪应占一天总热能的 20%～25% 为宜，且应两种脂肪搭配摄入，但以植物脂肪为主。

表 2-1 列举了一些主要食物中的糖类、蛋白质、脂肪的含量，仅供同学们参考。

表 2-1　主要食物中三大营养素的含量（可食部分每 100 克）

名称	糖类 / 克	蛋白质 / 克	脂肪 / 克
猪肉 (瘦)	1.0	16.7	28.8
鸡肉 (净)	0.1	23.3	1.2
草鱼 (净)	0	17.9	4.3
鸡蛋 (去壳)	1.6	14.7	11.6
牛奶	5.0	3.3	4.0
粳米	76.8	6.8	1.3
面粉	77.8	7.2	1.3
大豆	25.3	36.3	18.4

续表

名称	糖类/克	蛋白质/克	脂肪/克
花生仁	22.1	26.2	39.2
柑橘	12.8	0.9	0.1
苹果	13.0	0.4	0.5
香蕉	19.5	1.2	0.6

4. 维生素

维生素是人体细胞营养吸收的中介剂，没有它，各种营养素就无法被细胞吸收。它对维持人体生长发育起着重要作用，可促进酶的活力或成为辅酶之一。

维生素可分为两类，一类为脂溶性维生素，包括维生素 A、D、E 等，这类维生素可在体内储存，不需每日提供，过量摄入会引起中毒；另一类为水溶性维生素，包括维生素 B、C 等，这类维生素不在体内储存，需每日从食物中摄取。维生素广泛存在于新鲜蔬菜、水果、粗粮和蛋黄等食物中。

 小知识

各种维生素的生理功能

维生素 A：维持正常视力，维护上皮组织细胞的健康和促进免疫球蛋白的合成。

维生素 B：促进肝糖原和肌糖原的生成，保护神经系统机能。

维生素 C：加强体内氧化还原过程，使机体得到更多的能量来维持运动、提高耐力、减缓疲劳，并能促进伤口愈合，促进造血机能，增强机体抗病力。

维生素 D：促进钙的吸收，促进骨骼钙化及牙齿的正常发育，对机体的钙磷代谢和骨骼生长发育极为重要。

维生素 E：增强机体对缺氧的耐受力，减少组织细胞的耗氧量，扩张血管，改善循环，增加肌肉力量与有氧耐力。

---

5. 无机盐

无机盐即矿物质，是指维持正常人体生理功能所需要的矿物质元素。它虽不供能，但却是构成骨骼的主要成分，还能起到维持渗透压，保持酸碱平衡，维持神经、肌肉的正常生理功能等作用。

无机盐种类较多，根据其在人体内的含量可分为宏量元素和微量元素。无机盐不能在体内合成，必须从体外摄入，因此人体应适当补充无机盐含量较高的食物，如豆腐、鸡蛋、虾皮、绿叶蔬菜、海带和紫菜等。

6. 水

水是维持生命必需的物质，是机体不可缺少的重要营养素，平均占成年人体重的 $60\% \sim 70\%$。人体若失水达 20% 以上，生命活动将无法维持，所以水对于人类生存来说是最为重要的。

一般成年人每日需水量为 2000～3000 毫升，人体摄入水的来源主要有三个：一是饮水，二是食物中的水，三是脂肪和蛋白质等氧化时产生的代谢水。其中，饮水是主要来源，一般来说，每天至少应该喝 1500 毫升的水。

(二) 饮食与健康

科学饮食是人类健康长寿的基础和保证，但是很多大学生却往往忽略了这一点，没有养成科学的饮食习惯，影响了自己的身体健康，进而影响了学习。因此，科学饮食是促进大学生身体健康、完成学业的重要保证。科学饮食主要包括以下三个方面。

1. 平衡饮食

一日三餐搭配合理是平衡饮食的基础。俗话说，"早餐要吃好，午餐要吃饱，晚餐要吃少"，这正是将人体一天之内需要的热能和营养素合理分配到一日三餐中去的直观方法。早餐需要保证营养充足，因此主食应以奶类、谷类和蛋类为主，热量应占到一天摄入热量的 30%；午餐是机体一天中营养的主要来源，最好以米饭、面为主，辅以鱼、肉、蔬菜、豆制品等，热量占全天摄入热量的 40%；晚餐不可暴饮暴食，可以选择富含糖类的食物，热量不宜超过全天摄入热量的 30%。

除了三餐的合理分配外，保证进食时间的规律性也是平衡饮食的重要方面，无规则的进食很容易导致胃溃疡等肠胃疾病。

2. 适量饮食

大学生的活动量大，新陈代谢也比较快，每日需消耗较大能量。由于每个人的饮食习惯各不相同，所以饮食量一般以个人主观感受为主，一日三餐保持在七分到八分饱是比较合理的饮食量。进食过多或过少都不利于身体健康，暴饮暴食或断食少食更是极不可取。

3. 卫生饮食

"病从口入"是人人皆知的常识，注重饮食卫生可以减少各种疾病的发生。除了要判定食品的洁净度和注意个人卫生外，还要注意禁吃变质的食品，少吃腌制、油炸或高糖高脂类食品，少喝含酒精的饮料，对于隔夜的饭菜要做到彻底加热等。

二、体育锻炼时的合理营养

糖类、蛋白质、脂肪是人体进行生理活动需要的三大营养素。进行体育锻炼时，最需要的是糖类，脂肪相对较少，蛋白质依情况而定。

此外，从事一般体育锻炼的人群只需从日常饮食中获取所需的营养素，并不需要补充所谓的运动饮料、蛋白质、糖类。只要注意运动前后的营养，就可以满足运动所需。

(一) 运动前的营养

① 运动前应以高糖类、低脂肪的食物为主。例如，米饭、面包等食物容易消化，又能提供糖类，通常作为运动时的能量来源。

② 如果运动时间少于 60 分钟，宜选择富含糖类的食物。例如，面包容易消化，因此可迅速提供糖类。

③ 高纤维的食物 (如全麦面包、高纤维饼干等) 不容易消化，易造成腹部不适，因此应避免在运动前吃这些食物。

(二) 运动后的营养

体育锻炼后的恢复是体育锻炼中非常重要的环节，恢复的好坏不仅直接影响到锻炼的效果，而且关系到第二天的运动能力。越来越多的研究表明，锻炼后的简单休息仅是恢复手段之一，如果能适当地补充营养，将对体能的恢复有很大帮助。

1. 水分的补充

剧烈的运动会导致机体大量失水，失水会影响运动能力，即使失水只占体重的 1%，也容易引起疲劳和不适；失水占体重的 3%，不适感加重，运动能力可下降 20%～30%。即使在运动中已经补水，但通常都少于丢失量。因此，运动后机体还是处于不同程度的缺水状态，需要积极地加以补充。

想要知道到底在运动中流失了多少水分，最直接的方法就是计算运动前和运动后的体重变化，每减少 1 千克体重，就表示至少需要补充 1 升水，甚至更多，因为在运动后仍然会持续流汗和排尿。若是不方便测量体重，也可以根据口渴的感觉喝水。一般来说，即使已经不觉得口渴，至少还需要再喝 2～3 杯的水，才能补充足够的水分。另一个明显的指标是排尿，如果在运动后 1～2 小时中，排尿量很少或是完全没有，而尿液的颜色很深，表示身体处于缺水状态，仍需补水，直到排尿量恢复正常，而且尿液颜色变得很淡或者无色。

2. 电解质的补充

汗液中主要的电解质是钠和氯离子，还有少量的钾和钙。进行长时间的运动，例如长跑或是在酷热的天气下连续剧烈运动数小时后，可在运动后以淡盐水或运动饮料补充水分和电解质。一般情况下，运动后电解质的丢失在正常的饮食中可得以补充。

3. 糖类的补充

肝糖是运动时的主要能量来源之一，存在于肝脏中。肌肉中的肌糖只能供给肌肉细胞使用，而肝糖可以以葡萄糖的形式释放到血液中，供给肌肉及身体其他器官所用。体内肝糖存量不足以满足运动后所需，是造成疲劳、运动能力下降的原因之一。如果没有补充肝糖，下次运动会因肝糖不足而受到影响。因此，运动后的补糖就显得格外重要。

一般情况下，在运动后 15～30 分钟之内应补充 50～100 克的糖类 (大约是每千克体重 1克)，每两小时再补充 50～100 克糖类，直到进餐为止。正餐及其他运动期间的饮食也应该以富含糖类的食物为主。

 小 知 识

运动后适合食用的食物和应避免的食物

1. 适合食用的食物

一般而言，运动后应以各式饮料或流质食物补充水分和糖类。以下列出含有 50 克糖类的食物，各人可以依照不同的习惯、喜好、需求量加以选择：

• 800～1000 毫升运动饮料

- 500毫升纯果汁
- 三种水果(如苹果、香蕉、橘子等)
- 6～10片饼干
- 两种水果加一杯牛奶
- 两片面包加少许果酱和一杯牛奶

2. 应避免的食物

激烈运动后应避免喝酒，因为酒精有利尿的作用，会降低体内的水分，也会减少肝糖的合成，还会影响受损组织的复原，对运动后的恢复有很大的副作用。运动后也应避免饮用含有咖啡因的饮料，如咖啡、茶等，因为咖啡因也有利尿的作用，会减缓体内水分的补充。

第三节 运动损伤

运动损伤是指在体育运动过程中发生的各种损伤。运动损伤与日常生活中的损伤有所不同，它与运动项目、身体状况等有着密切关系。

一、运动损伤发生的原因

运动损伤的原因可概括为主观原因和客观原因两大类。

(一)主观原因

易造成运动损伤的主观原因有以下几种。

1. 准备活动不充分

很多学生在没有做好准备活动的前提下就投入紧张的比赛中，此时肌肉、韧带的力量较小，伸展性不够，关节活动的幅度不大，身体协调性差。在这种情况下最容易发生肌肉拉伤和关节韧带损伤。

2. 运动量过大

经过长时间的运动之后，身体出汗较多，水分丢失很大。脱水使运动能力降低，如不及时补充水分，将导致体内电解质平衡紊乱，引起肌肉兴奋性增加而发生肌肉痉挛。

3. 身体状况不佳

在睡眠不佳、伤病初愈和过度疲劳时，身体协调性会显著下降，此时如果参加剧烈运动或进行高难度动作，就有可能发生损伤。此外，如果情绪低落或急躁、急于求成等，也极易造成运动损伤。

4. 技术动作不准确

在体育教学中，学生由于掌握技术动作不准确，违反了身体结构特点和运动时的力学原理，易造成损伤。例如，在篮球运动中，如果接球时的手形不对，就可能会戳伤手指。

5. 衣着不当

例如，穿牛仔裤运动既影响准备活动的运动幅度，客观上造成运动不便，也易导致不必须的损伤；穿普通鞋进行球类运动时，由于普通鞋减震性较差，不能充分吸收和缓解地面的反作用力，通常会造成踝关节扭伤。

(二) 客观原因

易造成运动损伤的客观原因主要有以下两种。

1. 运动设施和体育器材不符合要求

运动场地不平整、跑道不防滑、沙坑较硬、坑沿过高、坑内有杂物等，都易引起运动损伤。此类损伤多发生在下肢踝关节。

2. 气候和季节因素

雨雪天气、气温过高或过低等均易引起运动损伤。此外，秋冬季节较易发生损伤，因为天气变冷时，人体肌肉韧带的弹性和运动协调性相对较差，会因肌肉僵硬、动作失调而致伤。

二、运动损伤的分类

运动损伤的分类方法较多，常用的有以下几种。

① 按损伤组织的种类，可分为肌肉肌腱损伤、滑囊损伤、关节囊和韧带损伤、骨折、关节脱位、内脏损伤、脑震荡和神经损伤等。

② 按有无创口与外界相通，可分为开放性损伤和闭合性损伤。开放性损伤是指伤部皮肤或黏膜破裂，创口与外界相通，有组织液渗出或血液自创口流出，如擦伤和刺伤等。闭合性损伤是指伤部皮肤或黏膜完整，无创口与外界相通，损伤后的出血积聚在组织内，如肌肉拉伤和关节韧带损伤等。

③ 按发病的缓急，可分为急性损伤和慢性损伤。急性损伤是指瞬间遭受直接或间接暴力而造成的损伤，其发病急，症状骤起，病程短。慢性损伤是指因局部长期负担过度，由反复微细损伤积累而成的损伤，其发病缓慢，症状渐起，病程较长。急性损伤处理不当或过早运动可能转变为慢性损伤。

三、运动损伤的预防

大学生可从以下几个方面预防运动损伤。

① 在剧烈运动和比赛前做好准备活动。

② 根据自己的情况选择活动内容，适当控制运动量。

③ 保持良好的心态，练习或比赛时要控制自己的情绪，不可冲动。

④ 掌握运动要领，加强运动技术的学习，提高运动技能。

⑤ 运动前采取必须的预防措施，如检查运动场地和器材、穿着合适的服装与鞋子等。

⑥ 比赛时尊重对手和裁判，保持良好的体育道德风尚。

四、常见的运动损伤及其处理

(一) 出血

出血是运动损伤中较常见的一种，可分为外出血和内出血两类。其中，外出血分为动脉出血、静脉出血和毛细血管出血三种，可从出血的颜色和出血的情形做出判断。动脉出血呈喷射状，血色鲜红；静脉出血漫涌而出，血色暗红；毛细血管出血为缓慢渗出。

一般成人的血液总量为4000～5000毫升。若急性大出血达到全身总血量的20%，即可出现面色苍白、头晕乏力、口渴等急性贫血的症状；若出血量超过全身总血量的30%，将危及生命。因此，对外出血的伤员，尤其是大动脉的出血，必须立即止血；对疑有内脏或颅内出血的伤员，应尽快送医院处理。

止血的方法一般有以下三种：

① 冷敷法，常用于急性闭合性软组织损伤，最简便的方法是用冷水冲洗或用冷毛巾敷于伤处，有条件的可使用氯化烷喷射。

② 抬高伤肢法，用于四肢出血，抬高伤肢，使伤处血压降低，血流量减少，以达到减少出血的目的。

③ 压迫法，包括指压法、绷带加压包扎法和止血带法。

a. 指压法：用手指指腹压在出血动脉近心端相应的骨面上，以阻断血液的流动来达到止血效果。这种止血方法常用于动脉出血，操作简便，止血迅速，是一种临时性止血的好方法。

b. 绷带加压包扎法：用数层无菌敷料覆盖伤口，再用绷带加压包扎，以压住出血的血管而达到止血效果，同时抬高伤肢。该方法适用于小动脉、小静脉和毛细血管出血。

c. 止血带法：用胶管或用绳子之类（宽布条、三角巾和毛巾均可）绑扎在伤口的近心端。若为较大的肢体动脉出血，且为运送伤员方便起见应扎止血带。若上肢出血，止血带应扎在上臂的上 1/3 处，禁止扎在中段，避免损伤桡神经。若下肢出血，止血带应扎在大腿的中部。需注意的是，上止血带前，要先将伤肢抬高，尽量使静脉血回流，并用软织敷料垫好局部，然后再扎止血带，以止血带远端肢体动脉刚刚摸不到为度。扎上止血带后，每隔0.5～1小时必须放松一次，放松3～5分钟后再扎上，以防组织长时间缺氧而坏死，放松止血带时可暂用指压法止血。

(二) 软组织损伤

软组织是指人体的皮肤、皮下组织、肌肉、肌腱、韧带、关节囊、滑膜囊、神经和血管等。这些组织在受到外力作用时发生机能或结构的异常，称为软组织损伤。软组织损伤分为开放性损伤和闭合性损伤两类。前者有擦伤和撕裂伤等，后者有挫伤和肌肉拉伤等。

1. 擦伤

擦伤是运动中最常发生的一种损伤，多发生于对抗性项目活动及摔倒等意外情况下。

① 主要症状：皮肤被擦破出血或有组织液渗出，有一定的创口。

② 处理方法：对于小面积轻度擦伤且伤口干净者，只需涂抹一些碘伏即可；对于大面积重度擦伤，应先用生理盐水清洗伤口后再涂抹碘伏，覆盖消毒布，最后用纱布包扎。

2. 撕裂伤

在剧烈运动或受到突然强烈撞击时，会造成肌肉撕裂，常见的有眉际撕裂等。

① 主要症状：伤口周围多不整齐，常常伴有周围软组织的损伤。

② 处理方法：轻度伤用碘伏涂抹即可；若伤口较大，则须止血并缝合伤口，必须时注射破伤风抗毒血清，以防感染。

3. 挫伤

挫伤又称"撞伤"，是由于皮肤受钝器打击或直接与硬物碰撞而引起的损伤。它分为单纯性挫伤和混合性挫伤。前者是指皮肤和皮下组织的挫伤，后者是指在皮肤和皮下组织挫伤的同时，还合并其他组织器官的损伤（如腹部挫伤可能会伴有内脏器官的破裂）。挫伤多发生在大腿、小腿、腹部及头部等部位。

① 主要症状：单纯性挫伤表现为局部疼痛、肿胀、淤血、压痛和运动功能障碍。内脏器官损伤时，则出现头昏、脸色苍白、心慌气短、出虚汗、四肢发凉、烦躁不安，甚至休克。

② 处理方法：单纯性挫伤在24小时内冷敷或加压包扎，抬高患肢或外敷中药。24小时后可进行热敷、按摩和理疗，进入恢复期可进行一些功能性锻炼。混合性挫伤并出现休克的伤员，经急救处理后，应尽快送医院检查和治疗。

4. 肌肉拉伤

肌肉拉伤是指肌肉主动强烈收缩或被动过度拉长所造成的肌肉微细损伤、肌肉部分撕裂或完全断裂。这是最常见的运动损伤之一，在引体向上和仰卧起坐练习时容易发生。

① 主要症状：肌肉拉伤后，伤处疼痛、肿胀、压痛，肌肉紧张或痉挛，触之发硬。肌肉严重拉伤时，患者可感到或听到断裂声，疼痛和肿胀明显，皮下淤血显著，运动功能出现严重障碍，肌肉出现收缩畸形。肌纤维部分断裂时，伤处可摸到凹陷；肌腹中间完全断裂时，出现"双驼峰"畸形；一端完全断裂时，肌肉收缩成"球状"畸形。

② 处理方法：轻者可即刻冷敷，局部加压包扎，抬高患肢，24小时后可实施按摩或理疗；肌肉部分或完全断裂时，加压包扎后，立即送医院做手术缝合。

（三）关节韧带损伤

关节韧带损伤是指关节受外力异常扭转而造成的韧带损伤及关节附近其他软组织结构的损伤。在体育运动中，以腰部关节、肩关节、髌骨和踝关节的损伤最为常见。例如，跳水时因两腿后摆过大，造成腰部关节扭伤；投掷、排球扣球和大力发球时，常出现肩关节扭伤；跳高、跳远时由于踏跳不合理或摔倒受到撞击，会导致髌骨损伤；由高处跳下时，失去平衡，使踝关节过度内翻或外翻致使踝关节扭伤。

① 主要症状：一般表现为压痛、疼痛，急性期有肿胀和皮下淤血，关节功能发生障碍等。

② 处理方法：一般性扭伤在24小时内可采用冷敷，必须时加压包扎；24小时后采用理疗、按摩和针灸治疗，待疼痛减轻后可增加功能性练习。对急性腰部损伤，如果出现剧烈疼痛，则不可轻易移动，应让患者平卧，并用担架送医院诊治。处理后，应卧硬板床（或在腰部下面垫一个枕头），使肌肉韧带处于放松状态。

(四)关节脱位

关节脱位又称脱臼，是指因受外力作用使关节失去正常的连接关系。关节脱位可分完全性脱位和半脱位(或称"错位")两种，以肩、肘关节脱位较为常见。严重的关节脱位伴有关节囊损伤。

① 主要症状：常出现畸形，即刻发生剧烈疼痛和明显压痛，关节周围显著肿胀，关节功能丧失，有时发生肌肉痉挛，严重时出现休克。

② 处理方法：用夹板或三角巾固定伤肢，并尽快护送至医院治疗。如没有整复技术和经验，切不可随意做复位动作，以免加重伤情。

(五)骨折

骨折是指骨的完整性和连续性在外力的作用下遭到破坏的一种损伤。常见的骨折有肱骨骨折、尺(桡)骨骨折、手指骨折、小腿骨折和肋骨骨折等。

运动中有身体某部位受到直接或间接的暴力打击时，可造成骨折。例如，摔倒时手臂直接撑地，易引起尺骨或桡骨骨折等。

① 主要症状：患处出现肿胀，疼痛难忍，肢体失去正常功能，肌肉可产生痉挛，骨折部位可见到畸形。严重骨折伴有出血、神经损伤和发烧，乃至休克等症状。

② 处理方法：一旦出现骨折后，暂勿随意移动患肢，应先用夹板或其他代用品固定伤肢。如出现休克时，应先施行人工呼吸；若伴有伤口出血，应同时施行止血，并及时护送至医院治疗。

(六)脑震荡

脑震荡是指头部受到外力打击后，脑神经细胞和神经纤维普遍受到震荡后所引起的意识和功能的一般性障碍。脑震荡的常见原因是摔倒时头部着地，头部受到外力打击等。

① 主要症状：伤后即刻发生意识丧失、呼吸表浅、脉搏缓慢、肌肉松弛、瞳孔稍放大但左右对称；清醒后，常伴有头晕、头痛、恶心或呕吐、失眠、耳鸣和记忆力减退等。

② 处理方法：立即让患者平卧，不可坐起或立起，头部冷敷，注意保暖。对昏迷者可用手指掐点人中、内关等穴位，或让其嗅闻氨水；对呼吸障碍者，可施行人工呼吸，并立即送医院诊治。患者在恢复期，要保持环境安静，卧床休息，直至头痛、头晕症状消失，切忌过早地参加体育运动和脑力劳动。

第四节　运动处方

早在 20 世纪 50 年代，美国生理学家卡波维奇就曾提出过运动处方这个概念；1960 年，日本生理学家猪饲道夫教授首先使用运动处方这一术语；1969 年，世界卫生组织（WHO）使用了运动处方术语，从而使其在国际上得到确认。

一、运动处方的概念

"处方"一词在医学上是指医师给病人开的药方，不同的病或同一种病因程度不同就不能使用同一处方。同样，要科学地锻炼身体，提高健康水平，预防或治疗疾病，也必须"对症下药"。

所谓"运动处方",就是以增进健康、增强体质为目的而制定的一系列与个人身体状况相适应的、行之有效的科学运动方法,即用医师处方的形式规定健身运动参加者或体疗病人锻炼的内容、运动量和运动强度,它是指导人们有目的、有计划、科学进行体育锻炼的一种形式。

二、运动处方的分类

按制定运动处方的目的,运动处方可分为健身性运动处方、治疗性运动处方、康复性运动处方和竞技训练运动处方。

① 健身性运动处方:是指以增强体质、促进健康为目的的运动处方。

② 治疗性运动处方:是指以预防疾病、辅助治疗某些慢性病为目的的运动处方。

③ 康复性运动处方:是指以恢复身体运动功能及病后康复为目的的运动处方。

④ 竞技训练运动处方:是指以提高专业运动成绩为目的的运动处方。

三、运动处方的内容

(一) 运动目的

每个人参加体育锻炼的目的各不相同,有的是为了减肥,有的是为了健身,有的是为了增强肌肉,还有的是为了放松情绪。所以,大学生应根据自己的运动目的来制定相应的运动处方,才能够做到有的放矢。

(二) 运动项目

在选择运动项目的时候,应该考虑以下条件:一是运动方式、运动强度、运动负荷符合本人的体力;二是为本人喜欢的项目并具有运动经验;三是场地、器材设备许可;四是有同伴与指导者。

运动项目可分为许多类型,现代运动处方应包括以下三种主要的运动项目,选择时比例应有所侧重。

① 有氧耐力性运动,如步行、慢跑、走跑交替、有氧舞蹈、健美操和不剧烈的球类运动等。

② 抗阻力性力量运动,如利用哑铃、杠铃、弹簧和橡皮筋等负重法或阻抗法进行的力量练习。

③ 伸展柔韧性运动,如慢节奏健美操、医疗体操和瑜伽等。

(三) 运动强度

运动强度是指运动时的剧烈程度。它是衡量运动量的重要指标之一,可用每分钟的心率次数来表示。一般认为,学生心率 120 次 / 分以下为小强度,120～150 次 / 分为中强度,150～180 次 / 分或 180 次 / 分以上为大强度。测量运动强度的简单办法是:测量运动后 10 秒的脉搏再乘以 6,就是每分钟的运动强度。

合适的运动强度范围可用靶心率来控制,即以本人最高心率的 70% ～ 85% 的强度作为标准。一个健康成人的最大心率可以用（220－年龄）次／分计算得来。因此，可以通过下列公式来计算靶心率的范围：

$$靶心率＝（220－年龄）×（70\%～85\%）$$

例如，某大学生 20 岁，则他的最大心率为 220－20=200 次／分，最大心率的 70%=200×70%=140 次／分，最大心率的 85%=200×85%=170 次／分，由此可知，其运动靶心率的范围应该是 140～170 次／分。如果该学生参加完体育锻炼后的心率在 140～170 次／分，则说明他的运动强度是合理的。

（四）运动时间

运动时间是指一次锻炼的持续时间。它与运动强度紧密相关，强度大时间应稍短，强度小时间应稍长。有氧锻炼一般在 30 分钟左右就可以达到较好的效果。

（五）运动频度

运动频度是指每周的锻炼次数。研究表明，每周运动 3 次以上，效果才明显。

（六）注意事项

大学生在制定运动处方时，要根据自己的身体状况等因素提出有针对性的注意事项，以确保运动处方的有效性。

四、运动处方的制定

制定运动处方的一般步骤有四步。

（一）健康检查

这是制定运动处方最基础的依据，要了解锻炼者的身体发育、伤病情况和健康状况，以确定是否是健身运动的适应者，有无禁忌证。

（二）运动负荷测定

这是对锻炼者身体机能和运动承受能力的检测和评定。测定时以心肺功能为主，进行安静和运动状态下的生理功能检测，主要指标有心率、血压和肺活量等。

（三）体能测定

这是对锻炼者的身体素质状况进行检测和评定。测定的内容包括身体各部分的力量、速度、耐力、灵敏性、柔韧性等，从而判定锻炼者的运动能力和生理机能。

（四）制定运动处方

在完成上述检查、测定及结果评价后，可依据自身实际情况制定出包括运动目的、运动项目、运动强度、运动时间、运动频度等内容的运动处方。

小知识

减肥运动处方

姓名：×××

性别：女

年龄：20 岁

职业：学生

体育爱好：羽毛球

健康检查：良好，身高 1.55 米，体重 60 千克，中度超重，无病史。

运动负荷测定：台阶实验，安静脉搏 79 次 / 分，血压 75/115 mmHg，肺活量 2800 毫升。

体能测定：力量——仰卧起坐 25 个 / 分；耐力——800 米跑 4′ 10″。

体质评定：健康状况，良；体重过重，心肺功能稍差。

运动目的：减肥和健身。

运动项目：羽毛球、健身跑、健美操和篮球等。

运动强度：由小逐渐加大，心率在靶心率范围，即 140～170 次 / 分。

运动时间：12 周（减少体重 3～5 千克），每次 30～60 分钟。

运动频率：4～5 次 / 周。

注意事项：适当控制饮食，减少糖、油脂的摄入，可吃一定量的蔬菜、水果，生病时停止运动，自我监督心率。

处方制定者：×××

××××年×月×日

五、运动处方的实施

在运动处方的实施过程中，应对锻炼者进行医务监督，以确保实施运动处方的安全性。健康状况良好的锻炼者可在自我监督的情况下进行运动；心血管系统疾病、呼吸系统疾病患者在实施运动处方时，应在有医务监督的条件下进行运动。

在运动处方的实施过程中，锻炼者可对运动处方进行微调，以找到最适合自己条件的运动处方。具体来说，可先设一个"观察期"，对实施运动处方所引起的身体反应等进行研究；然后设一个"调整期"，对运动处方的内容进行反复调整和修改，得出新的运动处方，以此控制锻炼过程，从而保证体育锻炼过程与身体状况相适应，取得理想的锻炼效果。

第三章　田径运动

✏️ **本章学习目标**

◆ 了解田径运动的起源、发展、特点及分类。
◆ 掌握竞走的基本规则和基本技术。
◆ 熟悉跑类运动、跳跃类运动、投掷类运动的场地和器材。
◆ 掌握跑类运动、跳跃类运动、投掷类运动的比赛规则和基本技术。

第一节　田径运动概述

一、田径运动的起源与发展

远在上古时代，人们为了获得生活资料，在跟大自然和野兽的斗争中，需要走或跑相当的距离，跳过各种障碍，投掷石块并使用各种捕猎工具。人们在劳动生产中不断重复这些动作，便形成了走、跑、跳跃和投掷等各种技能，这便是田径运动的雏形。

随着社会的发展，人们逐渐有意识地把走、跑、跳跃和投掷作为娱乐和比赛的形式。公元前776年，第一届古奥运会在古希腊奥林匹克村举行，田径运动成为正式比赛项目。1896年在古希腊举办的第一届现代奥运会，将走、跑、跳跃、投掷等田径运动列为主要的竞赛项目。

随着时代的发展，田径运动的项目不断增加，竞赛条件和比赛规则不断改进和完善，到目前为止，列入奥运会比赛的田径项目已达到46项，田径运动已成为各项体育运动中项目最多的运动。

二、田径运动的特点

① 田径运动设备简单，容易开展，运动量可大可小，参加者不受年龄、性别等限制。
② 田径运动具有激烈的竞争性，田径运动员们需要相互竞争，不断刷新纪录，创造好的成绩。
③ 田径运动具有严格的技术性，运动中只有采用科学的技术方法，协调各运动器官，发挥最大潜能，才能达到最佳的运动效果。

三、田径运动的项目和分类

田径运动的项目和分类如表3-1所示。

表 3-1 田径运动项目分类表

项目类别		男子项目	女子项目
径赛项目	短跑	100 米、200 米、400 米	100 米、200 米、400 米
	中长跑	800 米、1500 米、5000 米、10000 米	800 米、1500 米、5000 米、10000 米
	接力跑	4×100 米、4×400 米	4×100 米、4×400 米
	跨栏跑	110 米栏、400 米栏	100 米栏、400 米栏
	障碍跑	3000 米障碍	3000 米障碍
	马拉松	42.195 千米	42.195 千米
	竞走	20 千米、50 千米	20 千米
田赛项目	跳跃	跳高、撑竿跳高、跳远、三级跳远	跳高、撑竿跳高、跳远、三级跳远
	投掷	铅球、铁饼、标枪、链球	铅球、铁饼、标枪、链球
全能项目		十项全能（100 米、跳远、铅球、跳高、400 米、110 米栏、铁饼、撑竿跳高、标枪、1500 米）	七项全能（100 米栏、跳高、铅球、200 米、跳远、标枪、800 米）

第二节 田赛项目

一、跳跃类运动

田径运动中的跳跃项目，是运用人体自身的能力（或同时借助一定的器材，如撑竿），通过一定的运动形式，使人体跳过尽可能高的高度或尽可能远的距离的运动。

（一）比赛场地及器材

1. 跳高场地及器材

① 助跑道：呈扇形，长度不限，最少为 15 米。

② 落地区：跳高落地区的长至少为 5 米，宽为 3 米。

③ 跳高架：有足够的高度，须配有稳定放置横杆的横杆托，两立柱之间距离为 4.00～4.04 米。

④ 横杆：跳高横杆全长为 4 米（±2 厘米），最大重量为 2 千克。

2. 跳远场地及器材

① 助跑道：助跑道的长至少为 40 米，宽为 1.22 米。

② 起跳板：起跳的标志，长 1.22 米，宽 20 厘米，一般用木料制成，漆成白色。

③ 起跳线：指起跳板靠近落地区一侧的边沿。

④ 落地区：宽 2.75～3 米，跳远起跳线至落地区远端的距离至少为 10 米，落地区内应填充湿沙，沙面与起跳板齐平。

⑤ 橡皮泥显示板：位于起跳板前，用来帮助裁判员判断运动员是否犯规。

（二）比赛规则

1. 跳高比赛规则

跳高比赛中，运动员必须用单脚起跳。如果运动员在比赛中出现下列情况之一者，应判为试跳失败：

① 试跳后由于运动员的试跳动作，致使横杆未能留在横杆托上。

② 在越过横杆之前运动员身体的任何部位触及立柱前沿垂直面以外的地面或落地区。如果运动员在试跳中一只脚触及落地区，而裁判员认为其并未从中获得利益，则不应由此而判该次试跳失败。

③ 试跳时运动员有意用手或手指把即将从横杆托上掉下的横杆放回。

2. 跳远比赛规则

跳远比赛中，有下列情况之一，即被判为犯规：

① 在助跑或跳跃中，运动员以身体任何部位触及起跳线以外的地面。

② 从起跳板两端之外起跳，无论是否超过起跳线的延长线。

③ 触及起跳线和落地区之间的地面。

④ 在落地过程中触及落地区以外的地面，而落地区外的触地点较落地区内的最近触地点更靠近起跳线。

⑤ 在助跑或跳跃中采用任何空翻姿势。

⑥ 运动员在试跳口令发出前进行试跳，不论成功与否，都被判为试跳失败。

（三）基本技术

1. 跳高

跳高技术种类较多，目前较为常用的是背越式跳高技术。背越式跳高可分为助跑、起跳、过杆和落地四个阶段。

（1）助跑

背越式跳高的助跑分直线跑和弧线跑两个阶段，助跑路线如图3-1所示。

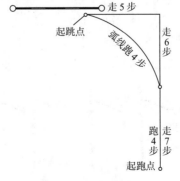

图3-1　助跑路线图

起跳点距近侧跳高架立柱约 1 米，距横杆垂直向下投影 50～80 厘米。

动作要领：

① 直线助跑一般为 4～5 步加速跑，两腿后蹬和前摆的幅度较大，身体重心较高，动作轻松、自然、有弹性。

② 弧线助跑一般为 4～5 步，助跑时身体略向圆心倾斜，脚落地时由脚跟过渡到前脚掌，摆臂与弯道途中跑相似。倒数第二步，步幅稍大，用全脚掌着地；最后一步稍小，速度较快，准备起跳。

（2）起跳

动作要领：

① 背越式跳高以远离横杆的腿为起跳腿，向身体对侧迈出，踏上起跳点，以脚跟外侧着地，迅速过渡到全脚掌，屈膝缓冲，身体向起跳腿一侧倾斜，如图 3-2（a）～（d）所示。

② 摆动腿大腿积极向前上方摆至水平位置，小腿自然下垂，身体转为正直，如图 3-2（e）所示。

③ 摆动腿屈膝内扣，向异侧肩上方摆动，并带动髋部向内转动，起跳腿迅速蹬伸，伸展髋、膝和踝关节，完成起跳动作，如图 3-2（f）～（g）所示。

（3）过杆和落地

动作要领：

① 保持起跳腿蹬伸，躯干充分伸展；上体转动成背对横杆，起跳腿自然下垂，如图 3-2（h）～（j）所示。

② 当头和肩越过横杆后，迅速沉肩，两臂置于体侧，髋关节向上挺起，形成背弓，两膝自然弯曲，小腿自然下垂，如图 3-2（k）～（n）所示。

③ 当髋关节过杆后，大腿向上摆动，小腿上踢，使整个身体过杆，如图 3-2（o）～（r）所示。

④ 两肩继续下潜，含胸收腹，自然下落，以肩部领先着垫。

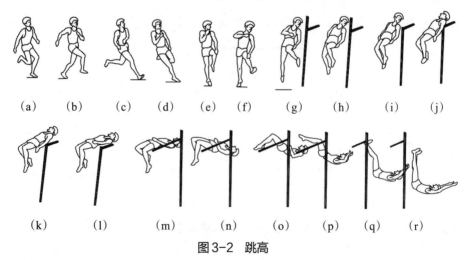

(a)　　(b)　　(c)　　(d)　　(e)　　(f)　　(g)　　(h)　　(i)　　(j)

(k)　　(l)　　(m)　　(n)　　(o)　　(p)　　(q)　　(r)

图3-2　跳高

2. 跳远

跳远可分为助跑、起跳、腾空和落地四个阶段。

（1）助跑

助跑距离一般为男子 35～45 米，女子 30～35 米。

动作要领：

① 原地站立或行进中起动开始助跑，上体前倾、大腿积极摆动，后蹬充分，摆臂有力。

② 助跑途中上体逐渐抬起，腿和手臂加速用力摆动，加快助跑速度，重心较高，身体平稳，节奏性强。

③ 助跑几步步频加快，保持较高的身体重心和较快的助跑速度，准备起跳。

（2）起跳

起跳动作是从助跑最后一步摆动腿后蹬开始，至起跳腿蹬离地面结束。

动作要领：

① 助跑最后一步，摆动腿用力蹬地，使身体尽快向起跳板方向运动。起跳腿快速前摆，大腿积极下压，踏上起跳板，由脚跟过渡到全脚掌着地。

② 起跳腿着地瞬间，髋、膝、踝关节被迫弯曲缓冲；同时，身体重心前移，起跳腿快速用力蹬伸，摆动腿大腿积极向前上方摆至水平位置，小腿自然下垂。

③ 起跳腿同侧臂屈肘向身体前上方摆动，异侧臂屈肘向体侧摆动，提肩、拔腰，向上顶头，如图 3-3 所示。

（3）腾空

动作要领：

① 起跳腿蹬离地面后，上体正直，摆动腿保持起跳时水平姿势，小腿自然下垂，起跳腿自然弯曲留在身体后，形成空中的跨步飞行，如图 3-4 所示。

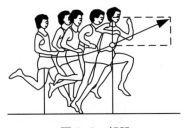

图 3-3 起跳

图 3-4 腾空步

✍️ 小知识

这一空中跨步飞行的姿势称为腾空步，如图 3-4 所示，作用是维持身体在腾空阶段的平衡。它是完成任何一种空中技术的基础动作。

② 腾空的姿势分为蹲踞式和挺身式。

a. 蹲踞式：接近腾空最高点时，起跳腿屈膝上提，与摆动腿并拢；双腿屈膝，大腿靠近胸部，上体稍前倾；两臂由前向下、向后摆动；落地前，两小腿向前伸出，准备落地，如图 3-5 所示。

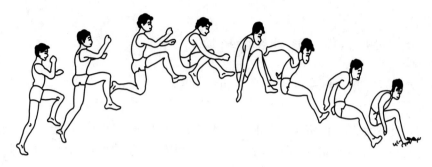

图 3-5　蹲踞式腾空

b. 挺身式：腾空后，摆动腿自然放下，小腿向后下方做弧形摆动；两臂向下、经体侧向后上方摆动；摆动腿与起跳腿并拢，髋部向前，胸、腰前挺，头、肩后展，成挺身展体姿势；落地前，两臂由后上方经体前、向后摆动；同时两大腿上抬，收腹举腿，上体前倾，小腿前伸，准备落地，如图3-6所示。

图 3-6　挺身式腾空

（4）落地

动作要领（见图3-7）：

① 小腿尽力前伸，脚跟首先触地，前脚掌下压，两腿迅速屈膝缓冲。

② 两臂屈肘前摆，身体向前或向侧方倒。

图 3-7　跳远落地

二、投掷类运动

投掷是人体运用自身的能力，通过一定的运动形式，将手持的规定器械掷出尽可能远的体育运动项目。下面主要介绍推铅球和掷标枪。

(一)比赛场地及器材

1. 铅球场地及器材

铅球场地如图3-8所示。

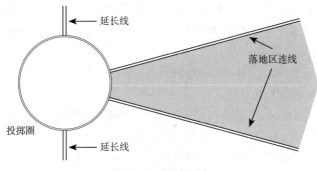

图3-8　铅球场地

① 投掷圈：铅球投掷圈直径为2.135米，投掷圈外围金属镶边，厚度为6毫米，顶端涂白。

② 落地区：铅球落地区为34.92°的扇形区域。

③ 抵趾板：投掷圈正前方木质挡板，长1.21～1.23米，用来防止运动员滑出圈外。

④ 铅球：用实心的铁、铜或者其他任何硬度不低于铜的金属制成，表面必须光滑。男子铅球重量为7.26千克，女子铅球重量为4千克。

2. 标枪场地及器材

标枪场地如图3-9所示。

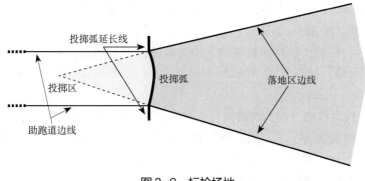

图3-9　标枪场地

① 投掷区：标枪投掷区是一条宽4米、长30～36.5米的助跑道。

② 边线：助跑道两边有两条宽5厘米的边界线。

③ 投掷弧：助跑道前端有一条半径为8米的弧线。投掷弧可以画出，也可用木料或金

属制成，弧宽 7 厘米，涂成白色，与地面齐平。

④ 落地区：标枪的落地区为 29° 的扇形区域。

⑤ 标枪：标枪包括枪身、枪头和缠绳把手。枪身是光滑的金属杆，两端逐渐变细；枪头是固定在枪身前端的锋利金属尖；缠绳把手包绕枪的重心。男子所用标枪重量为 0.8 千克，女子所用标枪重量为 0.6 千克。

(二) 比赛规则

在比赛过程中，运动员违反下列规则，则被判为犯规，成绩无效。

① 投掷铅球和标枪技术不符合规定（规则要求铅球和标枪必须由单手从肩上掷出）。

② 在投掷铅球的过程中，身体和器械的任何一部分不得触及投掷圈上沿、圈外地面及抵趾板的上面，否则即为投掷失败。

③ 在投掷标枪过程中，身体和器械的任何一部分不得触及投掷弧、延长线及线以外地面任何一部分，否则即为投掷失败。

④ 只有当器械落地以后，运动员才允许离开投掷圈或助跑道。标枪运动员在投出的枪落地前，不能在投掷后转身完全背对其投出的标枪。

⑤ 完成投掷后，铅球运动员必须从投掷圈后半圈的延长线后面退出；标枪运动员必须从投掷弧以及延长线以后退出。

⑥ 在没有犯规的情况下，参赛者可以中止已开始的试掷动作，将器材放下以后暂时离开投掷区，并重新开始，但是必须在规定的时限内完成投掷。

(三) 基本技术

1. 推铅球

推铅球的技术有侧向滑步、背向滑步和旋转式 3 种，下面仅介绍运用最普遍的背向滑步推铅球的技术。背向滑步推铅球可分为握球和持球、预备姿势、滑步、最后用力和维持身体平衡 4 个阶段。

(1) 握球和持球 (以右手为例，下同)

① 五指自然分开，手腕背屈，将铅球放在食指、中指和无名指的指根处，拇指与小指自然扶于球的两侧，如图 3-10 所示。

② 握好球后，屈肘，手持球放在肩上锁骨窝处，贴于颈部，右肘外展略低于肩，掌心向前，右臂自然上举，如图 3-11 所示。

(2) 预备姿势

① 持球后，背对投掷方向，两脚前后开立，相距 20～30 厘米。

② 右脚尖贴近投掷圈后沿，脚跟正对投掷方向；左脚前脚掌着地，自然弯曲；上体正直、放松。

③ 左臂自然上举，身体重心落于右腿上，如图 3-12 所示。

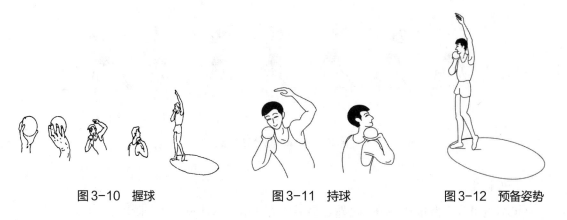

图3-10　握球　　　　　　图3-11　持球　　　　　图3-12　预备姿势

（3）滑步

① 滑步前须先做1～2次预摆。预摆时，左腿向投掷方向摆出，右腿协调配合向下蹬伸，上体前俯，左臂前伸；左腿收回靠近右腿，右腿微屈，重心下降，预摆结束，如图3-13（a）～（e）所示。

② 左腿用力向投掷方向摆出，右腿用力蹬伸，如图3-13（f）、（g）所示。

③ 当右脚蹬离地面后，身体向投掷方向快速平稳移动，此时迅速收拉右小腿，右脚尖向内转扣，以右前脚掌落于投掷圈中心附近；左脚迅速在抵趾板偏右侧位置以前脚掌内侧蹬踩着地，准备最后用力。如图3-13（h）～（j）所示。

（4）最后用力和维持身体平衡

① 右脚用力向投掷方向蹬转，同时带动右髋向投掷方向转动，左臂向左侧摆动，上体逐渐抬起，如图3-13（k）～（m）所示。

② 随髋部扭转，身体重心逐渐移至左腿，上体向投掷方向转动，挺胸抬头，如图3-13（n）所示。

③ 当左臂摆至体侧时制动，两脚积极蹬伸，右臂迅速用力将铅球向前推送。当铅球快离手时，手腕推送、手指拨球，将球推出，如图3-13（o）～（q）所示。

④ 铅球离手后，两腿迅速换位，降低身体中心，以维持身体平衡，如图3-13（r）、（s）所示。

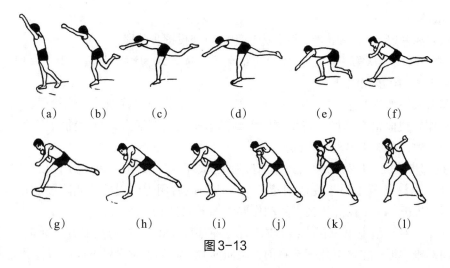

（a）　　　（b）　　　（c）　　　　（d）　　　　（e）　　　　（f）

（g）　　　　（h）　　　　（i）　　　（j）　　　（k）　　　（l）

图3-13

图3-13　背向滑步推铅球

2. 掷标枪

掷标枪可分为握枪和持枪、助跑、最后用力和维持身体平衡4个阶段。

(1) 握枪和持枪(以右手为例,下同)

① 握枪。握枪的方法有现代式和普通式两种。

a. 现代式握枪(拇指和中指握法):将标枪斜放在掌心上,拇指和中指握在缠绳把手末端边缘,食指自然弯曲斜放在枪杆上,无名指和小指自然握于把手上,如图3-14(a)所示。

b. 普通式握枪(拇指和食指握法):拇指和食指握在缠绳把手末端边缘,其余手指顺着食指握在缠绳把手上面。如图3-14(b)所示。

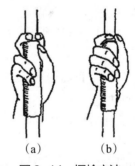

(a)　　　(b)

图3-14　握枪方法

② 持枪。持枪的方法是屈臂举枪于肩上,大小臂夹角约为90°,稍高于头,枪尖稍低于枪尾。

(2) 助跑

助跑距离一般为25～35米,可分为预跑阶段和投掷步阶段。

① 预跑阶段。从第一标志线开始起跑至第二标志线为预跑阶段,距离一般为15～20米,通常用8～10步完成。

预跑阶段主要是加速,在跑进中上体稍前倾,用前脚掌着地,大腿抬得较高,后蹬力量强,动作轻快而富有弹性,持枪臂随着跑的节奏与左臂配合,自然前后摆动,并与下肢动作协调一致,在加速中进入投掷步。

② 投掷步阶段。从第二标记到投掷弧为投掷步阶段,其距离为:男子12～14米,女子10～12米。这段任务主要是完成引枪、交叉步、最后用力、缓冲。此阶段的技术有五步、六步、七步投掷,五步投掷步技术的动作要领如下(见图3-15)。

第一步:左脚踏上第二标志线,右脚积极前迈,同时,右肩后撤并开始向后引枪,左肩逐渐向标枪靠近,左臂自然摆至胸前,眼向前看,髋部正对投掷方向,持枪臂尚未伸直。

第二步：当右脚落地，左脚离地前迈，开始了投掷步的第二步。左脚前迈时，髋稍向右转，右肩继续后撤并完成引枪动作。右手接近于肩的高度，枪身与前臂夹角较小，枪尖靠近右眉，保证标枪纵轴和投掷方向一致。

第三步：是由左脚落地开始的，左脚一落地，右腿膝关节自然弯曲，大腿带动小腿积极有力地向前摆出。当右腿靠近左腿时，左腿快速有力地蹬伸，促使右腿加快前迈。此时髋轴转向投掷方向，并与肩轴形成交叉状态。

左臂自然摆至胸前，有助于左肩继续向右转动，加大躯干的向右扭转。右脚尖外转，用脚跟外侧先落地，然后过渡到全脚掌，与投掷方向成45°左右。躯干和右腿成一条直线，整个身体向后倾斜，与地面形成一定的夹角。

第四步：在交叉步右脚尚未落地之前，左腿就要积极前迈。右腿落地，体重落到弯曲的右腿上。接着，右腿积极蹬地，加快髋部向水平方向移动，同时也加快了左腿的前迈。左腿前迈时，大腿不宜抬得过高。左脚用内侧或脚跟先着地，做出强有力的制动和支撑。

最后用力：投掷步的第三步右脚着地后，由于惯性，髋部迅速向前运动，在超越了右腿支撑点之后（左脚未着地），右脚就开始最后用力。当左脚着地，便形成了以左脚到左肩的左侧支撑，为右腿继续蹬地转髋创造条件。

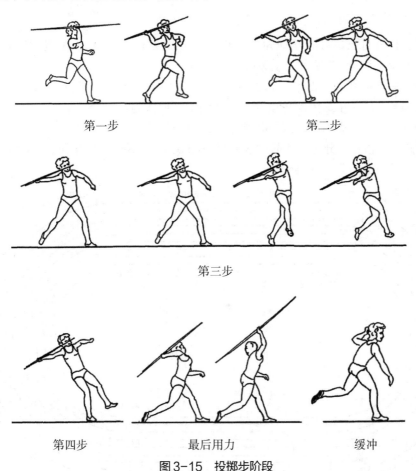

第一步　　　　　　　　　　　　第二步

第三步

第四步　　　　　最后用力　　　　　缓冲

图3-15　投掷步阶段

右腿继续蹬地，推动右髋加速向投掷方向运动，使髋轴超过肩轴，同时髋部牵引着肩轴向投掷方向转动。在肩轴向投掷方向转动的同时，投掷臂向上转动，带动前臂、手腕向上翻转。当上体转为正对投掷方向时，形成了"满弓"姿势。

此时投掷臂处于身后，约与肩高，与躯干几乎成直角。弯曲的左腿做迅速有弹性的蹬伸，同时胸部尽量前送，并带动小臂向前做爆发性"鞭打"动作，使全身的力量通过手臂和手指作用于标枪纵轴。

标枪离手一刹那，手腕和手指的积极动作能使标枪沿着纵轴按顺时针方向自转，这可以保持标枪在空中飞行的稳定性，提高标枪的滑翔效果。标枪出手的角度为30°～35°。

第三节　径赛项目

跑是人体水平位移的一种基本运动形式，是单脚支撑与腾空相互交替、蹬与摆相互配合的周期性运动。

一、比赛场地及器材

(一) 径赛场地

① 场地：国际标准的径赛场地为400米半圆式田径场，其跑道由两段相等并平行的直段和两段半圆弯道组成，半圆的外沿直径为36.5米。

② 跑道：每条跑道宽1.22米（包含右侧分道线），分道线宽5厘米。

③ 分道编号：从左手最内侧分道开始，从内向外依次为第1～8号跑道。

④ 跑进方向：左手靠内场，按逆时针方向进行。

⑤ 接力跑中，各跑段分界线的前后各10米为接力区，未到达接力区前有10米的预跑区。

⑥ 径赛各项目起点如图3-16所示。

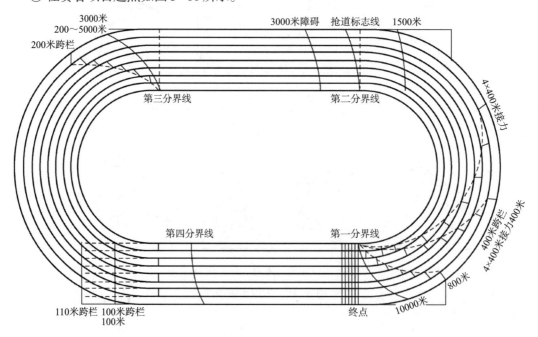

图3-16　径赛场地

（二）起跑器

起跑器主要包括两块倾斜的抵脚板，供运动员起跑时蹬踏，如图 3-17 所示。两抵脚板中轴之间距离为 10～15 厘米；前后抵脚板与地面的夹角分别为 40°～45° 和 70°～80°；前后抵脚板的距离可以调整，通常为一脚半长。

图 3-17 起跑器

二、比赛规则

（一）名次判定

参赛运动员的名次取决于其身体躯干（不包括头、颈、臂、腿、手或足）抵达终点线后沿垂直面为止时的顺序，以先到达者名次列前。

（二）起跑

400 米及 400 米以下（包括 4×100 米、4×400 米接力的第一棒）各径赛项目，必须采用蹲踞式起跑及起跑器。400 米以上径赛项目采用站立式起跑。

（三）起跑犯规

① 在枪声响起前有任何起跑动作，均属起跑犯规。除此之外，在"各就位"口令发出后，以声音或动作扰乱他人，也应判为起跑犯规。

② 起跑中犯规的运动员将被取消该项目的比赛资格（除全能项目外）。

（四）分道跑

① 在分道跑和部分分道跑径赛项目中，参赛者越出跑道，获得实际利益或冲撞、阻碍其他参赛者，将被取消比赛资格。

② 在 800 米和 4×400 米接力赛中，运动员通过抢道标志线（见图 3-16）以后才能离开自己的跑道，切入里道。

（五）接力跑

① 运动员必须手持接力棒跑完全程，如发生掉棒，必须由掉棒运动员捡起。

② 接力棒的传递必须在接力区内进行。

③ 运动员在接棒之前和传棒之后，应留在各自分道或接力区内，直到跑道畅通，如果运动员跑离所在位置或跑出分道、故意阻碍其他接力队员，则取消该接力队的比赛资格。

三、基本技术

（一）短跑

短跑可分为起跑、起跑后加速跑、途中跑和终点跑 4 个阶段。

1. 起跑

起跑必须采用蹲踞式起跑，并使用起跑器。蹲踞式起跑包括"各就位""预备""鸣枪" 3

个阶段。

动作要领：

①"各就位"。听到"各就位"口令后，走到起跑线前，屈体下蹲，两脚依次踏在起跑器抵脚板上，有力腿在前，后膝跪地；两手四指并拢，与拇指成八字形张开，虎口向前，支撑于起跑线后沿处；两手间距离比肩稍宽，两臂伸直，颈部放松，目视前下方40～50厘米处，如图3-18（a）所示。

②"预备"。听到"预备"口令后，臀部平稳抬起，与肩同高或略高于肩，肩部略超出起跑线，重心置于两臂和前腿上，两脚紧贴起跑器抵脚板，集中注意力，如图3-18（b）所示。

③"鸣枪"。听到枪声后，两手迅速推离地面，两臂屈肘有力做前后摆动，两脚用力蹬离起跑器，后腿迅速屈膝向前上方摆出，前腿快速有力地蹬伸髋、膝、踝三个关节，以较大的前倾姿势把身体向前推进，如图3-18（c）所示。

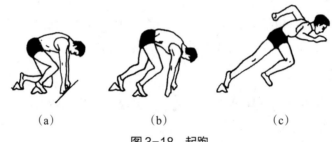

(a)   (b)   (c)

图3-18　起跑

✎ 小 知 识

　　弯道蹲踞式起跑：在某些径赛项目中，起跑线需设在弯道上，为了便于弯道起跑后有一段直线距离进行加速跑，起跑器应安装在跑道的右侧沿，起跑器中心线正对弯道切点方向。运动员的左手撑在起跑线后沿5～10厘米处，身体正对弯道的切点。

2. 起跑后加速跑

起跑后加速跑是从后腿蹬离起跑器到途中跑之间的一个跑段，距离一般为25～30米。

动作要领：

① 两臂用力加速摆动，摆幅加大；摆动腿用力上抬向前摆动，支撑腿用力向后下方蹬伸，上体保持较大幅度前倾。

② 步长逐渐加大，步频加快，上体逐渐抬起过渡到途中跑姿势。

3. 途中跑

途中跑是短跑全程中距离最长、速度最快的一段。

动作要领（见图3-19）：

① 头和上体保持正直或稍前倾，两臂屈肘，以肩为轴前后协调摆动。

② 摆动腿大腿高抬，积极前摆，带动同侧髋向前转动。

③ 当身体重心前移超过垂直位置后，支撑腿快速有力蹬伸髋、膝、踝关节，推动身体

向前，当支撑腿蹬离地面，身体进入腾空状态。

④ 支撑腿小腿随蹬地后惯性向大腿靠拢，大小腿成折叠姿势，原支撑腿转为摆动腿，用力前摆。

⑤ 同时，摆动腿大腿积极下压，小腿自然前伸，前脚掌向后扒地，此时摆动腿转为支撑腿。

图3-19　途中跑

✍ 小知识

在途中跑经过弯道时，应采用弯道跑技术。

① 经过弯道时，身体应有意识地向圆心倾斜，加大右侧腿、臂的摆动力量和幅度。

② 两腿摆动时，右腿膝关节稍向内扣，以脚掌内侧蹬地；左腿膝关节稍向外展，以脚掌外侧蹬地。

③ 两臂摆动时，右臂前摆稍向左前方，后摆时肘关节稍偏向右后方；左臂摆动稍离开躯干。

4. 终点跑

终点跑是全程跑的最后一段，短跑的终点跑距离一般为终点线前15～20米。

动作要领：上体前倾，两臂用力加速摆动，大腿抬高向前迈步，频率加快；距终点线约一步时，上体急速前倾，用胸部或肩部触压终点线，跑过终点。

(二) 中长跑

中长跑的技术动作与短跑基本相同，下面仅介绍中长跑需注意的技术要点。

1. 起跑

中长跑采用站立式起跑，分为"各就位"和"鸣枪"两个阶段。

① "各就位"。两腿前后开立，有力脚在前，全脚掌着地，脚尖紧靠起跑线后沿，后脚脚尖着地；上体前倾，两膝弯曲；有力脚异侧臂置于体前，同侧臂放于体侧；身体重心落于前脚，目视前下方3～5米处，保持稳定姿势，如图3-20(a)所示。

② "鸣枪"。听到枪声后，两腿用力蹬离地面，后腿蹬地后迅速前摆，前腿蹬直，两臂用力加速摆动，使身体快速向前冲出，如图3-20(b)所示。

（a）　　　　　　　　（b）

图3-20　站立式起跑

2. 起跑后加速跑

中长跑的起跑后加速跑与短跑技术基本相同，不同的是上体前倾幅度和蹬摆力度稍小。加速跑的距离需根据项目、参加人数、个人训练水平和战术要求等情况而定。

3. 途中跑

中长跑的途中跑与短跑技术相比，动作幅度略小，脚着地的动作柔软而有弹性，一般由脚跟着地过渡到脚尖着地，跑步过程中保持匀速而有节奏。

4. 终点跑

终点跑的距离需根据自己的体力情况、战术要求和临场情况而定，一般为到达终点前的100～200米。

5. 中长跑的呼吸

中长跑体力消耗大，对氧气的需求量较大，因此呼吸时要有一定的频率和深度，并与跑步的节奏相配合，一般为2～3步一呼，2～3步一吸。

随着疲劳的出现，呼吸的频率会有所增快，此时应注意深呼气，以充分呼出二氧化碳，吸进大量新鲜氧气。

（三）接力跑

接力跑是由短跑和传接棒组成的集体项目。

1. 起跑

① 持棒起跑。第一棒运动员起跑时，需一手持棒，采用蹲踞式起跑。常用的持棒方法是用右手的中指、无名指和小指握住棒的末端，拇指和食指分开撑地，如图3-21所示。

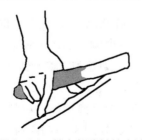

图3-21　接力起跑持棒方法

② 接棒人起跑。接棒人采用站立式起跑。接棒人站在预跑区内或接力区后端，头转向侧后方，注视传棒人和标志线，当传棒人到达标志线时，迅速起跑。

小知识

标志线：接力跑各棒次的标志线是接棒人起跑的参照标记。标志线距接棒人起跑处的距离，需根据传棒人和接棒人的跑速和传接棒技术来确定。

2. 传接棒的方法

传接棒的方法一般有上挑式和下压式两种。

① 上挑式。接棒人手臂自然向后伸出，掌心向后，四指并拢，虎口张开朝下。传棒人将棒由下向上挑，送入接棒人手中，如图 3-22 所示。

② 下压式。接棒人的手臂后伸，掌心向上，拇指向内，其余四指并拢向外，虎口张开朝后。传棒人将棒的前端由上向前下压，放入接棒人手中，如图 3-23 所示。

图 3-22 上挑式

图 3-23 下压式

3. 传接棒的位置

接棒人起跑后，与传棒人先后跑进接力区，传棒人距接棒人约 1.5 米时，发出接棒信号，将接力棒迅速传给接棒队员。

第四章　球类运动

本章学习目标

◆ 掌握足球运动的基本技术、基本战术和比赛规则。

◆ 掌握篮球运动的基本技术、基本战术和比赛规则。

◆ 掌握排球运动的基本技术、基本战术和比赛规则。

◆ 掌握乒乓球运动的基本技术、基本战术和比赛规则。

◆ 掌握羽毛球运动的基本技术、基本战术和比赛规则。

◆ 掌握网球运动的基本技术、基本战术和比赛规则。

第一节　足球

现代足球运动起源于英国，是以射门为目标、以得分多少决胜负的一种体育项目，具有易行性、对抗性、集体性和多变性的特点。经常参加足球运动，不仅能锻炼参与者的身体素质，而且有利于培养其顽强拼搏精神和团队协作意识。

一、基本技术

足球技术是指运动员在足球竞赛规则允许的条件下，运用身体有效部位合理完成各种动作的总称。足球技术包括踢球、接球、头顶球、运球和抢截球等。

(一)踢球

踢球是指运动员有目的地用脚的相应部位将球踢向预定目标的技术动作。它主要用于传球和射门。

踢球按击球时脚触球的部位可分为脚内侧踢球、脚背正面踢球和脚背内侧踢球等。踢球时可按球的状态分为定位球、地滚球、反弹球和空中球等，在此仅以踢定位球为例介绍各动作要领。

1. 脚内侧踢球

脚内侧踢球是用脚内侧的跖趾关节、舟骨和根骨所构成的三角部位接触球的一种踢球方法。其特点是触球面积大，可控性强，出球平稳准确，出球力量较小。它适用于短距离传球和射门。

动作要领：直线助跑，支撑脚踏在球侧约15厘米处，膝微屈，脚尖指向出球方向。支撑脚落地同时，踢球腿以髋关节为轴由后向前摆动，膝、踝外展，脚跟前送，脚尖稍翘，脚掌与地面平行。小腿加速前摆，脚形固定，用脚内侧部位击球的后中部，击球后，踢球腿随球前摆，如图4-1所示。

图4-1　脚内侧踢球

2. 脚背正面踢球

脚背正面踢球是用脚背正面的楔骨和趾骨末端部位触球的一种踢球方法，其特点是踢摆幅度大、摆速快，便于发力，但出球路线缺乏变化。它适用于远距离传球和大力射门。

动作要领：直线助跑，支撑脚踏在球侧约15厘米处，膝微屈，脚尖指向出球方向，踢球腿自然后摆，小腿后屈。支撑脚落地同时，踢球腿以髋关节为轴带动小腿前摆。膝关节接近球体上方时，小腿加速前摆，脚背绷直，脚趾扣紧，以脚背正面击球的后中部，击球后，踢球腿顺势前摆，如图4-2所示。

图4-2　脚背正面踢球

3. 脚背内侧踢球

脚背内侧踢球是用脚背内侧的几个楔骨和趾骨末端部位接触球的一种踢球方法。其特点是摆幅度大，摆速快，踢球力量大，助跑方向和支撑脚站位灵活，出球的方向变化较多。它适用于中、远距离传球和射门。

动作要领：沿出球方向45°斜线助跑，支撑脚踏在球体侧后方20～25厘米处，膝微屈，脚尖指向出球方向，身体稍倾向支撑脚一侧，踢球腿自然后摆。支撑脚落地同时，踢球腿以髋关节为轴带动小腿前摆。膝关节接近球体上方时，小腿加速前摆，脚尖外转，脚面绷直，脚趾扣紧，以脚背内侧击球的后中部，击球后，踢球腿顺势前摆，如图4-3所示。

图4-3　脚背内侧踢球

(二)接球

接球又称停球，是指运动员有目的地运用身体的有效部位触球，将运行中的球接控在所需要范围内的技术动作。常用的接球方法有脚内侧接球和脚底接球等。

1. 脚内侧接球

脚内侧接球的特点是触球面积大，接球平稳，便于改变球的方向。它适用于接地滚球和反弹球。

动作要领：

① 接地滚球时，身体正对来球，支撑腿微屈，接球腿屈膝外转前迎，脚内侧对准来球，脚内侧触球瞬间自然后撤，将球控制在所需要的位置上，如图4-4所示。

② 接反弹球时，支撑脚踏在落球点的侧前方，膝微屈，上体稍前倾，并向停球方向微转。接球腿屈膝上提，膝、踝外转，脚内侧对准球的反弹路线，当球落下反弹刚离地时，用脚内侧触压球的中上部，如图4-5所示。

图4-4　脚内侧接地滚球　　　　　　图4-5　脚内侧接反弹球

2. 脚底接球

脚底接球的特点是动作简单，控球稳定。它适用于接地滚球和反弹球。

动作要领：身体正对来球，支撑腿踏在球的侧后方，膝微屈，停球腿自然屈膝上提，脚尖翘起，用前脚掌触压球的中上部，如图4-6所示。

(三)头顶球

头顶球是指运动员有目的地用额部将球击向预定目标的技术动作。头顶球包括前额正面顶球和前额侧面顶球。

图4-6　脚底接球

1. 前额正面顶球

特点：触球部位平坦，发力顺畅，易于控制出球方向，出球平稳有力。

动作要领：

① 身体正对来球，两腿前后开立，膝微屈，上体后仰，重心置于后脚，两臂自然张开。

② 当球运行到身体垂直部位前的瞬间，后腿用力蹬地，重心前移，迅速向前摆体，微收下颌，用前额正面击球的后中部，如图4-7所示。

2. 前额侧面顶球

特点：动作突然、能变换出球方向，但触球面积小，出球力量较小。

动作要领：两脚前后开立，与来球方向同侧的脚在前，两膝微屈，重心置于后脚。上体和头部向出球的相反方向倾斜，两臂自然张开。当球运行到体前上方时，后脚用力蹬地，上体迅速向出球方向扭摆，屈体甩头，用前额侧面击球的后中部，如图4-8所示。

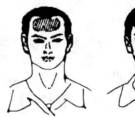

图4-7　前额正面顶球　　　　　　图4-8　前额侧面顶球

（四）运球

运球是指运动员在跑动过程中用脚连续推拨球，使球处于自己控制范围之内的技术动作。常用的运球方法有脚内侧运球、脚背正面运球和脚背外侧运球等。

1. 脚内侧运球

特点：易于控球，但运球速度慢，适用于掩护性运球。

动作要领：运球时，支撑脚踏于球的侧前方，膝微屈，重心移至支撑脚，身体略转向运球方向，运球腿屈膝上提，脚尖外转，在向前迈步过程中用脚内侧推球前进，如图4-9所示。

图4-9　脚内侧运球

2. 脚背正面运球

脚背正面运球的特点是直线推拨，速度快，但运球路线单一。它多在快速运球前进或前方纵深距离较大时使用。

动作要领：运球时，身体自然放松，两臂自然摆动，上体稍前倾，步幅不宜过大，运球脚提起时，膝微屈，脚跟提起，脚尖下指，在向前迈步过程中用脚背正面推球前进，如图4-10所示。

3. 脚背外侧运球

脚背外侧运球的特点是具有较强的灵活性和可变性，易于控制运球方向和提高运球速度。它多在快速奔跑和改变运球方向时使用。

动作要领：其动作要领与脚背正面运球相似，只是在摆脚时，脚尖稍向内转，用脚背外侧推球前进，如图4-11所示。

图4-10　脚背正面运球　　　　图4-11　脚背外侧运球

(五) 抢截球

抢截球是指在比赛规则允许的范围内，运动员有目的地运用身体的某一部位，将对方控制下或传递中的球夺过来、踢出去或破坏掉的技术动作。常用的抢截球方法有正面抢球和侧面抢球等。

1. 正面抢球

动作要领：两脚前后开立，两膝微屈，身体重心下移，落于两脚。在控球队员运球脚触球后即将着地或刚刚着地时，抢球队员支撑脚用力蹬地，抢球脚以脚内侧对球，并屈膝向球跨出将球堵截。身体重心随即移至抢球脚，支撑脚前跨将球控制住，如图4-12所示。

2. 侧面抢球

动作要领：当与对方控球队员成平行跑动时，中心稍下移，靠近对手一侧的手臂紧贴身体。当对方靠近自己一侧的脚离地时，用肘关节以上部位冲撞对方相应部位，使其失去平衡，趁机将球控制在自己脚下，如图4-13所示。

图4-12　正面抢球　　　　　　图4-13　侧面抢球

二、基本战术

足球战术是指在足球比赛中，一方为了战胜对方，根据主客观情况所采取的个人行动和集体配合的方法。足球战术可分为比赛阵形、进攻战术和防守战术三大部分。攻、守战术中又各自包括个人战术、局部战术和整体战术。

(一)比赛阵形

足球比赛阵形是指为了适应攻守战术的需要，队员在场上的位置排列和职责分工的基本形式。各阵形的名称按队员排列的形状而定。阵形的序列由后向前依次为守门员、后卫、前卫和前锋。由于守门员的职责是固定的，一般不列入比赛阵形中。较为常见的比赛阵形有4—2—4、4—3—3、3—5—2和4—4—2等。例如，4—2—4阵形为4名后卫、2名前卫和4名前锋。

(二)进攻战术

1.个人进攻战术

个人进攻战术包括采取有效措施，摆脱对方防守队员；跑动到有利位置，接应队友传球；运球突破对方防线，寻求射门机会等，其目的是进球得分。

2.局部进攻战术

局部进攻中常用"二过一"战术配合。"二过一"战术配合是指在局部地区两名进攻队员通过连续传球和跑位，突破一名防守队员的配合。

① 斜传直插二过一：当对方防守队员逼近正在运球的进攻队员时，进攻队员将球传给队友，然后直插到对方防守队员身后的空当，接应队友传球的一种战术配合，如图4-14所示（实线为传球方向，虚线为跑动方向，曲线为运球方向）。

② 直传斜插二过一：进攻队员将球直传给队友，当对方防守队员逼近控球队友时，队友将球传至对方防守队员身后的空当，进攻队员立即斜插入空当，接应队友传球的一种战术配合，如图4-15所示。

③ 跳墙式二过一：当防守队员逼近正在运球进攻的队员时，进攻队员将球传给队友，队友接球后直接将球传至对方防守队员身后的空当，进攻队员快速切入空当，接应队友的传球的一种战术配合，如图4-16所示。

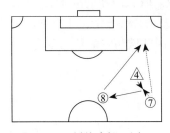
图4-14 斜传直插二过一

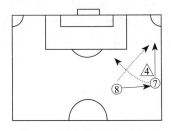
图4-15 直传斜插二过一

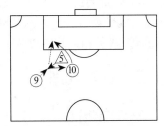
图4-16 跳墙式二过一

3. 整体进攻战术

整体进攻战术主要包括边路进攻和中路进攻战术。

① 边路进攻：指在对方半场两侧地区发起的进攻。边路进攻可充分利用场地的宽度，拉开对方的防线，使对方边路场区的防守队员分散、防守相对薄弱，以便进攻队员利用对方边路的空当突破防线，再通过传中等方式，创造射门机会。

② 中路进攻：指在对方半场中部发起的进攻。中路进攻的特点是进攻人数多、配合点多、破门机会多，但由于对方中路防守严密，突破难度也较大。

(三) 防守战术

1. 个人防守战术

常用的个人防守战术有选位和盯人等。

① 选位：防守队员根据位置职责和临场情况，选择适当的防守位置的一种防守战术。防守队员选位的点，一般应在本队球门中心与被防守队员所构成的直线上。

② 盯人：防守队员对进入本方防守区域内的对方队员实施监控，并及时封堵对方队员接球或传球的一种防守战术。

2. 局部防守战术

常用的局部防守战术有保护、补位和围抢等。

① 保护：一名防守队员在防守对方球员持球进攻时，另一名防守队员在其身后选择适当位置进行协助防守的战术配合。

② 补位：一名防守队员的防守出现漏洞时，另一名防守队员及时上前弥补漏洞的战术配合。通过队友间的相互补位，可以有效地遏制和破坏对方的进攻。

③ 围抢：在局部区域内，多名防守队员同时围堵对方控球队员，以达到抢截或破坏对方进攻目的的战术配合。

3. 整体防守战术

整体防守战术主要包括人盯人防守、区域防守和混合防守等。

① 盯人防守：每个防守队员都有各自明确的防守对象，对手移动到哪里就要紧跟盯防到哪里的战术配合。

② 区域防守：每个队员负责自己的防守区域，并在该区域内盯人防守的战术配合。

③ 混合防守：是盯人防守与区域防守相结合的一种防守方法。一般情况下，对于对方中场组织队员和持球进攻队员采用盯人防守，对于其他队员采用区域防守的战术配合。

三、比赛规则

(一) 比赛场地

足球场地通常为长方形，长为 90～120 米（国际标准 100～110 米），宽为 45～90 米（国际标准为 64～75 米），如图 4-17 所示。

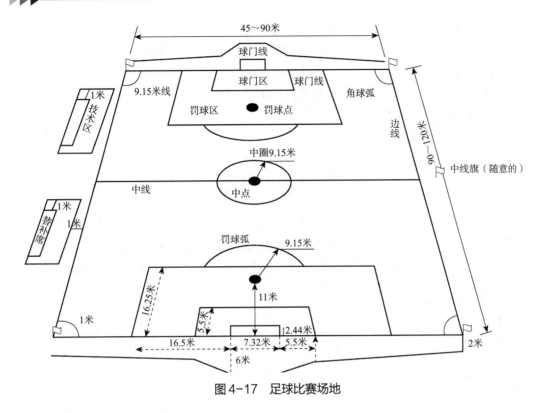

图 4-17 足球比赛场地

(二)越位犯规及其罚则

越位犯规：处于越位位置的队员有干扰比赛、干扰对方球员和利用越位位置获得利益的行为属于越位犯规；若队员仅处于越位位置，或在越位位置直接接到同队队员的球门球、界外球或角球时，不属越位犯规。

罚则：此时裁判员应判由对方队员在越位地点踢间接任意球。如果该队员在对方球门区内越位，那么这个任意球可以在越位时所在球门区内任何地点执行。

(三)犯规与不正当行为及其判罚

1. 判罚直接任意球和点球

如果队员在比赛中出现下列情形之一，将被判为犯规，并判由对方在犯规地点踢直接任意球。

①拉扯、推、踢（或企图踢）、绊摔（或企图绊摔）、冲撞对方队员。

②为了得到对球的控制而抢截对方队员时，触球前触及对方队员。

③向对方队员吐唾沫。

④故意手球（不包括守门员在本方罚球区）。

2. 判罚间接任意球

如果队员在比赛中出现下列情形之一，将判给对方踢间接任意球。

①队员动作具有危险性。

②队员阻挡对方队员。

③ 队员阻挡对方守门员从其手中发球。

如果守门员在本方罚球区内出现下列情形之一，将判给对方踢间接任意球。

① 当手控制球时，在发出球之前持球超过6秒。

② 在发出球之后未经其他队员触及或再次用手触球。

③ 用手触及同队队员故意踢给他的球。

④ 用手触及同队队员直接掷入的界外球。

第二节　篮球

篮球运动起源于美国，是以投篮为中心、得分多少决胜负的体育项目，具有集体性、对抗性和时空性的特点。经常参加篮球运动不仅能使参与者在力量、速度、灵敏和弹跳等方面得到发展，而且可以培养其集体荣誉感、严格的组织纪律性和顽强的意志品质。

一、基本技术

篮球技术是在篮球比赛中，队员为了攻守目的所运用的各种专门动作的总称，主要包括脚步移动、传接球、运球和投篮等。

(一) 脚步移动

脚步移动是在篮球比赛中队员为了争取时间和空间上的主动优势所采用的各种脚步动作的总称，是学习篮球技术和使用机动灵活战术的基础。脚步移动主要包括起动、跑、急停、滑步和转身等。

1. 基本站立姿势

基本站立姿势是脚步移动的准备姿势，便于各种技术动作的开始和运用。

动作要领：两脚前后或左右开立，与肩同宽，两膝微屈，重心落于两脚间，上体稍前倾，两臂自然弯曲于体侧，两眼注视全场情况。

2. 起动

起动是队员在球场上由静止状态变为运动状态的一种起始动作，一般用于攻、守中抢占有利位置的行动中。起动包括向前和向侧起动两种方式。

动作要领：从基本站立姿势开始，向左侧起动时，重心左移，上体迅速左转，左脚不动，右脚前脚掌用力蹬地，并向左跨出，两臂自然摆动；向前或向右起动与向左起动的动作要领相仿，只是方向不同而已。

3. 跑

跑是最基本的移动技术，包括侧身跑、变速跑、变向跑和后退跑等。常用的跑包括侧身跑和变速跑两种方法。

① 侧身跑。侧身跑是队员在跑动中为了抢位、摆脱防守、接侧向或侧后方的传球而采用的一种跑动方法。

动作要领：跑动过程中，两脚尖正对跑动方向，头和上体转向球的方向。

② 变速跑。变速跑是队员在跑动过程中改变跑的速度(加速或减速)的一种方法。

动作要领:跑动过程中,加速时,上体前倾,两脚掌连续交替向后蹬地,同时迅速摆臂;减速时,上体直起,加大步幅,用前脚掌抵地,缓冲减速。

4. 急停

急停是进攻队员在快速跑动过程中,突然制动并成静止状态的一种方法。常用的急停包括跨步急停和跳步急停两种方法。

① 跨步急停。动作要领:停步时,一只脚向前跨出一大步,脚跟着地过渡到全脚掌抵地,同时迅速屈膝,上体后仰。另一只脚紧随着地时,脚尖内旋,身体顺势侧转,前脚掌内侧蹬地。两臂屈肘张开,保持身体平衡。

② 跳步急停。动作要领:停步时,双脚起跳,上体稍后仰,两臂自然摆动,两脚同时平行落地,屈膝降重心,两臂屈肘张开,保持身体平衡。

5. 滑步

滑步是队员防守时移动的主要步法。常用的滑步包括侧滑步、前滑步和后滑步三种步法,下面按讲解前两种。

① 侧滑步。动作要领:开始滑步前,两脚左右开立,微屈膝,两臂侧张开。向左滑步时,身体重心左移,左脚向左跨出一步,落地的同时,右脚迅速滑行跟进,完成一步侧滑,然后重复以上动作,如图4-18所示。向右滑步时,动作相反。

图4-18 向左侧滑步

② 前滑步。动作要领:开始滑步前,两脚前后开立,微屈膝,两臂前后张开。向前滑步时,身体重心前移,前脚向前跨一步,落地的同时,后脚迅速滑行跟进,完成向前滑一步,然后重复以上动作。向后滑步时,动作相反。

6. 转身

转身是队员以一脚做轴(中枢脚),另一只脚蹬地向前或向后跨出,身体顺势转动,以改变身体方向的一种方法。转身包括前转身和后转身两种方式。

① 前转身。动作要领:转身时(以右脚为中枢脚),左脚前脚掌向外蹬地,同时身体重心右移,左脚经体前向右跨一步,同时中枢脚以前脚掌为轴(脚跟提起)用力蹍地旋转,身体顺势右转,如图4-19所示。

图4-19　前转身

② 后转身。后转身和前转身的动作要领相仿，不同的是后转身时移动的脚向自己身后跨步使身体改变方向。

(二) 传接球

传接球是篮球比赛中队员之间有目的地转移球，以更好地配合全队进攻的有效手段。因此，传接球是组织全队进攻配合的纽带，也是提高进攻质量的重要环节。

1. 传球

传球包括双手胸前传球、双手头上传球、单手肩上传球、单手胸前传球和勾手传球等。下面将对双手胸前传球和单手肩上传球进行简要的介绍。

① 双手胸前传球。双手胸前传球是一种最基本、最常用的传球方法，适用于不同方向、不同距离的传球，其特点是准确性高，便于控制球。

动作要领：双手持球时，两脚开立，两膝微屈，重心落于两脚间，双手十指自然分开，两拇指相对成"八"字形，指根以上部位持球两侧，掌心空出，持球于胸腹之间；传球时，两臂迅速向传球方向前伸，当手臂将要伸直时，急促抖腕，同时两拇指用力下压，食、中指用力拨球，将球传出，如图4-20所示。

图4-20　双手胸前传球

② 单手肩上传球。单手肩上传球常用于中、远距离传球，特点是传球力量大，利于抢

到后场篮板后长传快攻。

　　动作要领（以右手传球为例）：左脚向传球方向迈出半步，同时右臂引球至右肩上方，左手离球，左肩对着传球方向，重心落于右脚上。右脚内侧蹬地转身，同时迅速向前挥臂，手腕前屈，通过食、中指拨球，将球传出，如图4-21所示。

图4-21　右手肩上传球

2. 接球

　　接球是队员获得球的动作，是抢篮板球和断球的基础，包括双手接球和单手接球两种。

　　① 双手接球。双手接球包括双手接胸部高度的球、双手接头部高度的球、双手接低于腰部的球和双手接地滚球等方法。下面简要介绍双手胸前接球的动作要领。

　　双手胸前接球动作要领：两眼注视来球方向，两臂向来球方向伸出，十指自然分开。当双手触及球时，手臂顺势引球，将球持于胸腹之间，如图4-22所示。

图4-22　双手胸前接球

　　② 单手接球。动作要领（以右手接球为例）：两眼注视来球方向，右臂微屈，伸向来球方向，手掌成勺形，五指自然分开。当手指触及球时，右臂顺势引球，左手立即帮助右手，双手持球于胸腹间，如图4-23所示。

图4-23　单手接球

(三) 运球

运球包括高运球、低运球、体前变向换手运球、后转身运球和胯下运球等。下面将对高运球、低运球、体前变向换手运球和胯下运球进行简要介绍。

1. 高运球

高运球是球反弹的高度在腰、胸之间的运球方法，一般用于无防守的快速运球。

动作要领 (以右手运球为例)：运球时，微屈膝，上体稍前倾，目平视，以肘关节为轴，前臂自然伸屈，用右手按拍球的后上方，控制球的落点在身体右前方，球的反弹高度在胸腹之间。

2. 低运球

当持球队员接近防守队员或防守队员来抢球时，持球队员为保护球或摆脱防守，常采用低运球方法。

动作要领：运球时，抬头、目视前方，深屈膝，上体前倾，用上体、腿和另一只手臂保护球。同时，用手短促地按拍球，控制球的反弹高度在膝关节以下。

3. 体前变向换手运球

当防守队员堵截运球队员的进攻路线或运球队员运球接近防守队员时，运球队员可运用体前变向换手运球摆脱和突破对手。

动作要领 (以运球队员右手运球突破对手左侧为例)：运球队员右手运球，当对手向右侧移动堵截时，运球队员应向右侧加速运球吸引对手偏离正常防守位置，接着突然变向，用右手按拍球的右后上方，向左侧拍球，左、右脚先后迅速向左前方跨出，上体左转并前倾探肩，换左手按拍球的后上方，加速运球突破对手，如图4-24所示。

图4-24　体前变向换手运球

4. 胯下运球

动作要领 (以右手胯下运球为例)：运球跨步急停后，两脚前后开立，左脚在前，重心落于两脚间，右手按拍球的右上方，使球从两腿之间穿过，换左手运球，右脚向左前跨出，完成一次胯下运球。

(四) 投篮

投篮包括原地投篮、行进间投篮、跳起投篮、补篮和扣篮等，下面将对原地投篮和行进间投篮进行简要介绍。

1. 原地投篮

原地投篮包括双手头上投篮、双手胸前投篮、单手头上投篮和单手肩上投篮。下面介绍原地单手肩上投篮的动作要领。

原地单手肩上投篮动作要领（以右手投篮为例）：从双手持球的基本站立姿势开始，左手扶球左侧，右手持球，右臂屈肘，置球于右肩上。投篮时，两脚掌蹬地，左手离球，右臂向前上方伸直时，手腕前屈，食、中指拨球，将球投出，如图4-25所示。

图4-25 原地单手肩上投篮

2. 行进间投篮

行进间投篮包括单手肩上投篮、单手低手投篮、双手低手投篮、反手投篮和勾手投篮等。下面介绍行进间单手低手投篮的动作要领。

行进间单手低手投篮动作要领（以右手投篮为例）：运球队员结束运球变为双手持球的同时，右脚跨出第一步；左脚跨出第二步落地时，前脚掌用力蹬地向前上方起跳，右腿屈膝自然上提，右手将球引至右肩侧上方；腾空到最高点时，左手离球，右手托球，右臂向前上方伸展；接近球篮时，手腕、手指上挑，将球投出，如图4-26所示。

图4-26 行进间单手低手投篮

二、基本战术

篮球战术是篮球比赛中队员所运用的攻守方法的总称，主要分为进攻和防守两种战术，其中进攻战术包括传切配合、掩护配合和突分配合等战术；防守战术包括换防配合和补防配合等战术。

(一) 传切配合

传切配合包括一传一切和空切两种配合。一传一切是指持球队员传球给同伴后自己立即切向篮下，接同伴回传的球进行投篮的方法；空切是指无球队员根据球的转移情况，从不同的方向迎球或侧向插入篮下接球的配合方法。

(二) 掩护配合

掩护配合是指队员用自己的身体挡住同伴的防守队员，使同伴摆脱防守的配合方法。

(三) 突分配合

突分配合是指持球队员突破防守后遇到补防或吸引对手注意力后，及时将球传给同伴，使同伴获得进攻机会的配合方法。

(四) 换防配合

换防配合是指防守队员为了破坏进攻队员的掩护配合，彼此之间及时呼应并交换防守对手的一种配合方法。换防配合是破坏掩护配合的一种方法。

(五) 补防配合

补防配合是指当防守队员被对手突破或绕过时，临近的其他防守队员主动放弃自己防守的对手，去补防突破队员的配合方法。

三、比赛规则

(一) 比赛场地

标准篮球场地是一块长 28 米、宽 15 米的长方形平地，如图 4-27 所示。球场必须有明显的界线，界线距观众、广告牌或其他障碍物至少 2 米。篮球场长边的界线叫边线，短边的界线叫端线。

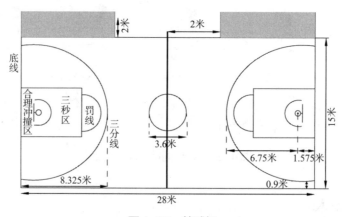

图 4-27　篮球场

（二）违例

违例是指球员在比赛过程中，不慎侵犯了比赛中的一些基本规定，包括两次运球、故意踢球、带球走、控球队员在对方的限制区内持续停留超过3秒、队员持球5秒内没有传球、投球或者运球、控球队员从后场推进前场超过8秒和进攻队在场上控球24秒内没有投篮出手等。

罚则：在比赛过程中出现时间方面的违例、带球走、两次运球、脚踢球和跳球违例等均判对方在违例地点附近的边线或底线发界外球。

（三）侵人犯规

侵人犯规是指比赛过程中，双方队员的接触犯规。例如，队员通过伸展手、臂、肘、肩、髋、腿、膝或脚来拉、阻挡、推、撞、绊，阻止对方队员行进；队员将自己的身体扭曲成"反常"的姿势（超出自己的圆柱体）；队员对对方队员有任何粗暴的动作，都属于侵人犯规。

罚则：给犯规队员记1次侵人犯规以及判给对方球权或罚球，当判给对方球权或罚球时，按如下规定执行：

① 被侵犯队员未投篮，由被侵犯队员在靠近犯规地点的界线外掷界外球。

② 被侵犯队员正在投篮，投篮成功应计得分并判给其1次罚球；投篮未中，在2分区（或3分区）投篮，则判给其2次（或3次）罚球。

第三节 排球

排球运动于1895年由美国的威廉·G.摩根（Williams G.Morgan）发明，以通过变化击球路线和落点造成对方失误为目的，以得分多少决胜负的集体项目，具有技巧性、对抗性和集体性的特点。排球比赛无时间限制，其对抗强度较大，对人的身体素质和心理素质有着较好的锻炼作用。

一、基本技术

排球技术是在比赛规则允许的条件下，队员运用的各种合理击球动作和配合动作的总称，主要包括准备姿势与移动、传球、垫球、扣球、发球和拦网等。

（一）准备姿势与移动

准备姿势与移动是排球运动中运用最多的两项基本技术，它是完成传球、垫球、扣球、发球和拦球各项技术的前提和基础，并且对各项技术动作的运用起着串联作用。

1. 准备姿势

按照重心的高低，准备姿势包括稍蹲、半蹲和低蹲三种。下面介绍半蹲准备姿势的动作要领。

半蹲准备姿势动作要领：两脚左右或前后开立（根据场上情况，可以左脚在前或右脚在前），稍比肩宽，脚跟提起，膝微屈，脚尖和膝稍内扣；上体前倾，重心前移，肩超膝、膝超脚尖；两臂自然弯曲，置于腹前，目视来球。

2. 移动

移动的基本步法包括并步与滑步和交叉步等。

① 并步与滑步。动作要领（以向前移动为例）：从两脚前后开立的准备姿势开始，后脚用力蹬地，前脚向来球方向跨出一步，后脚迅速跟上成准备姿势。连续并步移动称为滑步。

② 交叉步。动作要领：从准备姿势开始，向右移动时，上体稍向右转，左脚从右脚前面向右交叉跨一步，然后右脚再向右跨一大步，同时身体转向来球方向成准备姿势。

（二）发球

发球过程分为准备姿势、抛球和击球 3 个环节。下面对正面上手发球和侧面下手发球进行简要介绍。

1. 正面上手发球

正面上手发球的特点是力量大、速度快、弧度平、旋转强和落点易于控制。

① 准备姿势：面对球网站立，两脚前后自然开立，左脚在前，两膝微屈，上体前倾，左手持球于胸前。

② 抛球：左手将球垂直平稳地抛向右肩的前上方，置于头上 3 个球左右高。同时右臂抬肘约与肩平，前臂后引，手掌置于头后上方，上体略向后移，挺胸、展腹、身体重心后移至右脚。

③ 击球：身体重心前移，收腹，同时带动右臂迅速向肩前上方挥动，在最高点伸直手臂，用力掌击球的后中部。在触球的刹那，手腕适当地向前推压，如图 4-28 所示。

图 4-28　正面上手发球

2. 侧面下手发球

侧面下手发球的特点是发球动作较简单，容易掌握，稳定性较大，但攻击性较小。

① 准备姿势：右肩对网站立，两脚左右开立，与肩同宽，上体稍前倾，重心落于两脚间或稍偏右脚，左手置球于腹前。

② 抛球：左手将球抛到胸前，距身体约一臂远，同时右臂摆至身体右侧后下方，上体稍右转。

③ 击球：右脚内侧蹬地，身体左转，带动右臂向前摆动，在腹前用全掌击球下部，将球击出。击球时手臂要伸直，眼睛要看着球。

(三) 传球

传球是排球运动中的一项最基本的技术，是进行比赛和组织战术的基础。传球的种类多种多样，下面对正面双手传球 (简称正传) 和背传进行简要介绍。

1. 正传

① 动作要领：传球前采用稍蹲姿势，身体站稳，上体挺直看球，双手自然抬起，置于脸前；当球至距额前上方一个球左右的位置时，开始双脚蹬地、伸膝、伸双臂，张开双手，从脸前向前上方击球，将球传出，如图 4-29 所示。

② 传球手形：当手触球时，两手自然张开成半球状，手腕稍后仰，以拇指、食指和中指拖住球的后下部，两拇指相对，接近"一"字形，两手间要有一定的距离 (不超过球的直径)。

③ 传球的用力：传球时主要是利用蹬地、伸膝、向上展体和伸臂协调动作，配合手指和手腕的弹力将球传出。

2. 背传

动作要领：传球时，上体保持正直或稍后仰，两膝半屈，重心落于两脚间，双手自然抬起，置于脸前，目视来球方向；迎球时，微仰头挺胸，下肢蹬地，同时上体向上方伸展；触球时，手腕后翻，掌心向上击球底部 (手形与正传的手形相同)，同时下肢蹬地、展腹、抬臂、伸肘，通过手指和手腕的弹力把球向后上方传出，如图 4-30 所示。

图 4-29 正传　　　　　　　图 4-30 背传

(四) 垫球

垫球主要包括正面双手垫球、体侧垫球、跨步垫球和挡球等。下面将对正面双手垫球和跨步垫球进行简要介绍。

1. 正面双手垫球

正面双手垫球是双手在腹前垫击来球的一种垫球方法，是各项垫球技术的基础。

① 动作要领：垫球前，判断球的落点后迅速移动到落点，身体正对来球方向，成准备姿势站好；当球接近腹前时，两臂夹紧前伸，含胸收肩，收腕抬臂，将球准确地垫在小臂上，如图 4-31 所示。

图 4-31 正面双手垫球

② 手形：两手手指上下相叠，掌根紧靠。两拇指平行相靠，紧压在上层手指中指的第二节上，两臂伸直相夹，如图4-32所示。

③ 击球点与垫球部位：击球点应保持在腹前约一臂处；垫球部位为前臂腕关节以上10厘米左右桡骨内侧平面为宜，如图4-33所示。

图4-32　垫球手形

图4-33　垫球部位

2. 跨步垫球

跨步垫球是当球距身体一步左右，但速度很快或位置较低，队员来不及移动正对时，迅速向前或向侧跨出一步垫球的动作。

动作要领：垫球前，首先判断来球的落点，然后迅速向来球方向跨出一步，屈膝制动，重心移至跨出的脚上。两臂夹紧伸直插入球下，用两前臂击球的后下部，将球平稳地向目标方向垫出。

（五）扣球

扣球主要包括正面扣球、自我掩护扣球和勾手扣球等。下面将对正面扣球进行简要介绍。正面扣球的动作要点如下（以两步助跑右手扣球为例）。

① 准备姿势：采用稍蹲姿势，两臂自然下垂，观察来球，做好向各个方向助跑起跳的准备。

② 助跑：助跑时，左脚先向前迈一小步（便于寻找和对正方向），接着右脚再迅速跨出一大步，同时两臂绕体侧向后引。左脚及时跟上右脚，踏在右脚之前，两脚尖稍向右转，屈膝制动同时两臂自后积极向前摆动。

③ 起跳：助跑制动之后，两臂用力向上摆，同时两脚猛力蹬地向上起跳。

④ 空中击球：起跳后，挺胸展腹，上体稍向右转，右臂向后上方抬起，身体成反弓形；挥臂时，身体左转，收腹，带动肩、肘、腕各部分关节成甩鞭动作向前上方挥动；击球时，五指微张成勺形，以掌心击球的后中部，同时屈腕、屈指向前推压，将球扣出。

⑤ 落地：落地时，前脚掌先着地，然后过渡到全脚掌着地，顺势屈膝收腹，以缓冲下落的力量，如图4-34所示。

图4-34　正面扣球

（六）拦网

拦网包括单人拦网和集体拦网两种，两者的个人动作要领相同，只不过后者更注重相互间的协调与配合。下面将对单人拦网进行简要介绍，如图4-35所示。单人拦网的动作要点如下：

① 准备姿势：面对拦网，两脚左右开立，与肩同宽，两膝微屈，两臂在胸前屈肘距网30～40厘米。

② 移动：为了及时对正对方的进攻点，拦网队员需要及时移动。常用的移动步法有并步与滑步和交叉步等。

③ 起跳：原地起跳时，两膝弯曲（弯曲程度因人而异，以发挥最高弹跳力为原则），重心降低，双脚用力蹬地，同时两臂在体侧画小弧用力上摆，带动身体垂直起跳。

④ 空中击球：起跳过程中，两手经额前并平行球网向网上沿的前上方伸出，两臂平行伸直，前臂靠近网，两肩尽量上提；拦网时，两臂尽力过网伸向对方上空，两手自然张开，屈指、屈腕成勺形，以便包住球；手触球时，两手要突然紧张，手腕下压盖住球的前上方。

⑤ 落地：落地时，面对对方，屈膝缓冲，同时屈肘向下收臂。

图4-35　单人拦网

二、基本战术

排球基本战术主要包括阵容配置、进攻战术和防守战术等。

（一）阵容配置

阵容配备主要有"四二"阵容配备和"五一"阵容配备。

1."四二"阵容配备

"四二"阵容配备是指上场队员中有4个进攻队员和2个二传队员。4个进攻队员中有2个主攻队员和2个副攻队员。主（副）攻队员站在对角的位置上。

2."五一"阵容配备

"五一"阵容配备是指上场队员中有5个扣球手和1个二传手，通常二传队员在对角位置上，配备一名有进攻能力的扣球手接应二传队员。

(二) 进攻战术

1. "中一二" 进攻战术

"中一二" 进攻战术的阵形：二传手站位于 3 号，5 号垫球至 3 号，3 号传给 2 号或 4 号扣球进攻，如图 4-36 所示 (实线为传球路线，虚线为队员移动路线)。

2. "边一二" 进攻战术

"边一二" 进攻战术的阵形：二传站位于 2 号，6 号垫球至 2 号，2 号传给 3 号或 4 号扣球进攻，如图 4-37 所示 (实线为传球路线，虚线为队员移动路线)。

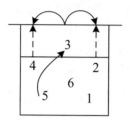
图 4-36 "中一二" 战术

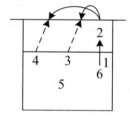
图 4-37 "边一二" 战术

(三) 防守战术

防守战术是组织进攻和反攻战术的基础，主要包括接发球防守和接扣球防守等。

1. 接发球防守

下面将对 5 人接发球防守战术和 4 人接发球防守战术进行简要介绍。

① 5 人接发球防守战术。5 人接发球防守战术是比赛中最基本、最常用的接发球方法，它的阵形是除前排 1 名二传手或后排准备插上的二传手外，其余 5 名队员都参与接发球。5 人接发球时，球员的位置应根据本方一攻战术来确定。

② 4 人接发球防守战术。4 人接发球防守战术的阵形是除前排 1 名二传手和后排准备插上的二传选手外，其余 4 名队员都要参与接发球。它的特点是可以缩短插上和扣快球队员跑动的距离，有利于提高进攻的速度。

2. 接扣球防守

接扣球防守战术由拦网和后排防守两部分组成，分为无人拦网、单人拦网、双人拦网和三人拦网防守战术。下面将对双人拦网防守战术进行简要介绍。

双人拦网防守战术适用于当对手的扣球力量较大，线路变化多时，其方法包括 "边跟进" 防守和 "心跟进" 防守等。

① "边跟进" 防守。"边跟进" 防守的阵形是队员成 "M" 形站位时，2 号和 3 号网前拦网，4 号后退至攻防线后参与后场防守，1 号或 5 号跟进保护和防守对方吊球。它适用于对方进攻力量强，扣球多，吊球少时。"M" 形站位如图 4-38 所示。

② "心跟进" 防守。"心跟进" 防守的阵形是队员成 "M" 形站位时，2 号和 3 号网前拦网，4 号后退至攻防线后参与后场防守，6

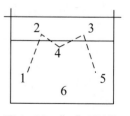
图 4-38 "M" 形站位

号队员专职跟进、保护拦网和防吊球。它适用于对方经常打吊结合时。

三、比赛规则

(一) 比赛场地

排球场包括比赛区域和无障碍区两部分：比赛区域为 18 米 × 9 米的长方形，如图 4-39 所示；比赛场地边线外的无障碍区至少宽 5 米，端线外的无障碍区至少宽 8 米，比赛区域上空的无障碍空间至少高 12.5 米 (从地面量起)。

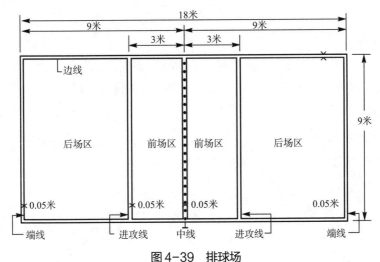

图 4-39　排球场

(二) 犯规

1. 发球犯规

① 发球队队员未依照上场阵容单的顺序，轮流发球。

② 发球队员在击球时或击球跳起落下时，踏及场区 (包括端线) 或发球区以外地面。

③ 发球队员在第一裁判员鸣哨后 8 秒内没有将球击出。

④ 发球出界。

2. 击球犯规

① 排球比赛中，一名队员 (拦网队员除外) 连续两次击球或球连续两次触及本人身体的不同部位。

② 比赛过程中，击球队员将球接住或抛出。

③ 击球出界。

3. 拦网犯规

① 拦对方的发球。

② 拦网出界。

③ 队员从标志杆以外伸入对方空间拦网。

罚则：无论哪种犯规，若一队犯规，另一队得 1 分并得到发球权。

第四节　乒乓球

乒乓球运动起源于英国，所用设备简单，容易开展，运动量可大可小，参加者不受年龄、性别等限制。乒乓球在我国有良好的群众基础，深受青少年的欢迎。乒乓球设有男女单打、男女双打、男女团体和男女混双等7个比赛项目。

一、基本技术

(一)握拍方法

1.直握拍方法

正面拇指第一指节和食指第二指节握拍，拍柄压住虎口，背面中指、无名指和小指自然弯曲斜形重叠，中指第一指节顶住球拍的后上部使球拍保持平稳，如图4-40所示。

2.横握拍方法

中指、无名指和小指自然地握住拍柄，拇指在球拍正面，轻贴在中指的旁边，食指自然伸直斜放于球拍的背面，虎口轻微贴拍，如图4-41所示。

图4-40　直握拍方法　　　　　　　图4-41　横握拍方法

(二)基本步伐

1.单步

以一脚的前脚掌为轴，另一脚向前、后、左、右某个方向移动一步。单步的特点是移动范围较小，重心较为稳定。单步多在来球离身体不远的情况下使用。

2.跨步

以一脚向来球方向跨出一大步，另一脚跟着移动。跨步的特点是移动范围较大，身体重心起伏也大。跨步多在来球急、角度大的情况下使用。

3.滑步

两脚几乎同时向来球方向蹬地，离球远的脚先落地。滑步的特点是移动范围较大，身体重心平稳，便于发力。滑步多在来球角度较大、球速快时使用。

4.交叉步

离球远的脚朝来球方向跨出一大步，并从前面超过另一脚形成交叉状，另一脚再向来球方向移出一步。交叉步多在来球远离身体的情况下使用。

(三) 发球方法

1. 正手平击发球

将球抛起,拍面稍前倾,当球下降稍高于球网时,手臂向左前方发力,挥拍击球中上部。击球后的第一落点应落在球台中区,如图4-42所示。

图4-42 正手平击发球

2. 反手发轻短球

手臂先向后上方引拍,当球下降至比网稍高时,前臂向前下方轻微用力送出,拍面后仰,触球中下部并向底部摩擦,如图4-43所示。

图4-43 反手发轻短球

3. 发下旋球

发下旋球时,执拍手的上臂带动前臂加速向前下方挥拍,前臂迅速内旋。拍面后仰较大,由球的中下部后向底部摩擦击球,如图4-44所示。

图4-44 发下旋球

4. 高抛发球

发球者先将球抛至高度为2～3米的空中,待下落到一定高度时击球。挥拍时上臂外展的幅度较大,要借助转腰和蹬地的力量。由于抛球高度大,球体下落时的重力加速度骤增。高抛球具有球速快、旋转强、时间差明显等特点。

(四)常用击球方法

1. 推挡球

推挡球包括挡球、快推、快拨和加力推等多种方法，下面介绍常用的两种。

① 挡球。前臂与台面平行伸向来球。球拍触球时，前臂和手腕稍向前移动，拍面接近垂直，并在来球的上升期击球的中部，如图4-45所示。

图4-45　挡球

② 快推。引拍时肘关节靠近身体右侧，前臂与台面平行。将球拍后引至左腹前，拍面垂直。击球时，前臂和手腕迅速前伸，食指用力，拇指放松使拍面稍前倾，并在上升期击球的中上部，如图4-46所示。

图4-46　快推

2. 搓球

搓球是近台还击下旋球的一种技术，球拍在体前，击球时上臂前伸，拍面稍后仰，利用上臂前伸和外旋力量，将球拍向前下方送出，在来球的下降期摩擦球的中下部，如图4-47所示。

图4-47　搓球

3. 攻球

当来球将落至台面时前臂外展，将球拍后引至身体右侧稍后，当来球从台面弹起时，上臂带动前臂向左前上方快速挥动，并配合前臂内旋动作将拍形前倾，在上升期击球的中上部，如图4-48所示。

图4-48　攻球

4. 弧圈球

执拍手沉肩垂臂，引拍至身体后下方，大臂带动前臂向前上方挥拍，逐渐加快挥拍速度。拍触球时，右脚蹬地转体向左侧转动，迅速收缩前臂，发力要以腰、手为主，在来球下降期击球的中部或中上部，如图4-49所示。

图4-49　弧圈球

二、基本战术

① 推攻战术：主要运用正手攻球和反手推挡的速度和力量，并结合落点变化和节奏变化来压制和调动对方，以争取主动或得分。

② 两面攻战术：主要利用正、反手攻球技术的速度和力量压制对方，争取主动和创造扣杀机会。

③ 拉攻战术：连续运用正手快拉创造进攻机会，然后采用突击和扣杀来作为得分手段。拉攻战术是快攻打法对付削球类打法的主要战术。

④ 拉、扣、吊结合战术：由拉攻与放短球相结合而成，是快攻型打法对付削球打法的常用战术。

⑤ 搓攻战术：主要运用"转、低、快、变"的搓球控制对方，以寻找战机，然后采用低突、快点或拉攻等技术展开攻势并进入连续进攻。

⑥ 发球抢攻战术：发球抢攻战术是以旋转、线路、落点以及速度不同的发球来增加对方回击的难度，使其出现机会球，或降低回球质量，然后抢先进攻，以争取主动或直接得分。

三、比赛规则

(一) 场地与器材

标准的乒乓球台由两块组成，每块长 137 厘米，台面宽 152.5 厘米，球台与地面距离是 76 厘米。台面颜色可为海蓝色或墨绿色。中间球网的网长是 183 厘米，网高是 15.25 厘米。乒乓球拍由底板、胶皮和海绵 3 部分组成。乒乓球呈白色、黄色或橙色，且无光泽。

(二) 发球和击球

① 发球：发球员须用手将球几乎垂直地向上抛起，不得使球旋转，球的上升高度不少于 16 厘米。当球从抛起的最高点下降时，方可击球，使球首先触及本方台区，然后越过或绕过球网装置，再触及接发球员的台区。

② 击球：对方发球或还击后，本方运动员必须击球，使球直接越过或绕过球网装置，或触及球网装置后，再触及对方台区。

(三) 失分

失分有如下几种情况：球没有触及对方台区而越过对方台区的端线；球未过网或出现连击；运动员使球台移动或触及球网装置；未执拍手触及台面；双打运动员击球次序错误。

(四) 一局和一场比赛

在一局比赛中，先得 11 分的一方为胜方；10 分平局后，先多得 2 分的一方为胜方；在一场比赛中，单打淘汰赛采用七局四胜制，双打淘汰赛和团体赛采用五局三胜制。

(五) 发球次序

在一局比赛中每一方运动员连续发两个球后，就换发球。比分打到 10 平或执行轮换发球法时，每得 1 分就换发球。在双打比赛时，发球和接发球次序不变，但每个运动员每次轮发两个球。

第五节　羽毛球

现代羽毛球运动诞生于英国，由网球派生而来。它简单易学，设备简单，适合男女老幼，运动量可根据个人年龄、体质、运动水平和场地环境而定。羽毛球设有男女单打、男女双打、男女团体和男女混双等 7 个比赛项目。汤姆斯杯赛、尤伯杯赛、苏迪曼杯以及全英羽毛球锦标赛等是羽毛球比赛中的大型赛事。

一、基本技术

(一) 握拍方法

握拍方法有正手握拍和反手握拍两种，如图 4-50 所示 (拍面与地面垂直)。

图4-50 正手握拍法与反手握拍法

① 正手握拍法：虎口对着拍柄窄面的小棱边，拇指和食指贴在拍柄的两个宽面上，食指和中指稍分开，中指、无名指和小指并拢握住拍柄。

② 反手握拍法：在正手握拍的基础上，拇指和食指稍向外转。

（二）基本步法

1. 上网步法

上网步法是完成上网搓球、推球、勾球、扑球及挑球的步法，它包括蹬跨步上网、垫步加蹬跨步上网、交叉步加蹬跨步上网等，如图4-51所示。

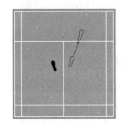 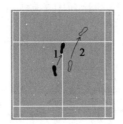 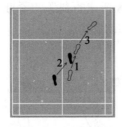 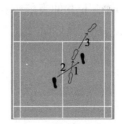

（a）正手蹬跨步上网　　（b）正手两步蹬跨步　　（c）正手垫步加蹬跨步　　（d）正手交叉步加蹬跨步

图4-51 正手蹬跨步上网步法

2. 后退步法

后退步法是指从中心位置后退到底线的步法。一般用于后退回击高球、吊球、杀球、后场抽球等，动作如图4-52所示。

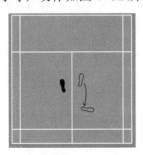  

（a）侧身后退一步步法　　（b）侧身并步后退步法　　（c）交叉步后退步法

图4-52 正手后退步法

3. 两侧移动步法

两侧移动步法是指从中心位置向左、右两侧边线移动的步法，一般用于中场接球、扣杀球或起跳突击等，动作如图4-53所示。

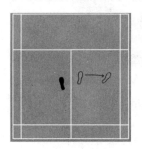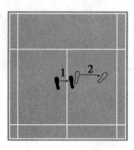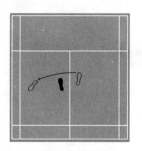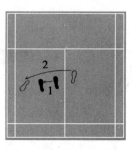

（a）向右侧蹬跨步　　（b）向右并步加蹬跨步　　（c）向左蹬转跨步　　（d）向左垫步加蹬转跨步

图4-53　两侧移动步法

（三）发球方法

1. 高远球

发高远球是把球发的又高又远，球的飞出方向与地面的夹角要大于45°。当球落到右臂向前下方伸直能够接触到球的刹那，紧握球拍，并利用手腕屈收的力量向前上方发力击球，然后顺势向左上方挥动缓冲，如图4-54所示。

图4-54　正手发高远球

2. 平高球

发平高球时，动作过程大致与发高远球相同，只是在击球的一刹那，前臂加速带动手腕向前上方挥动，拍面要向前上方倾斜，飞行路线如图4-55所示。

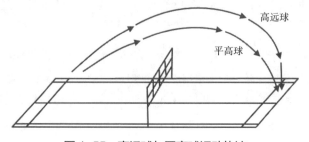

图4-55　高远球与平高球运动轨迹

3. 网前球

网前球是指球刚好越网而过，落在发球线附近的球。正手发网前球时，上臂动作要小，主要靠前臂带动手腕向前切送；反手发网前球时，球拍触球时拍面应呈切削状，手腕柔和发力，由后向前推送击球，如图4-56所示。

图4-56　正手、反手发网前球

(四) 击球方法

1. 高远球

球落至额前上方击球点时，上臂往右上方抬起，前臂自然后摆，手腕尽量后伸。前臂急速内旋，往前上方挥动，手腕发力击球的后部，如图4-57所示。

图4-57　正手击高远球

2. 平高球

击平高球与击高远球的动作类似，只是在击球的一刹那，手腕是向前用力而不是向前上方用力。

3. 吊球

球下落到接近击球点高度时，右腿开始蹲伸，身体由右向左转动。腰腹协调用力，上臂带动前臂，利用伸肘关节、前臂旋内和屈腕的力量，向前下方轻击来球，如图4-58所示。

图4-58 正手吊球

4. 挑球

挑球是把对方击来的吊球或网前球挑高回击到对方后场去。来球时球拍后引，以肘关节为轴，屈臂内旋，握紧球拍，用食指及手腕的力量将球向前上方击出，如图4-59所示。

图4-59 正手挑球

5. 扣杀球

快速后退，向上引拍。在球开始下落时靠脚尖蹬地的力量起跳，击球时充分利用腰腹力量，以大小臂带动手腕快速下扣，如图4-60所示。

图4-60 扣杀球

二、基本战术

① 发球抢攻战术：从发球的第一拍起，争取控制对方，以攻杀得分。这种战术一般为

发网前低球结合平快球、平高球，争取第三拍主动进攻。

② 攻后场战术：此战术是通过击高球、重复压对方的底线两角，造成对方被动，然后寻找机会进攻。

③ 攻前场战术：对网前技术较差的对手，可运用此战术先将其吸引到网前，然后再攻击其后场。要采用此战术，自己首先要有较好的网前击球技术。

④ 杀、吊上网战术：对对手打来的后场高球，本方先以杀球配合吊球把球下压，落点选在场区的两条边线附近，致使对手被动回球。

⑤ 打对角线战术：对付身体灵活性差、转体较慢的对手，不论是进攻还是防守，均应以打对角线球为主。

三、比赛规则

(一)场地

羽毛球运动场长为13.4米，单打场地宽为5.18米，双打场地宽为6.1米。球场四周2米以内、上空9米以内不得有任何障碍物，如图4-61所示。

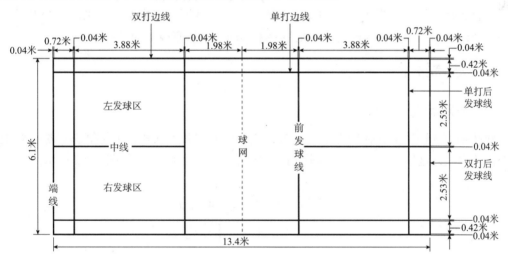

图4-61 羽毛球运动场地

(二)发球、接发球和场区选择

开始时，双方应掷挑边器，获胜方选择先发球或先接发球，以及场区。

在单打比赛中，当发球员的分数为0或双数时，双方运动员均应在各自的右发球区发球或接发球；当发球员的分数为单数时，双方运动员均应在各自的左发球区发球或接发球。一回合中，球应由发球员和接球员交替从各自所在场地一边的任何位置击出，直至成死球为止。

在双打比赛中，当发球方的分数为0或双数时，发球方均应从右发球区发球；当发球方的分数为单数时，发球方均应从左发球区发球。接发球方上一回合最后一次发球的运动员应在原发球区接发球。其同伴接发球的站位则与其相反。接发球员应是站在发球员斜对角发球区的运动员。发球方每得一分后，原发球员则变换发球区再发球。

每局比赛的发球权必须按如下顺序传递：首先是发球员从右发球区发球，其次是首先接发球员的同伴从左发球区发球，然后是首先发球员的同伴，接着是首先接发球员，再接着是首先发球员，如此传递。一局胜方的任一运动员可在下一局先发球；一局负方的任一运动员可在下一局先接发球。

（三）计分方法

除非另有规定，一场比赛应以三局两胜定胜负，率先得到21分的一方赢得当局比赛，如果双方比分打成20比20，获胜一方需超过对手2分才算取胜，如果双方比分打成29比29，则率先得到第30分的一方取胜。首局获胜一方在接下来的一局比赛中率先发球。对方"违例"或球触及对方场区内的地面成死球，则该方胜这一回合并得1分。

第六节　网球

网球运动孕育在法国，诞生在英国，普及和形成高潮在美国。网球是一项优美而激烈的运动，能够充分施展个性，放松身心。比赛项目包括男子单打、女子单打、男子双打、女子双打、混合双打、男子团体和女子团体。温布尔登网球锦标赛、美国网球公开赛、法国网球公开赛和澳大利亚网球公开赛是世界上网球赛中最有声望的"大满贯"。

一、基本技术

（一）握拍方法

网球拍有3种基本的握拍方式，即东方式、西方式和大陆式。为了能够更加直观地理解握拍的方法，这里用拍柄的平面图展示（此时拍面垂直于地面），如图4-62所示。

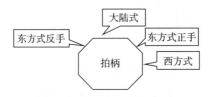

图4-62　球拍握法示意图

1. 东方式

东方式握拍法俗称"握手式"握拍法，包括正手握拍和反手握拍。正手握拍时拇指与食指形成的"V"形虎口处在球拍的右上斜面；反手握拍法是在正手握拍法的基础上，虎口沿逆时针旋转两个平面，如图4-63所示。

（a）正手　　　　　　　　　（b）反手

图4-63　东方式正手、反手握拍方法

2. 西方式

西方式握拍法俗称"一把抓",虎口处在拍柄的右平面,如图4-64所示。

3. 大陆式

大陆式握拍法俗称"握锤式",虎口处在拍柄的上平面,如图4-65所示。

图4-64 西方式握拍方法

图4-65 大陆式握拍方法

(二)站位姿势

1. 开放式

开放式站位时,以钟表盘为基准,右脚站在钟表盘的中间,左脚站在8点到10点这个区间。击球时,主要是靠右脚蹬地和转腰带动的力量。

2. 半开放式

半开放式站位时,右脚站在中间,左脚站在10点到11点。半开放式站位容易发力,击球后相对容易回位。

3. 中间式

中间式站位时,右脚站在钟表盘的中间,左脚站在11点到12点的位置。它发力容易,然而威力却不小,因此,更适合业余选手和网球新手去学习。

(三)常见发球方法

发球时多采用大陆式或东方式握拍方法,发球一般有平击发球、切削发球和旋转发球三种。发球姿势如图4-66所示。

图4-66 发球示意图

1. 平击发球

击球点应在右眼的前上方,以拍面中心平直对准球,击球的后中上部,身体充分向上向前伸展，以获得最高击球点，提高发球命中率。

2. 切削发球

发球时把球抛到右侧斜上方，球拍快速从球的右上方往左下方切削击球。

3. 旋转发球

旋转发球时把球抛到头后偏左的位置，击球时身体后仰成弓形，球拍快速从左向右上方挥动，从下向上擦击球的背面，并向右带出，使球产生右侧上旋。

（四）常见击球方法

1. 正、反拍击球

① 正拍击球。来球时，向右侧转体，同时，带拍后引。右脚向右转与端线平行，左脚与端线呈45°向右迈出。来球在1米左右时，以肩为轴，借助转腰、髋及蹬腿的力量，挥动手臂，以拍面的中心击球的中部，如图4-67所示。

图4-67　正拍击球

② 反拍击球。来球时，向左侧转体，同时，带拍后引。左脚向左转与端线平行，右脚向左前方45°迈出，握拍手腕回勾，肘关节弯曲并贴近身体。击球时，转腰回身，重心前移，肘关节外展，挥拍由下向上至身体左前方，如图4-68所示。

图4-68　反拍击球

2. 截击球

来球落地之前被凌空击回，这种打法称为截击球，又称为拦网。打截击球时，后引拍动作不宜过大，击球点保持在身体前方约一臂处。击球时手腕固定，紧握球拍，拍面不要转动。

3. 高压球

当自己上网，对方挑高球时，可在头部上空用扣杀动作还击来球，这种打法一般称为高压球。高压球的握拍、击球与发球时相似，稍有不同的是，因为对方击过来的球下落速度比发球时快，所以要以较小的身体动作，较短而直接地后摆收拍，完成击球动作。

4. 挑高球

挑高球就是使球高高飞越球网，落入对方后场区域。当对方上网时，可用挑高球迫使对方后退，为自己赢得回到场中有利位置的时间。击球时拍面朝上，由后下方向前上方平缓挥拍击球的中下部，动作要柔和，但手腕不能放松。

5. 放小球

放小球就是将球轻轻击到对方网前。击球时拍面小幅转动，动作柔和，击球的下部，使之产生下旋，并加以前推或上托动作，使球有适当的弧线落在对方球场近网处，一般离网不超过 1.5 米。

二、基本战术

(一) 发球、接发球战术

站在右区发球时，站位应靠近中点，发直线球来迫使对方反手接球；站在左区发球时，站位可以距中点稍远，这样便于以更大斜线发到对方反拍区，同时扩大自己正拍防守的区域。

接发球时，站位应尽量在端线内半米左右，在对方可能把球发到范围内的角分线上，这样可以压制对方，自己上网。

(二) 上网战术和底线战术

上网战术指在发球或接发球后，冲到离网较近的位置，不等对方回击的球落地便进行空中截击或高压的一种战术。上网时尽可能站在距离球网约 2 米处，近网进攻威胁性大、封网角度小、防守控制面积大。

在底线击球时要利用整个场地，可以使用斜线对拉打法大范围调动对手，以争取时间，寻找有利的进攻时机。击球时，以快速、准确、凶狠取胜对方。

三、比赛规则

(一) 网球场

一片标准网球场地的占地面积不小于 36.6 米 (长) × 18.3 米 (宽)。在这个面积内，有效网球运动场地是一个长方形，长为 23.77 米，单打场地宽为 8.23 米，双打场地宽为 10.97 米，如图 4-69 所示。

(二) 发球规则

发球员应站在端线后，中点和边线的假定延长线之间的区域里。每局开始时，从端线后的 A 位置开始发球，发出的球应落在对角的对方发球区有效范围内 (右区)。当增加 1 分时，换到 B 位置发球，如图 4-70 所示。

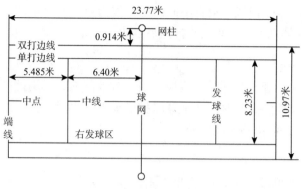

图4-69 网球运动场地

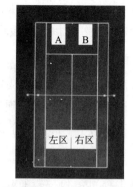

图4-70 发球规则示意图

(三)计分方法

男子比赛一般采用五盘三胜制,女子比赛多采用三盘两胜制。

1. 得 1 分

本方得1分:发球员发出的球落地前触及接球员的身体或穿戴物。

对方得1分:发生下列任何一种情况,均判对方得分。在球第二次着地前,未能还击过网;还击的球触及对方场区界线以外的地面、固定物或其他物体;还击空中球失败;故意用球拍触球超过一次;运动员的身体、球拍,在发球期间触及球网;过网击球;抛拍击球。

2. 胜 1 局

每胜1球得1分,先胜4分者胜1局。

双方各得3分时为"平分",平分后,净胜2分为胜1局。

3. 胜 1 盘

一方先胜6局为胜1盘。

双方各胜5局时,一方净胜两局为胜1盘。

在每盘的局数为6平时,有以下两种计分制:

① 长盘制:一方净胜两局为胜1盘。

② 短盘制(即抢七):先得7分者胜该局及本盘。

第七节　手球

一、手球基本技术

手球基本技术就是指运动员在手球比赛中所使用的各种正确合理的动作方法的总称。

手球基本技术分为:进攻技术、防守技术、守门员技术三大部分(图4-71)。在实践中手球基本技术应具有三个条件:一是体现手球运动的特点;二是适应和符合手球竞赛规则的要求;三是在比赛中证明确有实效。

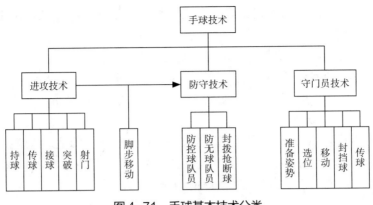

图4-71 手球基本技术分类

二、脚步移动及方法

移动是手球比赛中运动员为了改变位置、方向、速度、高度等所采用的各种脚步动作的通称，是在比赛中运用最多的一项基本技术。

(一)移动技术分析

移动包括起动、跑、跳、急停、滑步、转身、变向等一系列的脚步动作。它们的动作结构主要是以下肢的踝、膝、髋关节为轴的多种运动动作，再加以上肢配合动作而组成。脚步动作都是通过脚前掌蹬地、碾地的用力或是全脚掌、脚前掌、脚掌外侧的制动抵地来实现的。脚给地面的作用力就是下肢各关节的主动伸展产生的力量，通过脚蹬碾地面，腰髋协调用力，加大脚对地面的作用力，并利用这种反作用力来克服人的体重力和惯性，控制身体的平衡和转移，从而使人体获得多种位移变化。

快速灵活的脚步移动是现代手球运动的基础。在移动过程中，要注意身体重心保持平稳，不能上下起伏，在做急停、变向、转身等动作时，要强调降低重心，步伐稳健，以提高脚步动作的突然性。

(二)移动技术的动作方法

移动技术的动作方法种类很多，在手球运动中经常使用的有图4-72所示的几种。

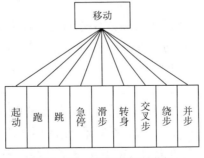

图4-72 移动技术的种类

1. 基本站立姿势

手球运动员在比赛场上经常保持的一个既稳定又能迅速转入各种移动中的站立姿势，

称为基本站立姿势。此姿势在手球运动中分为两种：一是场上队员的基本站立姿势，二是守门员的基本站立姿势。

① 场上队员的基本站立姿势（包括进攻、防守队员）。

动作方法：两脚前后或左右开立，与肩同宽，前脚掌着地，两膝微微弯曲，身体重心保持在两脚之间，上体微向前倾，两臂屈肘自然置于体侧，两眼观察场上情况。

② 守门员的基本站立姿势。

动作方法：两脚左右开立，两脚间距离与肩同宽，前脚掌着地，两膝微屈，身体重心落在两前脚掌之间，含胸收腹，两大臂微微抬起屈肘，两小臂置于两肩前外侧，双手抬起，五指自然分开，掌心向前，抬头平视观察球的动向。

2. 起动

起动是手球运动员在运动场上由静止状态进入运动状态的一种技术动作。场上队员在进攻中，利用快速起动，就能摆脱防守进行有效进攻；在防守中，利用快速起动，就能进行有效的攻击性防守，抢占有利位置，进行协防、补位等。守门员利用突然起动进行断球、封挡球等。因此，运动员在比赛中，位移速度、反应速度常常是通过起动的快慢而表现出来的。

动作方法：从基本站立姿势开始，身体重心迅速转移至两前脚掌，起动时以后脚（向前起动）或异侧脚（向侧起动）急促有力的蹬地，上体同时向起动方向迅速侧倾或转动，身体重心迅速跟上，两臂协调摆动，充分利用蹬地的作用力与反作用力，两脚迅速交替向移动方向迈出。起动要步距小，步频快，利用前两三步短促而连续的有力蹬地和迅速的摆臂，力争在最短时间内发挥出最大的速度。

3. 跑

跑是手球运动员在运动场上改变位置、改变速度、改变方向的一种重要方法。在手球比赛中经常运用的有以下几种方式：

① 变速跑：它是运动员在跑动中利用速度快慢的变化，来完成攻防任务的一种方法。变速跑加速时，在原有速度的基础上，利用前脚掌加大用力，快而短促地向后蹬地，同时上体前倾，重心随前移动，跑动频率加快，前两三步步距稍小，手臂相应协调摆动，减速时用向前迈出脚的前脚掌用力抵地，减缓前冲的力量，步幅放大，上体直起，从而减慢跑动速度。

② 变向跑：它是运动员在跑动中突然改变方向的一种方法。变向时（以向右变向跑为例），用左脚前脚掌内侧用力向左前下方蹬地，同时脚尖稍内扣，腰部内转带动左肩向右前方转动，重心右移，上体向右前侧倾，右脚向右前方跨出一步并迅速用力蹬地，左脚快速跟上向右前方跨出，加速急跑。

③ 侧身跑：它是运动员在向前跑动时，为了充分观察来自后方的球或对方的情况而采用的一种跑动方法。在向前跑动时，上体和头部放松尽力扭转向后，形成上体侧对前进方向，一肩前一肩后，脚尖对着前进方向，前肩手臂摆动幅度稍小，后肩手臂摆动幅度稍大，要保持跑动快速，注意观察。

④ 后退跑：它是运动员在运动场上背向前进方向跑动的方法。后退跑时两脚提踵用前脚掌交替蹬地提膝向后退步跑，上体直起放松，重心稍高，两臂屈肘协调摆动并保持身体

平衡，两眼平视。

4. 跳

跳是运动员在比赛中，抢占空中优势，争取高度和远度的一种动作方法。运动员应在各种复杂多变的情况下，学会使用单、双脚起跳，如向上跳、向前跳、向侧跳、向后跳以及连续跳等，力争跳得高、快、远并争取空中较长时间的停留，使空中的动作更好、更充分地完成。跳有以下两种方法：

① 双脚起跳，比赛中常在原地运用，有时也在上步、并步、交叉步等情况下运用。多用于防守时的跳起封球。起跳时，下蹲降低重心，上体前倾，两臂后摆，重心落在两前脚掌上，接着两臂快速前上摆，同时下肢用力蹬地，向上跳起，上体自然伸展。落地时，前脚掌先触地，屈膝缓冲。

② 单脚起跳：比赛时常在行进间或移动中运用，多用于跳起射门、传球、断球等。起跳时，踏跳腿屈膝，脚前掌用力蹬地，摆臂提腰，另一腿屈膝上提，跳起后，上体舒展，落地时，多以起跳脚先着地，前脚掌着地并屈膝，另一脚迅速向起跳方向跨出，脚触地屈膝缓冲，注意衔接下一个动作。

5. 急停

急停是运动员在快速移动中突然制动的一种动作方法，必须与各种脚步移动结合在一起运用，如跑动急停、急停转身、跳步急停等。比赛中经常运用的急停方法有以下两种：

① 跑动急停：运动员在快速跑动中，突然使身体停下而采用的一种方法。急停时，向移动方向跨出一大步，重心压低，收腹屈体，脚尖内扣，前脚掌内侧用力抵地，两膝弯曲，上体前倾，重心落在两脚之间。

② 跳步急停：运动员在突破对手之前，使自己正在移动的身体突然停下（保持与对手的距离）而常采用的一种方法。急停时，单脚（或双脚）向前（或向侧）跳起（双脚离地不高），上体直立，两脚平行或稍分前后同时落地，落地时全脚掌着地，用前脚掌内侧用力抵地，双膝弯曲，重心下降并落在双脚之间，上体前倾，两臂屈肘微张在体侧。

6. 滑步

滑步是手球运动员在进行防守时采用脚步移动的主要动作方法之一。它易于保持身体平衡，能及时转移重心和向任何方向移动。手球比赛中采用的是多方向的滑步移动，它有侧滑步（横滑步）、前滑步、后滑步三种。

① 侧滑步（以向右滑步为例）：由基本站立姿势开始，左脚前脚掌内侧向左下方用力蹬地，右脚迅速向右侧跨出（脚尖指向移动方向），在右脚落地的同时，左脚顺着地面紧随滑动，并靠近右脚。继续动作可做连续向右滑步，重心要平稳移动，不能有起伏。向左滑步的脚步动作则相反。

② 前滑步：由准备姿势开始，向前滑步时，后脚的前脚掌内侧蹬地，前脚向前跨出半步，着地的同时，后脚迅速向前滑动，保持两脚前后开立姿势。

③ 后滑步：后滑步的动作要求与前滑步相同，只是向后移动。

7. 转身

转身是运动员根据对手的移动情况，利用身体的转动，改变原来身体位置和行动方向，抢占有利位置进行攻防的一种动作方法。转身分为前转身和后转身两种。

动作方法：移动脚蹬地后，经过做轴的支撑脚前方跨出，完成的转身称为前转身。移动脚蹬地后，经过做轴的支撑脚后方跨出，完成的转身称为后转身。转身前双膝弯曲，上体稍前倾，重心落在两脚之间。转身时，重心移向做轴的支撑脚，移动脚的脚前掌内侧迅速蹬地并跨出，同时，做轴的支撑脚前脚掌用力碾地旋转，上体随着转动做前、后转身。

8. 交叉步

交叉步是运动员为了迅速及时地完成身体位移而采用的一种动作方法。交叉步常与其他脚步动作结合在一起运用，交叉步分成前交叉步和后交叉步两种。

动作方法（以向右移动为例）：左脚经右脚前方，向右跨出称为前交叉步。左脚经右脚后方，向右跨出称为后交叉步。移动时，左脚前脚掌内侧用力蹬地向右侧跨出与右脚形成交叉，左脚一落地，右脚前脚掌外侧用力蹬地并迅速向右侧跨出，上体随着脚步的移动协调转动，同时控制好身体重心，便于后面动作的衔接和继续。

9. 绕步

绕步是运动员为了避开对方身体抢占有利位置的一种移动步法。主要用于防守中锋、抢断球和防守配合时。绕步分绕前步和绕后步两种。

① 绕前步（以从右侧绕前防守为例）：绕步时，右脚向右斜前方跨出一步，左脚蹬地后迅速跟随右脚并绕过对手身体向左斜前方跨出或跃出，右脚迅速蹬地，腰、胯同时用力随前。手臂根据防守的目的需要做出接球、击球或挥臂阻挠的动作。

② 绕后步：动作要求与绕前步基本相同，不同的是向后方跨步绕过，多用于调整位置和防守配合。

10. 后撤步

后撤步是变前脚为后脚的一种起动步法。主要是防守队员为了保持有利的防守位置，尤其是当进攻队员从其前脚外侧摆脱或突破时，常用后撤步移动。后撤步应与滑步、交叉步和侧身跑结合运用。

动作方法：后撤时，用前脚掌内侧蹬地，以腰胯用力后转带动前腿，同时后脚碾地，前脚迅速后撤。

11. 并步

并步是守门员在防守过程中，为了保持身体重心和准备姿势的平稳而采用的一种移动步法。

动作方法（以向右侧移动为例）：右脚向右前侧或右侧跨出一步或半步，同时左前脚掌内侧蹬地，左脚迅速跟靠，保持准备姿势，重心平稳，动作敏捷，时间要短促。

三、进攻技术及方法

进攻技术是手球运动的重要环节，它是手球运动特点的体现，是手球比赛中战胜对手，夺取比赛胜利的重要手段。因此，手球运动员应熟练、扎实地掌握各种进攻技术。进攻技术分以下几种（图 4-73）。

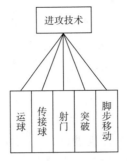

图4-73 进攻技术分类

(一) 运球

运球是手球运动中的一项基本技术,是控制球的队员个人进攻的一种手段。手球可以单手持球,传球的种类丰富,变化多,球速快,持球可以跑三步,使移动中传球进攻显得更为机动灵活和有威胁力。因而,手球场上的移动以传球移动为主。在手球比赛中,合理的运球可以扩大进攻活动的范围,提高进攻的灵活性和攻击力;但运球过多只会减慢进攻速度,贻误战机。因此,运球不是重要的进攻手段。

1. 运球技术的动作方法

一些复杂的运球,如背后运球、运球转身、胯下运球等,在手球比赛中用得极少,下面阐述几种在手球比赛中常用的运球方法。

(1) 高运球

快速反击过程中,持球队员无法传球或前进路线上没有防守队员,这时可加快向前移动速度,采用高运球。运球时,两腿微屈快速跑动,手用力向前下方推拍球,上体稍前倾,两眼平视,用余光看球,五指自然分开,触球短促有力,使球的落点在身体侧前方,反弹高度在胸腹之间,这种身体重心高、移动速度快的高运球,有利于观察场上情况和快速接近球门,及时传球或射门。

(2) 低运球

持球突破需要运球时,或者对手上前盯防需要运球摆脱防守时,采用低运球,这种低运球一般只拍按一两次球。低运球时,两腿弯曲,重心降低,上体前倾,用身体保护球,注意抬头观察,手臂运球要以肘关节为轴,手指手腕在膝关节以下拍按球,以利于球的安全和及时变向加速运球,也便于迅速改变体位。

(3) 变向运球

行进间运球要突破对方,多采用变向运球,由于这是一种体前变向运球,所以变向时球需离对手一臂半距离,以避免对手伸臂将球打掉。

2. 运球技术练习

① 掌握运球技术的练习。先原地运球,再练习行进间直线的高、低运球,然后再变向运球,速度逐渐加快。

② 全场快速运球结合射门练习。

③ 全场一对一运球突破射门练习。

(二) 传接球

手球运动是一项集体性项目。进攻时队员之间相互联系和默契配合直至射门得分，都是通过有目的的传接球来实现的。传接球是手球运动中一项重要的技术。

1. 传球

传球是手球比赛中进攻队员之间有目的地转移球的方法。比赛中，要求持球队员在传球时要做到准确、及时、隐蔽，这样才能使同伴顺利地衔接下一个攻击动作。要想做到这些，必须要熟练掌握多种多样的传球方法。

传球分为双手传球和单手传球两大类 (图 4-74)，它既可在原地、行进间或跳起中完成，又可向前后、上下、左右各个方向传出。不论运用哪种方式传球，都是全身协调用力，最后通过手腕、手指动作来完成的。由于手球球体小，可单手持球，而单手持球的活动范围广、幅度大、出手点多，所以手球比赛广泛采用单手传球，下面着重介绍单手传球的动作方法。

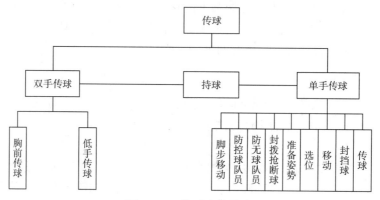

图 4-74　传球方法分类

(1) 持球

做任何传球动作都是由持球开始的。手球比赛中以双手接球为主，因此在队员获得球时，多数是先由双手持球开始。双手持球时，手指自然分开，两手成勺形，以手指和手掌握在球的两侧，在接近对方时，两手需用力紧握球靠近身体 (图 4-75)。

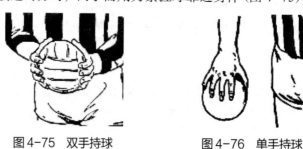

图 4-75　双手持球　　　　　图 4-76　单手持球

虽然双手持球较单手持球稳固，但双手持球不如单手持球灵活、变化多，单手持球更便于传球和射门。尤其是在接触对手或持球突破时，便于保护球和用身体掩护球，而且有利于扩大观察范围和运用各种传球技术。因此在双手接球后，应立即衔接单手持球进行传球射门等动作。单手持球时，五指自然分开，用指根以上部位接触球，以拇指与无名指进行对掌运动，用五指的最后一个关节的合力，将球牢固地拿住，但腕关节要放松，以便自如翻转做各种传球、射门动作（图4-76）。

（2）单手肩上传球（以原地传球为例）

这种传球方法快速有力，可运用在不同距离、不同位置向各个方向的传球，在阵地进攻中进行中距离左右快速传球转移和快攻反击中进行的中、远距离传球，基本上都采用单手肩上传球。这一传球方法是手球技术的基础，它与射门结合得最为紧密，因此初学者首先应掌握好单手肩上传球技术。

动作方法（以右手为例）：接球后左脚向前迈出，两脚前后开立，稍宽于肩，同时，右手持球直接引球上肩，身体侧对或斜对传球方向，前臂与上臂在肘关节处形成大于或等于90°的夹角，同样上臂与躯干在肩关节腋下处也形成大于或等于90°的夹角（图4-77）。传球出手时，右腿蹬地，腰部用力转动，带动身体迅速左转，身体左转收腹带动手臂加速前挥，以前臂迅速前甩下压，屈腕拨指的协调动作将球传出。远距离传球时（20米以上），要快速引球上肩，引球的动作幅度和两脚开立的距离都要大一些，重心要稳，出手用力几乎和射门一样，使球沿着水平方向传出（图4-78）。传中距离球时（20～10米），可以多用手臂挥甩和指腕屈压动作的力量，将球传出。引球出手的幅度也可小一些。在3～5米距离近传时，只需用指腕短促快速的屈压抖腕将球传出。这种抖腕传出的球，虽然有一定初速度，但力量柔和，便于同伴接住球。

图4-77　单手肩上传球（一）　　　　图4-78　单手肩上传球（二）

（3）单手体侧传球

这种传球与单手肩上传球的技术动作基本一样，只是引球有所区别，体侧传球引球时，单手持球引至身体侧面，持球手在肩部与腰部之间，球也是从这个部位传出的。它的手臂是围绕肩关节纵轴转动的，而肩上传球的手臂是围绕肩关节横轴转动的。传球时，蹬地转体，持球手臂平行于地面向传球方向挥甩，这一传球在外围队员之间的转移球和守门员一传快攻时经常采用，在避开正面高大防守队员或封球时也常用到（图4-79）。

图4-79　单手体侧传球

（4）单手低手传球

这种传球常用于队员之间交叉换位，持球掩护传球和向异侧分球时，它可以在腰侧、胯旁、腹前或胯下出手。由于传球距离近，所以只需用前臂的甩动、指腕屈拨的动作将球传出。

（5）单手勾手传球

这种传球在做内外配合供给内线中锋球时经常采用。当持球队员做同侧突破或外围跳起准备射门，防守队员顶贴防守时，持球手臂朝着防守队员头上、肩上或腰间外侧伸出，以肘关节为轴，用前臂屈甩、腕指屈拨的动作，将球传给防守队员身后的同伴队员。

（6）单手甩腕传球

这种传球在向左右两侧近距离转移球（如追击快攻中的短传推进）或突破分球时经常采用。它具有快速、隐蔽、易于变换方向和衔接其他动作的特点。

动作方法（以右手为例）：单手或双手持球于胸、腹前，甩传时，右脚向前或向侧跨半步，右手持球掌心向下。以肘关节为轴，前臂、手腕急促向右甩动，拇指、食指和中指用力拨球，将球传出（图4-80）。

图4-80　单手甩腕传球

（7）单手背后传球

这种传球较多地用于近距离传球配合，一般在外围队员直切时分球给边锋，或做低手射门和体侧射门假动作，吸引防守队员靠近封堵，用背后传球将球传给边锋或供给内线中锋进攻射门。此传球方法安全、隐蔽、有效（图4-81）。

图4-81　单手背后传球

动作方法（以右手为例）：右手持球，左脚向前迈半步，屈膝降低重心，身体侧对前方，上体稍前倾，持球前臂自然下垂，肘关节微屈，传球时以肩关节为轴，右手持球沿髋关节经体侧绕摆至背后，掌心对传球方向，用前臂和指腕的屈甩动作将球传出。

（8）单手头后传球

这种传球常和单手肩上支撑射门或单手肩上跳起射门结合运用，当防守队员靠近封堵球时，持球队员就将引在肩上的球，从头后出手传给内线中锋或空切的同伴。

动作方法（以右手为例）：持球和引球的动作方法与原地和移动中单手肩上传球的动作一样，只是右手持球上肩时，身体稍右转，手腕外旋，掌心对准传球方向，用前臂外旋内收，迅速屈腕，中指、无名指、小指拨压球的动作将球从头后传出（图4-82）。

图4-82　单手头后传球

（9）单手胸前推传球

这种传球常用于正面和左右两侧短距离的传球，在突破分球时和调整位置时经常使用。它的特点是动作幅度小、速度快、灵活机动，能传能收，便于做假动作迷惑对方。

动作方法（以右手为例）：右手持球将右上臂和前臂折叠至右胸外侧，右腕关节外展后仰，传球时，左脚蹬地右脚向传球方向跨出，腰部快转带动上体顶肩推手，抬上臂伸前臂，肘关节迅速上提的同时，加速屈腕，手指拨球，将球传出。

（10）单手胯下传球

这种传球在比赛中不常见，主要用于持球队员在俯立的情况下，将球传给同伴。一般是在抢到地滚球或突破后运球的瞬间，观察到同伴占据有利位置，在身体没有直立的情况下，通过胯下将球传给同伴。传球时，前臂经胯下向传球方向甩摆，屈指屈腕，将球传出。

（11）双手传球

双手传球包括双手胸前传球和双手低手传球两种。在手球比赛中运用较少，在此不做详细介绍。

2. 接球

接球是指运动员把经过空中或地面运行中的球，用手通过各种方法控制住。接球是完成各种持球进攻的前奏。手球比赛中的接球大多是在行进间完成的，由于球体小、球速快、力量重，再加上场区的活动范围大，场上的情况瞬息万变，因此，接球对于球员而言，难度大，要求高。不管来球的速度快慢、力量大小、高低偏正，都要全力以赴地接好每一个来球，而且还要迅速地衔接下一个进攻动作，时刻准备进行突破、传球或射门。接球是完成"迎球→触球并缓冲"的过程，它分为双手接球和单手接球两种。手球比赛中以双手接球为主，一般不提倡单手接球，只有在来球偏离身体重心较远时，才采用单手接球。

（1）双手接球

双手接球的优点是触握球的面积大，接球牢而稳。它根据来球的路线可分为：接平球、接高球、接低球、接反弹球和接地滚球五种。

①双手接平球。

通常我们把接腹部以上头部以下的来球称为接平球。双手接平球时，两眼看球，两臂向来球方向伸出迎球，手腕上翻后仰，五指自然分开，指尖向上，两拇指靠近食指，指尖相对成"八"字形，手掌成勺形，两手合成一个比手球稍大的半球形，两掌指外侧距离稍大，形成喇叭口形，两拇指和食指间的空隙正对来球的圆心。两手一触到球，就屈臂缓冲，同时用力握球（图4-83）。

图4-83　双手接平球

②双手接高球。

通常我们把接头部以上的来球称为接高球。双手接高球时，两眼看球，两臂向额前上方伸出迎球，手腕稍后仰，手形与双手接平球相同，两手触球的瞬间，即屈臂向下缓冲握球于胸前，或顺势向后缓冲引球上肩（图4-84）。

③双手接低球。

通常我们把接腹部以下的来球称为接低球。双手接低球时，两眼盯住来球，降低重心，上体前倾，两手向前下方伸出迎球，五指自然分开，指尖向下，掌心向前，指掌外侧靠近，两手形成比手球稍大的半球形，并对准来球，两手触球的瞬间，顺势后引缓冲并用力握住球（图4-85）。

图4-84　双手接高球　　　　图4-85　双手接低球

④双手接反弹球。

在双手接反弹球时，要注意判断球击地的反弹点和球弹起的高度。根据入射角等于折射角的原理，通常根据传、接球之间的距离而言，同样的传球方法，传球距离近的来球，弹起的高度就高；传球距离远的来球，弹起的高度就低。同样，在相同的距离情况下，出手点高，反弹点远，弹起的球就高；出手点低，反弹点近，弹起的球就低。判断出来球的高低和位置，就要做出相应的接球动作。一般来说，接正面来的低球，应该用双手接低球的方法。除此以外，不论球的高低，都用双手接平球和高球的方法，但一定要注意迎球的手形不能变，手的位置可以根据来球的位置及高低，做出相应的变化。

⑤双手接地滚球。

在手球比赛中，专门传地滚球是极少见的，但是会经常出现射门弹出或传球失误后，球在地面上向不同方向滚动，这就要求运动员能以最快的动作，获得地面上的球并投入进攻，因此双手接地滚球是手球比赛中不可缺少的一项技术。双手接地滚球分为迎面拦挡抄接球和顺跑拦挡抄接球两种。

迎面拦挡抄接球动作方法（以右手抄球为例）：迎面拦挡抄接球时，右脚向前跨出一步，将球让至左侧，面对来球，屈膝重心降低，左膝关节靠近地面，上体前倾含胸收腹，双手五指自然分开，指尖向下，掌心相对，左手拦住来球的前方，右手跟随球后，加速摆动，在左手触球后让的瞬间，右手从球体的后下方将球抄起，两手合力握住来球（图4-86）。

顺跑拦挡抄接球动作方法（以右手抄球为例）：顺跑拦挡抄接球时，在与滚动球同向的快速跑动中，左脚向球的左侧跨出一步，屈膝降低重心，右膝关节靠近地面，上体前倾含胸收腹，五指自然分开，指尖向下，掌心相对，左手拦住地滚球的前方，右手跟随球后，加速摆动，在左手触球前引的瞬间，右手从球体的后下方将球抄起，两手合力握住地滚球（图4-87）。这一技术也适用于抢截地面上静止的球。

图4-86 两手合力握住来球　　图4-87 两手合力握住地滚球

（2）单手接球

单手接球不如双手接球的把握性大，因此，尽可能地不用单手接球。在比赛中队员有时为了避开防守，将球传至离同伴稍远的一侧，此时双手是无法接到球的，必须用单手将球接住。单手接球技术好的队员，接球的范围大，有利于相互配合，能充分发挥个人进攻技术。

单手接球时，两眼注视来球，及时移动，运用跳或跨步等动作接近球，身体舒展，顶肩伸手臂迎球，五指自然分开，手掌成勺形对准来球。在触球的瞬间，手臂随球迅速退让或做退让向下划弧动作，以缓冲来球的冲击力。

(三)传接球的练习方法

1.持球的练习方法

练习一：按教师指定的队形排列整齐。每人一球或3～5人一球，原地交替做单手或双手持球练习。

练习二：两人一组用一球作单手持球时的争球练习。一人单手持球前平举，另一人用单手持球方法拉夺对方手中的球。

练习三：单手持球做原地和行进间的体前交叉摆动或体侧直臂绕环练习。

练习四：单手持球，向前做假传球练习。

练习五：单手持球，向前做甩腕假传球练习。

以上练习，是为了达到掌握单手持球的正确技术动作，熟悉球性和提高控球能力的目的。练习中，教师要注意随时纠正手指触球、五指分开过大、手指过于紧张和手腕僵直等错误的持球方法。

2.传接球的练习方法

(1)原地传接球练习

练习一：两人一组对传(图4-88)。

练习二：扇形对传(图4-89)。

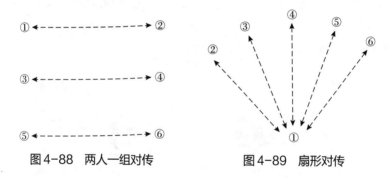

图4-88　两人一组对传　　　　图4-89　扇形对传

练习三：三角传球(顺时针方向或逆时针方向均可)。

如图4-90所示，①传给②，②传给③，③传给①。

练习四：四点对角传球。

如图4-91所示，①传给③，③传给②，②传给④，④传给①。

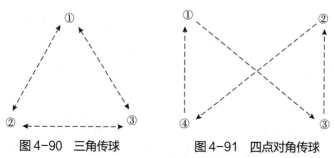

图4-90　三角传球　　　　图4-91　四点对角传球

（2）行进间传接球练习

练习一：面对面跑动传球（图4-92）。

练习二：三角形跑动传球（图4-93）。

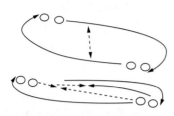

图4-92　面对面跑边传球

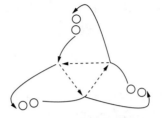

图4-93　三角形跑动传球

练习三：四点跑动传球（图4-94）。

练习四：四点跟进跑动传球（图4-95）。

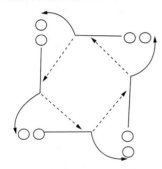

图4-94　四点跑动传球

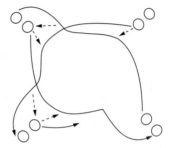

图4-95　四点跟进跑动传球

练习五：两人全场行进间中路短传和边路长传（图4-96）。

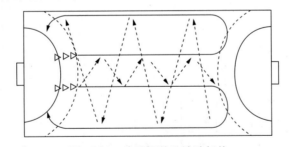

图4-96　中路短传和边路长传

全场成两路纵队站在任意线后，两人一组，球在中路短传推进，到前场任意线处折回，沿边路长传推进。

练习时注意：每组之间要有间隔距离（5米左右）。折回时持球队员不能出现"四步"。

（四）射门

射门是手球运动的一项重要的进攻技术，是手球比赛得分的唯一手段。手球比赛中攻守双方都是以射门得分为最终目的，双方在进攻时，运用各种技术和战术为射门创造良机，力争射门得分。要想取得比赛的胜利，就必须熟练掌握各种射门技术，提高射门的命中率。

由于射门能力的强弱，直接影响比赛的胜负，因此射门是手球运动中最重要、最关键的一项技术。

手球比赛的双方都是全攻全守，比赛时场面激烈，接触频繁。为了阻止进攻队的射门，防守队员在规则允许的条件下，采取活动范围广、动作幅度大的防守方法，因而增大了射门的难度。所以，我们应根据运动员的具体条件，在熟练掌握多种射门方法的基础上，全面发展各个不同位置的射门能力，从速度、力量、角度、技巧和准确性等方面来提高射门威力。

手球射门的方法多种多样，根据脚步及体位的变化，可以分为三类：一是支撑射门，它是借助双脚或单脚在地面支撑的方式完成射门；二是跳起射门，它是借助脚蹬地身体腾起在空中完成射门；三是倒地射门，它是在改变身体重心的状态下进行射门，射门动作完成后，用倒地动作缓冲和保护身体平稳安全地接触地面。每一类射门又包含多种射门技术动作，见图4-97。

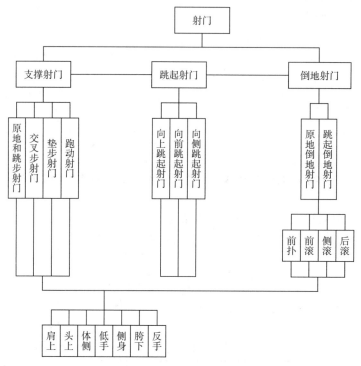

图4-97　射门技术分类

1.射门技术动作分析

手球射门的技术动作多种多样，在比赛中很多射门动作的完成，常常要通过防守队员和守门员的堵截封挡才能实现。因此，射门动作就要求能利用全身的协调能力和快速挥臂掷球的爆发力，这样射出的球就能球速快、力量大。此外，射门还要求出手点的变化要多，要能高、能低、能左、能右；射门的动作速率快，出手突然，脚步灵活，起跳快速有力，能判断和控制射点等。要做到这些，必须了解和分析射门技术动作的几个基本环节，以利于掌握正确合理的射门技术。

（1）助跑

射门前快速有力的助跑有两个目的：一是错位甩开防守封堵，抢占有利位置快速射门；二是使身体获得水平速度，以便起跳有力，使身体腾空更高更远，或者使身体更好地借助于支撑地面的反作用力，充分发挥全身的力量去掷球射门。

接球后到射门前的助跑步数应充分利用规则允许的三步。接球前要看球，接球后要注视防守的情况，以便利用三步助跑，选择变向、起跳和出手射门的时机。接球后如出现射门机会，就可以用一步助跑跳起射门，也可以起步跳起接球落地后射门。这就是说在运用助跑的步数和步法时，要灵活、清楚、有节奏（有快有慢）、步幅可大可小（在摆脱时要大）。步频要快，要充分运用助跑来创造射门机会。

（2）起跳

利用接球前和接球后的助跑，是为了有力地向上、向前、向侧跳起，以争取时间和空间，避开防守，扩大射门角度，缩短射门距离，提高射门的命中率。要完成好起跳动作，就必须在助跑时调整好身体重心，维持身体平衡。起跳时，摆动腿、上体和手臂要做出相应的上提动作，以配合向各个方向的跳起。

（3）引球发力出手

引球发力出手是掷球射门的重要环节，和助跑起跳动作连贯进行，一气呵成。因为，在助跑起跳的同时已经在窥测和判断出球的时机和出手的部位了。

射门的引球与传球的引球是一样的。引球有两种方法，第一种是胸前向下、再向后划弧引至准备发力出手的部位，这种引球方法称为绕臂引球；第二种是在接球时从手触球的瞬间，利用缓冲直接向后引球至准备发力出手的部位，这种引球方法称为直接引球。直接引球把接球缓冲与引球动作连接在一起，动作干净利落，速度快，比较突然。这种引球根据接球方法的不同，引球的动作也有一些不同。在接高球时，从上向后、再向下划弧引至准备发力出手的部位；在接平球时，则是直接引球；在接低球时，先接住球后，直接持球上提后引。这两种引球方法可根据运动员的条件和场上情况灵活选用，但任何一种引球方法，都要积极向后拉开胸部和肩关节的肌肉韧带，使身体处于最佳用力状态。

发力出手是在神经系统的支配下，自下而上的，以大关节带动小关节的全身协调用力，形成下肢蹬地、髋腰转收、手臂挥甩、指腕鞭打的连贯动作。

（4）出手后缓冲和倒地

射门时的用力，使出手后身体有惯性冲力，须做好缓冲动作来恢复身体平衡，以防止身体受伤和更好地衔接下一个动作。

异侧脚在前积极支撑的双脚支撑射门，由于助跑的前冲力和全身蹬、转、挥甩用力，使射门出手后，身体重心会继续前移，这时必须用同侧脚向前跨出一步，屈膝收腹，来制止身体的前冲力。

助跑跳起射门出手后，身体也有较大的惯性冲力，所以，落地时在起跳脚先落地后，另一脚要紧跟落地，两脚落地时都应做屈膝缓冲动作，以保持身体平衡。

难度较大的是倒地射门，在射门时前冲力很大，而且身体重心改变已失去平衡。所以，在这种射门出手动作完成后，应有较强的身体位置感觉和技巧滚翻能力。根据不同的射门动作技术，落地缓冲的动作也有所不同。第一种是原地倒地射门，在射门出手后，应用屈臂俯撑手掌着地的动作来减缓身体下落的重力，臂力大的运动员可以采用这种缓冲方法

（图4-98）；第二种是前滚倒地射门，不论是原地还是跳起，在球出手后，以投掷臂一侧的肩背部触地，利用前冲力低头收腹团身滚动，着地部位依次为肩背部→胸背部→另一侧腰背部→臀部；它是用身体的前滚翻来缓冲下落的重力；第三种是侧滚倒地射门（不论原地和跳起），在球出手后，借助转体挥臂出手动作的惯性，先用起跳脚屈膝着地缓冲一下冲力，然后依照投掷臂前臂外侧，上臂外侧至肩、背的顺序依次滚动来缓冲身体落地的前冲力（图4-99）。第二、第三种缓冲方法，应先掌握垫上运动后，再采用。

图4-98 出手后缓冲和倒地（一）

图4-99 出手后缓冲和倒地（二）

2. 射门技术动作方法

手球射门的出手方法多种多样，各种传球方法都可以用于射门。手球射门时均以单手持球进行射门，在手球射门中单手肩上射门运用最为广泛，尤其是跳起单手肩上射门，它在手球比赛中运用最多，是手球运动的标志性动作。因此，在下面介绍射门技术动作方法时都以右手的单手肩上射门为例。

（1）支撑单手肩上射门

支撑射门是利用双脚或单脚支撑地面来完成射门的一种方法。它具有稳定的重心，又可以借助跳步、交叉步、垫步和跑动等助跑的冲力进行射门。所以，这种射门最能充分发挥全身各部分的力量，是最有力量的射门方法之一。原地射门多用于掷任意球和7米球射门，跳步、交叉步、垫步和跑动射门多用于中远距离射门和"冷射"。

①原地单手肩上射门：持球时，身体侧对球门，两脚前后开立，左脚在前，右脚在后，左脚尖与右脚跟在一条线上，两脚间的距离宽于肩，两膝微屈，双手或单手持球于胸前或

体侧。射门时，右手引球上肩（身体重心随之移向右脚），投掷臂的右肘高于肩，前臂与上臂在肘关节处的夹角为大于或等于90°，发力时右脚蹬地，重心前移，转髋转体，左脚配合积极支撑地面，随即以蹬转、顶肩、收腹的力量，带动右臂前挥，利用上臂猛烈挥甩、屈腕"鞭打"和食指、中指、无名指扣压球的动作，将全身的力量通过指尖作用于球上，使球快速射向球门。整个持球手在射门时的轨迹应是，从引球上肩开始，以肩关节为轴的运动，由下向上，由后向前，再由上向下，画出离身体最远的弧线。

②跳步单手肩上射门：原地持球向前跳步，右脚先左脚后依次落地，两脚之间的距离宽于肩，在右脚落地的同时右手引球上肩，在左脚着地支撑的同时蹬、转、挥臂、发力出手（图4-100）。

图4-100　跳步单手肩上射门

③交叉步单手肩上射门：分为前交叉步射门和后交叉步射门两种。左脚向前跨出一步，身体右转侧对球门方向，左脚落地迅速向后扒地蹬跳，右脚从左腿前跨出（前交叉步见图4-101）或从左腿后跨出（后交叉步见图4-102），同时引球上肩，有脚落地后，左脚迅速向左前方跨出一大步，并积极支撑地面，同时右脚蹬地，身体左转，顶肩挥臂，发力出手。这种交叉步助跑与掷标枪的交叉步助跑类似。

图4-101　交叉步单手肩上射门（一）

图4-102　交叉步单手肩上射门（二）

④垫步单手肩上射门：右脚向前跨出一步，左腿迅速屈膝前摆，身体右转侧对球门方向，重心落在右腿上，右脚着地立即向前滑跳一步，同时，右手持球并引球上肩，右脚落地后，左脚向左前方跨出一步，并积极支撑地面，同时右脚蹬地，身体左转，顶肩挥臂，发力出手（图4-103）。

图4-103　垫步单手肩上射门

⑤跑动单手肩上射门：它是在跑动中完成射门动作的，是典型的单脚支撑射门。在跑动中接到球后，右脚向前跨出的同时，右手持球并引球上肩，身体右转，在右脚落地的瞬间，迅速左转体，顶肩收腹，挥臂出手，与此同时，左腿快速提膝前迈（图4-104）。

图4-104　跑步单手肩上射门

⑥低手射门：它是支撑射门中常用的一种射门方法。一般在交叉步、跳步或跑动中使用。它是以前臂手腕发力为主，动作隐蔽，出手点低，防守封堵难度较大，因此，多用于"冷射"。

射门时，两脚开立比肩宽，左脚在前右脚在后，左脚的脚后跟与右脚尖在一条线上，双膝微屈，俯立引球，左肩侧对球门，右手屈肘持球于右侧腰部，身体重心落在右脚上。出手时，右脚向后蹬伸，在髋关节前移的同时向左扭转，上体迅速左转，带动手臂由下向前划弧前挥，顶肩伸前臂，以前臂和手腕的鞭打和抖甩将球射向球门（图4-105）。

图4-105　低手射门

　　⑦侧身射门：它是在传球技术中没有提到的出手方法，它只在射门技术中运用，在支撑射门、向侧跳起射门和倒地射门中均可使用，是为了避开正面和投掷臂一侧的防守而采用的射门方法。经常结合低手射门的假动作进行射门。

　　支撑射门时，运用交叉步、垫步和跳步等步伐，在支撑时，左脚跨落在左前方，两脚开立稍宽于肩，两膝微屈，右手引球上肩，身体侧对球门。射门出手时，右脚蹬地的同时，上体向左侧倾倒（右侧腰、肩充分伸展），并伴随身体快速左转，带动手臂顶肩划弧前挥（手臂挥动时靠近头部），利用前臂手腕的前甩和鞭打将球从头顶上方射出（图4-106）。

图4-106　侧身射门

（2）跳起单手肩上射门

　　跳起单手肩上射门按跳起方向可分为：向上跳起单手肩上射门、向前跳起单手肩上射门、向侧跳起单手肩上射门三类。

　　①向上跳起单手肩上射门：在任意线附近越过防守封挡进行中、远距离射门时，经常运用这种射门方法。快速的助跑过渡转化为有力的蹬地向上跳起，这是非常重要的一个环节。在左脚起跳同时，身体右转侧对前方，右腿弯曲从右侧上抬，提腰展体与向上引球相配合，右手持球直接引球上肩（也可以绕臂引球上肩），身体腾空至最高点时，利用转体、收腹、顶肩来带动手臂弧线挥甩，以前臂与手腕的快速鞭打动作，通过手指的压拨将球射出。球出手后，左脚积极支撑地面并屈膝缓冲，右脚迅速向前跨出一大步，注意控制身体平衡（图4-107）。

图4-107 向上跳起单手肩上射门

②向前跳起单手肩上射门：这是在手球比赛中运用广泛而且效果较好的一种射门方法。它能保持助跑的速度和冲力，容易摆脱防守接近球门，在近距离的情况下大力射门，并且容易命中得分，快攻射门和突破后的射门常常采用这一方法。

在移动中，持球可以左脚跨一步起跳射门，先右后左两步起跳射门，也可以"左一右一左"三步起跳射门。接球或突破后，要根据场上的情况和离球门区线的距离，来确定步幅的大小和步数，但起跳前的一步要是自然步，以保持速度和冲力。起跳时重心下降，上体前倾，侧对球门，左脚用力蹬地，右腿在体侧迅速提膝上摆，右手持球快速引球上肩，以配合跳起腾空，引球展体挺胸至最高点，利用短暂的停顿来观察守门员的意图和动作之后，以转体、收腹、顶肩带动弧形挥臂，用前臂和手腕的鞭打动作将球射出。球出手后，左脚触地屈膝缓冲，右脚迅速前迈，急跑几步，注意保持身体平衡（图4-108）。

③向侧跳起单手肩上射门：这种射门都是在避开防守争取射门角度的情况下运用的。一般在中、远距离射门时，运动员采用单手肩上射门，在小角度射门时，运动员为了争取射门角度，采用的射门方式有所改变。

图4-108 向前跳起单手肩上射门

④同侧脚跳起单手肩上射门：它主要在快攻和切入射门时使用。一般是在投掷臂一侧的身体侧对前方切入时，使用这一射门方法。切入时，双手或单手持球，右肩侧对切入方，右脚触地起跳，；左脚前摆上提，身体快速右转并下压左肩，同时右手直接引球上肩，射门出手时，上体迅速左转，带动手臂划弧前挥，顶肩收腹，利用前臂和手腕的鞭打动作将球射出（图4-109）。

图4-109 同侧脚跳起单手肩上射门

⑤"快板球"射门：它是无球队员乘防守不备，突然切入冲跳在球门区上空，完成"接球→射门"等一系列动作的射门方法。它是典型的战术射门，运用这一技术必须建立在配合默契的基础上，否则，就会造成传失球或空跳（规则不允许）。在进行"快板球"射门前，徒手队员跳向球门区上空时，要面对来球方向，在身体上升过程中或到达最高点时接球。在接投掷臂一侧的来球时，可迅速缓冲引球，在接投掷臂异侧来球时，要在接球缓冲的同时，快速转体引球，调整体位，在身体开始下落的时候，蹬转挥臂，将球射出。它的出手发力动作与向前跳起射门的空中动作一样。

（3）倒地射门

①前扑倒地射门：它是在射门后，以身体正面扑向地面，抬头挺胸展腹，两腿向后紧绷，用双臂屈肘缓冲触地，来实现保护身体的目的。由于原地或跳起的动作有些区别，因此，它分原地和跳起两种。

a.原地前扑倒地射门：常用于中锋队员接球转身射门和掷7米球射门。射门前双手持球，两脚开立左脚靠前右脚偏后，射门时，屈膝降低重心，右脚蹬伸，上体向前上方伸展并倾倒，同时右手持球并直接引球上肩，身体侧对球门，停顿，观察守门员。出手时，上体左转，迅速挥臂出手。出手后，两臂同时触地屈肘，挺胸展腹，伸直膝关节，成直体俯卧姿势（图4-110）。

图4-110 原地前扑倒地射门

b.跳起前扑倒地射门：常用于快攻射门，跳起后，上体前探接近球门，转体挥臂出手后，两臂同时俯撑手掌触地迅速屈肘后扒，抬头挺胸展腹，身体成反弓形。落地时，由胸→腹→髋→大腿前侧依次触地，在胸落地时利用双手后扒和惯性冲力，使整个身体顺着地面向前滑行，以缓冲身体下落的重力。

②前滚倒地射门：常用于运动员向正前方跳起射门，有人也称它为鱼跃倒地射门。起跳时，右手持球引球上肩，身体侧对球门，上体前探，利用转体、顶肩和充分收腹，带动挥臂，将球射出，球出手后，低头、含胸、收腹、团身，以右肩的肩胛骨部位触地，利用前冲力，团身滚动。依次由右肩胛骨部位→背部→左侧臀部→左腿盘坐跪撑，同时右脚迅速向前跨出一步，利用伸左小腿和前冲的惯性，快速站起并向前跑动。这一方法有利于快速起身进行回防或衔接下一个环节的行动。

③侧滚倒地射门：主要用于向两侧冲跳射门。常用于跳起侧身射门、跳起体侧射门和跳起低手射门。

以跳起侧身射门为例：左脚向左侧前方跨步的同时，借助右脚蹬地的力量，上体迅速向左侧倒，右手持球并引球上肩，腾空后，上体几乎与地面平行，右侧腰部和肩部的肌肉韧带要充分展开，利用短暂的停顿观察守门员，紧接着以快速转体、挥臂动作将球射出，球出手后，先左手后右手依次触地屈肘，身体迅速左转滚动，完成缓冲和自我保护。侧滚倒地射门可以屈体侧滚，也可以直体侧滚。图4-111为运用跳起体侧射门的侧滚倒地示范。

图4-111　跳起侧身射门的测滚倒地

④后滚倒地射门：它主要用于投掷臂异侧的边锋队员在边锋位置冲跳射门。

运动员全面掌握了倒地射门的技巧，就能利用快速助跑、强有力的弹跳、充分的展体和长时间的腾空，达到迅速摆脱防守、接近球门、扩大射门角度、提高射门命中率的目的。因此，手球运动员都应熟练地掌握倒地射门技术，尤其是中锋和边锋队员更应做到运用自如。

3.射门技术的练习方法

练习一：两人一球对传练习。不需要用全力，只是体会射门动作方法（以传代射，多次重复正确动作）。

练习二：对墙、挡网或球门进行射门练习。要逐步加快掷球动作速度、射门的力量和射点的准确性。

练习三：移动中接球射门练习，如直线移动中接球射门(图4-112)、弧线移动中接球射门(图4-113)、斜线移动中接球射门(图4-114)。

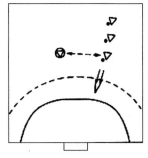
图4-112　直线移动中接球射门

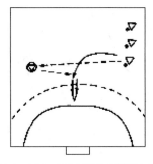
图4-113　弧线移动中接球射门

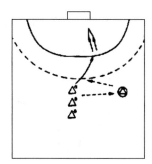
图4-114　斜线移动中接球射门

(五)突破

突破是运动员灵活地运用脚步动作和假动作快速超越对手的一项攻击性很强的技术，是个人进攻的重要手段之一。在比赛中，合理有效地运用突破技术，不仅可以直接射门得分，而且能吸引防守队员补位协防，为同伴创造射门良机。因此，要提高个人攻击力必须熟练掌握突破技术。

突破技术是以快速灵活的脚步动作为基础的。在比赛中运用突破技术，要根据场上的变化情况和战术的需要，如果盲目地运用突破技术，将会贻误战机或给全队的进攻造成不利的影响。手球竞赛规则允许持球走三步，运球结束持球还可以走三步(简称前三步、后三步)。持球队员应充分合理地运用前三步和后三步，才能行之有效地摆脱对手的防守。突破分为持球突破、运球突破和徒手突破三种。

1.持球突破技术的动作方法

持球突破开始前一般是在移动接球或运球中，采用跑动或跳步急停方法，与对手错位并保持一臂半左右的距离，进行起动或变向来超越对手的。它与各种假动作及身体的晃动结合运用效果会更好。它包括同侧突破和异侧突破两种。

(1)同侧突破

① 交叉步变向步法：这种步法与跳步急停结合在一起运用较多。它利用跳起空中接球后(或运球后跳起空中接球)，双脚同时触地急停作为前提，充分利用三步来超越对手，完成射门或分球。变向时，左脚向外侧下方迅速蹬地并向右前方跨出一大步，同时上体右转侧身探肩，右脚紧跟蹬地向前跨出，重心降低注意向左对抗，左脚快速蹬地前迈，起跳射门或分球。这种"左→右→左"的步法，与三步跳起射门结合最为紧密，因此，在手球教学的初级阶段运用广泛(步法如图4-115所示)。

② 顺步变向步法：这种步法与跳步急停和跑动变向结合得都较为紧密。利用跳步急停或跑动时左脚的一步急停，左脚迅速蹬地，右脚向右前方跨出一大步，左脚快速向右脚前方跨出，腰部带动上体右转侧身探肩，左脚落地起跳射门或分球(步法如图4-116所示)。

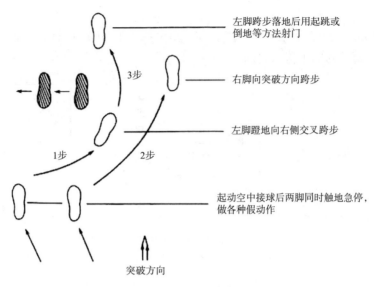

左脚跨步落地后用起跳或
倒地等方法射门

右脚向突破方向跨步

左脚蹬地向右侧交叉跨步

起动空中接球后两脚同时触地急停，
做各种假动作

突破方向

图4-115　交叉步变向步法

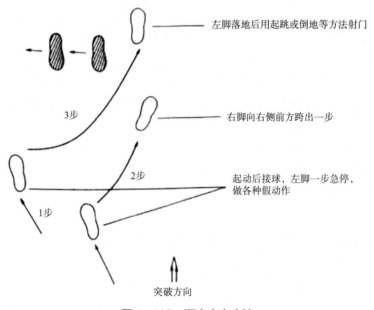

左脚落地后用起跳或倒地等方法射门

右脚向右侧前方跨出一步

起动后接球，左脚一步急停，
做各种假动作

突破方向

图4-116　顺步变向步法

③ 转身步法：这种步法中锋队员在内线移动中运用较多。利用跑动接球后的一步急停或身体的晃动，吸引防守队员向左侧移动，右脚向后绕步跨出，左脚迅速蹬转，重心向右侧移动，上体顺势向右侧探，右脚落地后，左脚迅速向左前方跨出，同时身体右转，右手持球向球门区内伸，左脚触地起跳，右手引球由体前至头上并出手射门。在做此动作时，一般是身体左侧对着防守队员或背对着防守队员，重心较低，转身时团身收腹，起跳的同时身体展开。要注意对抗和分球（步法如图4-117所示）。

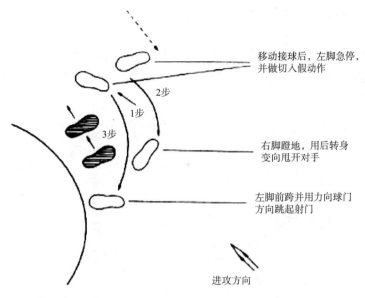

图4-117 转身步法

（2）异侧突破

① 交叉步变向步法：这一步法也是与跳步急停结合在一起运用较多。根据保护球的动作它可分为侧身突破和绕臂突破两种。变向时，右脚迅速蹬地并向左前方斜跨一步，降低重心，上体左转侧身探肩，右手持球与左侧腹部处，绕臂突破时，右手持球由后向前做肩绕环（先是右肩后让避开对手的手臂，在持球手向前挥臂时，上体迅速左转同时右肩前顶，并降低重心，持球于右前方或左侧腹部处）。左脚快速蹬地前迈，同时身体以右侧为轴，左侧身体随左脚前迈而前转，上体左侧对前方，左脚触地起跳同时引球，跳起后出手射门（步法如图4-118所示）。

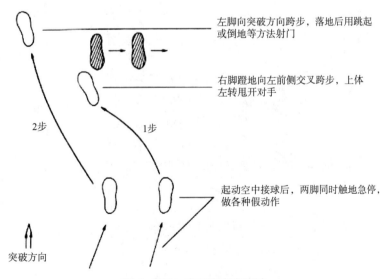

图4-118 交叉步变向步法

②顺步变向步法：这种步法可与跳步急停和跑动变向结合在一起运用。向防守队员左侧跳步急停或跑动时右脚一步急停后，右脚向右下方用力蹬地，左脚迅速向左前方跨出一步，右脚快速向左脚前方跨出一步，身体左转持球于左侧腹部，重心降低，右脚触地运用同侧脚跳起射门(或运一次球，左脚前迈起跳，同时上体右转引球出手射门)(步法如图4-119所示)。

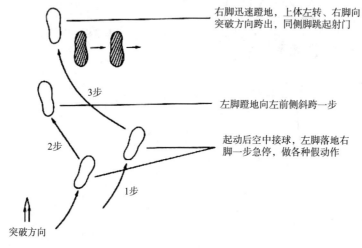

图4-119　顺步变向步法

③转身步法：这种步法主要是中锋队员在内线移动中运用较多。它主要与跑动急停结合在一起运用。利用跑动接球后的一步急停或身体的晃动，吸引防守队员向右侧移动，左脚向后绕不跨出，右脚迅速蹬转，重心向左侧移动，上体顺势向左侧探，右手持球向球门区上空伸出，左脚落地后起跳射门。在做此动作时，一般是身体右侧对着防守队员或背对着防守队员，重心较低，转身时团身收腹，起跳的同时身体展开。要注意对抗和分球(步法如图4-120所示)。

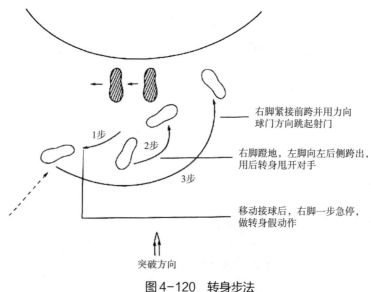

图4-120　转身步法

2. 运球突破

手球比赛中，由于防守动作幅度较大加上球体小，运球时难以控制，所以，在比赛中一般不采用运球突破的方法。只有当对方采用人盯人防守时，在同伴队员无法接应球的情况下，持球队员运用运球技术超越对手，才能达到扭转局面的目的。或是在快速反击时，快攻持球队员距离对方球门较远，且同伴队员还没有跟上的情况下，遇到了回防队员的阻截，需要突破后继续运球前进时，采用运球突破技术。运用运球的速度和方向的变化超越对手，是运球突破的主要方法。

3. 徒手突破

徒手突破又称徒手摆脱，是指无球的进攻队员运用各种脚步动作的变化，摆脱和突破对方的防守，达到接球、射门和战术配合的目的。徒手突破分为变速突破、变向突破和转身突破三种。

(六) 假动作

假动作是为达到其行动的目的所采用的诱骗、迷惑对手的动作方法。进攻队员运用逼真的假动作，能使对手失去身体重心或防守位置，为射门、突破或传球创造有利时机。防守队员成功运用假动作，能使对手判断失误，从而获得有利的时间与空间，甚至会造成进攻失误，使对手失去球权。守门员成功运用假动作，能使射门者犹豫或判断失误，从而顺利地封挡或截获来球。

在手球比赛中，进攻队员运用各种假动作进行传球、突破和射门，常用的假动作有：上体假动作、传球假动作、射门假动作和假注意力等。

1. 上体假动作

上体假动作是利用上体左右变换方向的晃动诱骗和迷惑对手。动作方法主要有以下几种：

① 面对防守时，两脚平行开立，稍宽于肩，上体稍前倾，屈膝降低重心。若要从右侧突破时，重心左移，上体随之左转压右肩，两眼平视注意观察，当对手向左侧移动时，左脚迅速向左下方用力蹬地，运用交叉步或顺步的突破方法，迅速从对手的体侧切入。如果假动作被对方识破并及时堵截时，用左脚跨出的一步急停，并快速蹬地，身体后转，运用转身突破的方法，以左手运球从对手的右侧切入。

② 背对防守时，两脚平行开立，稍宽于肩，上体稍前倾，屈膝降低重心。若要从右侧突破时，重心左移，上体随着向左倾斜，注意用余光观察和用左肩感觉对手的行动，当对手向左侧移动堵截时，左脚用力蹬地，右脚向右后方跨出，运用转身突破的方法，从对手的体侧切入。这种方法中锋队员在内线运用较多。

2. 传球假动作

传球假动作是以传球动作为手段来诱骗和迷惑对手，使其行动迟缓或失去防守能力的方法。运用传球假动作主要是为了实现突破、突破后的分球和射门等进攻。它一般有以下几种情况：

① 阵地进攻和快攻中运用传球假动作。在阵地进攻时，在快速转移球时，运用传球

假动作，突然变向起动实施突破或突破分球，这在边锋位进攻运用多一些。在得球反击时或快速推进中，防守队员进行封堵或断球时，运用传球假动作，突然改变方向传球或运球前进。

② 阵地进攻中，运用传球给内线中锋队员的假动作，实施突破。在快速移动或跳起远射时、防守队员顶出防守时，持球队员运用传球给中锋队员的假动作，迷惑对手，使其进行封、断球或步法迟疑，进攻队员运用后三步超越对手，实施射门或分球。

③ 突破后或切入空当时，运用传球假动作，实施射门。在进攻队员持球突破后或切入空当时，造成防守队员进行补位或关门，进攻队员运用向侧分球的传球假动作迷惑对手，使其行动迟缓，并快速切入实施射门。

3. 射门假动作

射门假动作是以射门动作为手段，诱骗、迷惑对手，使其失去防守能力的方法。射门假动作有以下几种：

① 支撑射门假动作。支撑射门假动作是运用各种支撑步法的射门假动作，诱骗对手，利用对手积极地堵截和封挡，快速变换方向实施射门或突破。支撑射门假动作由于脚步始终与地面接触，因而较为灵活机动，变化快，即使被对手识破也可将球连续下去，不易被对手防死。所以，在比赛中的运用较为广泛。

② 跳起射门假动作。跳起射门假动作是进攻队员进行中、远距离射门时，运用跳起后的射门假动作迷惑对手，使其积极顶贴或跳起封球，造成对手失去主动防守的能力，并迅速地转体收腹加运球，落地后快速起动及变向运用运球或后二步，实施突破或分球。它主要用于向上跳起射门和向侧跳起射门中。

4. 假注意力

假注意力是用眼睛注视着防守者的一侧来诱骗对手的方法，使其对另一侧的防守放松或疏忽，给进攻的持球队员带来有利的出球路线。进攻持球队员在传球时，利用假注意力诱骗对手，将球传给有利位置上的同伴。在射门时，利用假注意力诱骗守门员，"看上打下或看下打上、看左打右或看右打左"等，利用守门员反应不及时而破门得分。

四、防守技术及方法

防守技术是防守队员判断对手的进攻动作，采用脚步移动、身体堵截来抢占有利位置，以及用手臂的封、拨、抢、断等动作来争夺控制球权的技术，个人防守技术是集体防守战术的基础。个人防守的稳定、可靠，使对手的个人攻击难以实现，全队集体防守就会坚强稳固。手球运动的发展就是要求攻、守平衡，一旦攻、守失衡，必定导致失败的结果。实践证明，在两支进攻实力相近的球队的比赛中，哪个队能有效地抑制对方的进攻，哪个队就能取得比赛的最后胜利。因此，在教学训练中应该重视提高个人的防守能力，为加强集体防守打好基础。

防守技术分为：脚步移动、防无球队员、防控球队员，以及封球、拨打球、抢球、断球技术四种。

(一) 防守的脚步移动

防守的脚步移动是运动员在防守时采用的移动方法。它是防守技术的基础，是体现个人防守能力的重要素质，是多种移动方法组合在一起运用的。它包括：防守的基本站立姿势、起动、急停、跑、滑步、交叉步、绕步等。

在手球比赛中，防守队员为了确保能够快速、及时地接近和防守对手，所保持的一种既稳定又能突然起动的站立姿势，我们称它为防守的基本站立姿势。根据进攻队员距离球门的远近或可能运用的攻击动作，防守的基本站立姿势分为高位站立姿势和低位站立姿势两种。

① 高位站立姿势：是指进攻队员距离球门较远，没有进攻威胁时，防守队员所采用的基本站立姿势。两脚前后或左右开立，距离与肩同宽，双膝微屈，重心落在两脚之间，上体正直，抬头挺胸，观察场上情况，两臂屈肘置于体侧。

② 低位站立姿势：是指进攻队员位于射门的有效区域或准备行动时，防守队员所采用的基本站立姿势。两脚前后开立，宽于肩，双膝弯曲，重心落在两脚的前脚掌上，上体前倾，收腹，挺胸，抬头观察，两臂微屈侧举于体侧。

(二) 防无球队员

在手球比赛中，防守队员大部分时间防守的是无球队员，无球队员在进攻中虽然不能射门得分，但他们在不失时机地寻找有效的攻击位置，一旦抓住时机到达有利位置，就会对防守构成很大威胁。所以，掌握防守无球队员的技术是提高个人防守能力的重要环节。

1. 防守无球队员的基本要求

① 人球兼顾。要能始终选择一个既有利于控制对手又有利于观察球移动的位置，使自己防守区域的对手一旦在外围得球，就可以及时地迎顶控制他。

② 随球移动，密集防守。根据本队战术的要求或对手的进攻情况，做好随球密集移动，以便及时进行补防、夹击、换防等防守配合。

③ 要积极地堵空切、破坏接球、断传球、抢弹回球，不让对手及时切入有利空位，在移动时间、速度和身体的平衡性上都要对其施加影响，要阻截中锋对手的接球路线，力求截获或破坏其想接到的球，要捕捉对方错误传球的时机，对从球门区内弹回来的球要有预见和快速抢位接球的能力。

2. 防守无球队员的基本方法

① 防守位置：抢占有利的防守位置对防守队员来说是很重要的，防守时要始终选择一个既能看到球，又能控制对手的位置，就是要占据对手与球门之间偏球一侧的位置 (图 4-121)。在防守中锋时，要始终选择占据球与中锋队员之间的接球路线上。

② 防守距离：要根据对手的特点、意图及其距离球和球门的远近，以及自己的防守能力来不断调整与对手的距离。对于无进攻意图，又距离球和球门较远的对手，防守距离可以远一些，以便与同伴进行防守配合；对于有进攻意图，又靠近球和球门的对手，防守距离要近一些，甚至逼近对手紧盯或跟随。

图 4-121 防守位置

③ 防守方法与姿势：对无球队员的防守，基本站立姿势通常保持在有弹性的起动状态，以便迅速调整防守位置。在外侧区域防守离球近的对手，常采用面向对手而侧向球，两脚前后站立的姿势，靠近球一侧的脚和手在前，用身体堵截对手向球移动的接球路线。在中部区域防守离球远的对手，常采用两脚平行站立姿势，使球和对手都在自己的视野之内。在内线防守无球队员时应紧逼，不让对手摆脱接球，要用移动抢位、身体堵截和将手伸到对方传接球路线上，来干扰和破坏对手的接球。

(三) 防守控球队员

1. 防守控球队员的基本要求

① 站位应该是按照控球队员的投掷臂、防守队员、球门为一条线的站位原则。要严防对手向投掷臂方向突破和射门的行动。

② 要及时发现和了解对手的技术特点和习惯动作，准确判断控球队员的动作意图和识破其假动作，以求正确运用封射门、封传球、堵截突破等技术。

③ 要尽力做到"每射必封"，并注意和守门员配合封挡球。

④ 要注意让对手在不利的位置上去射门，当对手进行不大可能得分的小角度射门时，要控制自己的防守动作，避免和防止因犯规动作被判罚 7 米球。

⑤ 在外侧区域或两侧小角度要伺机紧逼失去攻击力的持球队员，让其慌乱传球，从而给自己的同伴制造断球机会。

2. 防守控球队员的方法

① 防守队员应始终保持有利的站位，即站立在控球队员的投掷臂前方与球门的连线上，保持三点为一条直线。根据控球队员的技术状况和行动意图，来决定是顶贴防守还是松动防守。

② 在防守时，应采用两脚前后分立的斜步站立，要向斜前方堵截对手的移动路线。防守队员应两脚包住对手的起跳脚，并用躯干抢先堵截对手的起跳方向，用单手或双手封挡对手的射门路线。

③ 在防守外围远射的队员时，要抓住对手接球的瞬间，迅速迎顶，尽量接近对手，选位应偏向投掷臂的一侧，实施破坏或影响其传球、射门和移动速度。

④ 在防守善于突破的队员时，要抓住对手还未接住球的时机，迅速迎顶，在对手控制球后，要主动破坏突破距离，同时，双脚要处于碎步起动状态，集中注意力观察对手的动向，在对手实施变向起动时，防守队员迅速跨步堵截对手的行动路线，并借助手和前臂小而快的挡、拨、压等动作来影响对手的进攻动作和移动速度，一旦抢占了正确的有利位置，就要立即运用手臂进行封球和拨打球的防守动作，破坏对手的进攻。

(四) 封球、拨打球、抢球、断球

封球、拨打球、抢球、断球技术是配合快速灵活的脚步移动进行防守的手臂动作。这些动作使被动性的防守变得具有破坏性和攻击性，能使防守变被动为主动，为反击创造有利的条件。因此，在掌握防守技术的基础上，充分发挥判断、移动及手臂动作的效能，合理地去完成封球、拨打球、抢球、断球等攻击性技术，是现代手球运动中防守行动的需要。

1. 封球、拨打球、抢球、断球技术的动作方法

(1) 封球

封球是用手臂和身体封挡对方射门的路线和角度，是防守队员常用的降低对方射门命中率的重要技术。如果和守门员配合得好，可以很快获得反击机会。

防守队员在封球时，必须及时移动到正确的防守位置上，并保持正确的防守姿势。在此前提下，根据对对手的射门特点和习惯动作的了解，以及当时对手所处的位置、身体和引球动作，来判断其射门的出手部位和出手时间，用双手对准球的高度，在对手掷球出手时，用手臂来封挡球的飞行路线。由于手球运动员是单手持球射门，可以在短时间内做各种动作，因而手球的封球比排球的拦网还要困难一些。直接封挡住射门的球是不容易的，但是可以和守门员配合封挡球，也可以运用封球动作来影响对方射门点的选择和射门的准确性。

防守队员在伸出双臂封球时，前臂和手指要适当紧张用力，指尖要与手臂伸出的方向一致［图4-122（a）、（b）］，以掌心对球（不要用指尖对球，以免挫伤手指），两臂之间要有一定间隔，不要交叉（以免影响封挡面积）。封外围远射的重点是封锁射向球门方向的角度。封近射时，因离门近、球速快，对球门的威胁大，应力求封住其射出的球。封支撑射门时，只需移动到位及时举臂封球，也可以伺机上顶，贴近去封，但不要跳起去封，一是没有必须，二是容易受骗于对方射门假动作，让对方乘机突破射门。封对手体侧和低手射门时，要降低身体重心，用双臂去封球，严禁防守队员用腿脚去封挡球（这是规则中不允许的）。

(a)

(b)

图4-122 封球

(2) 拨打球

手球竞赛规则规定不允许抢夺对方手中的球，但允许用张开的手从任何方向拨打掉对方手中的球。一个眼明手快的防守队员常常能乘对方不备时，将其控制的球打落从而获得抢到球的机会。在对方持球、运球、射门前，防守队员都可以快速移动抢占好位置，伺机拨打对方控制的球。

① 拨打进攻队员接到的球。在对方准备接球时，防守队员随球迎顶抢占有利位置，在对方刚接到球观察场上情况而没注意保护球时，就可以拨打掉其手中的球。拨打球的动作

要小而快，要以肘关节为轴，用前臂屈伸和指腕拨打的动作去击球（不要用整个手臂挥舞的大动作）。可根据对方持球的高低，来击球的上部或下部。

② 拨打进攻队员持球突破时的球。对方持球突破时，必须在移动堵截占据有利位置的前提下去拨打球，因为这时防守队员的手臂最容易靠近球，拨打球的准确性高，如果没有将球拨打下来也可保持正确的防位，还可以继续堵截封球。为了不失去身体平衡，拨打球时手臂应尽量不伸出去，而应屈肘只是用前臂和指腕的力量急拨轻打。对方从异侧突破时常将球暴露在防守队员面前，应利用这个短暂时刻拨打球。对方持球跨步起跳前常转身看门而不注意保护球时，这也是将其球拨打掉的机会。

③ 拨打进攻队员运球时的球。正面防运球突破时，在保持正确的身体姿势和有利防位的前提下，抓住对方拍球离手的瞬间，在球刚从地面弹起时，上前伸臂向有利方向拨打球。在平行追防运球队员时，抓住球离手推向地面的瞬间，上体前倾，屈膝降低重心，用靠近对手一侧的手臂伸出去拨打刚从地面弹起的球。

④ 拨打进攻队员射门前的球。在进攻队员跳起引球上肩停顿观察的瞬间，防守队员可立即跳起身用手靠近球，用指腕点拨动作将球拨落（图4-123）。

图4-123　拨打球

（3）抢球

手球比赛中没有被双方控制的球都要全力争抢。经常出现的抢球情况有：

① 进攻方射门的球击中球门框弹回或被守门员挡出。

② 进攻方射门的球被防守队员封挡或拨打掉时。

③ 进攻队员向内线中锋队员传球被防守队员封打掉。

④ 进攻队员在传球或射门的过程中，持球不稳，球脱手落地。

⑤ 进攻队员在传球过程中，传失或接球脱手等。

出现以上情况时，防守队员必须及时判断迅速抢位，身体和手臂快速敏捷地去抢截球或降低重心扑抢地面上的球。

（4）断球

断球是用手臂截获对方传出的球。它是一项攻击性很强的防守技术。在对方传球出手的瞬间，迅速判断，及时起动跨步或跳起伸展上体，两臂向来球方向伸出，尽量用双手断球，如不能截获球，可以用单手将球拍击落地再去争抢。截获球后要有意识地及时转入进攻（运球快攻或传球助攻）。根据进攻队员传球方向和防守队员断球前所在的位置，断球可分为横断球和纵断球两种。

① 横断球是指防守队员断截正面横传球的方法。断球前双膝弯曲降低重心，两眼注视球的转移情况，在对手传球出手的瞬间，重心前移，以短而快的助跑，单脚蹬地，向前侧跨跃起，伸展上体，面对来球两臂前伸，用手臂截断来球。

② 纵断球是指从接球队员背后跃出断截球的方法。断球前双膝弯曲降低重心，两眼注视球的动向，在对手传球出手的瞬间，重心前移，以同侧脚向接球队员的同侧跨出一步，另一条腿快速跟随并绕过接球队员，同时同侧脚迅速蹬地，向前侧跨跃起，身体伸展，面对来球伸出两臂，用手臂将球截断。这一技术一般在防守内线中锋队员时采用较多。

2. 封球、拨打球、抢球、断球技术在实战运用时应注意的问题

在防守过程中，不仅要加强封球、拨打球、抢球、断球的意识，防守队员还要具有勇敢顽强的拼搏精神。在运用封球、拨打球、抢球、断球等攻击性防守动作时，要求准确性高，动作轻巧、敏捷、果断。要做到这一点，在防守时注意力必须高度集中，还要有准确的判断力，并能在抢占有利位置的前提下，去完成攻击性防守动作。达不到这些要求，就会出现以下错误行为：盲目地举手封球不仅封不到球，反而影响了守门员的观察视线；不是移动选好位去拨打球，而是随意"捞一把"式的拨打球，结果是球没碰着，人却漏掉，在拨打对方射门的球时，随意出手拨击结果造成7米球加处罚，该抢到的球因反应动作慢而丢失，缺乏判断的盲目断球，后果是断不到球而漏了对手，造成同伴一防二的被动局面。

第八节　毽球

毽球运动作为我国的一项民族传统体育项目，在我国有着悠久的历史和广泛的群众基础。如今，毽球运动已经走向世界，所到之处均受到人们的欢迎和喜爱。此外，各类毽球比赛，尤其是国际性的赛事，加快了毽球运动走向世界的步伐，同时也更好地促进了毽球运动的发展。

一、毽球运动的起源

我国毽球运动是以踢毽子作为基础逐步发展起来的，就踢毽子这项运动来说，在我国有着非常悠久的历史渊源。但对于毽子是如何产生的，具体的发明人、发明时间、地点等信息并没有准确的历史记载。毽球运动的起源，更多的是在历史文献中进行考证的。据一些名物考据专家研究认为，毽子运动来源于蹴鞠。如宋人高承在《事物纪原》中将踢毽子称为"蹴鞠之遗事也"。由此便可推出，蹴鞠这项古老的运动是毽球运动的起源。

二、毽球运动基本技术分析

毽球运动技术有很多，其中主要包括准备姿势与移动技术、发球技术、传接球技术、攻球技术和防守技术等。通常来说，每项技术都非常重要，其中准备姿势与移动是学好发

球、传球、政球等技术的基础，每一项键球技术都要扎实地掌握好。

（一）准备姿势与移动

1. 准备姿势

在键球运动中，准备姿势的作用就是动员踢键者身体的最大能力，抓住时机进行有效的移动，及时发挥各种攻防技术方法。键球比赛的准备姿势主要有两脚左右开立和前后开立两种方法。

（1）两脚左右开立的准备姿势

踢键者两脚左右开立，略宽于肩，重心稍下降，上体放松前倾，目视来球。脚跟稍提起，脚掌内侧着地，两膝稍两臂自然屈于体侧，保持待动状态。

需要注意的是，在做准备姿势的过程中，踢键者两脚掌的脚内侧要用力着地，重心下降，两膝内扣，并且两脚还要保持待动状态。

（2）两脚前后开立的准备姿势

两脚前后开立，支撑脚在前，左右脚间隔略宽于肩，前脚稍内扣，用脚掌内侧着力，后脚稍内扣，脚跟提起，用前脚掌内侧着地，两膝稍弯曲内扣，重心稍前移下降，臀部自然屈于体侧，保持待动状态，目视来球。

需要注意的是，踢键者的两脚掌要着地，重心落于前脚，两脚要保持待动状态。在进行准备姿势练习的过程中，可采用统一指挥、正确示范个别纠正、强化定型或双人一组、互教互学的方法进行。

2. 移动

在踢键的过程中，踢键者必须要及时移动，只有移动到位，各项技术才能得到有效的发挥。移动的主要目的就是调整好人与球的最佳位置，以有利于更好地发挥传、接、攻、防等各种技术。因此，踢键者的移动必须要快速、准确，切忌优柔寡断。一般情况下，步伐移动技术主要有以下八种。

（1）前上步

在前上步或者斜前上步时，踢键者的踢球脚蹬地，支撑脚向前或者斜前上方迈一步，踢球脚跟上，成踢球准备姿势（图4-124）。

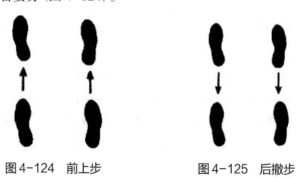

图4-124　前上步　　　　图4-125　后撤步

（2）后撤步

在进行后撤时，踢键者的支撑脚向后蹬，重心后移，同时踢球脚向后迈出一步，支撑脚跟上成踢球准备姿势（图4-125）。

（3）左右滑步

踢毽者成左右开立准备姿势，左（右）脚用力侧蹬，重心侧移，同时右（左）脚向侧迈出，左（右）脚迅速跟上，可连续做滑步动作（图4-126）。

图4-126　左右滑步

（4）交叉步

踢毽者向右（左）交叉步移动时，左（右）脚向右（左）侧蹬地，将身体重心移到右（左）脚，左（右）脚从右（左）脚前往右（左）侧交叉迈出，同时右（左）脚向外侧蹬地，从左（右）脚后侧迈出，成踢球准备姿势（图4-127）。

图4-127　交叉步

（5）跨步

跨步是指踢毽者的支撑脚用力向前或者斜前方用力蹬地，重心前移，踢球脚跨出成救球姿势。

（6）并步

①前并步时，右（左）脚向前蹬地，身体重心前移，左（右）脚向前迈一步，同时右（左）脚跟上并步，准备接球或起跳。

②左（右）并步时，右（左）脚向左（右）侧蹬地，重心向左（右）移，左（右）脚向左（右）侧迈出一步，右（左）脚并步跟上成准备姿势。

（7）转体上步

以右（左）脚为中枢，左（右）脚向后蹬地，重心下降稍后移，以髋带动向左（右）转体90°～180°，成踢球准备姿势。

（8）跑动步

跑动的第一步基本同前上步、后撤步、交叉步的第一步，第二步开始逐渐进入正常跑动，最后停止时重心稍下降成踢球准备姿势。

（二）发球技术

发球是毽球运动的重要技术之一，只有良好的发球才能为接下来其他技术的发挥奠定坚实的基础。发球是比赛的开始，同时也是进攻的开始。踢毽者要想提高自己的毽球技术水平必须发出攻击性和准确性俱佳的球。一般来说，发球技术可分为正面脚内侧发球、正面脚外侧发球、正面脚背发球、侧身高点脚背发球等几种。

1. 正面脚内侧发球

正面脚内侧发球是指踢毽者身体正对球网站立，用脚的内倒面击球的发球动作。

发球者以前后开立的准备姿势站好，发球时，左手把球垂直向上轻轻抛起，球约在右脚内侧前方40厘米处下落。发球者重心前移，右腿、髋、膝关节外翻，屈膝向前摆动，当身体重心超过人体垂直面后，支撑脚向后蹬地，加速重心前移，右髋、膝关节猛力外翻，加力前推，右脚踝关节背屈用脚弓内侧中部把球发入对方场区，而后发球脚迅速着地保持身体平衡。

2. 正面脚背发球

正面脚背发球是指身体正对球网站立，用脚背面击球的发球动作。发球者以前后开立的准备姿势站好，左臂自然前伸，掌心托球于体前。发球时，左手把球垂直向上轻轻抛起，球约在右脚前方40厘米处下落。发球者重心前移，右脚踝关节绷直，利用抬大腿、踢小腿的动作，在离地面20厘米高度击球，把球发入对方场区。脚的击球部位应在脚背正面食趾的跖趾关节处。

3. 侧身高点脚背发球

凡发球时击球点位高于髋关节以上的发球均为高点发球。根据其不同的发球性能和姿势有：快速发球、慢速发球和踩踏发球、倒勾发球四种。由于踩踏、倒勾发球虽发球点高，但对运动员身材的高度和身体素质的要求相对较高，而且体能消耗也较大，运动员一般不经常使用，这里就暂不作介绍（均以右脚发球为例）。

（1）快速发球

高点快速发球就是侧对球网站立、用脚正背在体侧髋部以上快速击球的发球动作。

① 准备姿势：发球区外侧对球网站立，左脚在前脚在后，身体重心在两腿之间，左手托持球。

② 上步抛球：发球时，先右脚向前上一步，左手托球直向前上方轻轻抛起1米左右，左脚根据抛球的前后距离，再向前上一步稍屈膝支撑。

③ 击球进场：以支撑脚的前脚掌为轴向左转动，右脚跑地以髋关节为轴，大腿带动小腿由后经侧向前上方摆动扫踢，与此同时，小腿自然放松，支撑腿蹬伸，击球前的瞬间，脚背自然绷直内扣，小腿快速发力弹踢，当球下落至肩关节高度左右用脚正背外侧趾跟部位将球低弧度踢向对方场区，击球后击球腿向前伴送并顺势进入场区。

（2）慢速发球

慢速发球就是侧对球网站立，用脚正背在体侧突然减速击球的发球动作。其准备姿势和上步抛球均与高点快速发球基本相同，只是在击球前的瞬间，把小腿快速发力弹踢，改为突然稍慢速小腿发力且有一定弧度地将球伴送着踢向对方场区，其他动作均与高点快速发球基本相似，只是动作幅度、速率有所减弱而已。

发球技术非常重要，踢毽者在平时的练习中，一定要重视起来。一般来说，在进行发球技术练习时，可采用以下几种方法。

① 单人练习用不同脚法发球（以过网有效为目的）。

② 以控制球为目的的低弧平快球，一般中速球和慢速落点球。

③ 以控制球的落点为目的的快速后场球，高弧后场球，一般中场球和小弧线近网吊球。

④ 练习时可一人多球，也可双人对发接球练习，还可将对方场区分为1～9区（图4-128），采用定区记数法或定时发区记数法，还可任意以区编组，成套点发球练习。

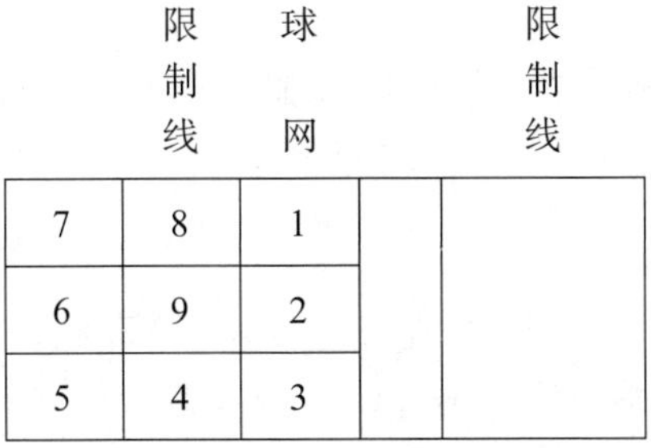

限制线	球网	限制线		
7	8	1		
6	9	2		
5	4	3		

图4-128　对方场分区

（三）传接球技术

1. 脚部传接球

脚部传接球是毽球运动中最常用的传接球技术。脚部的灵活性比头部、胸部和腿部都要强，因此，脚部传接球的方式也就较多。下面具体讲解一下脚部传接球的几种方法。

（1）脚背传接球

脚背传接球是脚部传接球中最常用的方法，具有灵活性较高、活动范围较大、成功率高的特点，在毽球比赛中较为常用。踢毽者在用脚背传接球前，两膝微屈，重心下降，做好准备姿势。接球时，一脚支撑身体，另一脚主动插入球下，脚背与地面基本呈水平，当球快落到脚背上时，利用适度的伸膝和踝关节背屈的协调勾踢动作，把球向上踢起。击球部位应在脚的跖趾关节处，离地面10～15厘米的高度适宜作为击球点。为了提高或保证传接球的准确性和成功率，具体可通过脚背面的变化、踝关节背屈勾踢的程度来调整击出球的方向、弧度和落点。

（2）脚内侧传接球

相对于脚背传接球来说，脚内侧传接球的技术要求较高，踢毽者必须要及时调整好身体姿势才能去进行传接球，否则就容易出现失误。

踢毽者准备用脚内侧传接球时，两脚前后自然开立，踢球脚在后，两膝微屈，两手臂放松自然下垂于体侧。眼睛注视来球接球时，身体重心应移到支撑脚上，踢球腿大腿带动小腿由后向前上方摆动。在摆动过程中应逐渐形成髋关节外张、膝关节弯曲、踝关节内翻的基本姿势。击球的一刹那脚部击球面端平，击球部位应在脚弓内侧面的中部，击球点一般应在支撑腿膝关节高度之体前40厘米处。为了保证传接球的质量，要注意击球的全过程应柔和协调，大腿、小腿应完成向前上方送球的动作，尽量准确地做每一个动作。

（3）脚外侧传接球

由于脚外侧传接球具有活动范围较小，对击球方向的把握准确性较低，不利于得分的缺点，一般比赛中比较少用，只有技术高超的球员在特殊情况下才会采用。

踢毽者在用脚外侧传接球时，两脚自然开立，两膝微屈，双眼注视来球。接球时，重心移到支撑脚上，击球腿的髋、膝关节内扣，踝关节背屈，膝、踝关节外翻，使脚外侧尽量与地面平行，击球时利用小腿快速屈膝上抬的动作向体后上方击球。脚接触球的部位在脚外侧面的中部或中后部。为取得较好的传接球效果，要注意保证击球点的高度，一般以不超过膝关节为宜。

2. 膝盖传接球

踢毽者一腿支撑，另一腿以髋为轴，抬大腿屈膝上提，插于来球下方。在膝关节上部10厘米处将球接起，落于身前或直接拱入对方网前，可原地拱，也可转身或移动上步拱球。

3. 胸部传接球

踢毽者在准备传接球时，及时准确地判断来球，移动到位，用脚堵球。当来球偏低时，可采用屈膝姿势，偏高则可跳起用，击球时，两手臂微屈自然置于体侧，身体自然挺胸、伸膝，身体重心上移，给球向前上方一个作用力，使球呈小弧度飞行下落。由于胸部活动范围较小，一定要控制好球的飞行方向，可根据具体情况运用左右转体，压肩动作对球的飞行方向进行适当调整。由于胸部传接球的灵活性较差，不太方便发力，因此，为保证传接球的质量和成功率，一定要注意把握好来球的速度和方向。

踢毽者在进行传接球技术练习时，可采用以下几种方法进行。

① 单人自传踢各种不同高度、方向和落点的球。

② 双人互传踢各种不同高度、方向和落点的球。

③ 三人或多人传踢各种不同高度、方向和落点的球。

④ 对准不同高度和距离的特定标志踢球，可定时记数，也可定数计时，反复练习。

⑤ 还可以将不同要求和性能的传球编成号，并根据不同的目的，任意组织有一定套数的综合性练习，如"1"表示接球传到网前的球；"2"表示近网二传垂直下落球；"3"表示近网较低的快攻球；"4"表示拉到边线的球；"5"表示向背后传的球；"6"表示模拟对方发到本方后场的球。

有了上述各种不同的传球编号后，就可结合不同进攻的需要，进行有战术意识的综合传球练习，如单人"2、5"传球；双人"6、1、5、2、2"和"2、5、6、4"传球；三人"2、5、4"传球。

（四）攻球技术

攻球是获得发球权和得分的重要手段，是进攻中最积极有效的武器。将高于球网上沿的球直接攻入对方场区的一种击球动作，即攻球技术。攻球在毽球比赛中起着最为重要的作用，踢毽者必须要掌握扎实的攻球技术。依据攻球时的不同动作，一般攻球技术有倒勾攻球、踩踏攻球、肩压攻球和头攻球四种。由于肩压攻球只是在双方网上争夺时，对方不慎将球传至正在飞向对方场区上空时才使用，实属偶尔为之；而头攻球已被两米限制线所限（为保护运动员的安全），现在已经几乎无人使用此技术，故这里只做一般提及而不做重点论述。

无论是倒勾攻球还是踩踏攻球，都具有助跑、起跳、攻球和落地四个相互衔接的部分，它是一次身体完整的、连贯的、协调的动作过程。下面分别就倒勾攻球和踩踏攻球做如下分析。

1. 倒勾攻球

倒勾攻球就是背向球网或侧对球网助跑起跳后，在空中采取倒勾姿势用脚正背的趾跟部位，将球攻入对方场区的技术动作。倒勾攻球是诸多攻球动作中技术最复杂的，由于其攻球点比其他攻球技术更高、发力动作较合理，并可借助摆动惯性而加大击球力量，使击出的球速度更快、威力也更大。但由于队员攻球时背向或侧向球网，就观察对手防守动向而言，其视野不好或不够开阔，因此有一定的盲目性。

纵观国内外各种倒勾攻球技术动作，一般有背向倒勾攻球、侧向倒勾攻球、内扫倒勾攻球和凌空倒勾攻球四种。

（1）背向倒勾攻球

背向倒勾攻球就是攻球者在网前距中线约20厘米背向球网站立，根据二传来球的具体情况，采用原地一步或两三步助跑、跳起，用脚正背趾跟部位将球击入对方场区的攻球手段。

攻球者背向球网两脚平行站立，双膝微屈注视二传来球情况。当二传球至攻球者右侧前上方时，右腿蹬地起跳，也可上步助跑后蹬地起跳，左腿屈膝上摆，完成配合起跳动作后自然放松下落。与此同时，右腿屈膝大腿带动小腿用力上摆，当球下落到头的右侧前上方约50厘米时，小腿用力甩摆踢出，击球的刹那间，脚腕抖屈，以脚正背趾跟部位将球击入对方场区，随后左、右脚依次缓冲着地并保持身体平衡。这种攻球手段力量线路多、易变化，是最基本的倒勾攻球技术，但背向球网，不易现察，易被对方拦堵。

（2）侧向倒勾攻球

侧向倒勾攻球是指传起的球在击球脚同侧外面，进攻队员运用脚背外摆，加之膝、踝关节的倒勾动作把球攻入对方的一种进攻手段。这是倒勾攻球最基本、最常用的方法之一，在比赛中运用非常广泛。

准备好用外摆脚背倒勾攻球技术时，踢键者稍向右侧身背对球网站立，两膝微屈，两眼注视二传来球情况。起跳时，膝保关节充分蹬直，摆腿和摆臂动作有力。身体腾空后，击球腿迅速屈膝上摆。击球时，当球落在头上方右侧约50厘米处时，击球腿迅速外摆，膝关节猛力伸踢，最后用踝关节的勾踢动作把球攻入对方场区。击球后，应控制击球腿在空中的动作幅度，以防触网犯规。落地时，注意摆动腿应先落地缓冲，击球腿随后落地，以使身体保持平衡，并做好准备迎接下一个来球。

（3）内扫倒勾攻球

内扫倒勾攻球是指击球点在攻球脚异侧肩的前上方，进攻队员利用转体大腿里合、膝踝关节的倒勾动作把球攻入对方的一种进攻手段。这种方法难度较大，只适合于技术水平较高的运动员。

踢键者背对球网站立，两膝微屈，判断二传来球，调整好准备姿势。助跑起跳要充分，摆腿和摆臂动作要协调有力，并准备向左侧转体。起跳腾空后，摆动腿膝外展，向左转体，击球腿由外向内里合摆腿，使身体产生向左旋转。击球时，当球落在左肩的头上方时，膝关节快速发力，最后用踝关节的勾踢动作把球攻入对方场区。击球后摆动腿先落地缓冲，击球腿随后落地，马上做好准备进行下一个动作。

（4）凌空倒勾攻球

凌空倒勾攻球是指传起的球在击球脚异侧肩外面的前上方，进攻队员充分起跳，身体凌空平卧在空中，利用转体，加之膝、踝关节的倒勾动作把球攻入对方的一种进攻手段。这种方法在比赛中也较为常用。

踢毽者背对网，两膝微屈做好准备姿势。二传传球后，攻球队员判断二传球离网的远近和弧度，及时采用适合的助跑方式进行助跑起跳。起跳时，摆动腿和手臂积极上摆，并伴有向左转体的动作。身体腾空后，摆动腿膝外展，身体后仰左转，起跳腿迅速屈膝里合上摆，踝关节自然绷直，整个空中击球过程中身体几乎处于平卧凌空状态。击球时，当球落在左肩外侧、头的前上方时，击球腿充分抬高，利用腰腹力量的转动和小腿的加速摆动，最后用踝关节有力的勾踢动作把球攻入对方场区。攻球结束后，为保持身体的平衡，身体继续左转，击球腿下摆，然后右脚和左脚依次缓冲着地，准备迎接下一个来球。

2.踩踏攻球

（1）正面脚掌前踏攻球

踢毽者身体面对球网，运用腿充分提起后快速正面下压的动作，以脚掌击球，把球踏入对方场地的一种动作，即正面脚掌前踏攻球。这种方法对来球方向的判断准确性要求较高，适合于高水平运动员采用。

踢毽者两膝微屈面对球网站立，判断二传来球，通过适合的助跑选择最佳支撑脚的位置，随后击球腿的踝关节自然背勾，大腿带动小腿迅速上摆到最高点，支撑腿伸直。提踵或跳起提高击球点，两臂自然上摆，身体向上伸展，控制平衡。击球时，一般当球落在头前上方离身体50厘米处时，击球腿依次利用髋、膝、踝的力量"鞭打式"下压，用脚掌前1/3击球。远网球可展髋发力，近网球可屈膝踏球，还可利用身体方向的变化打出不同线路的球。

（2）侧身脚掌前踏攻球

侧身里合脚掌前踏攻球，是指队员身体侧对球网站立，当传起的球飞到体前高于球网时，可突然采用转体里合摆腿动作，用脚掌将球攻入对方场区的一种动作。这种攻球技术在比赛中较为常用。

踢毽者侧对网站立，准确判断来球的情况，支撑腿上步调整人与球的最佳位置，随后击球腿直腿向上里合摆动到最高点，腿自然绷直，踝关节内翻。击球时，当球落在头前上方靠击球腰内侧时，迅速利用转身里合腿的动作，加快摆腿速度并用脚掌的前1/3处击球。在大腿里合摆动的同时，应加上小腿屈膝的协调动作，增大攻击的威力。击球后应屈膝收腿，以防触网，击球腿落地时，身体应向异侧方向转体90°～180°，控制好身体的平衡，准备迎接下一个来球。

踢毽者在进行攻球技术练习时，可采用以下几种方法进行。

①单一练习，统一指挥，定时记数或定数计时的方法。

②攻球技术任意交叉编组，成套练习。

③单个练习还可以原地向行进间过渡。

④当个人练习有一定基础后，即可进行双人对踢或一抛一踢。也可用接发球的方式进行练习，逐步掌握接踢来球的技巧。

需要注意的是，不管采用哪种练习方法，都要强调踢球时的协调性，踢球的过程中要放松和柔和用力。

(五) 拦网防守技术

拦网是一种封堵对方攻球的有效的防守技术，是指防守队员在球网附近跳起，用身体的有效部位封堵对方攻球。根据拦网方式的不同，可将拦网技术分为以下几种。

1. 原地拦网

原地拦网，即在原地直接跳起拦网的一种技术。

踢键者在拦网时，站在网前，离网30～40厘米，两膝微屈，与肩同宽，自然收腹，上体稍前倾，两臂自然置于体侧，目视攻球者。当对方攻球时，两脚用力蹬地起跳，两臂自然下垂，夹紧放于体侧稍前，身体保持提腰收腹挺胸的迎球姿势，原地跳起拦网。

2. 移动拦网

移动拦网，即根据来球的方向，通过跑动而移动到合适的位置进行防守攻球的一种技术。

踢键者在准备拦网时，盯住对手的击球点，网前滑步选准位。两膝微屈，与肩同宽，自然收腹，上体稍前倾，两臂自然置于体侧，目视攻球者。踢键者准确把握好起跳的时机，当对方攻球时，及时移动到位，选择好封堵的线路，两脚用力蹬地起跳，将球拦至对方场地。封网击球可根据情况采用压肩主动击球和保持迎球姿势被动击球。击球后，身体应控制平衡自然下落，双脚前脚掌先着地，并屈膝缓冲，准备完成下一个动作。

3. 跳托拦网

跳托拦网就是在准备姿势的基础上，利用上体的后仰起跳动作，在网口甚至网口以下的高度，将球托击后弧线过网的技术动作。它一般适用于身体不高或女性拦网手使用。

4. 加压拦网

加压拦网就是在准备姿势的基础上，跳起后在空中"停住"，利用上体的前倾或加压动作，在网口以上的高度，将球压击后直线甚至加速过网落地的技术动作。它是拦网的高级形式，一般适用于高大拦网者或弹跳能力特强并有"滞空"能力的拦网者，而对方攻球点又较近网时使用。

5. 开网拦网

开网拦网就是在准备姿势的基础上，身体稍向后起跳，在距网40～50厘米的地方，将球拦击进网等其反弹出网后，再将球踢起的技术动作。它也是拦网的高级形式之一，目前主动使用这一技术的队员还不多，一般适用于对方攻球保护技术较强而本方"拦不死"时才用。

6. 远网拦网

远网拦网就是在准备姿势的基础上，利用后垫步或后撤步动作、人体向后移动、在距网1.5~2米处跳起而先将球拦击住，待其反弹离开身体后，再将球踢起并组织反攻的技术动作。一般适用于对方攻球点远离球网而不得已"推"攻过网，且球速稍慢时来用。

7. 单人拦网

单人拦网是指一个人、在准备姿势的基础上，使用各种不同的拦网技术而单人独立完成拦网任务的技术动作。这是键球比赛中使用较多的一种防守形式，一般适用于对方攻球手攻球技术不太全面、攻球变化不多，而本方又有高大队员且拦网技术较好时采用。

8. 双人拦网

双人拦网就是两个人在准备姿势的基础上，使用各种不同的协同配合，同时起跳共同完成拦网任务的技术动作。这是高水平键球队常常使用的战术性防守形式，一般适用于对方攻球手攻球技术较全面且变化较多，而本方又有两名高大队员或有一名高个子和另一名弹跳很好的队员组合时采用。双人拦网因其有较强的阻挡和抑制对手进攻的能力，是目前防守技术中，给对方威助最大的防守技术。根据对方攻球手的不同攻球和本方拦网队员的不同技术特点，双人拦网还可以有"合拢拦网"、"分开拦网"和"错位拦网"等不同的战术性组合，以争取最佳的防守效果。

第五章　操类运动

📝**本章学习目标**

- ◆ 了解健美操运动的起源与发展。
- ◆ 熟悉健美操的分类与特点。
- ◆ 掌握健美操的基本技术动作、组合动作和主要竞赛规则。
- ◆ 了解啦啦操的项目特征和分类。
- ◆ 掌握啦啦操的手位动作和比赛规则。
- ◆ 了解瑜伽的起源、发展和锻炼价值。
- ◆ 熟悉练习瑜伽的注意事项。
- ◆ 掌握瑜伽的基本练习方法和调息方法。

第一节　健美操

一、健美操运动的起源与发展

健美操运动是在音乐伴奏下，以身体练习为基本手段，以有氧运动为基础，达到增进健康、塑造形体和休闲娱乐目的的一项体育运动。

现代健美操起源于 20 世纪 60 年代末的美国，最初是太空署医生库伯博士（Dr. Kenneth Cooper）为宇航员设计的体能训练项目，后逐步发展成一项独特的运动。在 20 世纪 70 年代末，美国涌现出了一批健美操的代表人物，好莱坞影星简·方达（Jane Fonda）就是其中一位。她根据自己的亲身实践与体会编写了《简·方达健美术》(也翻译为《简·方达健身体操》)一书，并向 30 多个国家传播，使健美操很快成为一项风靡世界的健身运动。

健美操不仅在美、英、法等国家迅速发展，在苏联和其他东欧国家也相当普及，在日本、菲律宾、新加坡等亚洲国家和地区也建有许多健美操活动中心及健身俱乐部。

20 世纪 70 年代末，健美操热传到了中国。目前，健美操已成为我国各级各类学校体育活动中一个深受师生欢迎的项目。1992 年中国健美操协会在北京成立；1995 年国务院颁布了《全民健身计划实施纲要》，健美操成为全民健身的重要项目之一；1998 年，国家体育总局制定并颁布了《健美操运动员技术等级标准》；1999 年，国家体育总局颁布了大众健美操锻炼标准六套等级动作，这些都标志着我国健美操运动已进入一个崭新的发展阶段。

二、健美操的分类

根据健美操练习的目的和任务，健美操可分为健身健美操和竞技健美操两大类（见表 5-1）。

表 5-1　健美操运动的分类

健美操运动	健身健美操	徒手健美操	有氧健美操
			搏击操
			瑜伽健身术
		徒手健美操	拉丁健美操
			街舞
		轻器械健美操	哑铃操
			踏板操
			橡皮筋操
			健身球操
		特殊场地健美操	水中健美操
			固定器械健美操
			功率自行车
	竞技健美操		男子、女子单人操
			混合双人、三人
			集体六人

三、健美操的特点

(一) 高度的艺术性

健美操的艺术性主要体现在其"健、力、美"的项目特征上。健康、力量、美丽是人类所追求的身体状况的最高境界，是每个人人生追求的永久主题。在健美操运动中，无论是健身健美操，还是竞技健美操，无不表现出"健、力、美"的运动特征，而且包含着高度的艺术性。健美操运动协调、流畅、有弹性，练习者不仅锻炼了身体，增强了体质，而且从中得到了美的享受，提高了艺术修养。健美操运动员在比赛中所表现出的健美的体魄、高超的技艺、流畅的编排和充沛的体力等，也无不给观众留下深刻的印象。

(二) 强烈的节奏性

健美操的动作本身具有很强的节律性和变化性，动作的快慢、力度的大小、幅度的大小、方向的转换、姿势的高低起伏等，均与音乐的旋律紧密联系着。只有音乐旋律与动作完全吻合，才能增强健美操每个动作的震撼力和表现力，因此音乐是健美操运动不可缺少的组成部分。健美操音乐的特点是节奏强劲有力、旋律优美，具有烘托气氛、激发人们热情的效应。

(三) 广泛的适应性

健美操练习形式多样，运动量可大可小，容易控制，对场地器材的要求也不高，因此各个年龄层次、不同性别、不同身体素质、不同技术水平的人都适宜，各种人群都能从健美操练习中找到适合自己的方式，从中得到乐趣。如中老年人可选择低强度的有氧健美操；身体素质较好的年轻人，可选择难度较高、运动量较大的竞技健美操；女性可选择调节机体平衡、改善身体姿态的瑜伽健美操。

四、健美操的锻炼价值

(一) 增进健康美

"健康"即生理功能正常、无病理性改变和病态出现。"健康美"是一种积极的健康观念和现代意识，"健康美"是机体最有效发挥其机能的状态。

经常参加健美操锻炼的人，心脏总体积指数显著大于没有参加锻炼者，且吸氧量明显增加。有氧运动最能发展人体的心肺功能，增强心肌，增加肺活量，减少心肺呼吸系统疾病。健美操运动不仅具有有氧运动的功效，且兼备发展身体柔韧性和灵敏性的作用。

(二) 塑造形体美

健美操可使儿童、少年形成正确的身体姿势；使年轻人体态轻盈、身姿矫健；使中年人延缓身体的衰退，保持良好体态；使老年人骨骼结实，肌肉富有弹性；使畸形不良的身体得以纠正。总之，坚持健美操锻炼，可以使人们的身体匀称、和谐、健美地发展，从而塑造健美的形体。

(三) 娱乐身心

健美操作为一项体育运动，以其动作优美、协调，全面锻炼身体，同时有节奏强烈的音乐伴奏而著称，是缓解精神压力的一剂良方。健美操锻炼不仅能强身健体，同时还具有娱乐功能，可使人在锻炼中得到一种精神享受，满足人们的心理需要。

(四) 医疗保健

健美操作为一项有氧运动，其特点是强度低、密度大，运动量可大可小，容易控制，因此除对健康的人具有良好的健身效果外，对体弱多病者及老年人也是一种医疗保健的理想手段。

五、健美操的基本技术动作——基本步法

(一) 踏步类

1. 踏步

分类：脚尖不离地的踏步、脚离地的踏步、高抬腿的大幅度踏步。

形式：原地踏步、移动踏步及转体踏步。

方向：向前、向后、向左、向右踏步。

动作要点：落地时，由脚尖过渡到脚跟着地；屈膝时，髋微收，两臂自然前后摆动。

2. 走步

方向：向前走、向后走、斜向走、弧形走。

动作要点：基本上同踏步。

3. "V"字步

分类：正"V"字步、倒"V"字步。

形式：平移的、转体的和小幅度跳的正"V"字步和倒"V"字步。

动作要点：一脚迈出，另一脚随之迈出成一条直线，两脚距离略比肩宽，两膝自然弯曲，然后依次收回。

4. 恰恰步（水兵步）

形式：平移和转体的恰恰步。

方向：向前、向后、向侧的恰恰步。

动作要点：在2拍节奏中，快速踏步3次。

(二) 并步类

1. 点地

分类：脚尖点地、脚跟点地。

形式：原位点地、移动点地及转体点地。

方向：脚尖向前、向侧、向后、向斜方向的点地，脚跟向前、向侧、向斜方向的点地。

动作要点：点地时，弹性点地，腿自然伸直。

2. 移重心

分类：双腿、单腿的移重心。

形式：原位的移重心、移动的移重心、转体的移重心、跳的移重心。

方向：向前、向后、向左、向右的移重心。

动作要点：身体重心从一端移向另一端时，必须经两腿之间。

3. 并步

分类：两腿微屈，同时并步，有节奏地一直一屈。

形式：原位的并步、移动的并步（"之"字步）、转体的并步。

方向：向前、向后、向左、向右的并步。

动作要点：一脚并于另一脚，重心要随之移动，两膝自然屈伸。

4. 交叉步

形式：平移的交叉步、转方向的交叉步、小幅度跳的交叉步。

方向：向前、向后、向侧的交叉步。

动作要点：一脚迈出，另一脚在前或后交叉，重心随之移动。

(三) 弓步类

分类：静力性的弓步、动力性的弓步。

形式：左、右移重心的弓步，移动的弓步，转体的弓步，跳的弓步。

动作要点：一腿屈膝，脚尖与膝垂直另一腿伸直，重心落于两腿之间。

(四) 半蹲类

分类: 小分腿半蹲、大腿半蹲。

形式: 向侧一次半蹲, 向侧两次半蹲及转体半蹲。

方向: 向侧 (左或右) 的半蹲。

动作要点: 半蹲时, 立腰。

(五) 吸腿类

形式: 有原位的吸腿及跳, 移动的吸腿及跳, 转体的吸腿及跳。

方向: 有向侧、向前的吸腿及跳。

技术要点: 大腿用力上提, 小腿自然下垂。

(六) 弹踢类

形式: 有原位的弹踢腿及跳, 移动的弹踢腿及跳, 转体的弹踢腿及跳。

方向: 有向前的、向侧的、向后的弹踢腿及跳。

技术要点: 大腿抬起至一定角度后, 小腿自然弹直。

(七) 开合跳

分类: 双起双落的开合跳、单起双落的开合跳。

形式: 原位, 移动及转体的开合跳。

方向: 向前的开合跳。

动作要点: 分腿时, 两腿自然分开, 膝关节沿脚尖方向弯曲。跳起落地时, 注意屈膝缓冲。

(八) 踢腿类

分类: 弹动踢腿及跳、移动踢 (弹) 腿及跳、转体踢 (弹) 腿及跳。

方向: 向前、向侧、向斜前踢 (弹) 腿及跳。

动作要点: 腿上踢时, 应加速用力、立腰, 上体尽量保持不动。

(九) 后踢腿跳

形式: 原位的后踢腿跳, 移动的后踢腿跳, 转体的后踢腿跳。

方向: 向后的后踢腿跳。

技术要点: 髋和膝在一条线上或后提, 小腿尽量叠于大腿。

(十) 点跳

形式: 原位的点跳, 移动的点跳, 转体的点跳。

方向: 向侧、向前、向后的点跳。

动作要点: 点地时身体重心在一条腿上。

(十一) 摆腿跳

形式: 原地摆腿跳, 移动摆腿跳, 转体摆腿跳。

方向：向侧、向前、向后的摆腿跳。

动作要点：摆腿时上体顺势前倾、后倒或侧倾。

（十二）并跳

形式：移动的并跳，转体的并跳。

动作要点：一腿迈出蹬地，另一腿并上，身体重心随之跟上。

六、健美操的基本技术动作——上肢动作

（一）肩部动作

1. 提肩和沉肩

提肩是指肩部做向上的运动，沉肩是指肩部由上向下的动作。

动作有单、双肩做的提肩和沉肩，两肩同时、依次做的提肩和沉肩。

2. 收肩和展肩

收肩是指两肩同时向内收，稍含胸；展肩是指两肩同时向外展，挺胸。

动作有两肩同时或依次收展等。

3. 肩绕和绕环

肩绕和绕环都是指以肩关节为轴做小于360°或大于360°的弧形或圆周运动。

动作有单肩向前绕和绕环，单肩向后绕和绕环，双肩同时向前或向后绕和绕环。

（二）手、臂动作

1. 手形（图5-1）

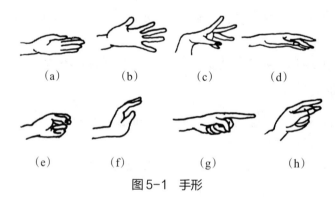

（a）　　　　　（b）　　　　　（c）　　　　　（d）

（e）　　　　　（f）　　　　　（g）　　　　　（h）

图5-1　手形

① 五指并拢式：五指伸直，相互并拢。

② 五指分开式：五指用力伸直，充分张开。

③ 西班牙舞手势：手指用力，小指、无名指、中指至掌指关节处依次微屈，拇指稍内扣。

④ 芭蕾手势：五指微屈，后三指并拢，稍内收，拇指内扣。

⑤ 拳式：握拳，拇指在外。

⑥ 推掌式：手指用力上翘，五指自然弯曲。

⑦ 一指式：握拳，食指伸直或拇指伸直。

⑧ 响指：拇指与中指摩擦与食指打响，无名指、小指屈握。

2. 臂屈伸

臂屈伸是指臂部的肌肉群收缩，使关节产生屈和伸的活动过程。

动作主要有手指、手腕的屈伸；肘关节的屈伸；单臂或双臂进行的向上、下、左、右、前、后及中间方位的屈伸。

3. 臂摆动

臂摆动是指以肩或肘关节为轴，向身体各方向做钟摆式运动。

动作有向前、向后或左右摆动。

4. 振臂

振臂是指以肩为轴做臂的快速运动至最大幅度。

动作有前、后、上、下振臂。

5. 绕及绕环

绕及绕环是指以肩、肘、腕为轴，向各方向做圆周运动。范围在 180°～360° 围绕，360° 以上为绕环。

动作有单、双臂绕环，可同时或依次向同方向和不同方向绕环。

七、健美操的基本技术动作——躯干动作

(一) 胸部动作

含胸：指两肩内合，胸廓内收的动作。

展胸：指挺胸肩向后合，肩胛骨内收的动作。

(二) 腰部练习

① 屈：指上体沿矢状轴和水平轴的运动。动作有体前、后屈，左、右侧屈。

② 转：指上体沿垂直轴的扭转。动作有腰的左、右转。

③ 绕及绕环：指骨盆做向前、侧、后的运动。

④ 顶髋：指髋关节做急速地移动动作。动作有髋的前、后、左、右顶。

⑤ 摆髋：是指髋部做钟摆式的移动动作。动作有髋的左、右侧摆，前后摆。

⑥ 髋绕和绕环：是指髋关节做弧形或圆形运动。动作有向左、向右绕和绕环。

八、健美操的组合动作

(一) 姿态组合

预备姿势：直立

1. 手臂波浪练习（图 5-2）

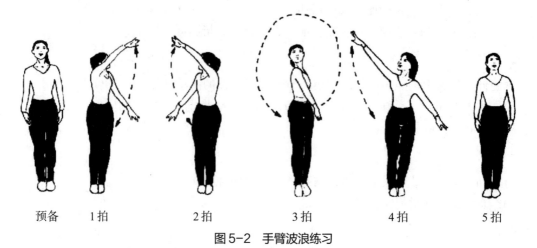

图 5-2　手臂波浪练习

1拍：右臂向左侧上方波浪，还原。

2拍：同1拍，方向相反。

3拍：右臂由外向内向外绕环一周，还原。

4拍：右臂由侧向上波浪一次，还原。

5~8拍同1~4拍，方向相反。

2. 身体波浪练习（图 5-3）

图 5-3　身体波浪练习

1拍：右腿屈膝半蹲，左脚尖向1点方位，同时两臂成二位手。

2拍：右腿伸直，重心移至左腿，左右臂成五位手。

3拍：右臂前伸，做身体前波浪，重心移至右腿，两臂成七位手。

4拍：还原。

5~8拍同1~4拍，方向相反。

3. 含胸、展胸练习（图 5-4）

| 预备 | 1拍、2拍 | 3拍、4拍 | 5拍、6拍 | 7拍 | 8拍 |

图 5-4 含胸、展胸练习

第一个八拍：

1～4拍：左右臂依次体侧波浪各二次。

5拍：左腿向前成弓步，同时两臂经侧前举交叉（掌心向上）含胸低头。

6拍：翻掌向斜上方波浪一次。

7拍：重心移至右腿，左脚尖前点，两臂向斜上方波浪一次。

8拍：还原。

第二个八拍：

同第一个八拍动作，方向相反。

4. 斜举波浪练习（图 5-5）

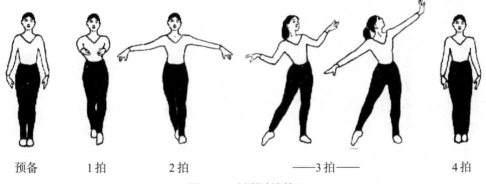

| 预备 | 1拍 | 2拍 | ——3拍—— | 4拍 |

图 5-5 斜举波浪练习

1拍：左脚尖前点，重心在右腿，两臂成二位手。

2拍：重心前移，两臂成七位手。

3拍：右脚尖侧点地，左臂斜上举波浪，右臂斜下举波浪。

4拍：还原。

5～8拍同1～4拍，方向相反。

5. 屈伸练习（图 5-6）

预备　1拍、2拍　3拍　4拍　5拍　6拍

7拍　　　　　8拍

图5-6　屈伸练习

1拍：左脚尖点右足弓旁，左膝内扣；同时左臂侧波浪，两腿屈伸一次。

2拍：同1拍动作。

3拍：左脚侧出一步，右脚尖点左足弓旁，两腿屈膝、含胸、两臂体前交叉。

4拍：左脚侧点地，两臂成七位手。

5拍：同3拍动作，方向相反。

6拍：同4拍动作。

7拍：左脚侧点地，两腿微屈，重心左移，两臂斜上举波浪。

8拍：同7拍动作，方向相反。

6. 综合练习（图 5-7）

——1拍——　　　　2拍　　　　3拍　　　　4拍

5拍　　　6拍　　　——7拍——　　　8拍

图5-7　综合练习

第1个八拍：

1拍：左脚侧点地，两臂经前交叉至侧举。

2拍：微转90°成左弓步，上体前倾，右臂前举，左臂后举。

3拍：两臂依次前后绕环，右臂成前举，左臂置于体侧。

4拍：左腿伸直、重心前移。

5拍：右脚侧点地，两臂成二位手。

6拍：重心移至右腿，左脚侧点地，两臂成七位手。

7拍：上右脚，左后转体270°，三位手立踵。

8拍：还原。

第2个八拍：

同第一个八拍动作，方向相反。

(二) 基本动作组合

预备姿势：直立

第1个八拍：1～8拍两腿原地踏步，两臂体侧自然摆动。

第2个八拍：1拍两腿原地并拢弯曲，两手体前击掌一次；2拍两腿原地并拢伸直，两手放于体侧；3～8拍依次同1～2拍。

第3个八拍：1～4拍左脚开始向前踏步4次，两臂体侧自然摆动；5～6拍左脚在右脚前交叉点地，同时两手体前击掌一次；7～8拍同5～6拍，换右脚做。

第4个八拍：1～4拍左脚开始向后踏步4次，两臂体侧自然摆动；5～8拍同上一动作的5～8拍。

第5个八拍：1～4拍原地踏步向左侧转体90°，两臂体侧自然摆动；5～8拍左脚向前成左弓步，两手握拳经体侧至平举，拳心相对。

第6个八拍：1～4拍原地踏步向右侧转体90°，两臂体侧自然摆动；5～8拍左脚向后成右弓步，两臂体前交叉至侧平举，掌心向前，五指分开。

第7个八拍：动作同第5个八拍，反方向做。

第8个八拍：动作同第6个八拍，反方向做。

第9个八拍：动作同第1个八拍。

第 10 个八拍：1～8 拍原地开合跳 4 次，两臂侧平举。

第 11 个八拍：动作同第 10 个八拍。

第 12 个八拍：动作同第 10 个八拍。

第 13 个八拍：1～2 拍左脚开始向左转 45° 左前吸腿跳，同时右手握拳屈肘于体前，左手握拳直臂斜上举；3～4 拍同 1～2 拍，换右脚做；5～6 拍左脚前踢腿跳，右臂体前、左臂体侧平举；7～8 拍换右脚做。

第 14 个八拍：动作同第 13 个八拍，反方向做。

第 15 个八拍：1 拍右脚向右斜前方上一步，同时右手并掌同右脚方向斜下举；2 拍左脚在右脚后点地，同时右臂屈肘向上，左臂放于体侧；3 拍同 1 拍换左脚做，方向相反；4 拍同 2 拍换右脚做，方向相反；5～8 拍左脚开始向后踏步 4 次，两手并掌从胸前平举至体前侧。

第 16 个八拍：动作同第 15 个八拍。

第 17 个八拍：1 拍右脚向右侧一步两臂体前冲拳，拳心向下；2 拍左脚在右脚后交叉一步，两手握拳至腰间，拳心向上；3 拍同 1 拍；4 拍左脚并右脚、两手握拳至腰间，拳心向上；5～6 拍右脚弓步跳一次，冲左拳至体前，右拳握腰间；7～8 拍同 5～6 拍，换左脚做。

第 18 个八拍：动作同第 17 个八拍，方向相反。

第 19 个八拍：1～8 拍原地后踢腿跑，两手体前击掌。

第 20 个八拍：1～2 拍左脚向前弹踢腿一次，右臂体前、左臂体侧平举；3～4 拍换右脚做；5～8 拍同 1～4 拍。

第 21 个八拍：动作同第 19 个八拍。

第 22 个八拍：动作同第 20 个八拍。

第 23 个八拍：动作同第 1 个八拍。

第 24 个八拍：1～6 拍原地踏步，7～8 拍并步立正。

（三）第三套全国大众健美操锻炼标准成人一级

1. 组合一

组合一第一节动作如表 5-2 和图 5-8 所示。

表 5-2　组合一第一节动作要领

节拍		下肢动作	上肢动作
预备姿势		站立	
一	1～8 拍	从右脚开始，做 2 次一字步	1～2 拍双臂胸前屈，3～4 拍双臂后摆，5 拍双臂胸前屈，6 拍双臂上举，7 拍双臂胸前屈，8 拍双臂放于体侧

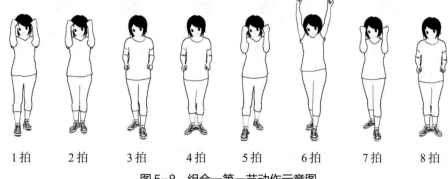

| 1拍 | 2拍 | 3拍 | 4拍 | 5拍 | 6拍 | 7拍 | 8拍 |

图5-8 组合一第一节动作示意图

组合一第二节动作如表5-3和图5-9所示。

表5-3 组合一第二节动作要领

节拍		下肢动作	上肢动作
二	1~4拍	从右脚开始，向前走3步，吸腿	1~3拍双臂经前举后摆至肩侧屈，4拍击掌
	5~8拍	从左脚开始，向后退3步，吸腿	手臂同1~4拍

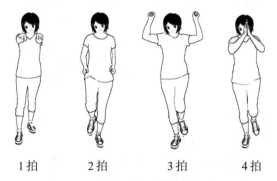

| 1拍 | 2拍 | 3拍 | 4拍 |

图5-9 组合一第二节动作示意图

组合一第三节动作如表5-4和图5-10所示。

表5-4 组合一第三节动作要领

节拍		下肢动作	上肢动作
三	1~4拍	从右脚开始，做2次侧并步	1拍右臂肩侧屈，2拍右臂还原，3拍左臂肩侧屈，4拍左臂还原
	5~8拍	从右脚开始，向一侧连续并步2次	5拍双臂胸前平屈，6拍双臂还原，7~8拍同5~6拍动作

1拍　　2拍　　3拍　　4拍　　5拍　　6拍　　7拍　　8拍

图5-10　组合一第三节动作示意图

组合一第四节动作如表5-5和图5-11所示。

表5-5　组合一第四节动作要领

节拍		下肢动作	上肢动作
四	1～4拍	左脚做十字步	双臂自然摆动
	5～8拍	从左脚开始，踏步4次	5拍击掌，6拍还原，7～8拍同5～6拍动作

1拍　　2拍　　3拍　　4拍　　5拍　　6拍　　7拍　　8拍

图5-11　组合一第四节动作示意图

第五至八节动作同第一至四节，但方向相反。

2. 组合二

组合二第一节动作如表5-6和图5-12所示。

表5-6　组合二第一节动作要领

节拍		下肢动作	上肢动作
一	1～8拍	从右脚开始，前点地4次	1拍双臂屈臂右摆，2拍还原，3拍双臂屈臂左摆，4拍还原，5拍右臂摆至侧上举、左臂胸前平屈，6拍还原，7～8拍同5～6拍动作，但方向相反

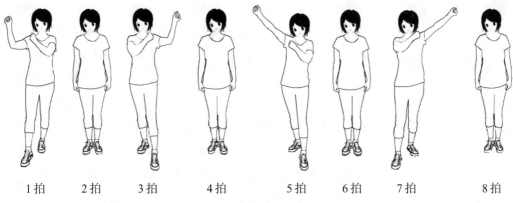

| 1拍 | 2拍 | 3拍 | 4拍 | 5拍 | 6拍 | 7拍 | 8拍 |

图5-12　组合二第一节动作示意图

组合二第二节动作如表5-7和图5-13所示。

表5-7　组合二第二节动作要领

节拍		下肢动作	上肢动作
二	1～4拍	从右脚开始，向右弧形走270°	双臂自然摆动
	5～8拍	并腿半蹲2次	5拍双臂前举，6拍右臂胸前平屈（上体右转），7拍双臂前举，8拍放于体侧

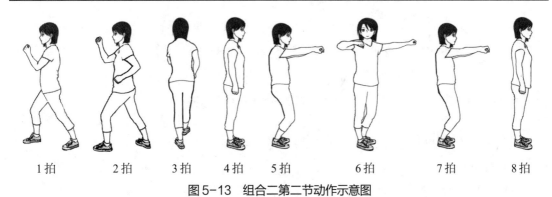

| 1拍 | 2拍 | 3拍 | 4拍 | 5拍 | 6拍 | 7拍 | 8拍 |

图5-13　组合二第二节动作示意图

组合二第三节动作如表5-8和图5-14所示。

表5-8　组合二第三节动作要领

节拍		下肢动作	上肢动作
三	1～8拍	1～4拍左脚上步，吸腿，右转体90°；5～8拍右脚上步，吸腿	1拍双臂前举，2拍屈臂后拉，3拍前举，4拍还原，5～8拍同1～4拍动作

1拍　　2拍　　3拍　　4拍　　5拍　　6拍　　7拍　　8拍

图5-14　组合二第三节动作示意图

组合二第四节动作如表5-9和图5-15所示。

表5-9　组合二第四节动作要领

节拍		下肢动作	上肢动作
四	1～8拍	从左脚开始，侧迈步后屈腿，完成4次	屈肘前后摆动

1拍　　　2拍　　　3拍　　　4拍

图5-15　组合二第四节动作示意图

第五至八节动作同第一至四节，但方向相反。

3. 组合三

组合三第一节动作如表5-10和图5-16所示。

表5-10　组合三第一节动作要领

节拍		下肢动作	上肢动作
一	1～4拍	右脚向右做交叉步	1～3拍双臂上举，4拍双臂胸前平屈
	5～8拍	左脚向一侧迈步，成分腿半蹲	5～6拍双臂前举，7～8拍双臂放于体侧

| 1拍 | 2拍 | 3拍 | 4拍 | 5~6拍 | 7~8拍 |

图 5-16　组合三第一节动作示意图

组合三第二节动作如表 5-11 和图 5-17 所示。

表 5-11　组合三第二节动作要领

节拍		下肢动作	上肢动作
二	1~4拍	从右脚开始，侧点地 2 次	1 拍右臂左前举、左臂屈肘于腰间，2 拍双臂屈肘于腰间，3~4 拍同 1~2 拍动作，但方向相反
	5~8拍	右脚连续侧点地 2 次	5~8 拍同 1~2 拍动作，重复 2 次

| 1拍 | 2拍 | 3拍 | 4拍 | 6拍 | 8拍 |

图 5-17　组合三第二节动作示意图

组合三第三节和第四节动作如表 5-12 和图 5-18 所示。

表 5-12　组合三第三节和第四节动作要领

节拍		下肢动作	上肢动作
三	1~8拍	从左腿开始，向前走 3 步，接吸腿 3 次	1 拍双臂肩侧屈外展，2 拍胸前交叉，3 拍同 1 拍动作，4 拍击掌，5 拍肩侧屈外展，6 拍腿下击掌，7~8 拍同 3~4 拍动作
四	1~8拍	从右腿开始，向后走 3 步，接吸腿 3 次	同上

1拍 2拍 3拍 4拍 6拍 8拍

图5-18 组合三第三节动作示意图

第五至八节动作同第一至四节，但方向相反。

4. 组合四

组合四第一节动作如表5-13和图5-19所示。

表5-13 组合四第一节动作要领

节拍		下肢动作	上肢动作
一	1~8拍	1~4拍从右腿开始做"V"字步，5~8拍做"A"字步	1拍右臂侧上举，2拍双臂侧上举，3~4拍击掌2次，5拍右臂侧下举，6拍双臂侧下举，7~8拍击掌2次

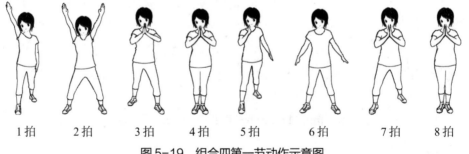

1拍 2拍 3拍 4拍 5拍 6拍 7拍 8拍

图5-19 组合四第一节动作示意图

组合四第二节动作如表5-14和图5-20所示。

表5-14 组合四第二节动作要领

节拍		下肢动作	上肢动作
二	1~4拍	从右脚开始，弹踢腿跳2次	1拍双臂前举，2拍下摆，3~4拍同1~2拍动作
	5~8拍	右脚连续弹踢2次	5拍双臂前举，6拍胸前平屈，7拍同5拍动作，8拍还原体侧

| 1拍（3拍） | 2拍（4拍） | 5拍（7拍） | 6拍 | 8拍 |

图5-20 组合四第二节动作示意图

组合四第三节动作如表5-15和图5-21所示。

表5-15 组合四第三节动作要领

节拍		下肢动作	上肢动作
三	1～8拍	左腿漫步2次	双臂自然摆动

| 1拍 | 2拍 |

图5-21 组合四第三节动作示意图

组合四第四节动作如表5-16和图5-22所示。

表5-16 组合四第四节动作要领

节拍		下肢动作	上肢动作
四	1～8拍	从左脚开始，迈步后点地4次	1～2拍右臂经侧屈至左下举，3～4拍同1～2拍动作，但方向相反 5～6拍右臂经侧举至左下举，7～8拍同5～6拍动作，但方向相反

1拍　2拍　3拍　4拍　　5拍　6拍　7拍　　8拍

图5-22　组合四第四节动作示意图

第五至八节动作同第一至四节，但方向相反。

九、健美操运动的竞赛规则

(一)竞赛项目

比赛共设5个项目：男子单人、女子单人、混合双人、三人和集体五人。

(二)比赛场地

① 赛台：赛台高80～140厘米，面积不得小于14米×14米，后面有背景遮挡。

② 竞赛地板和竞赛区：竞赛地板位于赛台中心，面积为12米×12米，其上方以宽度为5厘米的黑色标记带圈定竞赛区，标记带是竞赛区的一部分。其中，单人、混双和三人健美操的竞赛区面积为7米×7米，集体五人赛的竞赛区面积为10米×10米。

(三)比赛时间

成套动作的时间为105秒，有加减5秒的宽容度。

(四)难度动作

成套动作必须包括下列各类难度动作各一个：动力性力量、静力性力量、跳与跃、平衡与柔韧。最多允许做12个难度动作。

(五)评分方法

裁判分为艺术裁判、完成裁判、难度裁判、视线裁判、计时裁判和裁判长。艺术裁判、完成裁判、难度裁判分别评出艺术分、完成分和难度分。

① 艺术分：主要包括操化动作、难度动作、过渡/连接和托举动作的成套创编（2分）；音乐的使用（2分）；操化动作组合（2分）；比赛场地的使用（2分）；表现力与同伴配合（2分）。最高分为10分，以0.1加分。

② 完成分：包括技术技巧、合拍与一致性。从10分起评，对每个完成错误给予减分。

③ 难度分：根据难度动作级别给分，按照加分的方法评分，从0分起评。但以下情况将给予减分：超过12个难度动作、超过6次地面动作或超过2次成俯卧撑落地，每超过一个扣1分；难度动作重复或难度动作缺组，每次扣1分。

另外，如果比赛时运动员身体的任何部位触及标记带以外的场地，将被判为出界，每次扣0.1分。以下情况裁判长将给予减分，如违例动作每次扣1分等。

艺术分、完成分与难度分相加为总分。从总分中减去难度裁判、视线裁判与裁判长的减分为最后得分。

(六) 着装要求

运动员须穿适合运动的健美操服和运动鞋，要求着装整洁、美观、大方，不允许使用悬垂饰物，如皮带、飘带和花边等。女运动员的头发须梳系于后，头发不得遮住脸部；允许化淡妆，禁止佩戴首饰。

第二节　啦啦操

啦啦操是体育运动中的一个新兴项目，起源于美国，至今已经有100多年的历史。最初为美式足球呐喊助威的活动发展，到现在成为世界范围内的一项体育运动。

一、啦啦操定义

啦啦操，英文 cheer leading，起源于美国，指在音乐的伴奏下，通过运动员集体完成复杂、高难的基本手位与舞蹈动作、项目特有难度、过渡配合等动作内容，充分展示团队高超的运动技能技巧，体现青春活力、积极向上的团队精神，并努力追求团队荣誉感的一项体育运动。

二、啦啦操项目特征

(一) 啦啦操运动的外显性特征

1. 啦啦操表演形象的动感活力性

啦啦操运动充分体现着一种朝气蓬勃、健康向上的精神，因此，啦啦操队员必须拥有一个青春的形象、健康的体魄和健美的体形。男运动员要有明显的肌肉线条，体形匀称成倒三角，女运动员要具有明快的肌肉曲线美，上下肢比例匀称，皮肤色泽光亮健康。所有的啦啦操队员要求五官端正、仪态端庄、青春靓丽，具有当代青少年的青春美和健康美。

2. 啦啦操表演技术的风格突出性

技术特点是指啦啦操运动所特有的技术风格。啦啦操运动的技术特点不同于健美操和舞蹈，它更加体现所有肢体类动作在过程中通过短暂加速和定位制动来实现其特有的力度感，适当的慢板动作是允许的，但只作为过渡动作出现。要求运用啦啦操基本手位、步伐、跳跃并结合多种舞蹈元素、口号等，通过多种空间、方向、队形、节奏的变化展示出啦啦操运动的项目特征。

3. 啦啦操表演组织的团结协作性

啦啦操运动是以集体形式展开活动的。国际全明星啦啦操协会规定：参赛人员性别不限，参赛人数为6～30人。只有在人数上达到一定要求，才能编排更多的创造性、复杂技巧的动作及更多层次的动作，完成更多的空间转换及队形变换，才能真正体现啦啦操运动的无限魅力。啦啦操运动在技能上，需要队员间的技术、经验交流以达到技能的实施和配合的默契。啦啦操运动在拖举、抛接、金字塔组合中彰显队员的团结协作，为了队伍的整体机能得到最大限度的发挥，强调成员之间的相互激励、相互配合，以争取团队目标的实现。

(二) 啦啦操运动的内隐性特征

1. 集中体现健康快乐、积极向上的精神

啦啦操运动从最初体育赛事的附属品逐渐发展为一项竞技赛事，作为一个独立的运动项目，有世界杯、锦标赛等。健康快乐是啦啦操运动带给人们的整体印象。在啦啦操队员身上蕴含着无限的热情和魅力，无论啦啦操队员的外部形象还是他们的表演都会折射出一种青春美丽、蓬勃向上的气息，这种健康和快乐是由内而外，发自内心的。

2. 强调通力合作、集体至上的团队精神协作精神、服务精神和大局意识，三者集中体现着 "团队精神"

团队精神的核心是协同合作，基础是尊重个人的兴趣和成就，最高境界是全体成员的凝聚力、向心力。在啦啦操运动中，完成抛接等一系列动作时没有队员之间的密切配合就没有安全可言。啦啦操运动最重要的因素是 "安全"，"安全" 意识贯穿于啦啦操运动的始终。

如在啦啦操运动的抛接动作中，充足耐心、时间把握得当、注意力集中是队员们必须把握的三个基本要素。耐心：减少运动损伤出现概率的唯一方法是花时间大量练习新技术，因为任何技术动作都不可能瞬间被掌握。时间性：抛接成败的关键取决于被托举队员和底座对时间的精确判断，如果抛接时间过短或过长，都将增加动作的危险性。注意力集中：团队中每位队员都必须保持注意力高度集中，因为抛接比其他啦啦操技术更需要集中注意力，任何其他可能出现的干扰都应该降低到最小。啦啦操运动是团队合作的最佳表现，上层队员能否安全地进行高难度动作取决于底层保护者功夫是否做得扎实。

3. 凸显奋斗进取、顽强拼搏的竞争精神

在啦啦操运动中，很多不同的手势分别代表着团结、力量、胜利、自信张扬、勇往直前等含义。奋斗与进取的精神也体现在各种不同风格的标语和口号中，这些代表着奋斗、进取精神的元素鼓励队员顽强拼搏，越战越勇。啦啦操运动能够培养啦啦操队员自身奋斗拼搏，积极进取的精神，同时他们的这种精神也会激励体育比赛中的每一个队员不畏困难、勇往直前，最终取得比赛的胜利。

4. 培养个人综合能力、提升领导能力

啦啦操队员的英文名称 cheer leader 直译为 "欢呼的领导者"，他们在观众面前欢呼雀跃，激起观众的热情，赢得观众的尊敬并领导他们，成为团队的领导者和指挥者。可以说，啦啦操队员是天然的领导者和指挥家，美国学校里的啦啦操队员有 83% 在学校的组织中保持领导地位，成为学校主要的学生干部。在啦啦操运动发展早期，啦啦操队员的职责是在赛场外带领人群呐喊。能够成为一名勇敢的啦啦操队员，是学生在大学生活中最有价值的经历之一。作为职业或者是公众生活的头衔，它仅次于橄榄球四分卫的角色。此荣誉等同于高校体育运动中的英雄以及其他学生中的领导者。欢呼引领者具有超凡魅力，是高大的领导者，他们由于良好的声望与品性，以及有目共睹的领导能力被选中。橄榄球四分卫和啦啦操队员都是大学生活中领导阶层的象征，这也将有助于转换为日后的职业成功。美国许多企业都乐意雇用有啦啦操运动经历的员工，因为他们被认为懂得顾客心理、善于运用肢体语言，有坚守目标和迎接挑战的勇气。

三、啦啦操分类

啦啦操分为技巧啦啦操和舞蹈啦啦操两大类。

1. 技巧啦啦操

技巧啦啦操以空中翻腾、抛接、托举、金字塔等组合舞蹈动作、过渡连接及口号等形式组合而成，是惊险、刺激的表演且极具观赏性的竞赛项目。

2. 舞蹈啦啦操

舞蹈啦啦操分为爵士、街舞、花球三类，是一种综合性的运动项目，主要融合了舞蹈、体操、音乐等因素，具有较强的观赏性和竞技性。其中，花球表演历史最为悠久，在中国普及程度最高，CBA及一些大型体育活动都可以看到手持花球的啦啦操表演。

四、常用手位动作（图5-23）

下 A（Down A）

上 A（Up A）

高 V（High V）

倒 V（Low V）

加油（Applauding）

短 T（Half T）

W（Muscle Man）

上 L（Up L）

图5-23

下 L（Down L）

斜线（Diagonal）

K（K）

侧 K（Side K）

弓箭（Bow and Arrow）

小弓箭（Bow）

短箭（Half Dagger）

高冲拳
（High Punch）

侧上冲拳
（High Side Punch）

侧下冲拳
（Low Side Punch）

斜下冲拳
（Low Cross Punch）

斜上冲拳
（Up Cross Punch）

R（R）　　　上 M（Up M）　　　下 M（Hands On Hip）　　　屈臂 X（Bend X）

高 X（High X）　　　前 X（Front X）　　　低 X（Low X）　　　X（X）

上 H（Touch Down）　　　小 H（Little H）　　　下 H（Low Touch Down）　　　屈臂 H

图 5-23

后 M   前 H（掌心向下）   前 H（掌心相对）

图 5-23 　啦啦操常用手位动作

五、竞赛规则

（一）竞赛种类

比赛共设 10 个种类：啦啦操规定动作、啦啦操自选动作、校园啦啦操示范套路、校园啦啦操自选套路、成年组啦啦操示范套路、成年组啦啦操自选动作、残障啦啦操比赛、亲子啦啦操比赛、看台啦啦操比赛和运动员等级组比赛。

（二）竞赛项目

技巧啦啦操：集体技巧啦啦操（混合组、全女生组）、双人、混合五人配合技巧。舞蹈啦啦操：花球、爵士、街舞、自由舞蹈啦啦操。

（三）比赛场地

1. 赛台

舞蹈啦啦操比赛可使用赛台，赛台高 80～100 厘米，背面有背景遮挡，赛台不得不大于 16 米 ×16 米；技巧啦啦操比赛禁止使用赛台。

2. 比赛场地

比赛场地选用专业比赛板，也可用体操板或地毯代替，有清晰地 14 米 ×14 米比赛区域。标志带为 5 厘米宽红色或白色带，标志带是场地一部分。

3. 裁判座位区

裁判员坐在赛台正前方，高档裁判组坐在两组裁判员后排。

（四）比赛时间

技巧啦啦操：30 秒标语组合时间为 30～35 秒；集体技巧啦啦操成套路时间为 2 分 15 秒至 2 分 30 秒；双人、五人配合技巧成套动作时间为 60～65 秒。

舞蹈啦啦操：成套时间为2分15秒至2分30秒。

（五）难度动作

技巧啦啦操难度分为4类：翻腾、抛接、托举、金字塔；

舞蹈啦啦操难度分为3类：转体、跳步、平衡与柔韧。

参赛队必须依照运动员实际能力，选取适合难度组别与数量。为了运动员安全，所选取难度级别和数量必须符合本级难度动作规定。

（六）评分方法

采用公开示分办法。成套动作满分为100分，裁判员评分采用给分制与减分制；裁判员评分去掉1个最高分和1个最低分，中间几种分数平均分即为总分；对比赛成绩和成果不接受可以申述；啦啦操评分原则为：动作编排50分，动作完毕50分。

（七）着装要求

1. 竞赛服装

技巧啦啦操：服装以弹性面料为主，式样见规定图例；运动员必须着适当内衣，服装上禁止描绘战争、暴力、宗教信奉或性爱主题元素；不可穿透明材质衣服及裤袜；服装可恰当修饰，但不得浮现悬垂物、水钻和亮片；领奖时必须穿比赛服。

舞蹈啦啦操：服装以弹性面料为主，款式不限，与舞蹈啦啦操成套动作风格相吻合，允许使用某些透明材质面料；运动员必须着适当内衣，不得过于暴露；服装上禁止描绘战争、暴力、宗教信奉或性爱主题元素；领奖时必须穿比赛服。

2. 比赛鞋袜

技巧啦啦操比赛用鞋规定着全白色且有牢固软胶底运动鞋以及白色运动袜；禁止穿丝袜、舞蹈鞋、靴子、体操鞋（或类似）等。

舞蹈啦啦操可穿啦啦操鞋、舞蹈鞋，颜色不限，不可赤脚。

3. 饰物

技巧啦啦操：不得佩戴任何首饰，涉及耳环、手链、脚链、戒指、项链、手表等；但可以使用平板夹、医用绷带。

舞蹈啦啦操：可依照成套编排以及表演效果规定，恰当佩戴饰物，但饰物必须是服装的一部分。

4. 发型

技巧啦啦操所有参赛运动员（除短发者）头发必须扎起，不可遮挡面部；舞蹈啦啦操为了配合成套主题可恰当放宽，但不得造型怪异。

5. 化妆

运动员外表规定整洁、适当，妆饰不得过于夸张和浓艳。运动员身体禁止涂抹油彩，不可留长指甲。舞蹈啦啦操可依照舞蹈内容、风格需要适当夸张化妆或佩戴饰物。

6. 医学用品

禁止在表演中佩戴眼镜（隐型眼镜除外）等其他医学用品。特殊状况下规定参赛者以书面形式向高档裁判组提出申请，得到批准后方可使用。

第三节　瑜伽

一、瑜伽运动简介

从少数练习者的运动到时尚的最前沿运动，瑜伽吸引了越来越多的爱好者。与在健身房蹦蹦跳跳动感十足的塑身方式不同的是，历史源远流长、充满神秘色彩的瑜伽以独特的静感修身养性，借由意识调整呼吸，以身体姿势达到全身平衡，恢复身体自愈能力。包含静坐、冥想、呼吸和肢体伸展的瑜伽，可以让人在繁忙、快速的现实世界中放慢脚步，重新体验身体与心灵的奥秘，如图 5-24 所示。

图 5-24　瑜伽

练习瑜伽具有使人镇静的作用，但最重要的还是调理作用。通过细微调整体内环境，使呼吸、心率、血压、新陈代谢等达到正常或最佳平衡状态。像瑜伽当中的塔恩特拉健身法就能提升自身的精力和体力，从而有助于人们始终保持旺盛的精力，提高工作效率，永葆青春和健康活力。

（一）瑜伽运动的起源与发展

瑜伽是东方最古老的强身术之一，它发源于印度河流域，距今已有 5000 年的历史。它是人类智慧的结晶，是印度先贤在最深沉的冥想和静定状态下，从直觉了悟生命的认知，它最初代表的是一个古老的哲学派别。

瑜伽是梵文"yoga"音译，有"结合、联系"之意，这也是瑜伽的宗旨和目的，是为达到冥想而集中意识。它指明人类本能即可从较低到较高"结合"，用同样方式可从较高到较低"结合"或同自我"结合"。传说在古印度的圣母山上，有人修成圣人，有人成为修行者，他们将修炼之术传授给有意修行者，瑜伽因而流传于世。

瑜伽修行者开始只有少数人，一般在寺院、乡间小舍、喜马拉雅山洞穴和茂密森林中心地带修行，由瑜伽师讲授给门徒，此后瑜伽逐步在印度普通人中间流传开来。而今的瑜伽，已不再是只限于少数隐居人仅有的秘密，它已经成为健身时尚的代名词，重新焕发了勃勃生机。

瑜伽不仅在印度蓬勃发展，拥有大批练习者，而且也在世界各国流传开来。近年来，瑜伽走进了中国人的生活中，一些高校的体育教学也增加了瑜伽的内容，受到大学生的青睐。

（二）瑜伽的锻炼价值

① 强身健体：长期练习瑜伽，使运动系统的血液循环得到改善，加快新陈代谢。瑜伽式呼吸，有利于全身的气体交换。练习瑜伽，使身体各系统得到平衡，从而起到强身健体的效果。

② 减压疏泄：今日的瑜伽，已演变为人们的一种独特的锻炼方式，可调节内分泌系统，有助于消除紧张、压力和负面情绪，缓解失眠、健忘、神经衰弱等症状，并帮助练习者清除杂乱的思想，去发现内心真正的自我，体验平静、安宁、幸福的感受。

③ 塑身美体：练习瑜伽，不仅可以塑造形体，改善身体的柔韧性，使身体各部位协调发展，更能使人的身体吐故纳新，并能在不知不觉中保持轻盈灵动的姿态。

④ 防病治病：练习瑜伽，能帮助提高集中精神的能力，稳定神经并有效保护和增强心肺功能。瑜伽呼吸法，能降低血压、减缓心率，对控制高血压、防止心血管疾病的发生和发展有显著疗效。通过瑜伽姿势和经络穴位的练习，能改善人体各系统的免疫能力，预防和缓解身心疾病。

⑤ 提高境界：瑜伽会给人带来一种源自内心的力量，使人青春焕发，神采奕奕，可以改变人的不良生活习惯和脾气，使人摆脱平常琐事的困扰，以一种超凡脱俗的姿态走入另一个崭新的人生境界。

（三）瑜伽的类别

经过几千年的发展演变，瑜伽已经衍生出很多派别。正统的印度"古典瑜伽"包括智瑜伽、业瑜伽、信仰瑜伽、哈他瑜伽、王瑜伽、昆达里尼瑜伽六大体系。不同的瑜伽派别，理论有很大差别。智瑜伽提倡培养知识理念；业瑜伽倡导内心修行，引导更加完善的行为；信仰瑜伽是将前者综合并衍生发展而来；哈他瑜伽包括精神体系和机体体系；王瑜伽偏于意念和调息；昆达里尼瑜伽让人获得神通。这些不同体系理论的瑜伽，对于修习者来说都是通往精神世界的工具。

二、瑜伽的注意事项

瑜伽的种类有很多，分别适合不同的练习者，初学者应选择练习哪种瑜伽，下面给出几个典型方案，供大家参考。

1. 感觉压力很大、精神状态不佳时，应该练哪一种？

推荐 1：哈他瑜伽（Hatha Yoga），节奏舒缓，动作变化多，通过练习可学会控制身体和呼吸，使身心达到一种和谐与平衡，是一种特别适合刚刚开始练习瑜伽的人群，以及压力大、精神状况不佳的人，如图5-25所示。

图5-25　哈他瑜伽

推荐2：阴瑜伽（Yin Yoga），是一种爆发力不大、节奏轻缓的瑜伽，用来舒缓神经及全身肌肉，姿势动作简单易做，并且很多姿势动作都是在地面进行的，或躺或坐，如图5-26所示，站立姿势或与地心力抗衡的姿势动作很少。每个动作需持续5～8分钟，所以讲求耐性。阴瑜伽难度不太大，平衡力较弱的人也可以做到。

图5-26　阴瑜伽

2. 想让身体更加强健有力，应该练哪一种？

推荐：力量瑜伽（Power Yoga），它以精心编排的姿势动作为主，侧重四肢和力量，如图5-27所示，体能消耗很大。练习一套完整的力量瑜伽会让练习者大汗淋漓。因此，力量瑜伽适合身体体能好，平衡能力强以及柔韧性好的练习者。

图 5-27　力量瑜伽

3. 想减脂增肌，应该练哪一种瑜伽呢？

推荐 1：热瑜伽（Hot Yoga），这是一种针对性较强的瑜伽练习，由固定的 26 个姿势组成，如图 5-28 所示。热瑜伽需要在特定的温度下练习（38° 以上），适用于有减脂增肌需求的人群，并且身体特别僵硬的人在高温下练习可以减少伤害。但一定要在专业的瑜伽师指导下练习，身体虚弱、高血压、心脏病等人群不宜练习热瑜伽。

图 5-28　热瑜伽

推荐 2：流瑜伽（Flow Yoga），流瑜伽是时下很流行的一种瑜伽，以行云流水般的动作组合为主，如图 5-29 所示，侧重伸展性、力量性、柔韧性、耐力、平衡性和专注力的全面锻炼，其体式之间的衔接给人以一气呵成之感。流瑜伽比传统的哈他瑜伽体能消耗更大，适合想减脂增肌的人群。

图5-29 流瑜伽

4.感觉身体肌肉僵硬，适合练什么？

推荐：普拉提（Pilates），普拉提把武术、体操和瑜伽练习相结合，是专为在办公室工作的人群设计的，主要针对腹肌、髋肌群、肩、背等部位进行肌肉训练，如图5-30所示。有规律地进行普拉提锻炼可纠正身体姿态，放松腰部、颈部，解决肩部问题，收紧手臂、腹部的松弛肌肉。

图5-30 普拉提

三、瑜伽练习三部曲

想达成瑜伽的最大功效，要注重3个修炼要点，分别是身体实践、饮食疗法及最后的最高境界——活在瑜伽之中。

（一）第一部曲——身体实践

身体实践是指修习瑜伽体位、呼吸法和冥想。

瑜伽体位的练习，能够增强练习者对自己身体的理解，使其意识到身体每时每刻的变化。不同的瑜伽体位能让不同的肌肉组织及器官组织通过伸展、收缩、放松等动作，达到互相平衡的状态。

呼吸法的练习包括了呼吸系统的管理和控制，可以增加肺活量，调节心态。

至于冥想，可以让练习者增加对自己内心意识的感应，对思想、情绪、记忆等都会有更好的控制。通过冥想，可以思考并发现痛苦、恐惧、不快等情感的来源，从而使内心恢复平静状态。

(二)第二部曲——饮食疗法

饮食疗法是指改变自己的饮食习惯，并对日常生活进行管理和控制。

瑜伽提倡自然饮食疗法，它把食物分成惰性食物(肉类、油炸食品等)、变性食物(添加了过多的香油、香料、食盐及辣椒的食物)、悦性食物(奶制品、新鲜蔬菜、水果、谷类等)。提倡多食悦性食物，再加上瑜伽的体位法和呼吸法练习，有助于提升健康水平。日常生活的管理主要是平衡工作、休息、睡眠三者的关系，保持健康的生活方式。

(三)第三部曲——活在瑜伽中

一般的体育锻炼往往注重外在美，而内在的东西很少顾及。瑜伽则不同，它在塑造外在形象的同时，还带来一种源自内心的力量。经过一段由内而外、由外而内的锻炼后，练习者的心态也会发生变化，会慢慢地接纳自己。

大部分人讨论或者学习瑜伽的时候，都只会注意到修炼的第一部分，这样的误解让他们产生一个错误的想法，认为瑜伽只是某一个时段里的运动，运动完成了，其余时间就跟瑜伽不再有任何关系。但事实恰好相反，其实生活里的每一刻都可以是瑜伽时刻。

活在瑜伽中，其实就是一个人不断对自己的生活态度、行为及模式做出修正，就是要让自身与外界互相融合，努力去感应世界的爱、温暖和美好。

四、练习瑜伽的注意事项

练习瑜伽没有年龄、体力和场地的限制，但是要注意以下事项。

① 最好在空腹时或在进餐3小时后练习。可在练习前1小时进食少许易消化的食物，如牛奶、酸奶、蜂蜜、水果等。练习时，可以喝一点清水。

瑜伽练习结束后1小时再进食为好。最好吃一些天然的食品，避免食用油腻、辛辣或导致胃酸过多的食品。进食要适可而止，吃得太饱会让人感到烦闷，变得懒惰。

② 练习时应穿着宽松柔软的衣服，以棉麻质地者为佳，必须保证透气和练习时机体不受约束。练习时鞋子必须脱掉，袜子最好也脱掉(天冷练习时脚部须注意保暖)，手表、眼镜、腰带以及其他饰物等应摘下。

③ 女性在经期内应根据自己的体能做适当练习，不要做倒立及其他强度大、难度大的动作。

④ 沐浴前20分钟不要练习瑜伽。这是因为练习瑜伽后身体的感觉会特别敏锐，此时若给予忽冷忽热的刺激，反而会伤害身体，而且也会消耗身体内储存的能量。沐浴后20分钟内也不宜练习瑜伽，因为沐浴后血液循环加快，筋肉变软，如果马上练习瑜伽，不仅容易使身体受伤，而且会导致血压升高，加重心脏负担。另外，在长时间的太阳浴后不要练习

瑜伽。在练习瑜伽之前1小时左右洗个冷水澡，能让练习达到更好的效果。

⑤ 尽量在干净、舒适的房间里练习瑜伽，保证有充足的伸展身体的空间，保证房间里空气流通且清新。可摆设一些绿色植物或鲜花，也可放轻柔的音乐来帮助松弛神经。气温和环境适宜时，也可选择在露天环境练习。

⑥ 练习瑜伽时要根据个人的身体情况选择适合自己的姿势，在自己的极限范围内逐步完成练习。

⑦ 练习瑜伽应使用专业的瑜伽垫。当地面太硬或不太平坦的时候，瑜伽垫能起到缓冲作用，帮助保持平衡。如果没有专业的瑜伽垫，在地上铺上地毯或毛毯也可以。不要在过硬的地板上或太软的床上进行练习，同时注意保证地面防滑。

五、瑜伽饮食的四大法则

(一)食用悦性食品

瑜伽在关注身体健康的同时，更关注心灵的纯洁和宁静。因此，瑜伽推崇所谓的悦性("性"指灵性)食品，即健康的素食。

人们选择素食的理由大致有三种：宗教信仰、追求健康、保护环境。在现代人的生活中，普遍存在营养过剩的情况，肥胖症、冠心病、高血压、糖尿病等各种慢性病呈快速发展的趋势，这些疾病与饮食上偏重于甘肥厚味有关。瑜伽学者认为，科学调配的素食有益于健康，而且有益于预防和治疗某些疾病，如上面提到的各种"富贵病"。

 小 知 识

> 在传统瑜伽的理论中，将食物分为三大类，即惰性食物、变性食物和悦性食物。
>
> ① 惰性食物。包括肉类及其他荤腥食品，洋葱、芥末、葱蒜等辛辣刺激食品，含糖饮料、烟草及其他不新鲜食物。瑜伽学者认为，惰性食物容易引起身体疾病和心灵迟钝，对身心都有害无益。食用惰性食品后很长一段时间会感到积滞怠惰，性情也易于激动暴躁，对瑜伽练习会造成不良影响。
>
> ② 变性食物。一般指烹饪时加入了过量调味品的食物，比如添加了过多的香油、香料、食盐以及辣椒的食物，还包括浓茶、汽水、巧克力、可可等饮料和零食。瑜伽学者认为，变性食物虽然能为身体带来能量，但并不有益于心灵，因此不宜多吃。
>
> ③ 悦性食物。包括水果、蔬菜、坚果、豆制品、牛奶和乳类制品、谷类制品等。这些食物色味俱佳，营养丰富，烹饪方法简单，可以使身体变得健康强壮、精力充沛。

(二)采用蒸、焖、煮的烹调方式，避免油炸和腌制

瑜伽学者认为最好的烹饪方式是蒸和焖，这样能减少营养成分的流失，使营养容易被人体吸收。其次，也可以用煮和炒的方式。瑜伽学者反对用炸、腌制、风干等方式进行烹调。

(三)饮食适量

瑜伽学者认为，人体内的新陈代谢不断进行，但是有一个基本规律，就是先有能量的消耗，然后才有能量的吸收。因此，只有吸收的能量与消耗的能量相当，才是最健康的状

态。也就是说，一个人进食多少并不重要，重要的是身体需要和吸收多少。基于这个原则，瑜伽既反对饮食过量，也反对饮食过少。如果饮食过量，人体就会出现消化不良、肥胖等多种疾病，而且变得懒惰、嗜睡。如果饮食过少，能量就会不足，身体就会消瘦，难以从事正常的活动或进行正常的练习。

（四）为身体补充足够的水分

水对于生命具有重要意义，是人体血液和淋巴液的主要成分，负责向人体各部分输送养料，并帮助清除生理活动中产生的废物。因此，补充足够的水分至关重要。

六、瑜伽基本练习

（一）面部练习

1. 摩面法

预备姿势：把脸洗干净，用一种放松的姿势或坐或站。

练习步骤：

① 将两手掌反复互相摩擦，直至感觉掌心发热为止。

② 将除拇指以外的四指放在脸颊上，指尖相对，然后轻柔地做36次上下的摩擦运动，如图5-31（a）所示。手指向上时呼气，向下时吸气。

③ 将食指、中指、无名指并拢，轻柔地按压眼尾部位，呼气时按压5秒，放开时吸气，重复做6~8次即可。

练习效果：摩面法是一个很好的美容姿势，它能促进面部的血液循环，滋养皮肤，并且有利于除去面部皱纹和眼角纹。

2. 隆鼻法

预备姿势：洗净脸部，取舒适的坐姿或站姿。

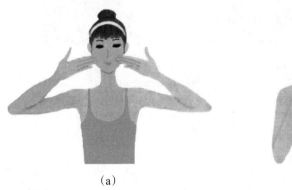

（a）　　　　　　　　　　　（b）

图5-31　摩面法与隆鼻法

练习步骤：

① 两手掌互相摩擦，直至感觉手心充满热量。

② 将两手食指放在鼻孔两翼（迎香穴）的部位，沿着鼻子两侧上下移动。手指向下时吸气，到达鼻孔外侧时轻柔按压5秒，如图5-31（b）所示。

③ 呼气，松开手指，然后重复以上练习4～6次。

练习效果：隆鼻法能使人嗅觉更为灵敏，并且对辅助治疗鼻炎很有帮助。

(二) 坐姿练习

1. 简易坐

姿势说明：

① 坐在地上，两腿向前伸直，自然呼吸。

② 两腿交叉，左脚压在右腿下方，同时挺直脊背，下颌收紧，如图5-32(a)所示。

练习效果：该姿势有利于膝、踝关节的健康，增强神经系统功能。

2. 莲花坐

姿势说明：

① 双腿伸直平坐于地面上，以双手握住右脚踝，将右腿放在左大腿上，脚心朝上。

② 以双手握住左脚踝，将左腿放在右大腿上，脚心也朝上。

③ 挺直脊背，收紧下巴，让鼻尖同肚脐保持在一条直线上，如图5-32(b)所示。

④ 完成莲花坐后，静静地自然呼吸，直到心平气和为止。

练习效果：莲花坐增加对头部和胸部区域血液供应，强化神经系统，祛除紧张与不安状态，使人身心平和，精神专注。

(a)   (b)

图5-32　简易坐和莲花坐

(三) 放松姿势

1. 仰卧放松功

预备姿势：背部贴地仰卧，两手放在身体两侧，手心向上，两脚舒适地分开，如图5-33所示。

练习步骤：闭上双眼，全身放松，自然而规律地呼吸，让意识集中在呼吸上，在心里默念"1吸""1呼""2吸""2呼"……保持这个姿势5分钟，或者更长久的时间。

练习效果：仰卧放松功能消除全身的疲劳和紧张，有助于使交感神经和副交感神经保持平衡，能为身体带来新的活力。

图5-33　仰卧放松功

2. 俯卧放松功

预备姿势：俯卧地上，额头贴地，两臂放于体侧，手心向上。

练习步骤：

① 两手臂从体侧尽量向前伸展，置于头顶前方的地板上，手心朝上，如图5-34所示。

② 闭上双眼，全身放松，让呼吸变得自然而有节奏。

③ 让意识集中在呼吸上，在心里默念"1吸""1呼""2吸""2呼"……保持这个姿势数分钟。

练习效果：仰卧放松功对腰椎间盘突出、颈部强直、驼背、圆肩的人尤其有益。

图5-34　俯卧放松功

3. 鳄鱼休息式

预备姿势：俯卧在地板上，双腿适度张开，脚趾朝向身体外侧。左手抓住右手大臂，两手放于身前，前额放在左手臂上，使胸部不与地面接触，如图5-35所示。

练习步骤：按预备姿势卧好以后，行腹式呼吸。同时努力将注意力集中在呼吸上，观察腹部深呼吸的感觉与效果。吸气时，会感觉到腹部挤压到地面，呼气时，会感觉到腹部的压力慢慢减小。让全身处于放松状态。

练习效果：鳄鱼休息式使用腹式呼吸，对腹部运动的感觉特别显著。

图5-35　鳄鱼休息式

4. 鱼扑式

这是一个极佳的放松姿势，练习者在静止时，看上去就像一尾扑动的鱼，因此而得名。

预备姿势：俯卧在地，头部转向右侧，十指交叉，放在头部下方。

练习步骤：

① 右腿自膝盖处弯曲，膝盖尽力贴近胸部。

② 转动两臂，左肘指向前方，右肘放在右大腿之上，头部枕在左臂弯曲处，如图5-36所示。自然呼吸，保持这个姿势，然后分左右两侧做这个练习。

练习效果：鱼扑式通过伸展肠脏，刺激消化道的蠕动，有助于缓解便秘症状，消除腰身的过多脂肪，放松两腿神经，从而缓解坐骨神经痛。

图5-36　鱼扑式

（四）活动关节的姿势

1. 屈肘练习

预备姿势：挺身直立，两臂垂于体侧，两脚并拢，行自然呼吸。

练习步骤：

① 两臂向前伸出，与地面平行，掌心朝上。

② 肘部弯曲，手指轻拍肩头，再把双臂向前伸直，如图5-37（a）所示，重复这个动作10次。

③ 将两臂向两侧伸出，同样在肘部弯曲，如图5-37（b）所示，重复这个动作10次。

练习效果：放松肘部关节，使臂膀坚实有力。

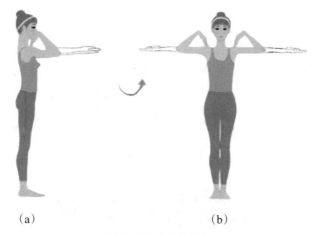

（a）　　　　　　　　　　　（b）

图5-37　屈肘练习

2. 旋肩练习

预备姿势：挺直身躯站于地面，两脚并拢，目视前方，自然呼吸。

练习步骤：

① 两臂侧平举与肩平齐，两手掌心向上。

② 弯曲两肘，手指放在肩上，将肘部向前做圆圈旋转运动，开始时幅度较小，逐渐增大至两肘在胸前相碰为止，如图5-38所示。

③ 按上述方向旋转10圈以后，再反方向旋转10圈。

练习效果：旋肩式能扩展胸部，放松两肩关节，补养和加强背部，

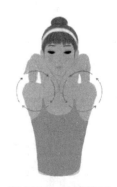

图5-38　旋肩练习

特别是肩胛骨部位。

3. 颈部运动

预备姿势：以一种放松的姿势坐下。

练习步骤：

① 转动颈部，将面部转向右边，然后再转向左边，如图 5-39 所示，重复这个动作 5～10 遍。

② 始终面向前方，头部先向右方歪斜，然后向左方歪斜，重复做 5～10 遍。

③ 把头交替地向后仰、向前低，重复这个动作 5～10 遍。

④ 开始将头部轻柔地做 360° 旋转，先顺时针方向转动 5～10 圈，然后逆时针方向转动 5～10 圈。旋转的幅度逐渐由小增大，但颈部不宜过于用力。

练习效果：颈部运动按摩滋养了颈部的神经和肌肉，舒缓了紧张的情绪，有助于消除颈椎疾病和头痛。

4. 半蝶式和旋腿

预备姿势：两腿伸直坐于地上，自然呼吸。

练习步骤：

① 右腿自膝盖处向内弯曲，在两臂的协助下，右脚放于左大腿上。两手分别放于同侧的膝盖上，如图 5-40 所示。

图 5-39　颈部运动　　　　　图 5-40　半蝶式和旋腿

② 右手扶着右膝上下移动，尽量放松腿部肌肉，运动幅度逐渐加大，直至右膝触及或几乎触及地面为止，但以不感到疲累为度。

③ 缓缓恢复到预备姿势，按同样的方式来运动左腿。

④ 恢复预备姿势后，右脚再置于左大腿之上，左手抓住右脚脚趾，按顺时针方向做 10 次旋转右膝的动作。然后逆时针方向再做 10 次。

⑤ 恢复预备姿势，按同样的方法来做旋转左膝的练习。

练习效果：半蝶式和旋膝练习有助于放松腿部肌肉，尤其对活化脊柱和膝关节很有好处。

5. 屈膝和摇膝练习

预备姿势：平坐地面，两腿向前伸直，双手放在身体两侧的地面上，自然呼吸。

（1）屈膝

练习步骤：

① 弯曲右膝，十指在右大腿之后相交握紧，接着将两臂伸直，将右腿向正前方伸出去，

如图5-41(a)所示。

②弯曲右膝，再次使右脚跟靠近右臀，如图5-41(b)所示，重复这个练习10次。

③两手松开，右腿放回地上，稍休息，然后改用左腿做同样的练习。

(a)　　　　　　　　　(b)

图5-41　屈膝和摇膝练习

(2)摇膝

练习步骤：

①十指在右大腿之后相交握紧，把右大腿抱近自己的躯干。

②以右膝部位作为支点，将右小腿做10圈顺时针方向的旋转运动，接着做10圈逆时针方向的旋转运动。

③松开两手，将右腿放回地上，稍作休息，然后改用左腿做同样的练习。

练习效果：屈膝和摇膝练习能松弛膝关节，使腹部和大腿的肌肉得到补养和增强。

6. 屈趾和屈踝、旋踝

预备姿势：取坐姿，两腿向前伸直，双手放在臀部两侧的地面上，自然呼吸。

(1)屈趾

练习步骤：

①两臂伸直，上身向后倒。

②两脚保持伸直状态，将十个脚趾向前、向后做屈伸，如图5-42所示，重复练习10次。

③恢复预备姿势，休息片刻，准备做屈踝练习。

(2)屈踝、旋踝

预备姿势：与"屈趾"的预备姿势相同。

图5-42　屈趾和屈踝、旋踝

练习步骤：

①两臂伸直，上身向后倒。

②以踝关节为支点，尽量向前、后方向扭动两脚，至少练习10次。

③两腿微微分开，双膝挺直，两脚脚跟贴着地面，用右脚做10圈顺时针方向的旋转运动，接着做10圈逆时针方向的旋转运动。然后用左脚做同样的练习。

④将两脚同时旋转：首先是两脚顺时针方向旋转；然后是两脚逆时针方向旋转；接着是左脚顺时针方向、右脚逆时针方向旋转；最后是右脚顺时针、左脚逆时针方向旋转。每种各做10次。

练习效果：脚趾、脚踝在这个练习中分别得到了充分的放松，两腿的力量也有所增强。

7. 旋腿式

预备姿势：仰卧，两腿伸直，两臂置于体侧，自然呼吸。

练习步骤：

① 右腿抬离地面，膝部伸直，身体其他部位继续平贴地面，用右腿做5～10次顺时针方向的旋转运动，如图5-43(a)所示。

② 稍停，继续用右腿做5～10次逆时针方向的旋转运动，然后改换左腿重复做这个练习。

③ 休息片刻，然后将两脚并拢，一起升离地面，先做5～10次顺时针方向的旋转运动，然后做5～10次逆时针方向的旋转运动，如图5-43(b)所示。

④ 恢复仰卧的姿势，做几分钟瑜伽休息术，直到全身放松为止。

练习效果：旋腿能增强两腿的肌肉力量，并有效的按摩腹部器官，有助于排除肠道中的废气，也可辅助治疗消化不良和便秘症状。

(a) (b)

图5-43 旋腿式

(五) 站立进行的姿势

1. 手臂伸展式

预备姿势：挺直身躯站立，两臂下垂于体侧，目视前方，调整呼吸。

练习步骤：

① 两手腕在肚脐下方交叉，吸气，颈部向后稍弯，将两臂缓缓向上方升起，两臂交叉，两手高过头顶，如图5-44所示。

② 闭气，颈部向后方仰起，将这个姿势保持片刻，然后慢慢呼气，将两臂自两侧放下，掌心向上，直到两臂与地面平行为止，同时伸直颈部，静止不动片刻，自然呼吸。

③ 缓缓吸气，举起双臂让两手腕再次在头顶交叉，同时颈部后仰、闭气、静止不动片刻。

④ 呼气，两臂在体前下落，恢复到双腕在肚脐下方交叉的站立姿势。

⑤ 重复这个练习10次。

练习效果：手臂伸展式能刺激血液循环，使人思维清晰而敏捷，此外它对脊柱和肩关节有良好的锻炼效果，能帮助纠正圆肩和驼背。

2. 擎天式

预备姿势：挺直身躯站立，两臂下垂，两脚稍微分开。

练习步骤：

① 两手十指交叉，翻腕向上，高举过头顶，目视交叉的两手。

② 缓缓吸气，两脚跟同时提起，用脚尖挺立，好像自己正被往上拉，完全伸展整个身体，如图 5-45 所示，屏住呼吸，保持这个姿势几秒钟。

③ 呼气，慢慢将两脚跟着地，重复练习 4～6 次。

图 5-44　手臂伸展式　　　　　　　　　　图 5-45　擎天式

变式一：

① 按"擎天式"站好，双臂举过头顶。

② 如果两脚尖挺立时能较好保持平衡，可以抬起一条腿向前或向后伸，使之与地面平行，保持这个姿势数秒钟，然后换另一条腿重复这个动作。

变式二：

① 挺身直立，两脚稍微分开。两臂向上举起，两腕在头顶上方交搭，右手抓左肘，左手抓右肘。

② 呼气，从腰部向前屈体，直到整个背部成一水平面。

③ 迅速伸直上体，起踵立起来，向上伸展脊柱。

④ 缓缓吸气，宽阔的分开两臂，使之形成一条和地面平行的直线，然后将两臂向上举起，双腕重新在头上交搭。

⑤ 脚跟落地，再次向前屈体，重复练习 4～6 次。

练习效果：擎天式及其变式能发展腹直肌，对消除便秘有一定的效果。它还能促进骨骼的成长，预防脊柱变形。

3. 风吹树式

预备姿势：站立在地上，脊柱挺直，两腿微微分开，自然呼吸。

练习步骤：

① 十指交叉，两臂高举过头顶，两腕翻转向上。

② 抬起脚跟，用脚尖着地站立，上半身缓缓向右侧弯曲，如图 5-46 所示，闭气片刻不动，然后弯向左侧，这时感觉自己就像一棵被风吹动的小树。

③ 上身回到中央位置，脚跟着地，放下双臂，恢复站立的姿势。

④ 重复练习这个姿势 6～10 次。

练习效果：这个姿势有助于祛除腰部四周的过多脂肪，并且提高平衡能力。

4. 铲斗式

预备姿势：挺直身躯站立，两腿尽量舒适地分开，目视前方。

练习步骤：

① 吸气，两臂高举过头顶，两肘伸直，两手自腕部下垂。

② 呼气，弯腰，同时上身躯干向下摆动，如图 5-47 所示，头和双臂在两腿之间自由地摇摆 3～5 次。

③ 缓缓吸气，恢复到挺身直立的姿势，两臂仍然高举过头。重复做这个练习 4～6 次。

练习效果：铲斗式能促进血液循环，兴奋脊柱神经，有助于消除疲劳，增强人体活力，使思维更清晰。

图 5-46　风吹树式

图 5-47　铲斗式

5. 下蹲起立式

预备姿势：挺直身躯站立，两脚并拢，目视前方，自然呼吸。

练习步骤：

① 两脚宽阔地分开，两脚指向外侧。双手十指在腹前交叉，两臂自由地垂下。

② 呼气，慢慢弯曲双膝，将身躯垂直降低少许高度，然后吸气，伸直双腿，恢复挺身站立的姿势。呼气，再次弯曲双膝，把身躯降下得比第一次略低，然后边吸气边伸直双腿，又恢复挺身直立的姿势。

③ 呼气，第三次弯曲双膝，把身体降得更低，直至两大腿与地面平行，如图5-48所示，然后边吸气边恢复挺身直立的姿势。

④ 呼气，最后把身躯降低到两手可接触地面的程度，然后慢慢起身，恢复预备姿势，放松休息。重复做这个练习6～10次。

练习效果：下蹲起立式能加强大腿内侧和双踝、双膝力量。

6. 双角式

预备姿势：按基本的站立姿势站好，两臂下垂于体侧，目视前方。

练习步骤：

① 吸气，两手臂放在下背部，两手交叉紧握。

② 呼气，上身自腰部起向前屈体，两臂尽量向头的上方和后方伸展，头下垂到两膝附近，如图5-49所示，保持这个姿势20～30秒。

③ 吸气，渐渐恢复到预备姿势。重复这个练习3～5次。

练习效果：双角式加强脊柱上段和肩胛骨之间的肌肉群力量，并伸展两腿和手臂的肌肉，有助于发展颈部和胸部。当完成这个姿势之后，往往会有心情舒畅的感觉。

7. 转腰式

预备姿势：按基本的站立姿势站好，全身放松。

练习步骤：

① 两脚分开略比肩宽。十指在脐前交叉，吸气，两臂高举过头，旋转手腕，使两手掌心向上。

图5-48 下蹲起立式　　　图5-49 双角式

② 呼气，向前俯身，直到两腿和背部垂直为止，目视双手。

③ 吸气，将上身躯干尽量转向左侧，然后呼气，又将上身躯干尽量转向右侧，如图5-50所示。把这个左右转动上体的动作重复做4次。

④ 吸气，把上身躯干收回正中位置，然后恢复直立姿势，垂下双臂，放开两手，休息片刻后重复练习3～5次。

练习效果：转腰式补养和加强双臂、腰、背和髋关节，矫正脊柱强直，纠正不良体态并有助于消除腰部多余脂肪。

图5-50 转腰式

8. 扭脊式

预备姿势：按基本的站立姿势站好，全身放松。

练习步骤：

① 两脚分开略比肩宽。两臂从两侧举起与肩平齐，伸展两臂，上身躯干转向右侧，如图5-51(a)所示。

② 左手放在右肩上，右臂放到上身躯干后方，贴住背部。保持这个姿势，进一步轻柔地把脊柱转向右方，如图5-51(b)所示。

③ 在左边重复这个练习，每边各做4~6次。

注意事项：在做这个姿势时始终都要自然呼吸。

练习效果：扭脊式锻炼腰部、肩膀和背部的肌肉群，给予脊神经有益的刺激，对于防治腰背疼痛颇具效果。

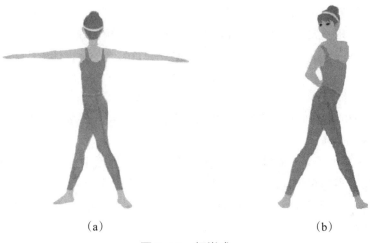

(a)　　　　　　　　　　　　　(b)

图5-51　扭脊式

9. 三角侧屈式

预备姿势：先行基本的站立姿势，调整呼吸。

练习步骤：

① 挺直身躯站立，两脚尽量舒适地分开，脚尖略朝向外。两臂侧平举，掌心向下，这就是基本三角式，如图5-52(a)所示。

② 呼气，慢慢向右侧屈体，右手贴着右小腿向下滑动，如果可能的话，尽量扶住右脚踝或右脚，此时左手臂指向上方，两臂仍然成一条直线，如图5-52(b)所示，保持这个姿势10秒，同时自然呼吸。

③ 吸气，两臂转动，慢慢恢复到基本三角式，然后弯向左边做同样的练习。左右两边各做5次。

练习效果：三角侧屈式是一个提高身体柔韧性的极佳姿势，它伸展并收紧了侧腰部，加强了腿部力量，刺激并按摩了腹部脏器，有助于消化。

（a）   （b）

图 5-52　三角侧屈式

10. 三角屈体式

这个姿势是三角侧屈式的延续，练习者应首先练会三角侧屈式。

预备姿势：挺直身躯站立，两脚尽量舒适地分开，两臂平伸，成"基本三角式"。

练习步骤：

① 呼气，同时身体向前弯曲，左手向下触及左脚，右手举起指向天空。左手触及脚面时，呼气结束，随即屏住呼吸，目视左脚尖。手触及脚趾后，头部向右侧扭转、抬起，目视右掌，如图 5-53（a）所示，自然呼吸。

② 目视右掌数秒钟后，右臂绷直向下移至体前，与地面平行，目视右掌下方地面。两腿绷直，右臂靠近头部右侧太阳穴，如图 5-53（b）所示，屏住呼吸。

③ 呼气，右手五指并拢，移动到右脚踝前方，手和手臂努力伸直，如图 5-53（c）所示，保持这个姿势 2 秒，屏住呼吸。

④ 把右手放在右脚踝上，吸气，两手沿腿部轻轻向上滑动，直至恢复站立姿势为止。稍作休息，做两次自然呼吸，然后按同样的步骤在另一侧重复这个练习。

练习效果：三角屈体式可使腰部以上的主要关节得到适当的活动，肌肉充分恢复弹性，脊椎骨充满柔韧性，此外还能提高视力和注意力。

（a）   （b）   （c）

图 5-53　三角屈体式

11. 三角转动式

预备姿势：挺直身躯站立，两脚尽量舒适地分开，两臂向两侧平伸，成"基本三角式"。

练习步骤：

① 吸气，两膝保持伸直，将右脚转向正右方，左脚也右转一定角度。

② 呼气，双臂伸直，上身躯干转向右方，左手在右脚外侧碰触地板。右臂向上伸展，与左臂成一直线。目视右手指尖，如图5-54所示，保持这个姿势10~20秒。

③ 吸气，双手、躯干以及两脚慢慢恢复原先的姿势，然后恢复到"基本三角式"。

④ 放松地呼吸，休息片刻，再在左侧进行这个练习。

练习效果：三角转动式是一个增强身体柔韧性极好的姿势，尤其对背、肩和脊柱有益。它能增加对下脊柱区域的血液供应，滋养脊柱神经，强壮背部肌肉群，消除背部疼痛。这个动作还按摩了腹部器官，改善消化系统的功能，并减少腰围线上的脂肪。

12. 直角式

预备姿势：挺身直立，两脚并拢，两臂靠体侧下垂，目视前方。

练习步骤：

① 吸气，两手指交叉紧握，向上伸直，举过头顶。

② 头部抬起，两眼注视相握的双手。

③ 呼气，以脊柱底部作为支点，向前屈体，直到背部和双腿成一个直角，如图5-55所示。自然呼吸，保持这个姿势10秒。

④ 缓缓吸气，恢复到预备姿势，两眼仍然一直注视十指相交的两手。

⑤ 重复进行10次同样的练习。

练习效果：直角式有助于纠正驼背、脊柱弯曲和双肩下垂的不良体态。它也是消除紧张的好姿势，不但能放松两腿肌肉，还能同时增强肌肉的力量。

图5-54　三角转动式

图5-55　直角式

13. 战士第一式

预备姿势：行基本的站立姿势，两脚并拢，两臂放于体侧，自然呼吸。

练习步骤：

① 双掌在胸前合十，举过头顶并尽量向上伸展，然后缓缓吸气，两腿分开比肩稍宽。

② 呼气，将右脚和上身躯体向右侧转90°，左脚略转向右方。接着右膝弯曲，直到大腿与地面平行，而小腿则与地面垂直。

③ 左腿尽力向后伸，膝部挺直。头向上方仰起，目视合十的双掌，如图5-56所示，自然呼吸，保持这个姿势15～20秒。

④ 左脚上前一步，与右脚并拢，两臂放回体侧，然后恢复到预备姿势，稍作休息，在另一方向重复这个练习。

练习效果：战士第一式扩展了胸膛，使呼吸变得均匀而绵长，它能按摩腹部器官，增强平衡力和注意力，并且对脊柱、双踝、双膝、双髋和双肩等部位有很好的锻炼效果。

图5-56　战士第一式

14. 战士第二式

预备姿势：挺直身躯站立，两脚并拢，自然呼吸。

练习步骤：

① 深吸一口气，两脚大大分开，两臂两侧平举，与地面平行，成为"三角式"。

② 左膝挺直，右脚向右转90°，左脚则略向右转。

③ 右膝弯曲，直至大腿与地面平行，小腿垂直于地面。然后将两臂向身体两侧尽量伸展出去，头转向右方，目视右手手指尖，如图5-57所示，深吸气，保持这个姿势10～20秒。

④ 吸气，躯干和重心向中央移动，恢复到"三角式"，然后转向左方，在另一方向重复这个练习。

练习效果：战士第二式能有效地锻炼双腿、背部与腹部，增强大小腿肌肉的力量和柔韧性。

15. 幻椅式

预备姿势：行基本的站立姿势，身体保持挺直，目视前方，全身放松。

练习步骤：

① 吸气，将两掌在胸前合十，径直高举于头顶。

② 呼气，双膝弯曲，放低躯干，想象自己正准备坐在一张椅子上，如图5-58所示，自然呼吸，保持这个姿势10～20秒。

③ 缓缓吸气，膝盖伸直，放下两臂，恢复到预备姿势。

练习效果：幻椅式可强化脊柱活力，强健两腿和背部的肌肉群，增进体态的平衡和稳定，矫正不良姿势。

16.弓箭式

预备姿势：挺直身躯站立，两脚分开与肩同宽，两臂放在身体两侧，自然呼吸。

练习步骤：

① 右腿向前跨一小步，右臂向身体右上方平直伸出，右掌顺势变拳，位置略高过头顶。

② 左臂向前伸出，左掌变拳，放在右拳稍后的位置，感觉自己好像握着一张弓，目视右拳上方。

③ 吸气，将左拳拉回至左耳处，似乎在做拉弓的动作，如图5-59所示。呼气，放松"弓弦"，将左拳前伸到右拳后方，逐步恢复到预备姿势。

④ 交换两手位置（左手持弓、右手放箭），重复这个练习10次。

练习效果：弓箭式伸展和放松胸部、背部、颈部的肌肉群，对缓解颈部强直等疾病有很好的效果。

图5-57　战士第二式　　　　图5-58　幻椅式　　　　图5-59　弓箭式

(六) 坐(跪) 地进行的姿势

1. 猫伸展式

预备姿势：跪坐在地面上，双手放在大腿上，自然呼吸。

练习步骤：

① 抬起臀部，两手掌于膝盖前方着地，双膝和小腿也着地，呈动物爬行的姿势。

② 吸气，抬头，臀部上拱，双臂直撑于地，收缩背部肌肉，保持这个姿势5秒。

③ 呼气，小腹后缩，垂下头，背部拱成圆形，如图5-60所示，再保持这个姿势5秒。

④ 两臂伸直，垂直于地面，恢复到先前动物爬行的姿态，再重复做这个练习4～8次。

练习效果：猫伸展式活化整个脊柱，放松肩部和颈部，收紧腹肌，减缓痛经，改善月经不调和子宫下垂。它还有助于消除腰、腹部四周多余的脂肪，使身材更苗条。

2. 天线式

预备姿势：两膝靠拢跪地，两脚分开，臀部坐于两脚之间的地面上，两手放于大腿上，自然呼吸。

练习步骤：

① 呼气，双手于胸前合掌。吸气，将合掌的双手高举过头顶。

② 蓄气不呼，两手左右分开，挺胸抬头，此时身体姿势就像在祈求神的赐福，保持这个姿势。

③ 呼气，两手握拳平举，并往后扩展胸腔，如图 5-61 所示。吸气，然后再次蓄气不呼，保持这个姿势 10 秒。

④ 呼气，缓缓恢复预备姿势，充分休息。

练习效果：天线式能使练习者体内气息流畅，消除疲劳，恢复充沛的体力。另外，它还有助于消除脸部和颈部的赘肉，是一个极好的美容姿势。

3. 兔子式

预备姿势：跪坐在地面上，两手放于大腿上，自然呼吸，全身放松。

练习步骤：

① 两手滑动到小腿中部，紧贴着小腿肚。

② 呼气，上半身前俯，把前额放在地板上。接着臀部上抬，头顶贴地，两大腿与地面垂直，如图 5-62 所示，自然呼吸，保持这个姿势 10～20 秒。

③ 吸气，臀部下落，逐步恢复到预备姿势，然后重复做这个练习 6～8 次。

练习效果：兔子式可使头部血液供应充足，增强脑力，使脸部和颈部的曲线更美。此外还可柔软背部和颈部，预防白发滋生，是一个极佳的美容姿势。

注意事项：血压异常的人不适合练习兔子式。

图 5-60　猫伸展式　　　　图 5-61　天线式　　　　图 5-62　兔子式

4. 杜鹃式

预备姿势：跪于地上，两膝并拢，两脚分开，臀部置于两脚之间的地面上，两手放在大腿上，自然呼吸。

练习步骤：

① 上身躯干前俯，两手放在膝盖前方的地面上，伸直成爬行动物的姿势。

② 呼气，臀部上提，背部后仰，身体稍稍往前挪动。

③ 吸气，再将两臂伸直，仰面朝天，目视上方，两脚贴地并左右张开，如图 5-63 所示，闭气，保持这个姿势 5～20 秒。

④ 缓缓呼气，恢复预备姿势，充分休息。

练习效果：杜鹃式伸展了腰部、背部和腿部的肌肉，有助于缓解这些部位的酸痛，此外还能改善不良体态。

图 5-63　杜鹃式

5. 虎式

预备姿势：跪坐于地，臀部落于两脚跟上，上身挺直。

练习步骤：

① 上身躯干前倾，双手撑住地板，臀部抬高，像爬行动物一样四肢着地。

② 目视前方，缓缓吸气，左小腿贴地不动，把右腿笔直地向后上方伸展。

③ 吸气结束后闭气，右膝弯曲，膝盖向下方收回，但不着地。抬头，目视上方，保持这个姿势 5 秒。

④ 呼气，把屈膝的右腿向上挨近胸部，同时头部低下，目视下方，鼻尖贴着右膝，背部向上挺成拱形，如图 5-64 所示。

⑤ 再把右腿伸向后上方，重复整个过程。每条腿各做 3～5 次。

练习效果：虎式锻炼了大腿后侧及臀部，使脊柱得到充分的伸展，同时放松了坐骨神经。虎式还减少腰部、髋部、大腿区域的脂肪，尤其适合女性练习。

6. 推磨式

预备姿势：坐于地上，两腿向前伸展，两手放于大腿上，自然呼吸。

练习步骤：

① 上身自腰部向前屈体，手指交叉，手臂伸直，两臂作顺时针方向的圆周水平运动，想象自己正在推动石磨，如图 5-65 所示。

② 做完 10 圈顺时针方向的推磨动作之后稍停，再继续做 10 圈逆时针方向的推磨动作。

③身体回到中央位置，挺直上身，恢复预备姿势，休息。

练习效果：推磨式伸展和放松了肩部和腹部的肌肉，按摩了腹部的脏器，促进消化功能。

图5-64 虎式 　　　　　图5-65 推磨式

7. 顶峰式

预备姿势：跪坐于地，臀部落于两脚跟上，两手放于大腿上，自然呼吸，放松全身。

练习步骤：

①上身躯干前俯，两手掌心在膝盖前方撑地，抬高臀部，两手两膝着地，跪在地板上。

②吸气，两腿伸直，将臀部升得更高，头部处于两臂之间，整个身体成三角形状态。脚后跟落在地上，如图5-66所示，自然呼吸，保持这个姿势。

③呼气，逐步恢复到预备姿势，重复将这个姿势做3～5次。

练习效果：顶峰式有助于祛除臀部及大腿的皮下脂肪，使肌肉更结实，还能强壮坐骨神经，消除肩关节炎，此外还能促进头部血液的正常循环，消除疲劳，使人精力旺盛。

8. 山式

预备姿势：先行莲花坐的姿势。

练习步骤：

①十指在胸前交叉，向上伸展高出头顶，手背向上。

②头朝下低，下巴紧靠胸骨，掌心转向上方，背部挺直，两臂尽量向上伸展，如图5-67所示。自然呼吸，保持这个姿势1分钟。

③改变两腿的位置，更换莲花坐姿，重复这个练习。

练习效果：山式扩展胸部，使肩部得到舒展，有助于消除肩背部的酸痛，它以一种轻柔的方式按摩了腹部器官，有助于消化。此外，山式采用的莲花坐姿有助于心平气和。

9. 前屈式

预备姿势：平坐地面，两腿向前伸直，脚跟、脚趾并拢，双手垂放在身体两侧。

练习步骤：

① 吸气，双臂向前伸直，和两腿平行。上身躯干向前倾，双手分别抓住两脚脚踝。

② 呼气，绷紧双腿，两手抓住脚趾，同时将头部置于两臂之间，如图 5-68 所示。屏住呼吸，保持这个姿势 5～10 秒。

③ 双手回放到大腿上，吸气，同时手掌沿着腿部慢慢收回，恢复到预备姿势。稍作休息，重复这个练习 3～5 次。

练习效果：前屈式能促进消化，使内脏机能趋于正常，并且能祛除背部、腰部及下腹部多余的脂肪，对纤腰功效显著。

注意事项：凡背部受伤，或脊柱疼痛者，在练习过程中要放松身体，缓慢练习。

图 5-66　顶峰式

图 5-67　山式

图 5-68　前屈式

10. 半侧式

预备姿势：坐在地上，双腿向前伸直，两手放在大腿上，自然呼吸。

练习步骤：

① 吸气，弯曲右腿，将右脚放于左大腿根部，脚心朝上。

② 呼气，上身躯干略向左转，右臂向前伸展，右手抓住左脚，同时左臂尽量收向背部，左手揽住腰部右侧。

③ 头部尽量向右转，如图 5-69 所示，自然呼吸，保持这个姿势 10～20 秒。

④ 放开左脚，两臂回到体侧，逐渐恢复到预备姿势，休息片刻，再在另一边做这个练习。

练习效果：半侧式伸展强化颈部肌肉，放松肩部关节，活化脊柱，此外还活动腰、腹部位的器官，刺激内分泌腺，对便秘、胃病、背痛、脊柱强直等症都有一定缓解效果。

11. 前伸展式

预备姿势：平坐地面，两腿向前伸直，脚跟、脚趾并拢，双手垂放在身体两侧。

练习步骤：

① 吸气，双手在体后撑地，手指向前，上身向后倾，然后弯曲双膝，把两脚平放在地面上。

② 呼气，腹肌收缩，将臀部缓缓抬离地面，随之将手和膝盖伸直，全身重量落在手和脚上，如图 5-70 所示。

③ 吸气，头部向后仰起，自然呼吸，保持这个姿势 10～30 秒。

④ 呼气，慢慢把身体恢复预备姿势，稍作休息，重复这个练习 2～3 次。

练习效果：前伸展式有助于发展胸部，放松肩关节，加强手臂、手腕、脚踝、臀部和腰背部力量，还能增强神经系统的功能，改善血液循环，从而有效消除疲劳。

12. 单腿前屈式

预备姿势：两腿伸直坐于地面，两手放在膝盖上。

练习步骤：

① 右腿自膝盖处向内弯曲，右脚在两臂的协助下收至腹股沟部位，紧靠左大腿内侧。

② 两臂向前水平伸展，手指并拢，拇指相触。缓缓吸气，两手高举过头顶，并稍稍向后伸展。

③ 缓缓呼气，自腰腹部位开始弯曲，上体前俯，两手抓住左脚。

④ 两肘向外侧弯曲，躯干缓慢而轻柔地向左腿靠近，颈部下垂，如图 5-71 所示。闭上眼睛，意识集中于两眉中点，自然呼吸，保持这个姿势 10～20 秒。

⑤ 还原动作：双臂伸直，吸气，躯干缓缓抬起，逐步恢复到预备姿势。休息 30 秒，然后按照同样的要领，换另一侧重复这个练习。

练习效果：单腿前屈式能伸展和放松腰部、腿部和背部的肌肉，活化髋关节和脊柱神经。它轻柔地按摩内脏器官，促进胰腺和肾上腺的分泌活动，有助于增强内脏功能。

图 5-69　半侧式　　　　　图 5-70　前伸展式　　　　　图 5-71　单腿前屈式

13. 简易乌龟式

预备姿势：跪坐于地板上，两膝保持并拢，两脚分开，臀部置于两脚之间的地面上，自然呼吸。

练习步骤：

① 轻轻地呼气，然后吸气，两掌于胸前合十，两臂夹住耳朵部位。

② 合掌的双手高举过头顶，呼气，双手拇指互扣，上半身缓缓前俯。

③ 两手小指和额头贴地，背部尽量伸直，如图 5-72 所示，然后稍微闭气，保持这个姿势 20～30 秒，憋不住气后再行自然呼吸。

④ 吸气并缓缓恢复原先的姿势，休息，重复几次这个练习。

图5-72 简易乌龟式

七、卧地进行的姿势

(一) 婴儿式

预备姿势：背部贴地仰卧，双脚并拢，两手置于身体两侧，手心向上，自然呼吸。

练习步骤：

① 吸气，弯曲右膝，两手十指交叉，抱住右膝拉近胸部，然后彻底呼气。

② 抬起头部，让下巴紧贴右膝，平静地呼吸，如图5-73（a），保持这个姿势5～20秒。

③ 吸气，慢慢让头部着地。呼气，两手放开右膝，右腿伸直，放回地面上。

④ 吸气，换左腿重复这个练习。两边各做3～6次。

⑤ 吸气，弯曲双腿，双手抱住双膝，把两大腿压向胸部，如图5-73（b）所示。呼气，放开两腿，恢复到预备姿势。重复这个练习3次。

练习效果：婴儿式有助于加强颈部肌肉，排出肠内废气，缓解胃、肠胀气与便秘症状。

（a）   （b）

图5-73 婴儿式

(二) 船式

预备姿势：仰卧在地面上，两脚并拢，两手置于身体两侧，手心向里，自然呼吸。

练习步骤：

① 吸气，双手、双脚和上体同时上抬，离地约0.5米，双臂向前伸直，并平行于地面，双腿也要用力伸直。

② 闭气，全身绷紧，两眼注视脚尖，如图5-74所示，保持这个姿势20～30秒。

③ 把双腿、躯干放回地面，缓缓呼气，全身放松，恢复到预备姿势，重复做这个练习3～5次，然后做"瑜伽休息术"，以增强其效果。

变式：

当身体从地面抬高的时候，也可以握紧双拳，使全身肌肉处于一种紧张状态，然后呼气，恢复预备姿势，做一遍"仰卧放松功"。

练习效果：船式使全身的肌肉和关节都得到放松，缓解人的紧张情绪，并且使背部力量得到增强，同时它还能促进肠道蠕动，强化消化系统。

(三)简易鱼式

预备姿势：背部贴地仰卧，两脚并拢，两手置于身体两侧，手心向里，自然呼吸。

练习步骤：

① 右腿弯曲，用手把右脚放在左大腿上。

② 呼气，两肘撑地，抬高颈部和胸膛，拱起背部，头顶贴地，双手抓住右脚，如图 5-75 所示，深呼吸，保持此姿势 1～2 分钟。

③ 背部落地，右腿伸直，慢慢恢复到预备姿势，稍休息，在另一侧做同样的练习。

练习效果：简易鱼式扩展胸膛和背部区域，放松肩关节和骨盆关节，加强内分泌腺的活动，使肠脏和其他内部器官得以伸展，滋养脊柱神经，有助于纠正脊柱和背部的毛病，还有助于消除紧张情绪。

图5-74 船式

图5-75 简易鱼式

(四)半蝗虫式

预备姿势：俯卧地上，两臂伸直放于体侧，双手握拳贴地，两脚跟并拢。整个身体保持一条直线，正常呼吸。

练习步骤：

① 缓慢吸气，然后屏住呼吸，慢慢抬头，下巴支撑地面(可事先在下巴处放一块软垫)。

② 两拳下按，尽量把右腿抬高，而左腿向地面用力抵住，让右腿抬得更高，如图 5-76 所示。屏住呼吸，保持这个姿势 5～20 秒。呼气，把右腿缓缓放回地面，稍作休息，换用左腿来重复这个练习，左右各做 2～4 次。

练习效果：半蝗虫式能使臀部、下腹部、大腿的肌肉更富弹性，此外，还能促进内脏机能，强化脊椎骨神经，缓解便秘症状。

(五)人面狮身式

预备姿势：额头贴地俯卧，两腿伸直。

练习步骤：

① 屈肘，两手放在头部两侧，掌心向下。做 10 秒自然呼吸，全身保持放松。

② 吸气，两前臂平放地面不动，将头和胸部离开地面，缓缓向上抬起，如图 5-77 所示。目视上方，自然呼吸，保持这个姿势 15～20 秒。

③ 呼气，慢慢恢复到预备姿势。重复做 3 次这样的练习。

练习效果：人面狮身式与眼镜蛇式相同。可促进血液循环，使脊柱富有弹性，有助于缓解背部疼痛，减轻背部和颈部区域的僵硬症状。

图5-76　半蝗虫式

图5-77　人面狮身式

（六）仰卧单侧抬腿式

预备姿势：背部贴地仰卧，两脚并拢，两手贴于身侧，掌心向下。

练习步骤：

① 左腿绷紧，脚趾伸直，右腿则完全放松。

② 一边吸气，一边将右腿缓缓地笔直抬起，直到与地面垂直。

③ 当抬腿到最大限度后，闭气，两手掌紧贴地面，全身挺直，如图5-78所示，保持这个姿势5～10秒。

④ 呼气，同时把右腿笔直地放回地面，恢复到预备姿势。稍作休息，换另一条腿重复这个练习。两边交替做3～5次。

练习效果：仰卧单侧抬腿式可增强消化系统功能，同时它也柔和地按摩气管内壁，使气管机能得到恢复，对于哮喘病颇有疗效。

（七）狗伸展式

预备姿势：额头贴地俯卧地面，两脚微微分开，脚背贴地，手臂在体侧伸直，手指指向脚部。

练习步骤：

① 两手掌在胸前撑地，手指指向前方，吸气，两臂伸直，把颈部和脊柱尽量向上方伸展。

② 两膝保持伸直，两脚脚背撑住地面，把两腿抬离地面，头部和胸部后仰，全身重量落在两臂和两脚上，如图5-79所示，缓慢而均匀地呼吸，保持这个姿势20～30秒。

图5-78　仰卧单侧抬腿式

图5-79　狗伸展式

③ 两肘弯曲，把身体慢慢放回地面，恢复预备姿势，稍休息，再练习这个姿势2～3次。

练习效果：狗伸展式能加强腰部、背部和臀部肌肉的力量，还促进骨盆区域的血液循环，对于缓解坐骨神经痛、腰部风湿痛有一定效果。

(八) 蹬车式

预备姿势：背部贴地仰卧，两腿伸直，两手臂放在体侧，掌心向下，自然呼吸。

练习步骤：

① 将两脚抬起离开地面，保持身体其他部位平放地面。一边做用脚蹬自行车的动作，如图5-80(a) 所示，另一边想象自己正在蹬自行车。

② 向前蹬完10圈以后，稍停，然后开始向后蹬，再做10次。

③ 接下来两腿并拢，两脚同时向前做10次蹬车动作，如图5-80(b) 所示，然后向后再蹬10次。

④ 仰卧在地上练习"瑜伽休息术"，使身体彻底放松，恢复自然呼吸。

练习效果：蹬自行车式能促进腿部的血液循环，增强腿部关节和肌肉的力量，此外还能轻柔地按摩腹部器官，有助于消化。

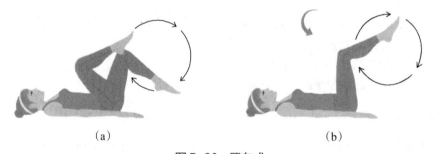

(a)　　　　　　　　　　　　　(b)

图5-80　蹬车式

(九) 摇滚式

预备姿势：背部贴地仰卧，两腿向前伸直，手臂放在体侧，掌心向下。

练习步骤：

① 两腿同时自膝盖处弯曲，两手合抱两膝，将两大腿收近胸部。

② 头部抬起，让身体以脊柱为着地点，前后摇滚5次，如图5-81所示。

③ 在最后一次滚动完成时，顺势抱着双膝坐在地板上，稍作休息，重复这个练习5～10次。

练习效果：摇滚式能对背部、臀部和髋部进行有效按摩，增加这些部位的血液循环，有助于纠正背部强直的毛病，还有利于腹部器脏的健康。

(十) 眼镜蛇式

预备姿势：额头贴地俯卧地面，手臂在体侧伸直，掌心向里，手指指向脚部，两脚脚跟并拢。

练习步骤：

① 呼气，两手掌体前伸开与肩同宽，手与双肩齐。

② 双肘弯曲立起，缓慢吸气，同时头部和胸部轻轻向后上方仰起，目视天空，如图 5-82 所示，如眼镜蛇一般昂首、闭气，保持这个姿势 5～10 秒。

③ 呼气，头部和胸部依次回到地面，一侧面颊贴地，稍作休息，然后重复这个练习 3～5 次。

练习效果：眼镜蛇式增强脊柱的柔韧性，缓解背痛。此外，它有效地活动胸部、肩部、颈部、面部和头部，活跃表皮血液，具有柔嫩肌肤之功效。眼镜蛇式还对女性月经不调有辅助疗效。

图 5-81 摇滚式

图 5-82 眼镜蛇式

(十一) 蛇伸展式

预备姿势：额头贴地俯卧地面，两臂置于体侧，掌心向下。

练习步骤：

① 两手放在后腰部位，左手握住右腕。

② 深吸一口气，头部后仰，将胸部从地面抬离，两臂尽量向后伸展，与地面平齐，如图 5-83 所示。闭气，目视上空，保持这个姿势 5～10 秒。

③ 呼气，逐渐恢复到预备姿势，重复这个练习 2～3 次。

练习效果：这个姿势伸展手臂和背部的肌肉，放松神经组织，具有和眼镜蛇式类似的效果。

(十二) 卧英雄式

预备姿势：按"霹雳坐"的姿势坐好。

练习步骤：

① 呼气，叉开两脚，臀部着地。

② 吸气，上半身往后仰，先将右肘着地，继而左肘着地，两肘逐渐向臀部方向移动，然后成仰卧姿势，两手臂置于身侧伸直，膝盖并拢贴地，如图 5-84 所示。自然呼吸，保持这个姿势 5～10 秒。

③ 双手抓住脚踝，肩肘靠着地面撑起，身体重量置于双肘上，抬头挺背，逐步恢复到

图 5-83 蛇伸展式

图 5-84 卧英雄式

预备姿势，稍作休息，再重复做这个姿势2～3次。

练习效果：卧英雄式通过内部的活动，滋补肠胃、肝脏、肾脾和腹部的其他器官，对患消化不良、胃炎、便秘、痔疮等疾病的患者很有益处。

(十三) 下身侧滚式

预备姿势：两腿伸直仰卧。

练习步骤：

① 两腿弯曲抬起，两膝尽量向胸部靠近。

② 十指相交，放在头部后边，掌心托住后脑勺，两臂平贴地面。

③ 在保持上半身稳定不动的情况下，下半身向左右两侧来回摇滚10次。

④ 缓缓恢复预备姿势，充分休息。

练习效果：下身侧滚式促进腿部、背部和肩部的血液循环，伸展和放松这些部位的肌肉。同时它还对腹部器脏起到轻柔的按摩效果，有助于消化。

(十四) 简弓式

预备姿势：额头贴地俯卧地面，双臂在身侧伸直，手指指向脚部。两脚脚跟并拢，自然呼吸。

练习步骤：

① 自膝盖处弯曲两腿，脚跟靠近臀部，左右两手分别抓住同侧脚跟，两膝和脚踝互相靠拢。

② 缓慢而均匀地吸气，然后屏住呼吸，上体向上抬起并伸直。

③ 两小腿向后用力，带动两手臂伸直，直至最大限度，如图5-85所示，目视天空，屏住呼吸，保持这个姿势5～10秒。

④ 呼气，头部和胸部向地面放下，两手放开脚踝，双腿慢慢还原到地面，回复预备姿势。稍休息，再重复该练习一遍。

练习效果：简弓式能促进肾上腺、甲状腺、脑下垂体及性腺的细胞活动，使之正常分泌各自激素。它对关节、脊柱、肺部、胸部和腹部疾病也有一定缓解功效。此外，还可以缓解女性月经失调症状。

八、蹲下进行的姿势

(一) 排浊气式

预备姿势：取蹲位，双脚平放地上，两膝分开。

练习步骤：

① 两手手指从内侧放在两脚下，双肘紧压双膝内侧，吸气并抬头，如图5-86(a)所示。

② 呼气，低下头，两腿伸直，如图5-86(b)所示，保持这个姿势5秒。

③ 两手仍放在两脚底下，恢复蹲下的姿势。重复做这个练习10次。

练习效果：顾名思义，排浊气式对排除腹部内的浊气非常有益，同时它还强化臂膀和两腿的神经及肌肉。

图 5-85 简弓式

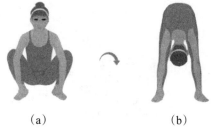

（a）　　　　　（b）

图 5-86 排浊气式

（二）乌鸦式

预备姿势：跪在地板上，双膝并拢，两脚分开，臀部置于两脚之间的地面上，自然呼吸。

练习步骤：

① 臀部上抬，以脚尖着地，臀部落坐于脚后跟部位。

② 膝盖向上提起，脚后跟着地，手掌心于两脚外侧贴地，如图 5-87 所示。自然呼吸，尽量长久地保持这个姿势。

③ 缓缓恢复预备姿势，充分休息。

练习效果：乌鸦式可增强腰部、腿部和脚部肌肉的力量，增加身体柔韧性。

图 5-87 乌鸦式

（三）礼拜式

预备姿势：取蹲位，两脚平放地上，两膝分开。

练习步骤：

① 双掌合十呈祈祷手势，两肘紧靠着双膝内侧。

② 边吸气边抬头，目视上方，两肘尽量朝外推开双膝，如图 5-88（a）所示，保持这个姿势 5 秒。

③ 呼气，伸直双臂，水平地指向前方。两膝内收，彼此紧靠，上身躯干前俯，如图 5-88（b）所示，保持这个姿势 5～10 秒。

④ 缓缓恢复预备姿势，重复这个练习 10 次。

练习效果：礼拜式强化腿部、膝部、肩部和臂部的神经，改进练习者的体态和平衡感。

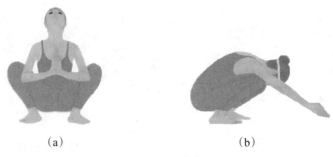

（a）　　　　　　　　　　　　（b）

图5-88　礼拜式

九、平衡的姿势

（一）平衡式

预备姿势：行基本的站立姿势，全身放松，自然呼吸。

练习步骤：

① 右腿笔直站立，左腿自膝盖处弯曲，上抬左脚跟，脚尖朝上。左手抓住左脚，尽力使左脚跟紧贴臀部。

② 右臂伸直，手指并拢，自下而上慢慢抬起，直至高举过头，手掌向前，如图5-89所示，自然呼吸，保持这个姿势10～20秒。

③ 右臂慢慢放下，手掌始终保持绷紧，然后左手松开，左腿落地。休息10秒，换另一边继续练习。两边各做3次。

练习效果：平衡式能促进血液循环，消除关节疼痛，强健肌肉，对关节疾病有很好的辅助治疗效果。

（二）树式

预备姿势：挺直身躯站立，两臂下垂于体侧，自然呼吸。

练习步骤：

① 左腿站立，右腿自膝盖处弯曲，把右腿抬至左侧大腿上，脚掌置于左大腿内侧。

② 双手从身体两侧向上抬起，当抬至头部上方时，双手合十放在头上，手腕贴着头顶。

③ 尽力将弯曲的臂肘向上伸展，目视前方，左腿绷紧，全身处于紧张状态，如图5-90所示，自然呼吸，想象自己如一棵顶天立地的大树，保持这个姿势10秒。

④ 放开手掌，将两臂放回身体两侧，然后抓住右腿脚趾，把脚轻轻抬起放回地面，恢复到预备姿势，全身放松。

⑤ 休息数秒钟后，两腿交替重复练习该姿势4～6次。

练习效果：树式促进关节部位的血液循环，从而使人体的关节日渐强化。

（三）屈腿式

预备姿势：行基本的站立姿势，两臂下垂于体侧，自然呼吸。

练习步骤：

① 左腿保持直立，右腿屈膝上抬，右手抓住右脚脚踝，左手抓住膝盖，使膝盖尽量贴

近胸部，如图 5-91 所示。

② 自然呼吸，保持该姿势 5～10 秒，然后放下右腿，恢复预备姿势。

③ 休息 5 秒，换另一条腿重复该练习 3～5 次。

练习效果：屈腿式放松髋关节，锻炼腹部肌肉，增加肠胃蠕动，对患有疝气、胃炎等病症的人大有帮助。

图 5-89　平衡式

图 5-90　树式

图 5-91　屈腿式

 小知识

瑜伽练习的计划

　　练习瑜伽姿势的过程中，应注意瑜伽练习的平衡规律，也就是说，在每一个姿势的练习中，不同的部位和内脏受到不同程度的按摩、伸展，而身体的肌肉、韧带、关节、骨骼都是平衡发展的，所以在做完左边的动作之后，要相应地做右边的动作；在完成后仰的姿势后应做相应的前弯姿势。

　　如果有足够的时间，可以全部练习，也可以根据自己的具体情况有选择、有针对性地练习。如果伏案的时间较多，那么应从中选择多方位的练习姿势，如站立式、扭转式、倒立式等；如果站立或行动的时间较多，那么应选择倒转式、坐式等。

　　如果练习的姿势不多，那么可以重复每一姿势 2~3 次；当练习的姿势较多时，每一个姿势可以只练习一次。

十、瑜伽调息方法

　　瑜伽调息方法在梵语中用 "Pranayama" 表示，其中 Prana 意思是 "生命之气"，yama 则是 "控制" 的意思。瑜伽的调息法通过有规律地吸气和呼气，以及有意识地进行屏息，刺激和按摩所有的内脏器官，进而唤醒潜藏在体内的能量（生命之气），使之得以保存、调理和提升。

　　呼吸作为人的一种生理本能，是无意识的自然律动。在瑜伽的呼吸定义中，一般人的呼吸被称为 "肩式呼吸"，也就是说，只用肺的上半部来进行呼吸。长期采用这种呼吸方式，会造成胸部、肩部的肌肉紧张，脊柱僵硬，大脑供氧不足，久而久之，就会出现头晕、头痛等不良现象。正确的调息法能增加氧气的吸入量，净化血液，并提高肺活量、肺功能。它还可以增进人体消化器官的活动，对内分泌腺体的分泌活动产生影响，并且消除疲劳、减轻焦虑，改善精神面貌。

瑜伽学者认为，呼吸是将身体与精神联系起来的纽带。呼吸的方式与人的感情和心态有着本质的联系，平稳而有控制的呼吸能增强人的力量和活力。有意识的呼吸控制可以平抑情绪的波动，所以，在瑜伽经典理论中都认定"呼吸是瑜伽实践的源头"。

（一）胸式呼吸

姿势：以自己最舒服的姿势坐定，腰背挺直，脊柱向上拔高。把两手放在胸两旁的肋骨上，以帮助自己感受呼吸时胸部的隆起和收缩。

练习步骤：深深吸气，感觉胸部的隆起（肋骨向外、向上扩张），然后缓缓呼气，向内、向下放松肋骨。这样重复做几次，熟练之后可以把手放下来练习。

练习效果：其实每个人平时的呼吸都是胸式呼吸，只是比较浅短，经常练习这样深长的胸式呼吸，可以把体内的废气排出体外。

（二）腹式呼吸

姿势：以自我感觉最舒服的坐姿坐定（仰卧亦可），腰背挺直，脊柱向上拔高。一手放在肚脐下方小腹的位置，感受呼吸时腹部的收缩，另一手放在鼻子的前面，感受气体的呼出。

练习步骤：先随着呼气把腹部收紧，然后深深吸气，手随腹部隆起而上升，胸部不要扩张。缓缓呼气，腹部向脊柱方向用力收缩，于是大量的空气将从肺部驱出。

练习效果：腹部是气血交汇的场所，经常做腹式呼吸可以促进全身的气血循环。平时呼吸都不能到达肺底，而腹式呼吸可通过按摩腹部内脏，帮助把肺底的废气排出。

（三）完全瑜伽呼吸

姿势：采用一种放松的坐姿、卧姿或站姿，宽衣松带，脊柱和头部保持垂直地面，双臂自然下垂或放在腿上，全身放松。

练习步骤：

① 呼气阶段。开始时缓慢呼气，用收缩腹部的方法把气体赶出腹腔；当腹腔完全凹进体内时，开始缓慢地收缩肋骨，将体内剩余的气体赶出胸腔，直到气体呼尽为止。这个过程持续约5秒。

② 屏息阶段。在腹腔和胸腔完全凹陷时停止呼吸，保持2~3秒。

③ 吸气阶段。与呼气是完全相反的过程，先放松肋骨，让气体缓慢充满胸腔，尽量吸气最大限度地扩张胸腔，然后轻轻吸气，缓缓放松腹部，使腹部渐渐鼓起，这个过程持续约5秒。至此，就完成了一组完全瑜伽呼吸。

练习效果：完全瑜伽呼吸排出的二氧化碳是普通调息法的3倍以上，在吸气的过程中，横膈膜会松弛地下降，内脏从挤压的状态中恢复原状，从心脏输送出的新鲜血液会充分进入内脏。这就能给大脑和内脏补充更多氧气，增强消化系统和内脏的功能，提高人体免疫力，改善生命活力和思维能力，使人不容易焦虑和紧张，对培养集中力、注意力都有很好的效果。此外，这种调息法能消除肌肉、内脏的疲劳，对剧烈运动后的自主神经系统紊乱、内分泌不正常具有平息作用，为肌肉输送更多的营养和氧气，促进人体的健康。

(四) 冷却调息法

姿势：采取一种舒适的坐姿，双手放在双膝上，上体、脊柱、头部、颈部始终保持平直，双目闭合，全身放松。

练习步骤：舌头前伸触及牙齿内侧，嘴唇微微张开，上、下齿间留有缝隙，空气可从缝隙间进入口中，用嘴吸气，感觉空气进入整个舌体。在不用力的情况下尽可能多地吸入空气。接下来，用两个鼻孔慢慢呼气，直至呼完所有吸入的空气。这是一个完整的过程，至少练习 10 遍。

练习效果：这个方法可使肌肉放松，血液净化，对整个人体和神经系统具有镇定和放松的作用。它还促进周身元气运行流畅，抑制心情忧郁、精神紧张。

(五) 蜂鸣调息法

姿势：取一种舒适的瑜伽坐姿，脊柱挺直。

练习步骤：

① 闭上双眼，放松全身片刻。

② 嘴巴在整个练习过程中都是闭紧的，通过两个鼻孔慢慢地吸气，蓄气不呼，坚持几秒钟，然后恢复正常呼吸。

③ 将两手的食指轻柔地推进两外耳道，塞住两只耳朵。嘴巴继续闭紧，上下牙齿分开，然后缓缓呼气，产生一种如同蜜蜂一样的连绵不断的嗡嗡声。呼气应缓慢而有节律，将意识完全集中于声音的振动上面。

练习效果：蜂鸣呼吸功可缓解紧张、焦虑和易怒的情绪，有助于降低血压，维持平和的心态。

(六) 风箱调息法

姿势：取一种舒适的坐姿坐定，头和脊柱保持挺直，闭上双眼，放松全身。

第一段练习步骤：

① 右手放在脸部前面，食指和中指放在前额，拇指在右鼻孔旁、无名指在左鼻孔旁。左手放在左膝上。

② 以拇指压住鼻旁，闭住右鼻孔。腹部快速而有节奏地扩张、收缩，气体经由左鼻孔快速地被吸入和呼出 20 次。

③ 深吸一口气，用拇指、无名指从鼻两旁压迫，保持几秒钟，然后呼气，并恢复正常呼吸。

④ 用无名指闭住左鼻孔，腹部快速而有节奏地扩张、收缩，气体经由右鼻孔快速地被吸入和呼出 20 次。

⑤ 再次深吸一口气，重复进行第三步的练习。这是一个回合，每次做 3 个回合。

第二段练习步骤：按第一阶段同样的坐姿坐定，双手放在双膝上，同时通过两个鼻孔快速呼吸 20 次，接着深深地吸气，屏息，保持几秒钟，呼气，恢复正常呼吸。这是一个回合，共做 3 个回合。

练习效果：风箱呼吸功有助于增强肺部功能，排出废气，对缓解哮喘、肺结核等病症有一定效果，还能使人思维清晰，心态平静。

第六章　武术与民族传统体育

✏️ **本章学习目标**

- ◆ 了解武术运动的起源、发展和特点。
- ◆ 熟悉武术比赛场地、比赛通则和套路比赛规则。
- ◆ 掌握武术基本功的练习方法。
- ◆ 掌握二十四式太极拳的基本动作。
- ◆ 掌握长拳和功夫扇的基本动作。
- ◆ 掌握防身自卫术和女子防身术的基本动作。

第一节　武术运动概述

一、武术运动的起源与发展

武术起源于我国古代的生产劳动。在古代的狩猎和战争中，人类为了生活和自卫掌握了一些简单的攻防格斗技能，如拳打、脚踢、躲闪和摔跤等，为武术的发展奠定了基础。

武术发展于封建社会时期。秦汉时期，盛行角力、击剑。明清时期，流派林立，拳种纷现，拳术有长拳、猴拳、少林拳和内家拳等几十家之多；同时形成了太极拳、形意拳和八卦拳等主要的拳种体系。

到了近代，为了适应时代的变化，武术逐步成为中国近代体育的有机组成部分。民国时期，民间出现了许多拳社和武士会等武术组织。1928 年，在南京成立了中央国术馆。1936 年中国武术队赴柏林奥运会参加表演，从此武术运动在国际范围内传播。

中华人民共和国成立后，武术运动得到了蓬勃发展。1958 年中国武术协会成立，武术成为表演项目，并于次年正式成为国家体育竞赛项目。1987 年在横滨举行了第一届亚洲武术锦标赛。

1990 年武术首次被列入第十一届亚运会比赛项目，同年 10 月国际武术联合会在北京宣告成立，并于 1991 年在北京举办了第一届世界武术锦标赛，以后每隔两年举办一次。

1994 年，国际武联被世界单项体育联合会正式接纳入会，从而进一步确立了武术比赛的国际体育地位。2008 年武术成为奥运会的表演项目，为武术运动的进一步发展奠定了基础。

作为一种优秀的民族文化和良好的运动项目，武术必将为丰富国际奥林匹克运动的内容，促进东西方文化的交流做出贡献，更好地造福于全世界爱好和平的人民。

二、武术运动的特点

(一) 广泛的适应性

武术运动的内容丰富，形式多样，不受年龄、性别、体质、季节和场地等的限制，人们可以根据自己的需要和条件，选择适合自己的项目进行锻炼。

(二) 攻防技击性

武术运动基本表现形式有两种：徒手和器械的攻防动作，如踢、打、摔、拿和扎等。人们通过武术锻炼，不仅能够增强体质，还能够掌握一些攻防技击术，为国防建设服务。

(三) 内外合一，形神兼备

所谓内是指心、神、意和气等内在的心志活动和气息运行；外是指手、眼、身、法和步等外在的形体运动。武术运动对内能够理脏腑、理经脉和调精神；对外能够利关节、强筋骨和壮体魄，使人们的身心得到全面的锻炼。

三、比赛场地

武术比赛在地毯上进行，场地的规格由比赛内容决定：

① 单练和对练项目的场地为 14 米 ×8 米的长方形，四周内沿边线宽 5 厘米，场地的两长边中间各有一条长 30 厘米、宽 5 厘米的中线标记。比赛场地四周至少有 2 米宽的安全区。

② 集体项目的场地为 16 米 ×14 米的长方形，四周内沿边线宽 5 厘米。比赛场地四周至少有 1 米宽的安全区。

③ 武术比赛场地上空至少有 8 米 (从地面量起) 的无障碍空间。

④ 两个武术比赛场地之间相距 6 米以上。

四、武术比赛通用规则

(一) 比赛性质

① 按比赛类型分个人赛、团体赛和个人及团体赛。

② 按年龄分成年赛 (18 周岁及以上的)、少年赛 (12～17 周岁) 和儿童赛 (不满 12 周岁)。

③ 按以往比赛成绩分甲级赛和乙级赛。

④ 按内容分单练项目、对练项目、集体项目和综合项目。

(二) 比赛项目

比赛项目包括传统武术套路 (如长拳、太极拳、南拳、剑术和棍术等)、其他武术套路 (除传统武术套路以外的武术套路) 和武术健身拳操三项。

(三) 扣分

裁判员对场上运动员所出现的明显错误，视情节轻重给予相应的扣分。明显错误包括：

① 比赛过程中，运动员的器械和服装违反规定 (比赛时，运动员必须穿比赛服和武术鞋或运动鞋)。

② 运动员上场比赛时佩戴耳环、项链和手镯等饰品。

③ 比赛过程中，场上队员身体的某一部位接触界线外地面。

④ 除太极拳外，运动员参加其他拳术比赛时未系软腰带。

五、武术套路比赛规则

(一) 得分种类

比赛满分为10分：长拳、剑、刀、枪和棍的评分标准为动作规格分值6分，劲力协调分值2分，精神、节奏、风格、内容、结构和布局分值2分。

(二) 进行方式

参加比赛的个人或团体听到点名上场，向裁判长行礼，开始比赛；在规定时间内完成武术套路；结束全套动作后并步站立，向裁判员行礼，计时结束；比赛结束后，按照个人或团体的总分高低排列名次。

完成各种武术套路的规定时间如下：

① 长拳、南拳、刀术、剑术、枪术和棍术自选套路不得少于80秒。如按年龄分组比赛，成年组不少于80秒，少年组不少于70秒，儿童组不少于1分钟。

② 太极拳自选套路为3～4分钟 (到3分钟时，裁判长鸣哨示意)；太极拳规定套路为5～6分钟 (到5分钟时，裁判长鸣哨示意)。

③ 太极剑集体项目为3～4分钟 (到3分钟时，裁判长鸣哨示意)。

④ 其他项目单练不得少于1分钟；对练不得少于50秒。

(三) 武术竞赛剑术套路的内容规定

弓步不少于4次，仆步和虚步不少于2次。

不得少于8组不同组别的主要剑法。

剑术套路必须有3种不同组别的平衡，其中必须有两种持久性平衡。

必须有指定动作。

(四) 武术套路比赛礼仪

抱拳礼：并步站立，右手成立掌，掌指向上，左手握拳，左拳右掌相抱于胸前 (右手指根线与左拳棱相齐)，齐胸高，两手距胸20～30厘米，目视前方。

抱刀礼：并步站立，左手抱刀，屈臂抬刀，刀背贴于前臂外侧，刀刃向上，横于胸前；右手成立掌，掌指向上，掌心附于左手拇指第一指节处，齐胸高，两手距胸20～30厘米，目视前方。

持剑礼：并步站立，左手持剑，屈臂抬剑，剑身贴前臂外侧斜横于胸前；右手成立掌，掌指向上，掌心附于左手食指根节，齐胸高，两手距胸20～30厘米，目视前方。

持枪 (棍) 礼：并步站立，左手持枪 (棍) 把 (靠把端1/3处)，屈臂于胸前，枪 (棍) 身直立；右手成立掌，掌指向上，附于左手拇指第二指节上，两手距胸20～30厘米，目视前方。

第二节　武术基本功

武术基本功是指以武术运动中具有共性的基础训练为内容，以获得和运用武术技法必备的各种能力为锻炼目的的一类运动。它包括肩臂、腰、腿、手、步和跳跃等的练习。

一、肩臂练习

肩臂练习的目的是增进肩关节柔韧性和发展臂部力量。肩臂练习包括压肩、单臂绕环和双臂绕环等。

(一) 压肩

预备姿势：面对肋木站立，距离肋木一大步，两脚左右开立，与肩同宽。

动作说明：两手抓握肋木，上体前俯并做下振压肩动作，如图6-1（a）所示；做压肩动作时，也可以两人面对面站立，互相扶按肩部，做体前屈的向下振压肩动作，如图6-1（b）所示；也可由助手协助做搬压肩部的练习。

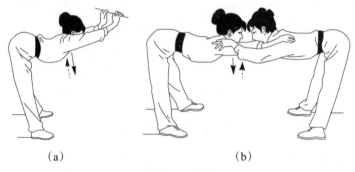

（a）　　　　　　　　　　　　　　（b）

图6-1　压肩

要点：挺胸、塌腰、收髋，伸直臂、腿，振幅逐步加大，压点集中于肩部，由小到大增加外力。

(二) 单臂绕环

预备姿势（以右臂绕环为例）：左弓步站立，左手扶按左膝，右臂垂于体侧。

动作说明：向后绕环时，右臂由下向前、向上、向后绕环一周，如图6-2所示；向前绕环时，右臂由下向后、向上、向前绕环一周。练习时，左右臂交替进行。做左臂绕环时，换右弓步站立。

图6-2　单臂绕环

要点：臂伸直、肩放松，以肩为轴画立圆，逐渐加速。

（三）双臂绕环

预备姿势：开步站立，两臂垂于体侧。

动作说明：以肩关节为轴，两臂分别向前和向后做直臂绕环。顺、逆时针绕环交替进行，如图6-3所示。

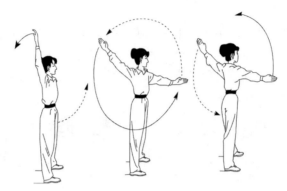

图6-3　双臂绕环

要点：身体挺直，臂伸直，肩放松，绕环协调和顺。

二、腰部练习

腰部练习的目的是增进腰部灵活性和协调控制上下肢运动的能力。腰部练习包括下腰、甩腰和涮腰等。

（一）下腰

预备姿势：开步站立，两臂伸直上举。

动作说明：腰向后弯，抬头、挺腰，双手撑地，身体成桥形。

要点：挺膝、挺髋、顶腰，全脚掌着地。

（二）甩腰

预备姿势：开步站立，两臂伸直上举。

动作说明：以腰、髋关节为轴，上体做前后屈和甩腰动作，两臂也跟着甩动，两腿伸直。

要点：两腿伸直，腰部放松，后甩时抬头挺胸，甩腰动作紧凑而有弹性。

（三）涮腰

预备姿势：两脚开立，略宽于肩，两臂自然垂于体侧。

动作说明：上体前俯，两臂向左前下方伸出，以髋关节为轴，两臂经前、向右、向后、向左翻转绕环。左右涮腰交替进行。

要点：两腿伸直，翻转绕环协调、和顺。

三、腿部练习

腿部练习的目的是发展腿部的柔韧性、灵活性和力量等素质。腿部练习包括正压腿、侧压腿、竖叉、正踢腿、外摆腿、里合腿和后扫腿等。

（一）正压腿

预备姿势：面对肋木或一定高度的物体，并步站立。

动作说明：左腿抬起，脚跟放在肋木上，脚尖勾起，踝关节屈紧，两手扶按在左膝上或两手抓握左脚。两腿伸直，立腰、收髋，上体前屈，并向前下方做压振动作，如图6-4所示。练习时两腿交替进行。

要点：收胯，正髋，直体向前、向下压振。

（二）侧压腿

预备姿势：侧对肋木或一定高度的物体，并步站立。

动作说明：右腿支撑，脚尖稍外撇。左腿抬起，脚跟放在肋木上，脚尖勾起，踝关节屈紧。右手立掌（掌心朝上）向头后伸展，尽量摸到左脚尖。左掌附右胸前。两腿伸直，立腰、开髋，右臂带动上体向左侧压振，如图6-5所示。练习时两腿交替进行。

要点：立腰，展髋，支撑腿脚尖外展，直体向侧下压振。

（三）竖叉

预备姿势：并步站立。

动作说明：两手左右扶地或两臂侧平举，两腿前后分开成直线（左腿在前）。左腿后侧着地，脚尖勾起。右腿前侧或内侧着地，脚面绷直扣于地面，两臂立掌侧平举，掌指向上，如图6-6所示。练习时两腿交替进行。

要点：挺胸、立腰、沉髋、挺膝。

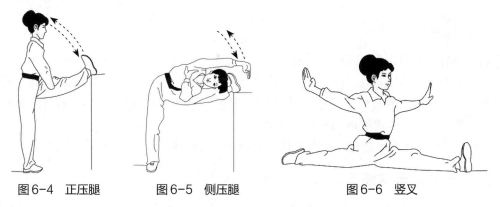

图6-4 正压腿　　　　图6-5 侧压腿　　　　图6-6 竖叉

（四）正踢腿

预备姿势：并步站立，两臂侧平举，立掌，掌指向上。

动作说明：左脚上前半步，左腿支撑，右腿挺膝，脚尖勾起向前额处猛踢。目平视。练习时两腿交替进行。

要点：挺胸、收腹、立腰。踢腿时，迅速收髋、收腹，脚尖勾起，脚踢过腰后加速用力，踢腿动作加快。踢腿落下时，脚面绷直。

(五) 外摆腿

预备姿势：同正踢腿。

动作说明：右脚向右前方上半步，右腿支撑。左脚脚尖勾紧，向右侧踢，然后经面前向左侧上方外摆，直腿落于右腿内侧。目平视，可用左手掌在左侧上方迎击左脚面，也可不做。练习时两腿交替进行 (图 6-7)。

要点：展髋，直腿成扇形外摆，幅度要大。

(六) 里合腿

预备姿势：同正踢腿。

动作说明：右脚向右前方上半步，右腿支撑。左脚脚尖勾起里扣并向左侧踢，然后经面前向右侧上方直腿里合，落于右腿外侧，如图 6-8 所示。可用右手掌在右侧上方迎击左脚面，也可不做。练习时两腿交替进行。

要点：合髋，外摆腿，幅度要大。

图 6-7　外摆腿

图 6-8　里合腿

(七) 后扫腿

预备姿势：两脚并立，两臂自然垂于体侧。

动作说明：两脚开立成左弓步，两掌伏地于右腿内侧，手指向前。左脚尖里扣，左腿屈膝全蹲，右腿伸直，成右仆步姿势，同时上体右转并前俯。两掌随体右转在右腿内侧扶地。以左脚前脚掌为轴，右脚贴地向后扫转一周。

要点：转体、俯身、撑地、扫转要连贯协调，一气呵成。

四、手形、手法练习

手法练习是运用拳、掌和勾三种手形，结合上肢冲、架、推和亮等运动方法，操练上肢手法的基本方法。下面将对手形和手法进行简要介绍。

(一) 手形

1. 拳

动作说明：四指并拢卷握，拇指紧扣食指和中指的第二指节，如图 6-9 所示。

2. 掌

动作说明：四指并拢伸直，拇指弯曲紧扣于虎口处，如图 6-10 所示。

3. 勾

动作说明：五指的第一指节捏拢在一起，并屈腕，如图 6-11 所示。

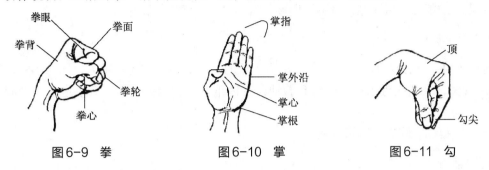

图 6-9 拳　　　　　　　　图 6-10 掌　　　　　　　　图 6-11 勾

（二）手法

常用的手法有冲拳、推掌和亮掌。

1. 冲拳

冲拳分平拳和立拳两种。其中，平拳拳心向上，立拳拳眼向上。

预备姿势：两脚左右开立，与肩同宽，两拳抱于腰间，拳心向上，肘尖向后。

动作说明：挺胸、收腹、直腰，右拳从腰间猛力冲出，左肘向后牵拉。同时左转腰顺肩内旋臂，力达拳面，臂要伸直，与肩平，目平视。练习时两手交替进行。

要点：出拳要快速有力，要有寸劲儿，做好拧腰、顺肩、急旋出拳手臂的动作。

2. 推掌

预备姿势：与冲拳相同。

动作说明：右拳变掌，前臂内旋，以掌跟为力点向前猛力推出，左肘向后牵拉。同时左转腰顺肩，臂伸直与肩平，目平视。练习时两手交替进行。

要点：挺胸、收腹、直腰，出掌快速有力，有爆发力，做好转腰、顺肩、沉腕和翘掌动作。

3. 亮掌

预备姿势：与冲拳相同。

动作说明：右拳变掌经体前向右、向上画弧，至头部右前方时抖腕亮掌，掌心向前，虎口朝下，臂成弧形，头随右手动作左转。亮掌时双眼注视左方。练习时两手交替进行。

要点：抖腕、亮掌同时转头。

五、步形练习

步形练习的目的是增进腿部力量，以提高两腿的稳固性。基本步形包括弓步、马步、虚步、仆步和歇步等。

（一）弓步

动作说明：两脚前后开立一大步（两脚距离为脚长的 4～5 倍），前脚脚尖稍内扣，前腿屈膝半蹲（大腿接近水平），膝与脚尖垂直。后腿挺膝伸直，脚尖内扣斜向前方，两脚全脚掌着地。上体正对前方，目平视，两手抱拳于腰间，拳心向上。

要点：前腿弓，后腿绷，挺胸、塌腰、沉髋，前后脚成一直线。

（二）马步

动作说明：两脚左右开立（两脚距离为脚长的3倍），两脚尖正对前方，屈膝半蹲，膝盖不超过脚尖，大腿接近水平，全脚掌着地，身体重心落于两脚之间，双手抱拳于腰间，拳心向上。

要点：挺胸、塌腰，脚跟外蹬。

（三）虚步

动作说明：两脚前后开立，后脚外展45°，后腿屈膝半蹲。前脚脚尖虚点地，稍内扣，脚面绷平。前腿膝微屈，重心落于后腿上。双手叉腰，目平视。左脚在前为左虚步，右脚在前为右虚步。

要点：挺胸、塌腰，虚实分明。

（四）仆步

动作说明（以左仆步为例）：两脚左右开立，右腿屈膝半蹲，大腿与小腿靠紧，臀部接近小腿，右脚全脚掌着地，脚尖和膝关节外展。左腿挺直平仆，脚尖里扣，全脚掌着地。两手抱拳于腰间，拳心向上，眼向左方平视；右仆步为仆右腿，动作要领与左仆步相仿。

要点：挺胸、塌腰、沉髋，两脚全脚掌着地。

（五）歇步

动作说明（以左歇步为例）：两腿交叉靠拢全蹲，左脚在前，全脚掌着地，脚尖外展。右脚前脚掌着地，膝部贴于左腿外侧，臀部坐于右腿接近脚跟处。两手抱拳于腰间，拳心向上。眼向左前方平视；右歇步为右脚在前，动作要领与左歇步相仿。

要点：挺胸、塌腰，两腿靠拢并贴紧。

六、跳跃练习

练习跳跃动作的目的是增加腿部力量，提高弹跳能力。跳跃主要包括腾空飞脚和旋风脚等。

（一）腾空飞脚

预备姿势：并步站立，两臂自然垂于体侧。

动作说明：右脚向前一步，蹬地跃起，上体略后仰。左脚向前、向上摆踢。同时两臂由下向前、向头上摆起至头顶上方，右手背迎击左手掌；在空中，右腿向前、向上弹踢，脚面绷直。同时左腿屈膝，收控于右腿侧，脚面绷直，脚尖向下；两手击响后，左手迅速摆至左侧方变勾手，勾尖向下，略高于肩，同时右手迎击右脚面。上体微前倾，目平视，如图6-12所示。

要点：右腿在空中踢摆时，脚距地面的高度必须过腰；左腿在击掌的一瞬间，屈膝收控于右腿侧；两手击响动作在腾空的最高点完成，必须连续、准确、响亮；在空中，上体正直，微前倾，不要坐臀。

图6-12 腾空飞脚

（二）旋风脚

预备姿势：开步站立，两臂自然垂于体侧。

动作说明：左脚向左侧上一步，同时左手向前、向上摆，右臂伸直向后、向下摆动。右腿随即向左脚左侧上步，脚尖内扣，准备蹬地跳起，同时左臂向下摆动并屈肘收至右胸前，右臂向上、向前抡摆，上体左转前俯；重心右移，右腿屈膝蹬地跳起，左腿提起向左上方摆动，上体向左上方翻转，同时两臂向下、向左上方抡摆。身体旋转一周，左手在面前迎击右脚掌，右腿做里合腿，左腿自然着地，如图6-13所示。

图6-13 旋风脚

要点：右腿做里合腿时，要贴近身体；摆动时，膝挺直，由外向里成扇形；击响点要靠近面前；左腿外摆要舒展，并在击响的一刹那离地腾空；抡臂、踏跳、转体、里合右腿等环节要协调一致；身体的旋转不少于270°。

第三节 二十四氏太极拳

一、第一段动作

1. 起势

① 身体自然直立，两脚开立与肩同宽，脚尖向前，两臂自然下垂，两手放在大腿外侧，眼向前平看，如图6-14(a)所示。

要点：头颈正直，下颌微向后收，不要故意挺胸或收腹。精神要集中（起势由立正姿势开始，然后左脚向左分开，呈开立步）。

② 两臂慢慢向前平举，两手高与肩平，与肩同宽，手心向下，如图 6-14(b)(c) 所示。

③ 上体保持正直，两腿屈膝下蹲；同时两掌轻轻下按，两肘下垂与两膝相对，眼平看前方，如图 6-14(d) 所示。

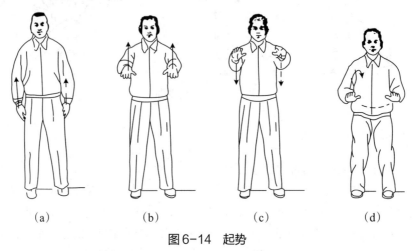

| (a) | (b) | (c) | (d) |

图 6-14　起势

要点：两肩下沉，两肘松垂，手指自然微屈。屈膝松腰，臀部不可凸出，身体重心落于两腿中间。两臂下落和身体下蹲的动作要协调一致。

2. 左右野马分鬃

① 上体微向右转，身体重心移至右腿上，同时右臂收在胸前平屈，手心向下，左手经体前向右下画弧放在右手下，手心向上，两手心相对呈抱球状，左脚随即收到右脚内侧，脚尖点地，眼看右手，如图 6-15 所示。

图 6-15　左右野马分鬃（一）

② 上体微向左转，左脚向左前方迈出，右脚跟后蹬，右腿自然伸直，成左弓步，同时上体继续向左转，左、右手随转体慢慢分别向左上、右下分开，左手高与眼平（手心斜向上），肘微屈，右手落在右胯旁，肘也微屈，手心向下，指尖向前，眼看左手，如图 6-16

所示。

图6-16 左右野马分鬃（二）

③ 上体慢慢后坐，身体重心移至右腿，左脚尖翘起，微向外撇（45°～60°），随后脚掌慢慢踏实，左腿慢慢前弓，身体左转，身体重心再移至左腿；同时左手翻转向下，左臂收在胸前平屈，右手向左上画弧放在左手下，两手心相对呈抱球状；右脚随即收到左脚内侧，脚尖点地；眼看左手，如图6-17所示。

图6-17 左右野马分鬃（三）

④ 右腿向右前方迈出，左腿自然伸直，成右弓步；同时上体右转，左、右手随转体分别慢慢向左下、右上分开，右手高与眼平（手心斜向上），肘微屈；左手落在左胯旁，肘也微屈，手心向下，指尖向前；眼看右手，如图6-18所示。

图6-18 左右野马分鬃（四）

⑤ 与③相同，只是左右相反，如图6-19所示。

图6-19　左右野马分鬃（五）

⑥ 与④ 相同，只是左右相反，如图6-20所示。

图6-20　左右野马分鬃（六）

要点：上体不可前俯后仰，胸部必须宽松舒展。两臂分开时要保持弧形。身体转动时要以腰为轴。弓步动作与分手的速度要均匀一致。做弓步时，迈出的脚先是脚跟着地，然后脚掌慢慢踏实，脚尖向前，膝盖不要超过脚尖；后腿自然伸直，前、后脚夹角为45°～60°（需要时后脚脚跟可以后蹬调整）。野马分鬃式的弓步，前、后脚的脚跟要分在中轴线两侧，它们之间的横向距离（即以动作行进的中线为纵轴，其两侧的垂直距离为横向）应保持在10～30厘米。

3. 白鹤亮翅

① 上体微向左转，左手翻掌向下，左臂平屈胸前，右手向左上画弧，手心转向上，与左手呈抱球状，眼看左手，如图6-21（a）所示。

② 右脚跟进半步，上体后坐，身体重心移至右脚，上体先向右转，面向右前方，眼看右手；然后左脚稍向前移，脚尖点地，呈左虚步，同时上体再微向左转，面向前方，两手随转体慢慢向右上、左下分开，右手上提停于右额前，手心向左后方，左手落于左胯前，手心向下，指尖向前；眼平看前方，如图6-21（b）（c）所示。

（a）　　　　　　（b）　　　　　　（c）

图6-21　白鹤亮翅

要点：完成姿势胸部不要挺出，两臂上下都要保持半圆形，左膝要微屈。身体重心后移和右手上提、左手下按要协调一致。

二、第二段动作

1. 左右搂膝拗步

　　① 右手从体前下落，由下向后上方画弧至右肩外侧，肘微屈，手与耳同高，手心斜向上；左手由左下向上、向右下方画弧至右胸前，手心斜向下；同时上体先微向左再向右转；左脚收至右脚内侧，脚尖点地，眼看右手，如图6-22所示。

图6-22　左右搂膝拗步（一）

　　② 上体左转，左脚向前（偏左）迈出成左弓步，同时右手屈回由耳侧向前推出，与鼻尖同高，左手向下由左膝前搂过落于左胯旁，指尖向前；眼看右手手指，如图6-23所示。

图6-23　左右搂膝拗步（二）

　　③ 右腿慢慢屈膝，上体后坐，身体重心移至右腿，左脚尖翘起微向外撇，随后脚掌慢慢踏实，左腿前弓，身体左转，身体重心移至左腿，右脚收到左脚内侧，脚尖点地；同时左手向外翻掌由左后向上画弧至左肩外侧，肘微屈，手与耳同高，手心斜向上；右手随转体向上、向左下画弧落于左胸前，手心斜向上；眼看左手，如图6-24所示。

图6-24　左右搂膝拗步（三）

④ 与② 相同，只是左右相反，如图 6-25 所示。

图6-25　左右搂膝拗步（四）

⑤ 与③ 相同，只是左右相反，如图 6-26 所示。

图6-26　左右搂膝拗步（五）

⑥ 与② 相同，如图 6-27 所示。

图6-27　左右搂膝拗步（六）

要点：前手推出时，身体不可前俯后仰，要松腰松胯。推掌时要沉肩垂肘、坐腕舒掌，同时须与松腰、弓腿上下协调一致。搂膝拗步呈弓步时，两脚跟的横向距离保持30厘米左右。

2. 手挥琵琶

右脚跟进半步，上体后坐，身体重心转至右腿上，上体半面向右转，左脚略提起稍向前移，变成左虚步，脚跟着地，脚尖翘起，膝部微屈，同时左手由左下向上挑举，高与鼻尖平，掌心向右，臂微屈；右手收回放在左臂肘部里侧，掌心向左，眼看左手食指，如图 6-28 所示。

图6-28 手挥琵琶

要点：身体要平稳自然，沉肩垂肘，胸部放松。左手上起时不要直向上挑，要由左向上、向前，微带弧形。右脚跟进时，脚掌先着地，再全脚踏实。身体重心后移和左手上起。

3.左右倒卷肱

① 上体右转，右手翻掌（手心向上）经腹前由下向后上方画弧平举，臂微屈，左手随即翻掌向上；眼的视线随着向右转体先向右看，再转向前方看左手，如图6-29所示。

② 右臂屈肘折向前，右手由耳侧向前推出，手心向前，左臂屈肘后撤，手心向上，撤至左肋外侧；同时左腿轻轻提起向后（偏左）退一步，脚掌先着地，然后全脚慢慢踏实，身体重心移到左腿上，呈右虚步，右脚随转体以脚掌为轴扭正；眼看右手，如图6-30所示。

③ 上体微向左转，同时左手随转体向后上方画弧平举，手心向上，右手随即翻掌，掌心向上；眼随转体先向左看，再转向前方看右手，如图6-31所示。

④ 与②相同，只是左右相反，如图6-32所示。

⑤ 与③相同，只是左右相反，如图6-33所示。

⑥ 与②相同，如图6-34所示。

⑦ 与③相同，如图6-35所示。

⑧ 与②相同，只是左右相反，如图6-36所示。

   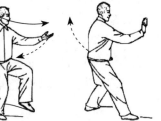

图6-29 左右倒卷肱（一）　　　　　图6-30 左右倒卷肱（二）

 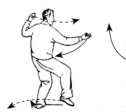 

图6-31 左右倒卷肱（三）　　　　图6-32 左右倒卷肱（四）

图6-33　左右倒卷肱（五）

图6-34　左右倒卷肱（六）

图6-35　左右倒卷肱（七）

图6-36　左右倒卷肱（八）

要点：前推的手不要伸直，后撤手也不可直向回抽，随转体仍走弧线。前推时，要转腰松胯，两手的速度要一致，避免僵硬。退步时，脚掌先着地，再慢慢全脚踏实，同时，前脚随转体以脚掌为轴扭正。退左脚略向左后斜，退右脚略向右后斜，避免使两脚落在一条直线上。后退时，眼神随转体动作先向左右看，然后再转看前手。最后退右脚时，脚尖外撇的角度略大些，便于接着做"左揽雀尾"的动作。

三、第三段动作

1. 左揽雀尾

① 上体微向右转，同时右手随转体向后上方画弧平举，手心向上，左手放松，手心向下；眼看左手，如图6-37所示。

② 身体继续向右转，左手自然下落逐渐翻掌经腹前画弧至右肋前，手心向上；右臂屈肘，手心转向下，收至右胸前，两手相对呈抱球状；同时身体重心落在右腿上，左脚收到右脚内侧，脚尖点地；眼看右手，如图6-38所示。

图6-37　左揽雀尾（一）

图6-38　左揽雀尾（二）

③ 上体微向左转，左脚向左前方迈出，上体继续向左转，右腿自然蹬直，左腿屈膝，呈左弓步；同时左臂平屈呈弓形，用前臂外侧和手背向左前方推出，高与肩平，手心向后；右手向右下落放于右胯旁，手心向下，指尖向前；眼看左前臂，如图6-39所示。

图 6-39　左揽雀尾（三）

要点：左前臂推出时，两臂前后均保持弧形。分手、松腰、弓腿三者必须协调一致。揽雀尾弓步时，两脚跟横向距离不超过 10 厘米。

④ 身体微向左转，左手随即前伸翻掌向下，右手翻掌向上，经腹前向上、向前伸至左前臂下方；然后两手下捋，即上体向右转，两手经腹前向右后上方画弧，直至右手手心向上，高与肩齐，左臂平屈于胸前，手心向后；同时身体重心移至右腿；眼看右手，如图 6-40 所示。

图 6-40　左揽雀尾（四）

要点：下捋肘，上体不可能前倾，臀部不要凸出。两臂下捋须随腰旋转，仍走弧线。左脚全掌着地。

⑤ 上体微向左转，右臂屈肘折回，右手附于左手腕里侧（相距约 5 厘米），上体继续向左转，双手同时向前慢慢推出，左掌心向后，右掌心向前，左前臂要保持半圆，同时身体重心逐渐前移变成左弓步，眼看左手腕部，如图 6-41 所示。

图 6-41　左揽雀尾（五）

要点：向前推时，上体要正直。推的动作要与松腰、弓腿相一致。

⑥ 左手翻掌，手心向下，右手经左腕上方向前、向右伸出，高与左手齐，手心向下，两手左右分开，宽与肩同，然后右腿屈膝，上体慢慢后坐，身体重心移至右腿，左脚尖翘

起，同时两手屈肘回收至腹前，手心均向前下方，眼向前平视，如图6-42所示。

⑦ 身体重心慢慢前移，同时两手向前、向上推出，掌心向前，左腿前弓呈左弓步，眼平视前方，如图6-43所示。

要点：向前按肘，两手须走曲线，手腕部高与肩平，两肘微屈。

图6-42　左揽雀尾（六）　　　　　　　　　图6-43　左揽雀尾（七）

2. 右揽雀尾

① 上体后坐并向右转，身体重心移至右腿，左脚尖里扣；右手向右平行画弧至右侧，然后由右下经腹前向左上画弧至左肋前，手心向上；左臂平屈胸前，左手掌向下与右手呈抱球状；同时身体重心再移至左腿，右脚收至左脚内侧，脚尖点地；眼看左手，如图6-44所示。

② 与"左揽雀尾"③ 相同，只是左右相反，如图6-45所示。
③ 与"左揽雀尾"④ 相同，只是左右相反，如图6-46所示。
④ 与"左揽雀尾"⑤ 相同，只是左右相反，如图6-47所示。
⑤ 与"左揽雀尾"⑥ 相同，只是左右相反，如图6-48所示。
⑥ 与"左揽雀尾"⑦ 相同，只是左右相反，如图6-49所示。

要点：均与"左揽雀尾"相同，只是左右相反。

图6-44　右揽雀尾（一）

图6-45　右揽雀尾（二）　　　　　　　　图6-46　右揽雀尾（三）

图6-47　右揽雀尾（四）

图6-48　右揽雀尾（五）

图6-49　右揽雀尾（六）

四、第四段动作

1. 单鞭

① 上体后坐，身体重心逐渐移至左脚，右脚尖里扣；同时上体左转，两手（左高右低）向左弧形运转，直至左臂平举，伸于身体左侧，手心向左，右手经腹前运至左肋前，手心向后上方；眼看左手，如图6-50所示。

② 身体重心再渐渐移至右腿，上体右转，左脚向右脚靠拢，脚尖点地；同时右手向右上方画弧（手心由里转向外），至右侧方时变勾手，臂与肩平；左手向下经腹前向右上画弧停于右肩前，手心向里；眼看左手，如图6-51所示。

③ 上体微向左转，左脚向左前侧方迈出，右脚跟后蹬，呈左弓步；在身体重心移向左腿的同时，左掌随上体的继续左转慢慢翻转向前推出，手心向前，手指与眼齐平，臂微屈；眼看左手，如图6-52所示。

图6-50　单鞭（一）　　　　　　　　图6-51　单鞭（二）

图6-52 单鞭（三）

要点：上体保持正直，松腰。完成势时，右臂肘部稍下垂，左肘与左膝上下相对，两肩下沉。左手向外翻掌前推时，要随转体边翻边推出，不要翻掌太快或最后突然翻掌。全部过渡动作，上下要协调一致。如面向南起势，单鞭的方向（左脚尖）应向东偏北约15°。

2. 云手

① 身体重心移至右腿上，身体渐向右转，左脚尖里扣；左手经腹前向右上画弧至右肩前，手心斜向后，同时右手变掌，手心向右前；眼看左手，如图6-53所示。

图6-53 云手（一）

② 上体慢慢左转，身体重心随之逐渐左移；左手由脸前向左侧运转，手心渐渐向左方；右手由右下经腹前向左上画弧，至左肩前，手心斜向后；同时右脚靠近左脚，呈小开立步（两脚距离为10～20厘米）；眼看右手，如图6-54所示。

图6-54 云手（二）

③ 上体再向右转，同时左手经腹前向右上画弧至右肩前，手心斜向后；右手向右侧运转，手心翻转向右；随之左腿向左横跨一步；眼看左手，如图6-55所示。

图6-55　云手（三）

④ 与② 相同，如图 6-56 所示。

⑤ 与③ 相同，如图 6-57 所示。

⑥ 与② 相同，如图 6-58 所示。

图6-56　云手（四）　　　　　　　　　　图6-57　云手（五）

图6-58　云手（六）

要点：身体转动要以腰脊为轴，松腰、松胯，不可忽高忽低。两臂随腰的转动而运转，要自然圆活，速度要缓慢均匀。下肢移动时，身体重心要稳定，两脚掌先着地再踏实，脚尖向前。眼的视线随左右手而移动，第三个"云手"，右脚最后跟步时，脚尖微向里扣，便于接"单鞭"动作。

3. 单鞭

① 上体向右转，右手随之向右运转，至右侧方时变成勾手；左手经腹前向右上画弧至右肩前，手心向内，身体重心落在右腿上，左脚尖点地，眼看左手，如图 6-59 所示。

图 6-59　单鞭 (一)

② 上体微向左转，左脚向左前侧方迈出，右脚跟后蹬，呈左弓步，在身体重心移向左腿的同时，上体继续左转，左掌慢慢翻转向前推出，呈"单鞭"势，如图 6-60 所示。

要点：与前"单鞭"势相同。

图 6-60　单鞭 (二)

五、第五段动作

1. 高探马

① 右脚跟进半步，身体重心逐渐后移至右腿，右勾手变成掌，两手心翻转向上，两肘微屈，同时身体微向右转，左脚跟渐渐离地，眼看左前方，如图 6-61 所示。

② 上体微向左转，面向前方，右掌经右耳旁向前推出，手心向前，手指与眼同高，左手收至左侧腰前，手心向上，同时左脚微向前移，脚尖点地，呈左虚步，眼看右手，如图 6-62 所示。

要点：上体自然正直，双肩要下沉，右肘微下垂。跟步移换重心时，身体不要有起伏。

图 6-61　高探马 (一)

图 6-62　高探马 (二)

2. 右蹬脚

① 左手手心向上，前伸至右手腕背面，两手相互交叉，随时向两侧分开并向下画弧，手心斜向下，同时左脚提起向左前侧方进步（脚尖略外撇），身体重心前移，右腿自然蹬直，呈左弓步，眼看前方，如图 6-63 所示。

图 6-63　右蹬脚（一）

② 两手由外圈向里圈画弧，两手交叉合抱于胸前，右手在外，手心均向后，同时右脚向左脚靠拢，脚尖点地；眼平视右前方，如图 6-64 所示。

③ 两臂左右画弧分开平举，肘部微屈，手心均向外，同时右腿屈膝提起，右腿向右前方慢慢蹬出，眼看右手，如图 6-65 所示。

图 6-64　右蹬脚（二）　　　　　　　　图 6-65　右蹬脚（三）

要点：身体要稳定，不可前俯后仰。两手分开时，腕部与肩齐平。蹬脚时，左腿微屈，右脚尖回勾，劲使在脚跟。分手和蹬脚须协调一致。右臂和右腿上下相对。如面向南起势，蹬脚方向应为正东偏南约 30°。

3. 双峰贯耳

① 右腿收回，屈膝平举，左手由后向上、向前下落至体前，两手心均翻转向上，两手同时向下画弧分落于右膝盖两侧，眼看前方，如图 6-66 所示。

② 右脚向右前方落下，身体重心渐渐前移，呈右弓步，面向右前方；同时两手下落，慢慢变拳，分别从两侧向上、向前画弧至面部前方，呈钳形状，两拳相对，高于耳齐，拳眼都斜向内下（两拳距离为 10~20 厘米），眼看右拳，如图 6-67 所示。

图 6-66 双峰贯耳 (一)　　　　　　图 6-67 双峰贯耳 (二)

要点：完成该势时，头颈正直，松腰松胯，两拳松握，沉肩垂肘，两臂均保持弧形。双峰贯耳的弓步和身体方向与右蹬脚方向相同。弓步的两脚跟横向距离同"揽雀尾"。

4. 转身左蹬脚

① 左腿屈膝后坐，身体重心移至左腿，上体左转，右脚尖里扣；同时两拳变掌，由上向左右画弧分开平举，手心向前，眼看左手，如图 6-68 所示。

图 6-68 转身左蹬脚 (一)

② 身体重心再移至右腿，左脚收到右脚内侧，脚尖点地，同时两手由外圈向里圈画弧合抱于胸前，左手在外，两手心均向后；眼平视左方，如图 6-69 所示。

③ 两臂左右画弧分开平举，肘部微屈，手心均向外，同时左腿屈膝提起，左脚向左前方慢慢蹬出；眼看左手，如图 6-70 所示。

要点：与"右蹬脚"相同，只是左右相反。左蹬脚方向与右蹬脚成 180°（即正西偏北约 30°）。

图 6-69 转身左蹬脚 (二)　　　　　　图 6-70 转身左蹬脚 (三)

六、第六段动作

1.左下势独立

① 左腿收回平屈，上体右转；右掌变成勾手，左掌向上，向右画弧下落，立于右肩前，掌心斜向后，眼看右手，如图6-71所示。

图6-71 左下势独立（一）

② 右腿慢慢屈膝下蹲，左腿由内向左侧（偏后）伸出，成左仆步，左手下落（掌心向外）向左下顺左腿内侧向前穿出，眼看左手，如图6-72所示。

图6-72 左下势独立（二）

要点：右腿全蹲时，上体不可过于前倾。左腿伸直，左脚尖须向里扣，两脚脚掌全部着地。左脚尖与右脚跟踏在中轴线上。

③ 身体重心前移，左脚跟为轴，脚尖尽量向外撇，左腿前弓，右腿后蹬，右脚尖里扣，上体微向左转并向前起身；同时左臂继续向前伸出（立掌），掌心向右，右勾手下落，勾尖向后；眼看左手，如图6-73所示。

④ 右腿慢慢提起平屈，呈左独立势，同时右勾手变掌，并由后下方顺右腿外侧向前弧形摆出，屈臂立于右腿上方，肘与膝相对，手心向左，左手落于左胯旁，手心向下，指尖向前，眼看右手，如图6-74所示。

图6-73 左下势独立（三）

图6-74 左下势独立（四）

2. 右下势独立

① 右脚下落于左脚前，脚掌着地，然后左脚前掌为轴脚跟转动，身体随之左转，同时左手向后平举变成勾手，右掌随着转体向左侧画弧，立于左肩前，掌心斜向后，眼看左手，如图 6-75 所示。

② 与"左下势独立"② 相同，只是左右相反，如图 6-76 所示。

③ 与"左下势独立"③ 相同，只是左右相反，如图 6-77 所示。

④ 与"左下势独立"④ 相同，只是左右相反，如图 6-78 所示。

要点：右脚尖触地后必须稍微提起，然后向下仆腿。其他均与"左下势独立"相同，只是左右相反。

图 6-75　右下势独立（一）

图 6-76　右下势独立（二）

图 6-77　右下势独立（三）

图 6-78　右下势独立（四）

七、第七段动作

1. 左右穿梭

① 身体微向左转，左脚向前落地，脚尖外撇，右脚跟离地，两腿屈膝呈半盘坐势；同时两手在左胸前成抱球状（左上右下）；然后右脚收到左脚的内侧，脚尖点地，眼看左前臂，如图 6-79 所示。

② 身体右转，右脚向前方迈出，屈膝弓腿，呈右弓步；同时右手由脸前向上举并翻掌停在右额前，手心斜向上，左手先向左下再经体前向前推出，高与鼻尖平，手心向前，眼看左手，如图 6-80 所示。

图6-79　左右穿梭（一）　　　　　　　　图6-80　左右穿梭（二）

③ 身体重心略向后移，右脚尖稍向外撇，随即身体重心再移至右腿，左脚跟进，停于右脚内侧，脚尖点地；同时两手在右胸前呈抱球状（右上左下），眼看右前臂，如图6-81所示。

④ 与②相同，只是左右相反，如图6-82所示。

图6-81　左右穿梭（三）　　　　　　　图6-82　左右穿梭（四）

要点：完成姿势面向斜前方（如面向南起势，左右穿梭方向分别为正西偏北约30°和正西偏南约30°）。手推出后，上体可前俯。手向上举时，防止引肩上耸。一手上举，另一手前推，弓腿松腰上下协调一致。做弓步时，两脚跟的横向距离同"搂膝拗步"，保持在30厘米左右。

2. 海底针

右脚向前跟进半步，身体重心移至右腿，左脚稍向前移，脚尖点地，呈左虚步；同时身体稍向右转，右手下落经体前向后、向上提抽至肩上耳旁，再随身体左转，由右耳旁斜向前下方插出，掌心向左，指尖斜向下；与此同时，左手向前、向下画弧落于左胯旁，手心向下，指尖向前；眼看前下方，如图6-83所示。

图6-83　海底针

要点：身体要先向右转，再向左转；完成姿势面向正西；上体不可太前倾；避免低头和臀部外凸；左腿要微屈。

3. 闪通臂

上体稍向右转，左脚向前迈出，屈膝弓腿呈左弓步；同时右手由体前上提，屈臂上举，停于右额前上方，掌心翻转斜向上，拇指朝下，左手上起经胸前向前推出，高与鼻尖平，手心向前；眼看左手，如图6-84所示。

图6-84　闪通臂

要点：完成姿势上体自然正直，松腰、松胯；左臂不要完全伸直，背部肌肉要伸展开。推掌，举掌和弓腿动作要协调一致。弓步时，两脚跟横向距离同"揽雀尾"（不超过10厘米）。

八、第八段动作

1. 转身搬拦捶

① 上体后坐，身体重心移至右腿上，左脚尖里扣，身体向右后转，然后身体重心再移至左腿上；与此同时，右手随着转体向右、向下（变拳）经腹前画弧至左肋旁，拳心向下；左掌上举于头前，掌心斜向上；眼看前方，如图6-85所示。

图6-85　转身搬拦捶（一）

② 向右转体，右拳经胸前向前翻转撇出，拳心向上；左手落于左胯旁，掌心向下，指尖向前；同时右脚收回后（不要停顿或脚尖点地）即向前迈出，脚头外撇；眼看右拳，如图6-86所示。

图6-86　转身搬拦捶（二）

③ 身体重心移至右腿，左脚向前迈一步；左手上起经左侧向前上画弧拦出，掌心向前下方；同时右拳向右画弧收到右腰旁，拳心向上；眼看左手，如图 6-87 所示。

④ 左腿前弓成左弓步，同时右拳向前打出，拳眼向上，高与胸平，左手附于右前臂里侧；眼看右拳，如图 6-88 所示。

要点：右拳不要握得太紧。右拳回收时，前臂要慢慢内旋画弧，然后再外旋停于右腰旁，拳心向上。向前打拳时，右肩随拳略向前伸，沉肩垂肘，右臂要微屈。弓步时，两脚横向距离同"揽雀尾"。

图 6-87 转身搬拦捶（三）　　　　　　　图 6-88 转身搬拦捶（四）

2. 如封似闭

① 左手由右腕下向前伸出，右拳变掌，两手手心逐渐翻转向上并慢慢分开回收；同时身体后坐，左脚尖翘起，身体重心移至右腿；眼看前方，如图 6-89 所示。

图 6-89 如封似闭（一）

② 两手在胸前翻掌，向下经腹前再向上、向前推出，腕部与肩平，手心向前；同时左腿前弓呈左弓步；眼看前方，如图 6-90 所示。

图 6-90 如封似闭（二）

要点：身体后坐时，避免后仰，臀部不可凸出。两臂随身体回收时，肩、肘部略向外松开，不要直着抽回。两手推出宽度不要超过两肩。

3. 十字手

① 屈膝后坐，身体重心移向右腿，左脚尖里扣，向右转体；右手随着转体动作向右平摆画弧，与左手成两臂侧平举，掌心向前，肘部微屈；同时右脚尖随着转体稍向外撇，呈右侧弓步；眼看右手，如图6-91所示。

图6-91 十字手（一）

② 身体重心慢慢移至左腿，右脚尖里扣，随即向左收回，两脚距离与肩同宽，两腿逐渐蹬直，呈开立步，同时两手向下经胸腹前向上画弧交叉合抱于胸前，两臂撑圆，腕高与肩平，右手在外，呈十字手，手心均向后；眼看前方，如图6-92所示。

图6-92 十字手（二）

要点：两手分开和合抱时，上体不要前俯。站起后，身体自然正直，头要微向上顶，下颏稍向后收。两臂环抱时须圆满舒适，沉肩垂肘。

4. 收势

两手向外翻掌，手心向下，两臂慢慢下落，停于身体两侧；眼看前方，如图6-93所示。

图6-93 收势

要点：两手左右分开下落时，要注意全身放松，同时气也徐徐下沉（呼气略加长）。呼吸平稳后，把左脚收到右脚旁，再走动休息。

第四节 长拳

长拳是中国拳派之一，包括查拳、花拳、炮捶、红拳等。长拳吸取了查、花、炮、红等诸拳种之长，把长拳的手形、手法、步形、步法、腿法、平衡、跳跃等基本动作规范化。长拳的特点是姿势舒展大方，动作敏捷快速，刚柔相济，快慢相间，动迅静定，节奏分明。本节介绍的长拳是中华人民共和国体育运动委员会运动司编写的《初级长拳》第三路，它具有广泛的群众基础，是全国武术表演和比赛项目之一。

一、预备动作

1. 预备势

动作要领：两脚并步站立，两臂垂于身体两侧，五指并拢贴靠腿外侧，眼向前平视，如图 6-94 所示。

注意事项：头要端正，颔微收，挺胸，塌腰，收腹。

2. 虚步亮掌

动作要领：

① 右脚向右后方撤步成左弓步。右掌向右、向上、向前画弧，掌心向上；左臂屈肘，左掌提至腰侧，掌心向上。目视右掌，如图 6-95(a) 所示。

② 右腿微屈，重心后移。左掌经胸前从右臂上向前穿出伸直；右臂屈肘，右掌收至腰侧，掌心向上。目视左掌，如图 6-95(b) 所示。

③ 重心继续后移，左脚稍向右移，脚尖点地，成左虚步。左臂内旋向左、向后画弧成勾手，勾尖向上；右手继续向后、向右、向前上画弧，屈肘抖腕，在头斜上方成亮掌（即横掌），掌心向前，掌指向左。目视左方，如图 6-95(c) 所示。

图 6-94 长拳预备势

(a)　　　　　　(b)　　　　　　(c)

图 6-95 虚步亮掌

注意事项：三个动作必须连贯。成虚步时，重心落于右腿上，右大腿与地面平行。左腿微屈，脚尖点地。

3. 并步对拳

动作要领：

① 右腿蹬直，左腿提膝，脚尖里扣，上肢姿势不变，如图 6-96(a) 所示。

② 左脚向前落步，重心前移。左臂屈肘，左勾手变掌经左肋前伸；右臂外旋向前下落于左掌右侧，两掌同高，掌心均向上；如图 6-96(b) 所示。

③ 右脚向前上一步，两臂下垂后摆，如图6-96(c)所示。

④ 左脚向右脚并步，两臂向外向上经胸前屈肘下按，两掌变拳，拳心向下，停于小腹前，目视左侧，如图6-96(d)所示。

注意事项：并步后挺胸、塌腰，对拳、并步、转头要同时完成。

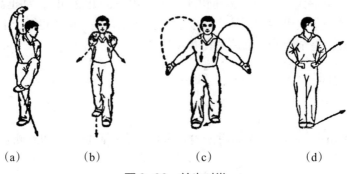

(a)　　　　　(b)　　　　　(c)　　　　　(d)

图6-96　并步对拳

二、第一节动作

1. 弓步冲拳

动作要领：

① 左脚向左上一步，脚尖向斜前方；右腿微屈，成半马步。左臂向上、向左格打，拳眼向后，拳与肩同高；右拳收至腰侧，拳心向上。目视左拳，如图6-97(a)所示。

② 右腿蹬直成左弓步。左拳收至腰侧，拳心向上，右拳向前冲出，高与肩平，拳眼向上。目视右拳，如图6-97(b)所示。

(a)　　　　　　(b)

图6-97　弓步冲拳

注意事项：成弓步时，右腿充分蹬直，脚跟不要离地。冲拳时，尽量转腰顺肩。

2. 弹腿冲拳

动作要领：重心前移至左腿，右腿屈膝提起，脚面绷直，猛力向前弹出伸直，高与腰平。右拳收至腰侧；左拳向前冲出。目视前方，如图6-98所示。

注意事项：支撑腿可微屈，弹出腿时要用爆发力，力点达于脚尖。

3. 马步冲拳

动作要领：右脚向前落步，脚尖里扣，上体左转。左拳收至腰侧，两腿下蹲成马步；右拳向前冲出。目视右拳，如图6-99所示。

注意事项：成马步时，大腿要平，两脚平行，脚跟外蹬，挺胸、塌腰。

4. 弓步冲拳

动作要领：

① 上体右转90°，右脚尖外撇向斜前方，成半马步。右臂屈肘向右格打，拳眼向后。目视右拳，如图6-100(a)所示。

② 左腿蹬直成右弓步。右拳收至腰侧；左拳向前冲出。目视左拳，如图6-100(b)所示。

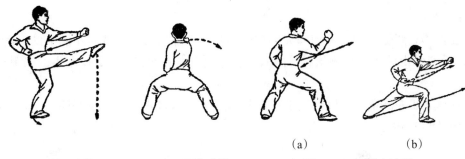

（a） （b）

图6-98 弹腿冲拳　　图6-99 马步冲拳　　图6-100 弓步冲拳

5. 弹腿冲拳

动作要领：重心前移至右腿，左腿屈膝提起，脚面绷直，猛力向前弹出伸直，高与腰平。左拳收至腰侧，右拳向前冲出。目视前方，如图6-101所示。

6. 大跃步前穿

动作要领：

① 左腿屈膝。右拳变掌内旋，以手背向下挂至左膝外侧，上体前倾。目视右手，如图6-102(a)所示。

② 左脚向前落步，两腿微屈。右掌继续向后挂，左拳变掌，向后向下伸直。目视右掌，如图6-102(b)所示。

③ 右腿屈膝向前提起，左腿立即猛力蹬地向前跃出。两掌向前向上画弧。目视左掌，如图6-102(c)所示。

④ 右腿落地全蹲，左腿随即落地向前铲出成仆步。右掌变拳抱于腰侧，左掌由上向右、向下画弧成立掌，停于右胸前。目视左脚，如图6-102(d)所示。

（a） （b） （c） （d）

图6-101 弹腿冲拳　　　　　　图6-102 弹腿冲拳与大跃步前穿

注意事项：跃步要远，落地要轻，落地后立即接做下一个动作。

7. 弓步击掌

动作要领：右腿猛力蹬直成左弓步。左掌经左脚面向后画弧至身后成勾手，左臂伸直，勾尖向上，右拳由腰侧变掌向前推出，掌指向上，掌外侧向前。目视右掌，如图 6-103 所示。

8. 马步架掌

动作要领：

① 重心移至两腿中间，左脚脚尖里扣成马步，上体右转。右臂向左侧平摆，稍屈肘；同时左勾手变掌由后经左腰侧从右臂内向前上穿出，掌心均朝上。目视左手，如图 6-104 (a) 所示。

② 右掌立于左胸前；左臂向左上屈肘抖腕亮掌于头部左上方，掌心向前。目右转视，如图 6-104(b) 所示。

（a）　　　　　　　　　　（b）

图6-103　弓步击掌　　　　　　图6-104　马步架掌

三、第二节动作

1. 虚步栽拳

动作要领：

① 右脚蹬地，屈膝提起；左腿伸直，以前脚掌为轴向右后转体 180°。右掌由左胸前向下经右腿外侧向后画弧成勾手；左臂随体转动并外旋，使掌心朝右。目视右手，如图 6-105 (a) 所示。

② 右脚向右落地，重心移至右腿上，下蹲成左虚步。左掌变拳下落于左膝上，拳眼向里，拳心向后；右勾手变拳，屈肘向上架于头右上方，拳心向前。目视左方，如图 6-105(b) 所示。

2. 提膝穿掌

动作要领：

① 右腿稍伸直。右拳变掌收至腰侧，掌心向上，左拳变掌由下向左向上画弧盖压于头上方，掌心向前，如图 6-106(a) 所示。

② 右腿蹬直，左腿屈膝提起，脚尖内扣。右掌从腰侧经左臂内向右前上方穿出，掌心向上，左掌收至右胸前成立掌。目视右掌，如图 6-106(b) 所示。

注意事项：支撑腿与右臂伸直。

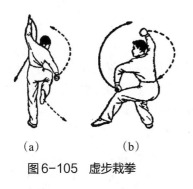

（a）　　　　（b）

图6-105 虚步栽拳

（a）　　　　（b）

图6-106 提膝穿掌

3. 仆步穿掌

动作要领：右腿全蹲，左腿向左后方铲出成左仆步。右臂不动，左掌由右胸前向下经左腿内侧，向左脚面穿出。目随左掌转视，如图6-107所示。

4. 虚步挑掌

动作要领：

① 右腿蹬直，重心前移至左腿，成左弓步。右掌稍下降，左掌随重心前移向前挑起，如图6-108（a）所示。

② 右脚向左前方上步，左腿半蹲，成右虚步。身体随上步左转180°。在右脚上步的同时，左掌由前向上向后画弧成立掌，右掌由后向下、向前上挑起成立掌，指尖与眼平。目视右掌，如图6-108（b）所示。

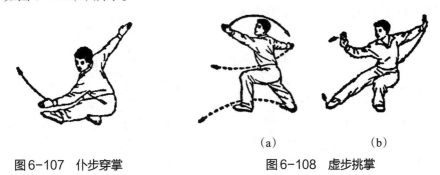

图6-107 仆步穿掌

（a）　　　　（b）

图6-108 虚步挑掌

注意事项：上步要快，虚步要稳。

5. 马步击掌

动作要领：

① 右脚落实，脚尖外撇，重心稍升高并右移，左掌变拳收至腰侧；右掌俯掌向外搂手，如图6-109（a）所示。

② 左脚向前上一步，以右脚为轴向右后转体180°，两腿下蹲成马步。左掌从右臂上成立掌向左侧击出；右掌变拳收至腰侧。目视左掌，如图6-109（b）所示。

注意事项：右手做搂手时，先使臂稍内旋、腕伸直，手掌向下、向外转，接着臂外旋，掌心经下向上翻转，同时抓握成拳。收拳和击掌动作要同时进行。

6. 叉步双摆掌

动作要领：

① 重心稍右移，同时两掌向下、向右摆，掌指均向上。目视右掌，如图 6-110(a) 所示。

② 右脚向左腿后插步，前脚掌着地。两臂继续由右向上、向左摆，停于身体左侧，均成立掌，右掌停于左肘窝处。目随双掌转视，如图 6-110(b) 所示。

注意事项：两臂要画立圆，幅度要大，摆掌与后插步配合一致。

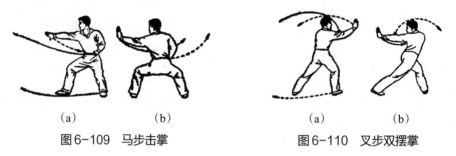

| (a) | (b) | (a) | (b) |

图6-109　马步击掌　　　　　图6-110　叉步双摆掌

7. 弓步击掌

动作要领：

① 两腿不动。左掌收至腰侧，掌心向上；右掌向上、向右画弧，掌心向下，如图 6-111(a) 所示。

② 左腿后撤一步，成右弓步。右掌向下向后伸直摆动，成勾手，勾尖向上；左掌成立掌向前推出。目视左掌，如图 6-111(b) 所示。

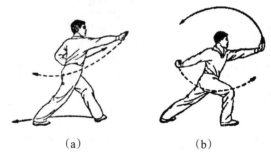

(a)　　　　　　　(b)

图6-111　弓步击掌

8. 转身踢腿马步盘肘

动作要领：

① 两脚以前脚掌为轴向左后转体 180°。在转体的同时，左臂向上、向前画半立圆，右臂向下、向后画半圆，如图 6-112(a) 所示。

② 两脚不动，右臂由后向上、向前画半立圆，左臂由前向下、向后画半立圆，如图 6-112(b) 所示。

③ 右劈向下成反臂勾手，勾尖向上；左臂向上成亮掌，掌心向前上方。右腿伸直，脚尖勾起，向额前踢，如图 6-112(c) 所示。

④ 右脚向前落地，脚尖里扣。右手不动，左臂屈肘下落至胸前，左掌心向下。目视左

掌，如图 6-112(d) 所示。

⑤ 上体左转 90°，两腿下蹲成马步。同时左掌向前、向左平搂变拳，收至腰侧，右勾手变拳，右臂伸直，由体后向右、向前平摆，至体前时屈肘，肘尖向前，高与肩平，拳心向下。目视肘尖，如图 6-112(e) 所示。

注意事项：两臂抡动时要画立圆，动作连贯。盘肘时要快速有力，右肩前顺。

（a）　　　　（b）　　　　（c）　　　　（d）　　　　（e）

图 6-112　转身踢腿马步盘肘

四、第三节动作

1. 歇步抡砸拳

动作要领：

① 重心稍升高，右脚尖外撇。右臂由胸前向上、向右抡直；左拳向下、向左使臂抡直。目视右拳，如图 6-113(a) 所示。

② 两脚以前脚掌为轴，向右后转体 180°。右臂向下、向后抡摆，左臂向上、向前随身体转动，如图 6-113(b) 所示。

③ 紧接上个动作，两腿全蹲成歇步。左臂随身体下蹲向下平砸，拳心向上，臂部微屈；右臂伸直向上举起。目视左拳，如图 6-113(c) 所示。

（a）　　　　　　（b）　　　　　　（c）

图 6-113　歇步抡砸拳

注意事项：抡臂动作要连贯完成，画成立圆。歇步要两腿交叉全蹲，左腿大、小腿靠紧，臀部贴于左小腿外侧，膝关节在右小腿外侧，脚跟提起，右脚尖外撇，全脚着地。

2. 仆步亮拳

动作要领：

① 左脚由右腿后抽出前上一步，左腿蹬直，右腿半蹲，成右弓步。上体微向右转。左拳收至腰侧，右拳变掌向下经胸前向右横击掌。目视右掌，如图 6-114(a) 所示。

② 右脚蹬地屈膝提起，上体右转。左拳变掌向前穿出，掌心向上，右掌平收至左肘下，如图6-114(b)所示。

③ 右脚向右落步，屈膝全蹲，左腿伸直，成仆步。左掌向下、向后画弧成勾手，勾尖向上，右掌向右、向上画弧微屈，抖腕成亮掌，掌心向前。头随右手转动，至亮掌时，目视左方，如图6-114(c)所示。

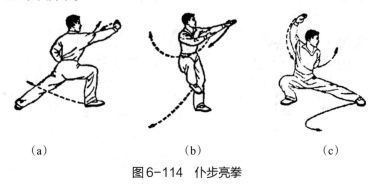

(a)　　　　　　　　(b)　　　　　　　　(c)

图6-114　仆步亮拳

注意事项：仆步时，左腿充分伸直，脚尖里扣，右腿全蹲，两脚脚掌全部着地。上体挺胸塌腰，稍左转。

3. 弓步劈拳

动作要领：

① 右腿蹬地立起；左腿收回并向左前方上步。右掌变拳收至腰侧，左勾手变掌由下向上经胸前向左做搂手，如图6-115(a)所示。

② 右腿经左腿前方向左绕上一步，左腿蹬直成右弓步。左手向左平搂后再向前挥摆，虎口朝前，如图6-115(b)所示。

③ 在左手平搂的同时，右拳向后平摆，然后再向前、向上做抡劈拳，拳高与耳平，拳心向上，左掌外旋接扶右前臂。目视右拳，如图6-115(c)所示。

(a)　　　　　　　　(b)　　　　　　　　(c)

图6-115　弓步劈拳

注意事项：左右脚上步稍带弧形。

4. 换跳步弓步冲拳

动作要领：

① 重心后移，右脚稍向后移动。右拳变掌臂内旋以掌背向下画弧挂至右膝内侧；左掌背贴靠右肘外侧，掌指向前。目视右掌，如图6-116(a)所示。

② 右腿自然上抬，上体稍向左扭转。右掌挂至体左侧，左掌伸向右腋下。目随右掌转

视，如图6-116(b)所示。

③右脚以全脚掌用力向下振踩，与此同时，左脚急速离地抬起。右手由左向上、向前捞盖而后变拳收至腰侧，左掌伸直向下、向上、向前屈肘下按，掌心向下。上体右转，目视左掌，如图6-116(c)所示。

④左脚向前落步，右腿蹬直成左弓步。右拳向前冲出，拳高与肩平；左掌藏于右腋下，掌背贴靠腋窝。目视右拳，如图6-116(d)所示。

（a）　　　　　　（b）　　　　　　（c）　　　　　　（d）

图6-116　换跳步弓步冲拳

注意事项：换跳步动作要连贯、协调。振脚时腿要弯曲，全脚掌着地，左脚离地不要高。

5.马步冲拳

动作要领：上体右转90°，重心移至两腿中间，成马步。右拳收至腰侧，左掌变拳向左冲出，拳眼向上。目视左拳，如图6-117所示。

6.弓步下冲掌

动作要领：右脚蹬直，左腿弯曲，上体稍向左转，成左弓步。左拳变掌向下经体前向上架于头左上方，掌心向上，右拳自腰侧向左前斜下方冲出。目视右拳，如图6-118所示。

图6-117　马步冲拳

图6-118　弓步下冲掌

7.叉步亮掌侧踹腿

动作要领：

①上体稍右转。左掌由头上下落于右手碗上，右拳变掌，两手交叉成十字。目视双手，如图6-119(a)所示。

②右脚蹬地并向左腿后插步，以前脚掌着地。左掌由体前向下、向后画弧成勾手，勾尖向上，右掌由前向右、向上画弧抖腕亮掌，掌心向前。目视左侧，如图6-119(b)所示。

③重心移至右腿，左腿屈膝提起，向左上方猛力踹出。上肢姿势不变，目视左侧，如

图6-119（c）所示。

（a）　　　　　　（b）　　　　　　（c）

图6-119　叉步亮掌侧踹腿

注意事项：插步时上体稍向右倾斜，腿、臂的动作要一致。侧踹高度不能低于腰，大腿内旋，着力点在脚跟。

8.虚步挑掌

动作要领：

① 左脚在左侧落地。右掌变拳稍后移，左勾手变拳由体后向左上挑，拳背向上，如图6-120（a）所示。

② 上体左转180°，微含胸前俯。左拳继续向前、向上画弧上挑，右拳向下、向前画弧挂至右膝外侧，同时右膝提起。目视右拳，如图6-120（b）所示。

③ 右脚向左前方上步，脚尖点地，重心落于左脚，左腿下蹲成右虚步。左拳向后画弧收至腰侧，拳心向上，右拳向前屈臂挑出，拳眼斜向上，拳与肩同高。目视右拳，如图6-120（c）所示。

（a）　　　　　　（b）　　　　　　（c）

图6-120　虚步挑掌

五、第四节动作

1.弓步顶肘

动作要领：

① 重心升高，右脚踏实。右臂内旋向下直臂画弧以拳背下挂至右膝内侧，左拳不变。目视前下方，如图6-121（a）所示。

② 左腿蹬直，右腿屈膝上抬。左拳变掌，右拳不变，两臂向前、向上画弧。目随右拳

转视，如图6-121（b）所示。

③ 左脚蹬地起跳，身体腾空，两臂继续画弧至头上方，如图6-121（c）所示。

④ 右脚先落地，右腿屈膝，左脚向前落步，以前脚掌着地。同时两臂向右、向下屈肘停于右胸前，右拳变掌，左掌变拳。右掌心贴靠左拳面，如图6-121（d）所示。

⑤ 左脚向左上一步，左腿屈膝，右腿蹬直成左弓步。右掌推左拳，以左肘尖向左顶出，高与肩平。目视前方，如图6-121（e）所示。

（a）　　　　（b）　　　　（c）　　　　（d）　　　　　（e）

图6-121　弓步顶肘

注意事项：交换步时不要过高，但要快。两臂抡摆时要成圆弧。

2. 转身左拍脚

动作要领：

① 以两脚前脚掌为轴向右后转体180°。随着转体，右臂向上、向右、向下画弧抡摆，同时左拳变掌向下、向后、向前上抡摆，如图6-122（a）所示。

② 左腿伸直向前上踢，脚面绷平。左掌变拳收至腰侧，右掌由体后向上、向前拍击左脚面，如图6-122（b）所示。

注意事项：右掌拍脚时手掌稍横过来，拍脚要准而响亮。

3. 右拍脚

动作要领：

① 左脚向前落地，左拳变掌向下、向后摆，右掌变拳收至腰侧，如图6-123（a）所示。

② 右腿伸直向前上踢，脚面绷平。左拳变掌由后向上、向前拍击右脚面，如图6-123（b）所示。

注意事项：与转身左拍脚相同。

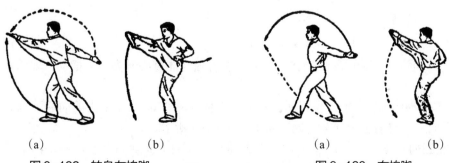

（a）　　　　　　（b）　　　　　　（a）　　　　　（b）

图6-122　转身左拍脚　　　　　　图6-123　右拍脚

4. 腾空飞脚

动作要领：

① 右脚落地，如图 6-124（a）所示。

② 左脚向前摆，右脚猛力蹬地跳起，左腿屈膝继续上摆。同时右拳变掌向前、向上摆，左掌先上摆而后下降拍击右掌背，如图 6-124（b）所示。

③ 右腿继续上摆，脚面绷平，右手拍击右脚面，左掌由体前向后上举，如图 6-124（c）所示。

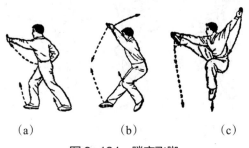

（a）　　　　　　（b）　　　　　　（c）

图 6-124　腾空飞脚

注意事项：蹬地要向上，不要太向前冲，左膝尽量上提。击响要在腾空时完成，右臂伸直成水平。

5. 歇步下冲拳

动作要领：

① 左、右脚先后相继落地。左掌变拳收至腰侧，如图 6-125（a）所示。

② 身体右转 90°，两腿全蹲成歇步。右掌抓握、外旋变拳收至腰侧；左拳由腰侧向前下方冲出，拳心向下。目视左拳，如图 6-125（b）所示。

（a）　　　　　　（b）

图 6-125　歇步下冲拳

6. 仆步抡劈拳

动作要领：

① 重心升高，右臂由腰侧向体后伸直，左臂随身体重心升高向上摆动，如图 6-126（a）所示。

② 以右脚前脚掌为轴，左腿屈膝提起，上体左转 270°。左拳由前向后下画立圆一周；右拳由后向下、向前上画立圆一周，如图 6-126（b）所示。

③ 左腿向后落一步，屈膝全蹲，右腿伸直，脚尖里扣成右仆步。右拳由上向下抡劈，拳眼向上；左拳后上举，拳眼向上。目视右拳，如图 6-126（c）所示。

注意事项：抡臂时一定要画立圆。

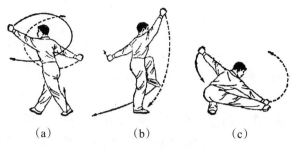

（a）　　　　（b）　　　　（c）

图6-126　仆步抡劈拳

7. 提膝挑掌

动作要领：

① 重心前移成右弓步。同时右拳变掌由下向上抡摆，左拳变掌稍下落，右掌心向左，左掌心向右，如图6-127（a）所示。

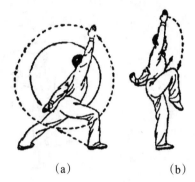

② 左、右臂在垂直面上由前向后各画立圆一周。右臂伸直停于头上，掌心向左，掌指向上，左臂伸直停于身后成反勾手。同时右腿屈膝提起，左腿挺膝伸直独立。目视前方，如图6-127（b）所示。

（a）　　　　（b）

图6-127　提膝挑掌

注意事项：抡臂时要画立圆。

8. 提膝劈掌弓步冲拳

动作要领：

① 下肢不动。右掌由上向下猛劈伸直，停于右小腿内侧，用力点在小指一侧；左勾手变掌，屈臂向前停于右上臂内侧，掌心向左。目视右掌，如图6-128（a）所示。

② 右脚向右后落地；身体右转90°。同时左掌变拳收至腰侧，右臂内旋向右画弧做劈掌，如图6-128（b）所示。

③ 左腿蹬直成右弓步。右手抓握变拳收至腰侧，左拳由腰侧向左前方冲出。目视左拳，如图6-128（c）所示。

（a）　　　　（b）　　　　（c）

图6-128　提膝劈掌弓步冲拳

六、结束动作

1. 虚步亮掌

动作要领：

① 右脚扣于左膝后，两拳变掌，两臂右上左下屈肘交叉于体左前。目视右掌，如图6-129（a）所示。

② 右脚向右后落步，重心后移，右腿半蹲，上体稍右转。同时右掌向上、向右、向下画弧停于左腋下；左掌向左、向上画弧停于右臂上与左胸前，两掌心左下右上。目视左掌，如图6-129（b）所示。

③ 左脚尖稍向右移，右腿下蹲成左虚步。左臂伸直向左、向后画弧成反勾手；右臂伸直向下、向右、向上画弧抖腕亮掌，掌心向前。目视左方，如图6-129（c）所示。

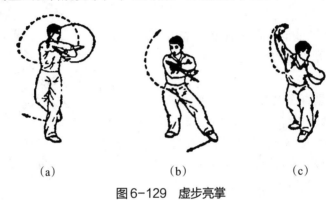

（a）　　　　　　（b）　　　　　　（c）

图6-129　虚步亮掌

2. 并步对掌

动作要领：

① 左腿后撤一步，同时两掌从两腰侧向前穿出伸直，掌心向上，如图6-130（a）所示。

② 右腿后撤一步，同时两臂分别向体后摆，如图6-130（b）所示。

③ 左脚后退半步向右脚并拢。两臂由后向上经体前屈臂下按，两掌变拳，停于腹前，拳心向下，拳面相对。目视左方，如图6-130（c）所示。

3. 还原

动作要领：两臂自然下垂，目视正前方，如图6-131所示。

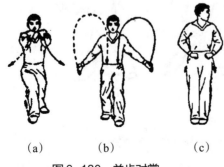　　　

（a）　　　　（b）　　　　（c）

图6-130　并步对掌　　　　　　　　图6-131　还原

第五节　功夫扇

一、功夫扇概述

功夫扇是一种风格独特的武术健身项目，它集太极拳基本功、扇法基本功、武术技击基本功和舞台艺术于一体，不仅动作优美流畅，造型典雅大方，而且富有浓郁的现代气息。经常练习，不仅可以陶冶情操，提高艺术审美力，还可以强身健体，获得武术健身的乐趣。

功夫扇刚柔相济、缠绕折叠、松活弹抖、扇势多变、造型优美，极具健身性、观赏性及艺术性。功夫扇在创编过程中严格遵循太极原理的要求，适合大学生学练和养生健身的需要，也符合竞赛的规范化要求。

二、动作说明

预备姿势：两脚并拢，身体正直，自然站立，右手握住扇根，扇首朝下，手心向内，目视前方（图6-132）。

图6-132　预备姿势

动作要点：周身放松，呼吸自然。

1. 大鹏展翅

右脚向右迈出半步，随即左脚向右后插步。同时右手持扇向右、向上举至头顶开扇；左手贴在后腰部，掌心向后。目视左侧（图6-133、图6-134）。

图6-133　大鹏展翅（正面）　　图6-134　大鹏展翅（背面）

动作要点：摆头与开扇一致，手臂伸直，头要上顶，身体挺拔。

2. 矫然立鹤

左脚向左迈出半步，随即右脚向左脚并步。右手持扇下落至侧平举，手心向上。目视右侧（图6-135）。

图6-135　矫然立鹤

动作要点：右手臂与扇成一条直线。

3. 霸王扬旗

左脚向左侧跨出，重心前移成左弓步。右手持扇向下摆至体前开扇，扇沿朝上；左手摆掌合至右前臂内侧。目视右侧（图6-136）。

图6-136　霸王扬旗

动作要点：上步和开扇一致。

4. 孔雀开屏

① 重心上起。右手持扇向下、向上摆至头顶云扇后合扇，随即下落至体前；左手体侧打开再合于右手腕。目视前方（图 6-137）。

② 左脚向右脚并步。右手持扇向下、向上摆至头顶开扇，扇沿朝左；左掌变拳收于腰间。目视左侧（图 6-138）。

图 6-137　孔雀开屏（一）　　　　图 6-138　孔雀开屏（二）

动作要点：云扇合扇后并步，摆头和开扇一致。

5. 上步打虎

① 接上动作，右手持扇合扇。

② 左脚上步成半跪步。右手持扇下开扇，高与肩平，扇沿朝下；左拳变掌合于右手碗。目视右侧（图 6-139）。

图 6-139　上步打虎

动作要点：步型为半跪步，右手臂伸直成水平。

6. 挥鞭策马

右腿蹬直成弓步。右手持扇向上合扇，再向下弧形摆至体前，手心朝上；左手随身体自然摆至右手肘弯，手心朝下。目视前方（图 6-140）。

图6-140 挥鞭策马

动作要点：右手臂伸直立圆环绕一圈。

7. 揽扎衣

上体微左转再右转成马步。右手持扇以肘关节为轴内旋向右侧开扇，随即借力合扇，手心朝外；左掌收至腹前，掌心朝上。目视右扇（图6-141、图6-142）。

图6-141 揽扎衣（一）

图6-142 揽扎衣（二）

动作要点：右手随身体微向左转再向右转，体现出太极"欲左向右，欲上先下"的道理。开扇与合扇要连贯，利用手腕抖动发力。

8. 雏燕凌空

① 上体左转，重心左移成左弓步。右手持扇上架于头顶；左手经右侧向上、向左弧形摆成侧平举，手心向左。目视左侧（图6-143）。

② 左脚向右脚并步。右手持扇经体前向下反穿至侧平举开扇；左掌收至右肩。目视右侧（图6-144、图6-145）。

图6-143　雏燕凌空(一)

图6-144　雏燕凌空(二)

图6-145　雏燕凌空(三)

动作要点：右手反穿时右肩稍下压，动作要协调。

9. 悬崖勒马（左）

① 接上动作，右手持扇合扇。

② 上体左转，左脚向左迈出半步，随即右脚向左上步成右虚步。同时右手持扇摆至体前，手臂自然伸直，手心朝上；左手向前、向左弧形摆至左侧，手臂撑圆，掌心朝外。目视前方（图6-146）。

图6-146　悬崖勒马(左)

动作要点：左手臂撑圆，动作要饱满。

10. 悬崖勒马（右）

上体右转，右脚向前一小步，随即左脚向前一步成左虚步。同时右手持扇内旋摆至右侧，手臂撑圆，手心朝外；左手外旋摆至体前，手臂自然伸直，掌心朝上。目视前方（图6-147）。

图6-147 悬崖勒马（右）

动作要点：左手臂撑圆，动作要饱满。

11. 怀中抱月

上体微左转，左脚向前一步，左脚尖外展45°，重心移至左腿，右脚跟提起。同时右手平摆至体前开扇，扇沿朝内；左手内旋摆至左侧，手臂撑圆，掌心朝外。目视前方（图6-148）。

图6-148 怀中抱月

动作要点：左手臂撑圆，扇面紧贴手臂。

12. 螳螂捕蝉

重心后坐成左虚步，左脚跟点地。同时右手持扇转手心朝上，扇沿朝上；左手合于右手腕。目视前方（图6-149）。

图6-149 螳螂捕蝉

动作要点：身体中正，双手合于胸前。

13. 苏秦背剑

① 上体微右转，重心移至左腿。右手持扇向后摆，扇沿朝下；左手上穿，掌心斜朝上，指尖朝前。目视右后方（图6-150）。

② 右脚向前盖步成右弓步，脚尖微外撇，左腿伸直，脚跟提起；同时右臂外旋转扇沿朝上，随即向前、向上再向下摆至体后，扇沿朝上；左手收至右胸前，随即伸直上穿，掌心朝上，指尖朝前。目视右手（图6-151、图6-152）。

图6-150 苏秦背剑（一）

图6-151 苏秦背剑（二）

图6-152 苏秦背剑（三）

动作要点：右手持扇立圆环绕，左手与右手动作协调配合。

14. 霸王扬旗

左脚向前上成左弓步，右手合扇向前、向后再向下摆至体前开扇，扇沿朝上；左手弧形回收至右肩再合于右前臂内侧。目视右侧（图6-153）。

图6-153　霸王扬旗

动作要点：右手持扇立圆环绕，左手动作与右手动作相配合，上步和开扇一致。

15. 彩蝶飞舞

上体右转，右脚向左后插步。同时右手持扇向上摆至头顶云扇后下落至体前；左手左侧打开再合于右手腕。目视前方（图6-154）。

图6-154　彩蝶飞舞

动作要点：右手云扇要连贯。

16. 古树盘根

① 接上动作，右手持扇合扇。

② 右脚向左前盖步。左手伸直下摆，掌心朝下；右手持扇上摆至头右侧。目视前方（图6-155）。

③ 以两脚尖为轴，上体左转成左歇步。右手持扇随转体向下、向上摆至头右侧，再向前侧下方插扇，手心朝上；左手随转体向上、向左再向下摆至身体左侧，经腰间向后穿出，手臂伸直，手心朝上。目视右下方（图6-156、图6-157）。

图6-155　古树盘根（一）　　　图6-156　古树盘根（二）　　　图6-157　古树盘根（三）

动作要点：右手持扇从耳侧向下穿出，两臂成一条直线。

17. 白鹤亮翅

右脚向前半步，随即左脚向前一步成左虚步。同时右手持扇向后、向上开扇，扇沿朝前；左手向上、向前再向下摆至左髋前，掌心朝下，指尖朝前。目视前方（图6-158）。

图6-158　白鹤亮翅

动作要点：右手臂伸直向上，左膝微屈。

18. 推窗望月

① 左脚微抬起，脚后跟点地。右手持扇下落至体前，掌心朝上，扇沿朝前；左手合于右手腕。目视前方（图6-159）。

② 上体微右转后左转，重心移至左腿，右脚屈膝抬起。右手持扇随转体内旋向右前方推扇，手心朝前，扇沿朝左；左手随转体摆至扇下方。目视左侧（图6-160）。

图6-159　推窗望月（一）　　　　　　图6-160　推窗望月（二）

动作要点：右腿抬起时，上体向左拧转45°。

19. 风摆荷叶

① 右脚向前落步成右虚步，脚后跟点地。右手手心翻向下，扇沿朝前；左手手心翻转向上。目视前方（图6-161）。

② 上体左转180°，右脚内扣，左脚后撤一步成右虚步，脚后跟点地。右手向下随转体摆至体前，手臂伸直，手心朝上，扇沿朝前；左手下捋摆至左侧，高于肩平，手臂撑圆，掌心朝外。目视前方（图6-162）。

图6-161　风摆荷叶（一）　　　　　　图6-162　风摆荷叶（二）

动作要点：左手臂撑圆，右手持扇成水平。

20. 黄蜂入洞

① 右脚后撤一步成左弓步。左手合于右手腕。目视前方（图6-163）。

② 重心后移，上体右转180°成右虚步。双手随转体向右平摆（图6-164）。

图6-163 黄蜂入洞(一)

图6-164 黄蜂入洞(二)

③ 右脚提起上步成右弓步。右手翻扇转掌心朝下,再向前插扇,高于肩平,扇沿朝前(图6-165、图6-166)。

图6-165 黄蜂入洞(三)

图6-166 黄蜂入洞(四)

动作要点:扣脚时,重心先右移再左移,转身与收扇动作协调一致。

21. 乌龙摆尾

① 左臂外旋转掌心朝上。目视右手(图6-167)。

② 重心后移。右手持扇捋至腹前,扇沿朝下;左手向下捋至身体左侧。目视左前方(图6-168)。

③ 左脚向右后插步成交叉步。右手合扇向上、向右摆至侧平举,手心朝上;左手上摆至头顶,掌心朝上。目视右侧(图6-169)。

图 6-167 乌龙摆尾(一)

图 6-168 乌龙摆尾(二)

图 6-169 乌龙摆尾(三)

动作要点:捋时要重心后移,手脚协调一致。

22. 顺弯肘

① 两腿不动。右手持扇向上、向左屈肘于胸前,扇首朝上,手心朝内;左手左侧下落至侧平举,掌心朝左。目视左侧(图 6-170)。

② 右脚向右跨出一步成马步。右手持扇向右击肘,力达肘尖;左手内收紧贴右手拳面。目视右侧(图 6-171)。

图 6-170 顺弯肘(一)

图 6-171 顺弯肘(二)

动作要点:马步顶肘时要快速有力,力达肘尖。

23. 猛虎捕食

右脚震脚,左脚抬起,双手收于腰间。左脚向前落步成左弓步,双手向前推出。目视前方(图 6-172、图 6-173)。

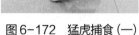

图6-172 猛虎捕食（一）   图6-173 猛虎捕食（二）

动作要点：震脚的同时，双手快速收至腰间，迅速推出，

24. 排山倒海

① 以左脚为轴，上体右转180°成马步。右手向上、向下划弧收于右腹前；左手向上、向左再向下划弧收于右肩前。目视右侧（图6-174、图6-175）。

② 马步下蹲，左掌向左推出。目视左侧（图6-176）。

图6-174 排山倒海（一）   图6-175 排山倒海（二）   图6-176 排山倒海（三）

动作要点：右手持扇贴于腹前，推掌与摆头同时完成。

25. 金瓶倒水

上体左转，左腿屈膝上提。左手收于右肘内侧；右手持扇向上、向前摆至前平举开扇，扇沿向下。目视前方（图6-177）。

图6-177　金瓶倒水

动作要点：提膝时，膝关节应过腰，右手臂伸直成水平。

26. 鱼跃龙门

① 右手腕翻腕合扇（图6-178）。

② 双手向左后方下摆。目视左下方（图6-179）。

③ 左脚向前落步，右腿向前跃出（双脚离地），左腿屈膝向后提起。随即右脚落地。右手持扇向前、向上再向后开扇，扇与肩平扇沿朝下；左手向前、向上划弧摆至头顶，掌心朝上。目视后方（图6-180）。

④ 左脚向前上步，随即右脚向左脚跟并步，双膝微屈。右手持扇向体前挑扇，高于肩平，扇沿朝下；左手落至右手腕。目视前方（图6-181）。

⑤ 左脚屈膝上提。右手屈肘拉扇，扇沿朝前；左手向前推掌，掌心超前。目视前方（图6-182）。

图6-178　鱼跃龙门（一）

图6-179　鱼跃龙门（二）

图6-180　鱼跃龙门（三）

图6-181 鱼跃龙门（四）

图6-182 鱼跃龙门（五）

动作要点：空中跳起时开扇，落步后动作要缓慢柔和。

27. 凤凰点头

① 左脚向前落步，脚跟着地。左手收至右肩前，右手向前送扇，掌心朝外。目视前方（图6-183）。

② 左脚外撇落地，右脚向前上步成右虚步。右手左侧划圆向前合扇，掌心朝上；左手下落摆至左侧，手臂撑圆，掌心朝外。目视前方（图6-184）。

图6-183 凤凰点头（一）

图6-184 凤凰点头（二）

动作要点：左手臂撑圆，手略高于肩。

28. 坐马观花

① 上体右转，右脚外摆成交叉步。双手下落合于腹前，左手紧贴右手腕。目视前方

（图6-185）。

② 前脚掌点地。右手持扇向右开扇，扇沿朝上；左手左侧打开，再抱拳收于腰间。目视前方（图6-186）。

图6-185　坐马观花（一）　　　　图6-186　坐马观花（二）

动作要点：并步与开扇同时完成，并步开扇要迅速。

29. 黄莺落架

① 两腿不动。右手内旋下落至腹前，扇沿斜朝下，手心朝内；左拳变掌落至腹前，掌心朝外，双手臂交叉。目视前方（图6-187）。

② 右脚向左盖步成右歇步。双手经头上下落打开，扇沿朝上，手心朝上。目视前方（图6-188）。

图6-187　黄莺落架（一）　　　　图6-188　黄莺落架（二）

动作要点：歇步时两臂成一条直线，与地面平行。

30. 拔草寻蛇

① 上体左转，左脚向左迈出一步成左弓步。右手持扇向前插扇，扇沿朝前；左手合于右前臂内侧。目视前方（图6-189）。

② 上体右转成马步。右手持扇屈肘拉扇，扇沿朝左；左掌向左推出。目视左侧（图6-190）。

③ 以左脚掌为轴，上体左转180°，右脚向右迈步成马步。右手持扇向右前下方插扇，手心朝下，扇沿斜向下；左手收于右肩前。目视右前下方（图6-191）。

图6-189　拔草寻蛇（一）　　　图6-190　拔草寻蛇（二）　　　图6-191　拔草寻蛇（三）

动作要点：马步拉扇时要缓慢，马步下插扇时要迅速。

31. 霸王举鼎

① 接上动作，右手持扇合扇（图6-192）。

② 上体右转180°，右脚向左回收半步震脚，左脚落步成马步。右手持扇抢臂随转体上举至头顶开扇，扇沿朝左；左手从上往下按于大腿外侧，掌心朝下，指尖朝前。目视左侧（图6-193）。

图6-192　霸王举鼎（一）　　　　　　图6-193　霸王举鼎（二）

动作要点：转身与抢臂协调一致，震脚、开扇、摆头一致。

32. 仙人指路

① 右脚向左横跨半步震脚，随之左脚左跨半步成右弓步。右手合扇；左手上摆至水平。

目视右侧（图6-194）。

②上体左转，重心左移成左弓步。右手持扇经腰间向前刺扇；左手合于右肘内侧。目视前方（图6-195）。

图6-194　仙人指路（一）

图6-195　仙人指路（二）

动作要点：合扇与震脚一致，刺扇时手臂伸直。

33. 力劈华山

①重心上起，上体右转，左脚向前跟步。右手持扇向上、向下划弧下落于身体右后方；左手下落经后方画弧上摆至头上。目视前方（图6-196）。

②左脚向前上步成交叉步，脚尖外撇。右手持扇向上、向前挂扇；左手收于右肩前（图6-197）。

图6-196　力劈华山（一）

图6-197　力劈华山（二）

③右脚向左脚并步点地。右手持扇向左后挂扇。目随扇动（图6-198）。

④右脚向前一步成右弓步。右手持扇向上、向前开扇，手臂与肩同高，扇沿朝下；左

手上架于头顶。目视前方（图6-199）。

图6-198　力劈华山（三）

图6-199　力劈华山（四）

动作要点：双手直臂环绕时要画立圆。

34. 神龙返首

① 接上动作，右手持扇合扇（图6-200）。

② 重心左移，右手持扇摆至左前方，手心向上；左手收至腰间，掌心朝上。目视前方（图6-201）。

③ 左脚向右后插步成右歇步。右手持扇画弧向右开扇，扇沿朝上；左手上架于头顶。目视右侧（图6-202）。

图6-200　神龙返首（一）

图6-201　神龙返首（二）

图6-202　神龙返首（三）

动作要点：摆扇与重心的转移协调一致。

35. 转身抛接

① 上体左转180°成高马步。同时右手持扇内旋收于腰部，手心朝上，扇沿朝上；左手收至腰部，紧握扇柄。目视前方（图6-203）。

② 上体左转，左脚尖外摆。左手向前抛扇后，手臂撑圆，掌心朝外；右手前伸接扇，手心朝上。目视前方（图6-204）。

图6-203　转身抛接（一）

图6-204　转身抛接（二）

动作要点：转身时为马步，抛接时左脚尖可外撇。抛扇时要匀速缓慢，扇面应垂直地面旋转。

36. 顺水推舟

右脚向前一步成右弓步。同时双手合于胸前，随即分开，右手向前送扇，手臂成水平，扇沿朝上；左手向左侧撑掌，手臂撑圆，掌心朝外。目视前方（图6-205）。

图6-205　顺水推舟

动作要点：要先收后推，左脚支撑要稳。

37. 彩蝶飞舞

① 左脚向右前盖步成交叉步。右手云扇后合扇于体前；左手随右手云扇同时收于体前，左手搭于右手腕处。目视前方（图6-206）。

② 右腿屈膝向后提起。双手由下向水平打开，左手掌心朝左；右手摆至水平开扇，扇

沿朝上。目视前方（图6-207）。

图6-206　彩蝶飞舞（一）

图6-207　彩蝶飞舞（二）

动作要点：云扇时，左右手要协调。

38. 白蛇吐信

① 右脚向前落步成右虚步，脚后跟点地。右手内旋转手心朝下，扇沿朝前；左手收至体前，掌心朝右。目视前方（图6-208）。

② 左脚向右脚并步震脚、右手经胸前向前翻扇，同时合扇，手心向上；左手翻掌收至右肘下方，掌心朝下。目视前方（图6-209）。

图6-208　白蛇吐信（一）

图6-209　白蛇吐信（二）

动作要点：翻扇时右手经左臂内侧向前翻出。

39. 霸王举鼎

右脚向右后方45°退步成半马步。右手上摆至头顶开扇；左手下落至侧平举亮掌，掌心朝外。扇沿方向同亮掌方向。目视亮掌方向（图6-210）。

图6-210　霸王举鼎

动作要点：右手臂垂直，贴住耳侧，亮掌与摆头一致。

40. 移花接木

① 接上动作，右手持扇合扇（图6-211）。

② 重心前移成左弓步。右手持扇向左前下方挂扇后抛扇；左手接扇，手握扇根。目视前方（图6-212～图6-214）。

图6-211　移花接木（一）　图6-212　移花接木（二）　图6-213　移花接木（三）　图6-214　移花接木（四）

动作要点：挂扇时抛扇，使之立圆旋转，左手接握扇根。

41. 收势

① 右脚向前一步成开立步。左手下落至体侧，手心朝后；右手经腹前向右侧上起至头顶，再下按于体侧（图6-215～图6-217）。

② 左脚向右脚并步（图6-218）。

图6-215　收势（一）　　图6-216　收势（二）　　图6-217　收势（三）　　图6-218　收势（四）

第六节　自卫防身术

自卫防身术是指在自己身体受到攻击时所能采取的保护自己的手段。练习自卫防身术的目的是制止歹徒的侵害，保护自己的人身与财物安全。

一、防身自卫练习

（一）基本姿势

侧身站立，两腿一前一后，屈膝、脚掌着地，两手握拳一前一后，尽量少暴露易遭攻击的部位，如图6-219所示。

（二）拳法

直拳：直线出拳，主要用于攻击歹徒面部和胸部，如图6-220所示。
勾拳：弧线或直线出拳，从下往上，用拳面击打歹徒腹部、下颌等，如图6-221所示。
劈拳：由上往下，用拳外背棱或指棱攻击歹徒面部，如图6-222所示。
鞭拳：由左往右，用拳背攻击歹徒头部，如图6-223所示。

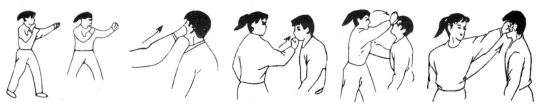

图6-219　侧身　　图6-220　直拳　　图6-221　勾拳　　图6-222　劈拳　　图6-223　鞭拳

（三）掌法

迎面掌：用掌根攻击歹徒面部和鼻梁，如图6-224所示。迎面掌到位后，可张开五指以指甲贴其面抓下，如图6-225所示。

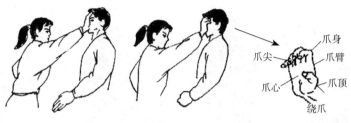

图6-224　迎面掌　　　　图6-225　迎面贴金

以双指或单指叉眼：距离歹徒极近、对方又不防范时，可用双指或单指叉眼，如图6-226和图6-227所示。

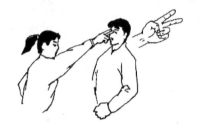
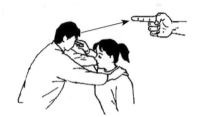

图6-226　双指叉眼　　　　　　　　　图6-227　单指叉眼

（四）肘法

顶肘：屈臂，肘部平抬，肘尖向前顶出，发力时蹬腿、送髋、转身，大臂用力，如图6-228所示。

挑肘：前臂回收，肘尖向前，再由下向斜上挑击，如图6-229所示。挑肘常用于攻击歹徒下颌部位。

横肘：屈臂，肘部平抬，大臂向前横移，以肘尖击打对方，如图6-230所示。横肘常用于攻击歹徒太阳穴、后脑、耳门、颈部及胸肋等部位。

图6-228　顶肘　　　　　图6-229　挑肘　　　　　图6-230　横肘

砸肘：手臂上抬，肘尖朝斜上方，再由上往下砸击，砸击的同时身体迅速下沉，如图6-231所示。砸肘适用于被歹徒抱住腰或腿的情况，可砸击其后脑、腰部等部位。

反手顶肘：手臂略上抬，身体迅速下沉（幅度没有砸肘大），同时两肘向后顶击，力达肘尖，如图6-232所示。反手顶肘适用于被歹徒抱住头或脖子的情况，可顶击其胸部、腹部等。

反手横肘：手臂平抬，蹬腿，身体旋转发力，同时手臂随旋转方向向后横向猛击，力达肘尖，如图6-233所示。反手横肘适用于被歹徒从背后抱住身体的情况，可横击其面部、太阳穴等部位。

图6-231 砸肘

图6-232 反手顶肘

图6-233 反手横肘

(五) 膝击

膝击法中最常用的是提膝，又称顶膝，指膝腿上抬攻击，并以双手拉住歹徒帮助发力，如图6-234所示。

(六) 腿法

蹬腿：一腿支撑，另一腿上抬向前蹬出，如图6-235所示。要点是蹬腿要轻快有力，力达脚跟，蹬出后迅速收回，身体不可前俯后仰。

弹腿：一腿支撑，另一腿提膝向正前方弹踢出腿，如图6-236所示。要点是膝关节由屈到伸，带动小腿发力，脚背绷直，力达脚背。

图6-234 提膝

图6-235 蹬腿

图6-236 弹腿

踹腿：分为正踹和侧踹。正踹时，一腿提膝稍上抬，脚尖外摆，向前下方猛力踹击，力达脚跟，如图6-237所示。正踹多用于攻击歹徒胫骨 (小腿骨) 部位。侧踹时，先转体，一腿上抬，屈膝，勾脚尖，膝关节由屈到伸向前踹击，力达脚跟。低侧踹腿可用于攻击歹徒膝关节，如图6-238所示。中侧踹腿可用于攻击歹徒裆部、腹部，如图6-239所示。

图6-237 正踹

图6-238 低侧踹腿

图6-239 中侧踹腿

（七）头击

头击主要指用头撞击歹徒面部和胸部，如图6-240所示。撞击对方面部时注意瞄准对方鼻梁处三角区域，千万不要撞击对方前额，否则容易造成自身受伤。

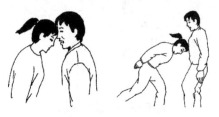

图6-240　头击

二、女子防身术

（一）被歹徒从正面搂抱时的防卫

被歹徒从正面搂抱时，可先上身后仰，制造攻击距离，接着猛然收腹、旋身、挥臂，用肘部连续攻击其太阳穴，如图6-241（a）～（c）所示；也可叉眼、戳喉、折其手指，如图6-241（d）（e）所示。

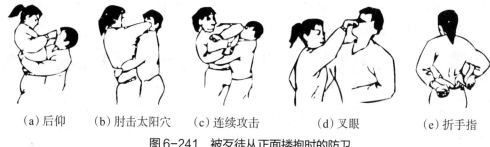

（a）后仰　　（b）肘击太阳穴　　（c）连续攻击　　　　（d）叉眼　　　　（e）折手指

图6-241　被歹徒从正面搂抱时的防卫

（二）被歹徒从后面搂抱时的防卫

被歹徒从后面搂抱时，可抬手蹬腿，身体旋转发力，以反手横肘向后猛击歹徒太阳穴，如图6-242（a）所示；也可反方向折其拇指或小指，或以脚跟猛踩其脚面，或伸手抓、握、提歹徒生殖器，或猛仰头以后脑击其面部，如图6-242(b)～(e)所示。

（a）反手横肘击太阳穴　（b）反折手指　　（c）踩脚面　　（d）抓生殖器　　（e）后脑击面部

图6-242　被歹徒从后面搂抱时的防卫

(三) 被歹徒抓扯头发时的防卫

被歹徒抓住头发往前拖拽时，切勿与歹徒的拖拽力相抗，以免头皮受伤。此时要借着抓拉之力将膝头高提，提膝猛撞歹徒裆部，如图6-243（a）所示。或是侧身弯腰靠近歹徒，顺势以手抓握其生殖器，如图6-243（b）所示。也可抱住歹徒，用一只手的四指直插对方软肋（肋骨下），扣住肋骨往上扯，歹徒痛极自然会松手。或双手叠压于歹徒手背上面，上体前倾弯腰下压，逼迫歹徒松手，如图6-243（c）所示。

（a）提膝猛撞裆部　　（b）弯腰手抓生殖器　　（c）双手叠压，弯腰下压

图6-243　被歹徒抓扯头发时的防卫

(四) 仰卧被歹徒按压时的防卫

如果歹徒分跨于身体两侧站立，可抬腿蹬击其裆部，如图6-244（a）所示。要领是抬起腰、臀，用力将身体送出去，同时用脚猛蹬对方裆部。如果歹徒手肘抬起，露出腋下，可用掌猛击其腋窝，如图6-244（b）所示。如果与歹徒距离很近，可戳击歹徒眼睛或咽喉，如图6-244（c）所示。

如果受害人手臂未被压住，可用肘尖横击其太阳穴，如图6-244（d）所示；如歹徒强行亲吻，可抓住机会咬其鼻尖或舌尖，然后趁其负痛，抬头猛撞其鼻梁，并连续进攻歹徒其他要害部位，如图6-244（e）（f）所示。

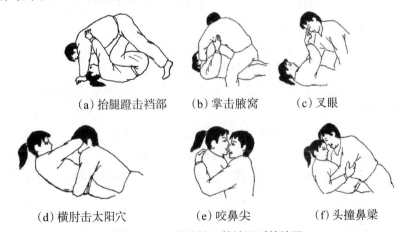

（a）抬腿蹬击裆部　　　（b）掌击腋窝　　　（c）叉眼

（d）横肘击太阳穴　　　（e）咬鼻尖　　　（f）头撞鼻梁

图6-244　仰卧被歹徒按压时的防卫

第七章　游泳运动

本章学习目标

- 了解游泳运动的起源、发展、特点和分类。
- 熟悉游泳池、分道线和出发台等场地设施。
- 掌握游泳运动的比赛规则。
- 掌握蛙泳和仰泳的基本技术和练习方法。
- 熟悉游泳比赛的基本战术。

第一节　游泳运动概述

一、游泳运动的起源与发展

现代游泳运动起源于英国，17世纪60年代流行于约克郡地区。1828年，英国在利物浦乔治码头修造了第一个室内游泳池。1837年，英国伦敦成立了第一个游泳组织，同时举办了英国最早的游泳比赛。1869年，伦敦又成立了大城市游泳俱乐部联合会（现为英国业余游泳协会）并将游泳运动确立为专门的运动项目。

在1896年的首届现代奥运会上，人们将竞技游泳列入了正式的比赛项目。此时的竞技游泳不分泳姿，是真正的"自由式"比赛，只有100米、500米和1200米三项。之后，竞技游泳比赛项目逐步地被规范化。

1900年第2届奥运会时，仰泳被列为奥运会竞赛项目。

1904年第3届奥运会时，蛙泳被列为奥运会竞赛项目。

1908年第4届奥运会时，国际业余游泳联合会成立，并审定了当时的世界纪录，制定了国际游泳比赛规则。

1912年第5届奥运会时，女子游泳被列为奥运会竞赛项目。

1956年第16届奥运会时，蝶泳被列为奥运会竞赛项目。

至此，竞技游泳最终被定为包括蝶泳、仰泳、蛙泳、自由泳4种泳姿的比赛。而且这4种泳姿一直被沿用至今。

二、游泳运动的特点

① 游泳运动是一项对体能要求较高的运动项目，要求参加者具有良好的耐力和体力。

② 游泳运动对场地要求不高，既可以选择室内游泳池，也可以选择比较安全的公开水域。参加者不受年龄、性别的限制。

③ 游泳运动对技巧性要求不高，只要掌握动作的基本要领，兼备足够的体力，任何人

都可以参与此项运动。

④ 游泳运动具有很强的竞争性，可磨炼参与者的意志。

三、游泳运动的分类

游泳运动包括作为比赛项目的游泳、实用游泳和大众游泳，如图7-1所示。

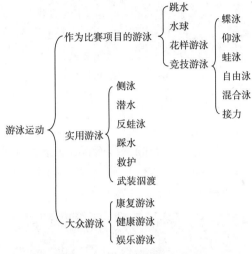

图7-1 游泳运动的分类

在现代奥运会和世界游泳锦标赛中，作为比赛项目的游泳包括竞技游泳、跳水、水球和花样游泳4个部分。其中，竞技游泳包括蝶泳、仰泳、蛙泳、自由泳、混合泳和接力(包括自由泳与混合泳)6个大项32个小项。

- 自由泳：男子50米、100米、200米、400米、1500米，女子50米、100米、200米、400米、800米。
- 仰泳：男子100米、200米，女子100米、200米。
- 蛙泳：男子100米、200米，女子100米、200米。
- 蝶泳：男子100米、200米，女子100米、200米。
- 个人混合泳：男子200米、400米，女子200米、400米。
- 自由泳接力：男子4×100米、4×200米，女子4×100米、4×200米。
- 混合泳接力：男子4×100米，女子4×100米。
- 2008年北京奥运会上新增了男子10千米、女子10千米马拉松游泳项目。

竞技游泳作为比赛项目被人们广泛接受，除此之外，偏重于实用性的实用游泳和具有娱乐性质的大众游泳也有所发展。实用游泳是指在军事和生产生活中实用性较强的游泳方式。大众游泳是一种以增强体质为宗旨，以丰富人们文化生活为目的的大众游泳活动。

四、竞技游泳比赛场地设施

(一)游泳池

国际标准游泳池长50米，宽至少25米，深2米以上。设有8条泳道，每条泳道宽2.5

米，如图 7-2 所示。

图 7-2　游泳池

(二)分道线

分道线由直径 0.05～0.15 米的单个浮标连接而成，其长度和赛道长度一致，并固定在凹进两端池壁的挂钩上。挂钩的位置应该保证分道线两端的浮标能够浮在水面上。第一和第八泳道的外侧分道线距离池壁为 2.5 米，如图 7-3 所示。

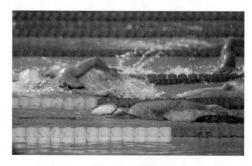

图 7-3　分道线

(三)出发台

出发台设在泳池两端每条泳道的中央位置上，其前缘高出水面 50～75 厘米，表面面积为 50 厘米 × 50 厘米，并覆盖防滑材料，表面倾斜度不超过 10°，厚度大于 0.04 米。出发台两侧和前端均设有深入台体 0.03 米的握手槽，两侧握手槽宽度不小于 0.1 米，前端握手槽宽度不小于 0.4 米。握手槽的作用是保证使用前倾式出发姿势的运动员能够在前方或两侧抓住平台。出发台侧面如图 7-4 所示。

图 7-4　出发台侧面

仰泳出发握手器安装在水面上方0.3～0.6米处，既可以与水面平行安装，也可以与水面垂直安装，且要保证与池壁表面平行，但不突出池壁。

五、竞技游泳比赛规则

(一) 出发与触壁

① 蝶泳、蛙泳、自由泳、混合泳和接力的各项比赛必须从出发台起跳出发，仰泳项目在水中出发。

② 在裁判长发出连续哨音信号后，比赛选手需脱去外衣。发出第一声长哨音信号后，参加蝶泳、蛙泳、自由泳、混合泳和接力各项比赛项目的运动员应站到出发台前沿的后方；而参加仰泳比赛项目的运动员应在第一声长哨音信号后下水，在裁判长发出第二声长哨音信号时迅速游回池端，两手与肩同宽握住扶手器，两臂放松，两脚掌蹬住池壁，脚与水面同高，两脚不要露出水面。

③ 在蝶泳、蛙泳、自由泳、混合泳和接力的各项比赛中，当发令员发出"各就位"的口令后，运动员应至少有一只脚在出发台的前缘做好出发准备，手臂位置不限；而仰泳运动员听到口令后两臂应立即将身体拉起，接近出发台。

④ 当所有运动员都处于静止状态时，发令员发出"出发信号"(鸣枪、电笛、鸣哨或口令)。运动员在听到"出发信号"后才能做出发动作，否则视为犯规。

⑤ 在自由泳和仰泳比赛中，到达终点时运动员可以只用一只手触壁，而在蛙泳和蝶泳比赛中，必须双手同时触壁。

⑥ 接力比赛当中，任何一个运动员必须在其队友触壁0.03秒之后离开出发台，否则这个队将被自动取消比赛资格 (运动员可以在队友触壁的时候做出发动作，但是脚必须接触出发台)。

(二) 转身

奥运会游泳比赛使用的是50米长的标准池，所有距离在50米以上的比赛都必须在途中折返。

在个人混合泳的比赛过程中，要求运动员分别使用4种不同的泳姿游相同的距离，顺序依次是蝶泳、仰泳、蛙泳和自由泳。当从仰泳转换到蛙泳时，运动员必须保持仰泳的姿势直到触及池壁才可转身。

(三)技术犯规

适用于各个泳姿的技术犯规包括：游出本泳道或干扰他人；转身不触池壁；在浅水行走或跨越；使用有利于浮力或速度的器材等。

在各个不同泳姿的比赛中还有专门的技术犯规规定。

① 蛙泳：出发后或转身后的第二次划水之前，头未露出水面；腿部动作不对称、不平行，有垂直上下打腿动作；两手先后触壁。

② 蝶泳：腿、臂动作不对称、不平行；手臂未同时在水面上前移；两手先后触壁。

③ 仰泳：出发时脚趾露出水面；出发下潜时打腿位置高于头部15厘米；游进中改变仰

卧姿势。

④ 自由泳：中途改变泳姿。

⑤ 混合泳：仰泳转身时在未触壁前改变仰卧姿势；自由泳游程中采用蛙泳、仰泳或蝶泳泳姿。

第二节　基本技术

为了使初学者适应水下环境，掌握水的特性，消除对水的恐惧，在学习游泳前需要一个熟悉水性的过程，掌握水中行走、呼吸、漂浮和滑行等游泳最基本的技能，为以后学习各种游泳技术打下良好基础。

① 水中行走：体会水的阻力。

② 呼吸练习：了解掌握水中呼吸的特点、方法和规律。

③ 漂浮练习：了解人体在水中浮沉的原理，体会水的浮力，具备在水中保持平浮的能力。

④ 滑行练习：掌握人体在水中游动时的正确姿势，能在水中保持平衡，具备借助推力、蹬力所产生的反作用力，取得滑行速度和游距的能力。

本节中将为大家讲解竞技游泳中的蛙泳和仰泳的基本技术与练习技巧。

一、蛙泳

蛙泳是古老的游泳姿势之一，因其动作结构模仿青蛙而得名。蛙泳有很多优点，例如，呼吸节奏容易掌握，游动声音小，容易观察和判断游动方向，每个动作周期结束后都有短暂的滑行放松时间。

但是，蛙泳的臂、腿变化方向较多，其内部技术结构是4种泳姿中最复杂的。由于运动员在水下移臂和收腿都会给前进带来很大的阻力，使行进速度下降，所以它是4种泳姿中速度最慢的。

(一) 蛙泳技术

1. 身体姿势

身体俯卧，保持自然伸直，收腹塌腰呈流线型。手臂向前伸直，掌心向下，头置于两臂之间，两腿并拢，如图7-5(a)所示。身体纵轴与水平面的夹角变化区间为5°～15°。

当吸气时，下颚露出水面，肩部升起，身体与水平面的角度增大到15°。在吸气后，头没入水中，提臀蹬夹腿，此时臀部高于肩膀。蛙泳动作的分解如图7-5所示。

(a)

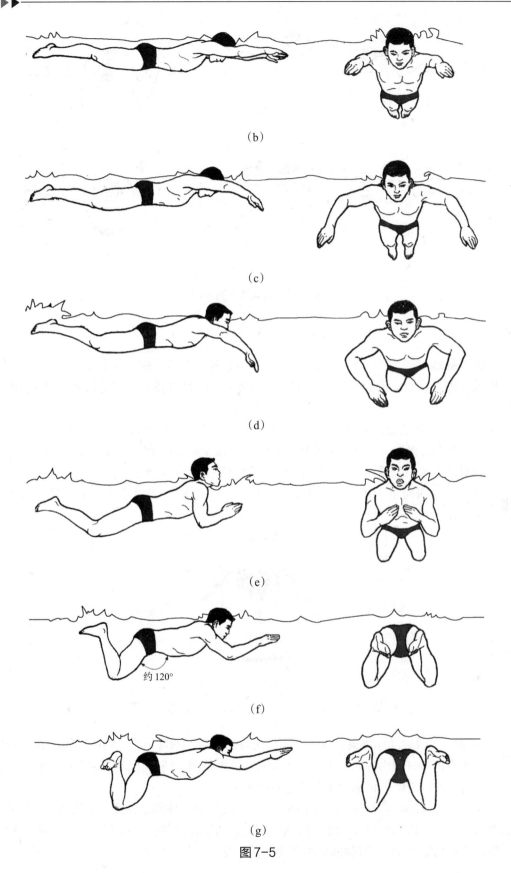

（b）

（c）

（d）

（e）

约120°

（f）

（g）

图7-5

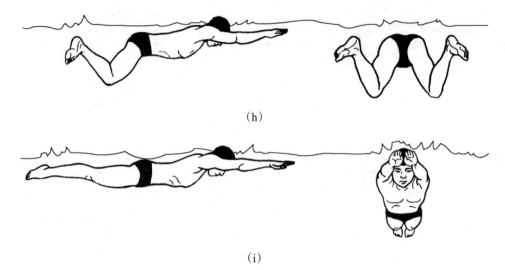

（h）

（i）

图7-5　蛙泳动作的分解

2. 腿部动作

蹬腿是蛙泳推进力的主要来源之一，可分为收腿、翻脚、蹬夹腿和滑行4个阶段且这几个阶段应连贯进行。两腿动作对称进行，收腿为蹬腿做准备，翻脚是收腿的结束和蹬夹腿的开始。

① 收腿：收腿是把腿收到最有利于蹬水的位置。首先屈膝屈髋，由大腿带动小腿前收，前收的同时两膝逐渐分开。两脚和小腿在大腿正面投影截面内，如图7-5（f）所示，两脚后跟尽量向臀部靠近。收腿开始与收腿结束状态如图7-5（e）（f）所示。

收腿后，大腿与躯干成120°～130°，如图7-5（f）所示，两膝分开最大时与肩同宽，如图7-6所示。

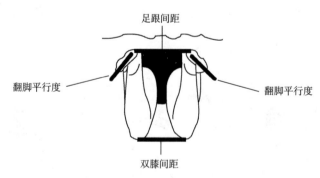

图7-6　收腿时膝盖间距、足跟间距及翻掌平行度

② 翻脚：当收腿动作将近完成时，脚仍向臀部靠近，两膝内扣，两脚外转，脚尖向外，使脚和小腿内侧对好蹬水方向，小腿离开大腿的投影截面，翻掌时的状态如图7-5(g)所示。翻脚结束时，两脚之间的距离大于两膝之间的距离。

③ 蹬夹腿：翻脚后，大腿发力向后蹬出，通过伸髋、伸膝、伸踝，以大腿、小腿的内侧面和脚掌快速地做弧形蹬夹动作。蹬腿结束后，两腿并拢伸直。蹬夹腿动作如图7-5（g）（h）所示。注意蹬夹腿时，双膝间的距离要保持不变。

④ 滑行：蹬腿结束后，借助蹬夹腿产生的推进力向前滑行，此时双腿并拢，收腹塌腰，身体呈流线型且保持较高位置，以减少迎面阻力，并为下一轮动作做好准备，如图7-5（i）所示。

3. 臂部动作

臂部动作与腿部动作协调运动，可以使游动更加省力，而且能提高游动速度。臂部动作可以分解为抓水、划水、收手和伸臂4个阶段，如图7-5所示。

① 抓水：由两臂前伸滑行开始，两肩略内旋，掌心转向斜下方对准划水方向，如图7-5（b）所示，稍勾腕，成准备划水姿势（俗称抱水动作）。

② 划水：划水开始，两臂慢慢分开，当两臂夹角为40°～45°时，手臂向外旋转屈肘，形成屈臂高肘划水，之后向两侧、后下方划水，直至两臂之间角度为120°时，划水结束准备收手。肘关节弯曲的角度随着划水的进行不断减小，到划水即将结束时，肘关节弯曲的角度约为90°。划水过程如图7-5（c）（d）所示。

③ 收手：当两臂之间角度为120°时，靠肘伸肩。手臂开始向里向上运动，掌心由向后转向内，收到头部下方。整个收手过程要快速、圆滑的完成。收手结束时，肘关节低于手，上臂与前臂成锐角。收手过程如图7-5（e）所示。

④ 伸臂：两臂从头下同时向前伸出、伸直，掌心由向内转为向下。

4. 臂、腿和呼吸配合技术

蛙泳的臂、腿和呼吸配合一般是蹬腿一次，划臂一次，呼吸一次。由于腿、臂和呼吸配合时间的不同，形成不同的技术特征。

一般的配合技术是：两臂做抓水和划水动作时，抬头吸气，腿自然伸直。收手的同时收腿，手开始向前伸。收腿结束翻好脚掌，当伸臂动作进行到2/3时，做蹬夹腿动作，然后滑行吐气。

（二）练习方法

蛙泳练习的顺序是先练腿部动作，后练手臂动作和呼吸方法，再练臂腿配合和完整动作配合。

1. 腿部动作练习

俯卧长凳上，前臂支撑上体，按照收、翻、蹬夹和停四拍分解练习，如图7-7所示。熟练后将四拍合为一拍，一次完成腿部的整套动作。之后俯卧池边感觉腿在水中所受阻力，做腿部动作的练习时注意收腿角度及翻脚和蹬腿的路线。

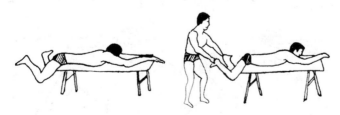

图7-7　岸上的腿部练习

在水中双手抓池槽，由同伴帮助做腿部练习，如图7-8所示，着重感觉大腿、小腿、膝盖和脚的运动轨迹。熟练之后，用脚蹬池壁滑行，做腿部练习，如图7-9所示。

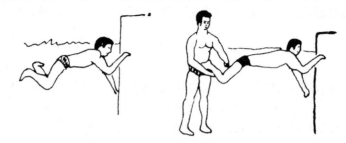

图7-8　由同伴帮助做腿部练习

图7-9　蹬壁滑行，做腿部练习

2.臂部和呼吸动作练习

在岸上呈站立姿势，上体前倾。两臂前伸并拢，掌心朝下，按照抓水、划水、收手和伸臂四拍分解练习，如图7-10所示，熟练后将四拍合为一拍，一次完成臂部的整套动作。手臂动作熟练后，配合呼吸，再做练习。

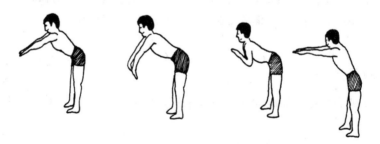

图7-10　在岸上做臂部练习

站在齐腰深的水中做臂部动作练习时，弯腰将上体没入水中，做手臂与呼吸配合练习，如图7-11所示，划水不要用力，重点体会划水路线。熟练后由同伴抱住大腿或用大腿夹住浮板，做臂与呼吸的配合练习。

图7-11　在水中做臂部练习

（三）常见的错误动作及纠正方法

① 收腿之后没翻脚。在陆上进行练习时，收腿之后着重体会翻脚的感觉，在水中练习时，强制性地做翻脚动作。

② 蹬腿时两膝距离变大，蹬得过宽。在做水中的腿部练习时，由同伴帮助保持两膝间距离，矫正不良姿势。

③ 做蹬夹腿动作时只蹬不夹。在脚蹬出去，两膝未伸直之前，就应积极向内夹水。

④ 划水时手摸水，拖肘。注意划水时的动作要领，开始划水时臂内旋并勾手腕；划水时肘应高于手，形成屈臂高肘。

⑤ 吸不到气或吸气时喝水。由于在水中未吐气或气未吐尽，在抬头出水后有吐气动作，吸气时间不够，造成吸不到气或喝到水。练习者可加强水中原地的臂与呼吸配合练习，要在出水瞬间将气吐尽。

二、仰泳

仰泳是人体呈仰卧姿势在水中进行游泳的一种姿势。仰泳的实用性强，适宜在水中拖运物体，救护溺水者。

仰泳包括反蛙泳和爬式仰泳（简称反爬泳）。反蛙泳是最早出现的一种仰泳，动作近似蛙泳，而身体姿势与蛙泳相反。爬式仰泳的动作与自由泳的动作大致相同，即面朝上两臂轮流划水，两腿上下交替打水。

反蛙泳与爬式仰泳相比，游动时相对费力，而且游动速度较慢，因此在游泳比赛中，仰泳项目均采用爬式仰泳泳姿。

（一）爬式仰泳技术

1. 身体姿势

身体自然伸展，仰卧呈流线型，头和肩部稍高，腰腹和腿部保持水平，身体纵轴与水平面成 5° ～7°。

由于头部在游泳过程中起到掌握方向的作用，所以要求头部稳定，始终保持正直姿势，躯干以身体纵轴为基准，随着两臂的轮流划水动作而自然转动。仰泳动作的分解如图 7-12 所示。

2. 腿部动作

腿部动作是保持身体高平仰姿、控制身体摇摆和产生推力的决定因素。仰泳腿部动作的重点可概括为"上踢下压"，即"屈腿上踢、直腿下压"的鞭打动作。腿部动作分解如图 7-12（a）～（d）所示。

① 上踢。以髋关节为支点，其中一条腿（以右腿为例）由大腿发力带动小腿及脚，稍向下移动后用力上踢，此时膝关节微屈，成 130° ～140°，踝关节伸展，脚向内转，动作要有力。注意上踢高度要适中，膝关节不要露出水面，两脚跟的上下最大距离为 50 厘米，如图 7-13 所示。上踢过程如图 7-12（a）～（c）所示。此时左腿稍向下移动，准备上踢。

② 下压。向下打水时，右腿膝关节自然伸直，用力下压，此时脚尖稍向内旋，以加大踢水面积。右腿下压的同时，左腿上踢。下压过程如图 7-12(d) 所示。

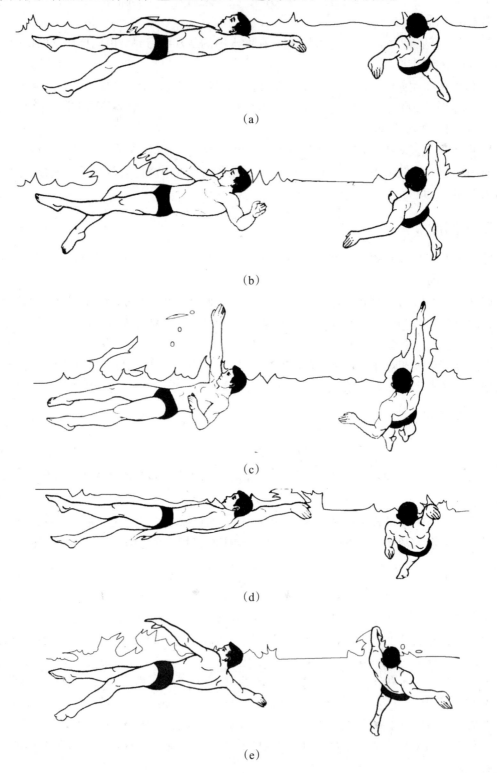

(a)

(b)

(c)

(d)

(e)

（f）

（g）

（h）

图 7-12　仰泳动作的分解

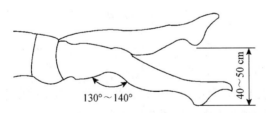

图 7-13　上踢时膝关节角度及两脚跟之间的距离

3. 臂部动作

臂部动作要双手配合运动，可分为入水、抱水、划水、推水、出水和空中移臂 6 个阶段，这几个阶段是连贯进行的。

① 入水。左臂入水时保持伸直状态，肩关节外旋，手的小指朝下，拇指朝上，掌心向外，手与前臂之间的角度为 150°～160°，入水点在肩延长线与身体纵轴之间。同时右臂向后下方做推水动作，如图 7-12（a）所示。

② 抱水。当左臂切入水中后，利用移臂的惯性使手臂向外侧下滑并向上向身后转腕，

肩臂内旋，使手和小臂对准划水方向，同时开始屈臂至 150°～160°，使手掌和前臂增大划水面，配合上体转动成抱水姿势。同时，右臂提出水面，如图 7-12(b) 所示。

③ 划水。当左臂下滑至与身体纵轴成 40°～50° 角时开始屈臂划水，如图 7-14 所示，手后划的速度要快于肘。划水至肩侧时，手距水面约 15 厘米，屈臂角度大约为 90°。这时手、前臂、上臂同时向脚的方向做推水动作，如图 7-12(c) 所示。

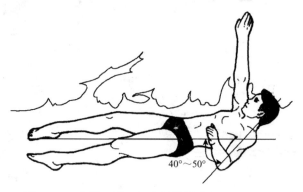

图 7-14　左臂下滑至与身体纵轴成 40°～50° 角

④ 推水。肘关节将靠近体侧时，然后向后下方自然下压，肩关节向上提，同时内旋，以肩为轴按由下至上再向下的 S 形划水路线划动，如图 7-15 所示。左臂靠近大腿旁时结束划水。同时，右臂在空中沿肩线上方做圆周运动，当左臂结束划水时，右臂正好入水。

图 7-15　S 形划水路线

⑤ 出水。划水结束后，借助手掌下压的反作用力，手背朝上，以肩带动上臂和前臂，将左臂立即提出水面。同时，右臂入水后，做抱水动作，如图 7-12(e) 所示。

⑥ 空中移臂。左臂出水后沿肩线上方做圆周运动，移动过程中保持手臂伸直。右臂做划水运动，左臂入水时，右臂出水，如图 7-12(f)～(h) 所示。

4. 双臂配合

一般情况下，当一臂出水时，另一臂刚好入水；当一臂处于划水中段时，另一臂在空中移臂至一半。在整套臂部动作中，两臂几乎都处在完全相反的位置上，这样配合能保证动作的连贯性和速度的均匀性。

5. 臂、腿和呼吸的配合

① 臂与呼吸的配合。一般情况下是两次划水一次呼吸，即以一只手臂为标准，开始出水移臂时吸气，其他阶段再慢慢呼气。高速游进时也有一次划水一次呼吸的技术。需要注意的是呼吸过于频繁会导致动作紊乱。

② 腿、臂配合技术。在划水过程中，腿的上踢和下压动作要保持身体的平衡与协调，避免身体的过分转动和臂部下沉。

现代仰泳技术采用 6 次打腿、2 次划臂的配合，也有少数人采用 4 次打腿、2 次划臂的配合。仰泳 6 次打腿、2 次划臂的动作配合如表 7-1 所示。

表 7-1　仰泳 6 次打腿 2 次划臂的动作配合表

臂部动作		腿部动作	
右臂	左臂	右腿	左腿
抱水	出水移臂开始	上踢	下压
划水	移臂中间	下压	上踢
推水	移臂结束入水	上踢	下压
出水移臂开始	抱水	下压	上踢
移臂中间	划水	上踢	下压
移臂结束入水	推水	下压	上踢

(二) 练习方法

仰泳练习的顺序是先练腿部动作，后练手臂动作和呼吸方法，再练臂腿配合和完整动作配合。

1. 腿部动作练习

在岸上单脚支撑站立，另一条腿向后伸并以大脚趾着地。以大腿带动小腿屈腿踢出，注意膝盖弯曲角度，然后大腿带动小腿直腿后压，双腿交替练习。然后坐在池边做腿部的模仿练习。熟悉打水的感觉并掌握动作要领，逐渐加快打水频率，如图 7-16 所示。

在水中做腿部练习时，可以双手反抓池槽，身体仰浮于水中，按照动作要领，做腿部打水动作。也可以保持身体纵轴与分道线成平行状态，一只手抱住分道线，或者抱住浮板仰卧滑行，平稳之后，再练习腿部动作，如图 7-17 所示。

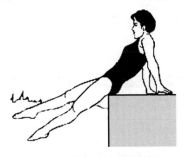

图 7-16　坐在池边做腿部练习

图 7-17　在水中仰卧做腿部练习

2. 臂部动作练习

仰卧在长凳上，先做单臂的要领练习，熟练之后做双臂配合呼吸的练习，如图 7-18

所示。之后在水中由同伴抱住大腿或大腿夹住浮板做臂部与呼吸的配合练习，如图7-19所示。

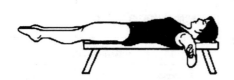

图7-18　仰卧长凳练习手臂动作

图7-19　由同伴帮助在水中练习手臂动作

3.完整动作配合练习

在岸上保持站立姿势，将腿部和臂部的动作协调起来，熟悉其运动规律。熟练后再配合呼吸进行练习。之后在水中仰浮滑行，一臂放体侧，另一臂做臂部练习。熟练后做双臂的配合练习，最后配合呼吸，做完整动作练习。注意做臂部练习的同时，两腿要不停地打水。

(三) 常见的错误动作及纠正方法

① 害怕呛水抬高头，导致身体没有展平。身体自然平直地仰卧水中，将下颌抬高，两耳没入水中。

② 大腿动作过大，膝关节露出水面，将踢水动作做成挑水动作。在做腿部练习时，控制大腿运动的幅度。

③ 打腿频率较慢，导致划水时身体下沉。练习者应在划水时积极打腿。

④ 移臂时肘关节弯曲。当划水结束时将手紧靠大腿。

第三节　基本战术

游泳比赛的战术一般可分为心理战术、比赛游程中的体力分配战术、出发战术和转身战术等。能否达到预期的效果，关键在于运动员能否根据比赛中的实际情况恰当地应用战术。

一、心理战术

运动员训练水平的正常发挥，不仅取决于运动员的竞技状态，而且取决于运动员的心理状态。运动员应排除杂念，保持冷静，充满信心。除此之外，领队、教练员及运动员之间也应相互鼓励，以减轻运动员心理压力。

二、游程中体力分配战术

在短距离游程的比赛中，越来越多的优秀运动员更重视后程加速。后程加速战术，从理论上来说是克服白肌纤维的惰性，使之逐渐发挥更大的肌力，从而获得冲刺时的优势。在200米游泳比赛中要重视后100米和第三个50米的速度，目前世界优秀运动员在第三个

50 米游程中，不仅不降低频率和速度，甚至还有所提高。

三、游中长距离的战术

前程保持一定的速度，中程到后程速度逐渐递增，这种战术目前被认为是中长距离游泳比赛最佳战术。这种战术要求运动员身体素质好，既要有耐力又要有速度。

四、出发战术

恰当的起跳是可以争取 0.1 秒到 0.2 秒的时间，对比赛成绩影响很大。因此，在赛前的裁判实习或练习时，运动员要测算裁判发令到枪响的时间，争取掌握最佳的起跳时间。

运动员在出发时，为提高入水后的滑行速度，多采用前倾式入水。前倾式入水是指在出发时运动员双手抓住出发台前端或两侧的握手槽，上体前倾的一种入水方式。

五、转身战术

转身战术的关键点主要有以下三个方面：

① 游近池壁不减速，甚至还加速，手触壁的时间正是臂划水前伸的时间。

② 旋转的速度快。

③ 蹬壁有力，流线型好。

转身后滑行时尽量水平放松，且距水面不要太深，以免影响上浮出水时间。

六、终点抢边战术

游近池壁时要加速，精准地判断好到池壁距离。最后一个动作抢边时，臂尽量前伸用手指触边，不要用整个手掌去触边。抢边时头部要保持水平，以便臂的前伸。

七、接力比赛战术

在自由泳接力比赛中，成绩最好的运动员放在第一棒，成绩第二好的运动员放在最后一棒。第一棒若取得好成绩，则可以鼓舞全队的士气，这是常规的排列方法，但当了解对手的情况时也可以改变棒次排列。

接力比赛中前一棒运动员的触壁和下一棒运动员的起跳时间能否衔接好，也是接力比赛中很关键的一环。最好的衔接时间是在池中游进的运动员手触边的一瞬间，出发台上的运动员脚离台。能否配合默契须在赛前反复训练，以提高运动员的灵敏度和反应力来赢得时间，弥补速度之差。

总之，战术应根据项目的编排、预决赛的时间、运动员的实力以及对手的特长等实际情况做合理、科学的安排。

第八章　体育舞蹈

✎ 本章学习目标

- ◆ 了解体育舞蹈的起源与发展。
- ◆ 掌握体育舞蹈的基本技术。
- ◆ 熟悉体育舞蹈的竞赛规则。

第一节　体育舞蹈运动简介

一、体育舞蹈的起源与发展

体育舞蹈又称国际标准舞，是集体育、舞蹈、艺术和音乐为一体，以优美的艺术舞姿为表现形式的一种步行式双人舞。由于体育舞蹈的强度、力度和速度与其他体育运动量等同，所以将其划入体育运动类。

体育舞蹈来源于非洲的民间土风舞，起初流行于乡间。它先后经历了原始舞蹈、公众舞、民间舞、宫廷舞、社交舞（即交际舞、交谊舞）和新旧国际标准舞等几个发展阶段。

20世纪80年代，体育舞蹈传入我国并得到迅速发展。1986年，中国国际标准舞学会成立。1995年4月国际奥委会正式将国际标准舞列为奥运会表演项目。

2002年，中国加入国际体育舞蹈联合会，标志着我国体育舞蹈事业和国际接轨，进入了一个新的发展阶段。

二、体育舞蹈的舞种及特点

体育舞蹈的舞种有10种之多，其特点见表8-1。

表8-1　体育舞蹈的舞种及特点

舞类	舞种	起源地	舞蹈特点
标准舞	华尔兹	德国	舞姿雍容华贵，高雅大方 舞步委婉流畅，周旋轻飘，起伏跌宕
	探戈	阿根廷	舞姿刚劲顿挫，潇洒奔放 舞步节奏爽快流畅，动静交织
	狐步	英国	舞姿平稳大方，温柔从容 舞步悠闲轻松，富有流动感
	快步	美国	舞姿轻松欢快 舞步跳跃转动，灵活动人

续表

舞类	舞种	起源地	舞蹈特点
标准舞	维也纳华尔兹	奥地利	舞姿华丽优雅 舞步潇洒流畅
拉丁舞	伦巴	古巴	舞姿柔媚动人，甜美含蓄 舞步涓涓柔媚
	桑巴	巴西	舞姿活泼动人，甜美生动 舞步风吹摇曳
	恰恰恰	墨西哥	舞姿花俏利落 舞步欢快爽朗
	斗牛舞 （帕索多不列）	西班牙	舞姿威猛、激昂，刚劲有力 舞步坚定、悍厉、夸张
	牛仔舞 （伽依夫）	美国	舞姿豪放、开朗 舞步自由多变，节奏快捷

第二节　体育舞蹈的基本技术

一、体育舞蹈基本形态和姿态训练

基本形态和姿态训练是对练习者身体形态和姿态进行系统的专门练习，其作用是改变身体各部位的原始状态，提高形体动作的灵活性，增强站姿、坐姿、走姿的动作规范性。

(一)站姿训练

1. 基本站立

立正：两脚并拢，两腿伸直，两臂自然垂于体侧。抬头、挺胸、收腹、立背、立腰、提臀、紧腿。两眼平视前方，下颌略收，双肩后展下沉，背部成一平面，平稳均匀地呼吸。

八字步：在立正的基础上，两脚跟靠拢，脚尖外转约45°。

大八字步：在八字步的基础上，两脚跟开立与肩同宽。

丁字步：在八字步的基础上，一脚脚跟靠于另一脚足弓处，并相互垂直。

练习方法：以上四种站立步法，每两个八拍转换一种，循环练习4~8遍。

2. 双手叉腰站立

动作要求：在立正、八字步、大八字步和丁字步站立的基础上，双手叉腰。在改变双臂位置的情况下，加强双肩和站立形态的控制能力。

练习方法：以上站立姿势每种做两个八拍，循环练习4~8遍。

3. 双手叉腰提踵站立

动作要求：在双手叉腰站立的基础上，双脚提踵站立，脚跟尽量离地。在改变双臂和双足位置、提高身体重心的基础上，加强踝关节、肩部、腿部及上体形态的控制能力。

练习方法：以上站立姿态每种做两个八拍，循环练习4～8遍。

(二) 手位、脚位训练

1. 手位训练（见图8-1，配2/4或4/4拍中速音乐）

基本手形：女士采用芭蕾椭圆手形，即大拇指和中指稍相对、靠拢，其余四指自然展开，成自然弧线形。男士四指并拢伸直，大拇指向里合。

动作要求：保持好立正姿势。双肩下沉，肘关节放松，用肘关节带动手臂做手位转换。

一位手：两臂弧形下垂于小腹前，手指相对，掌心向内并斜向下。

二位手：两臂弧形前平举略低于肩，手指相对，掌心向内并斜向下。

三位手：两臂弧形上举，掌心相对。

四位手：一臂三位手，一臂二位手。

五位手：一臂三位手，一臂弧形侧平举，掌心向前。

六位手：一臂二位手，一臂弧形侧平举，掌心向前。

七位手：两臂弧形侧平举，掌心向前。

练习方法：每两个八拍转换一种手位，可配以上不同的站姿，循环练习4～8遍。

注意事项：在站立形态控制较好的基础上，反复体会肘关节带动手臂做手位转换练习时的感受，进而配合头部随运动手运动的练习。

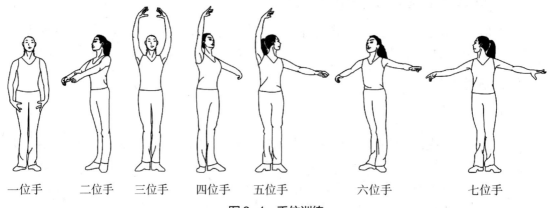

| 一位手 | 二位手 | 三位手 | 四位手 | 五位手 | 六位手 | 七位手 |

图8-1　手位训练

2. 脚位训练（见图8-2，配2/4或4/4拍中速音乐）

动作要求：保持立正站立姿态，脚位转换时骨盆固定，两腿伸直，重心在两脚上。

一位脚：两脚跟靠拢，两脚尖外转90°成一直线，显"一"字形。

二位脚：在一位脚的基础上，两脚左右开立，脚尖向外，两脚跟相距一脚的距离。

三位脚：在二位脚的基础上，两脚脚跟相互重叠，脚尖向外。

四位脚：在三位脚的基础上，两脚前后平行相距一脚开立，一脚脚尖与另一脚脚跟对齐。

五位脚：在四位脚的基础上，两脚完全重叠，即一脚脚尖与另一脚脚跟对齐靠拢。

练习方法：每两个八拍转换一种脚位，可配上不同的手位，循环练习4～8遍。

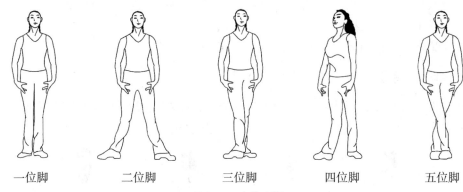

一位脚　　　　二位脚　　　　三位脚　　　　四位脚　　　　五位脚

图8-2　脚位训练

二、柔韧、力量训练

柔韧、力量训练主要是通过把杆练习提高身体的控制能力，增强腰、腿部柔韧性和力量，练习时可根据自身的水平和能力，采用一手扶把杆，另一手叉腰或配手位进行练习。

靠把杆内侧的腿，称支撑腿；把杆外侧的腿，称运动腿。

（一）擦地（配2/4拍或4/4拍快速音乐）

动作如图8-3所示，要求：保持丁字步站立姿势，擦地时骨盆固定，重心始终垂直支撑。两腿伸直，运动腿脚面绷直且外翻，迅速有力地向前、向后、向侧擦地。

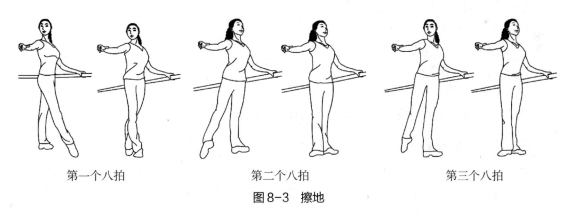

第一个八拍　　　　　　　　第二个八拍　　　　　　　　第三个八拍

图8-3　擦地

练习方法：

预备时侧对把杆，一手扶把杆，另一手臂成一位手，外侧脚丁字步站立。

第一个八拍：

1拍　运动腿伸直并沿地面有力地向前擦去，脚踝外翻下压，脚趾外侧触地。手臂由一位手经二位至七位手。

2～3拍　保持不动。

4拍　踝关节用力下压沿地面直腿收回。

5～8拍同1～4拍。

第二个八拍同第一个八拍，向左（右）侧做，胯部打开，五趾趾腹触地。

第三个八拍同第一个八拍，向后做，同时腿外翻，脚拇趾内侧触地。

第四个八拍同第二八拍。

第五～第八个八拍同第一～第四个八拍，换腿做。

（二）压脚跟（配2/4拍或4/4拍快速音乐）

动作如图8-4所示，要求：保持立正站立姿态，提踵立时只用脚趾关节着地，压脚跟时要迅速有力，中间不能停倾，下压后马上恢复提踵立姿态。

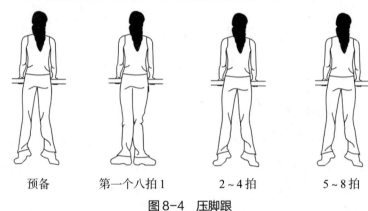

图8-4　压脚跟

练习方法：

预备时面对把杆，双手屈肘扶把杆，一位脚站立。音乐前奏最后一拍提踵立。

第一个八拍：

1拍 足跟迅速下压后立即提踵立。

2～4拍 提踵立控制。

5～8拍同1～4拍。

第二个八拍同第一个八拍。

第三、第四个八拍一拍一压，最后一拍落地，动作结束。

（三）下蹲（配2/4拍或4/4拍中速音乐）

动作如图8-5所示，要求：保持二位脚站立姿势，下蹲和起身时身体重心始终在同一垂直面运动，两膝和胯部向外侧打开。

图8-5　下蹲

练习方法：

预备时侧对把杆，一手扶把杆，另一手臂成一位手，二位脚站立。

第一个八拍：

1拍 二位脚屈膝浅蹲，即屈膝重心垂直向下至大腿与地面成45°。手臂由一位手经二位至七位手。

2拍 还原成预备姿势。

3拍 二位脚屈膝半蹲至大腿与地面平行。

4拍 还原成预备姿势。

5～6拍 二位脚屈膝深蹲同时起踵。

7～8拍 压脚跟伸膝成预备姿势。

第二个八拍同第一个八拍。

（四）画圈（配2/4或4/4拍中速音乐）

动作如图8-6所示，要求：保持一位脚站立姿势，画圈时重心始终垂直于支撑腿，不晃动。运动腿脚尖始终贴着地面，用脚跟带动脚尖完成画圈动作，头随运动手臂转动。

第一个八拍1拍 —— —— 8拍

第二个八拍1拍 2拍 —— 8拍

图8-6 画圈

练习方法：

预备时侧对把杆，一手扶把杆，另一手臂成一位手，一位脚站立。

第一个八拍：

1～2拍 运动腿压脚跟，直腿经一位脚至前点地。手臂由一位手经二位至七位手。

3～8拍 运动腿脚尖从前点地向外经侧点地向后画圈至后点地。

第二个八拍同第一个八拍，支撑腿屈膝做。

第三、第四个八拍同第一、第二个八拍。

第五、第八个八拍同第一～四个八拍，换腿做。

(五) 移重心 (配2/4拍或4/4拍中速音乐)

动作如图8-7所示，要求：保持丁字步姿态，双腿屈膝移重心时保持重心稳定并在同一平面上移动。

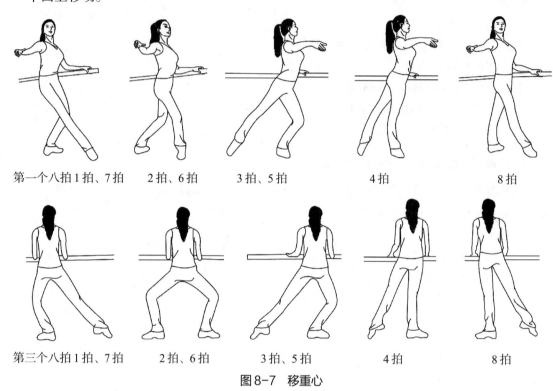

第一个八拍1拍、7拍　　2拍、6拍　　3拍、5拍　　4拍　　8拍

第三个八拍1拍、7拍　　2拍、6拍　　3拍、5拍　　4拍　　8拍

图8-7　移重心

练习方法：

预备时侧对把杆，一手扶把杆，另一手臂成一位手，外侧脚丁字步站立。

第一个八拍：

1拍 运动腿向前擦地，支撑腿屈膝成后弓步，重心垂直下降于支撑腿上。手臂由一位手经二位至七位手。

2拍 重心向前移至两腿中间，两腿屈膝成四位蹲。

3拍 重心继续前移至运动腿，同时支撑腿伸直成前弓步。

4拍 运动腿伸直，重心上升。

5～拍8同1～4拍，唯向后做。

第二个八拍同第一个八拍。

第三个八拍：

1拍 面向把杆转体90°，同时重心下降成运动腿屈膝侧点地，双手屈肘扶把杆。

2拍 重心侧移至两腿间，两腿屈膝成二位蹲。

3拍 重心继续侧移至支撑腿，同时运动腿伸直成侧弓步。

4拍 支撑腿伸直，重心上升。

5~8拍同1~4拍，向另一侧做。

（六）压腿（配3/4拍或4/4拍中速音乐）

动作如图8-8所示，要求：保持丁字步站立姿态。正压腿时腹部靠近大腿；侧压腿时双肩水平侧倒，肩触膝，跨向两侧打开；后压腿时胯要正。

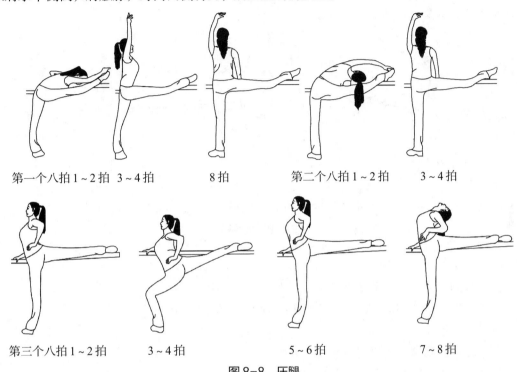

第一个八拍1~2拍　3~4拍　　　8拍　　　第二个八拍1~2拍　　3~4拍

第三个八拍1~2拍　　3~4拍　　　　5~6拍　　　7~8拍

图8-8　压腿

练习方法：

预备时，身体侧45°面对把杆，一手扶把杆，另一手臂成一位手，运动腿伸直绷脚面，放到把杆上。

第一个八拍：

1~2拍 上体向前压腿，运动腿同侧手臂由一位到二位手。

3~4拍 腿还原成预备动作，运动腿同侧手臂由二位到三位手。

5~8拍同1~4拍，8拍时向外转体90°成身体侧45°肩对把杆，两手臂换位。

第二个八拍：

1~2拍 上体向侧压腿。

3~4拍 还原成预备动作。

5~8拍同1~4拍。

第三个八拍：

1~2拍 向外转体90°成身体侧45°肩对把杆，上手叉腰。

3~4拍 支撑腿屈膝慢慢下蹲。

5~6拍同1~2拍

7~8拍 上体后仰。

第四个八拍同第二个八拍。

第五～第八个八拍同第一～四个八拍，换腿做。

(七) 大踢腿 (配 2/4 拍或 4/4 拍中速音乐)

动作如图 8-9 所示，要求：保持丁字步站立姿态，踢腿时要绷脚面、直腿、迅速有力，落地时要控制下落轻点地，不要晃动。

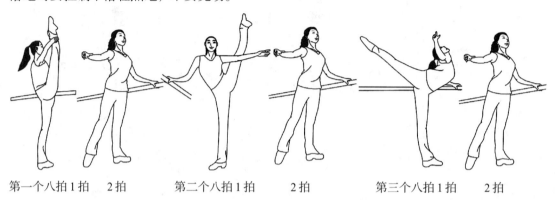

第一个八拍1拍   2拍   第二个八拍1拍   2拍   第三个八拍1拍   2拍

图 8-9　大踢腿

练习方法：

预备时侧对把杆，一手扶把杆，另一手臂成一位手，丁字步站立。

预备动作 1～4 拍 运动腿向后擦地成后点地，手臂由一位手经二位至七位手。

第一个八拍：

1 拍 运动腿绷脚面直腿用力向前上方踢。

2 拍 运动腿有控制的下落成后点地。

3～8 拍同 1～2 拍。

第二、第三个八拍同第一个八拍，腿向侧、向后踢。

三、徒手姿态组合 (配 4/4 拍慢速、抒情音乐)

徒手姿态组合的动作如图 8-10 所示，要求：向前向后移重心要经过四位蹲动作。身体波浪以膝、髋、腰、胸、颈各关节依次向前、向后、向侧起伏形成波浪。手臂波浪由肩、肘带动小臂各关节依次活动形成波浪。

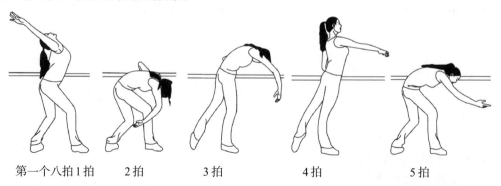

第一个八拍1拍   2拍   3拍   4拍   5拍

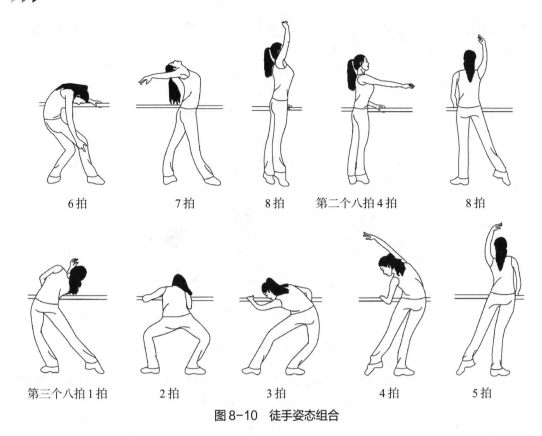

| 6拍 | 7拍 | 8拍 | 第二个八拍4拍 | 8拍 |

| 第三个八拍1拍 | 2拍 | 3拍 | 4拍 | 5拍 |

图8-10 徒手姿态组合

预备姿势：侧对把杆，一手扶把杆，另一手臂成一位手，丁字步站立。

练习步骤：

预备动作1～4拍 运动腿向前擦地成前点地，手臂由一位手经二位至七位手。

第一个八拍：

1～4拍 重心前移经双腿屈膝四位蹲至支撑脚后点地，上体向前波浪一次，运动手臂由七位手经一位至二位手并波浪一次。

5～8拍同1～4拍，向后做，手臂由二位经一位向后绕至三位手。

第二个八拍：

1～4拍同第一个八拍的1～4拍，4拍时后腿并前腿成双足起踵立，运动手臂至三位手。

5～7拍同第一八拍的1～4拍。

8拍 面对把杆转体90°成侧点地，运动手臂上举成三位手。

第三个八拍：

1～4拍 重心侧移经大腿屈膝大二位蹲至支撑脚侧点地，上体向侧波浪一次，运动手臂由三位体前向内绕环一周至侧上举。

5～8拍同1～4拍，向相反方向做。

第四个八拍同第三个八拍。

四、体育舞蹈基本名词

体育舞蹈基本名词是指体育舞蹈中常用的名词和有关术语，这些名词术语已成为世界性通用的语言，因此，必须熟悉这些规范性名词的含义。体育舞蹈基本名词主要有舞姿、反身动作位置、升降、姿态、方位、组合、套路、速度和节奏等。

（一）舞姿

泛指舞者跳舞的姿势，主要包括闭式舞姿和开式舞姿两种。

1. 闭式舞姿

（1）华尔兹、狐步、快步、维也纳华尔兹等舞种

这几类舞种的闭式舞姿如图 8-11 所示。

图 8-11　华尔兹闭式舞姿

① 站位：男女舞伴相对站立，两脚相距约 10 厘米。双膝微屈，右脚尖对准对方两脚中间，双脚及身体稍前倾。男士身体重心在右脚，女士身体重心在左脚。

② 身体位置：男女均立腰、沉肩。以右腹部靠近对方，胸肋以下至大腿根部（腹股沟）与对方相贴。

③ 头部位置：男士头颈基本保持正直。髋部向左微转约 15°。女士头部向左转约 45°，含颌，颈部尽量向上牵伸，有头顶天花板的感觉。胸椎尽量后伸，向后打开胸部线条。

④ 手臂位置：男士双臂侧平举，两肘保持水平。左臂的大臂与小臂成 90°，左肘比肩低 5～10 厘米。左手高度与女士右耳平齐。右臂的肘关节成 70°～80°。男士左手虎口与女士右手虎口相交，掌心空出，以拇指和中指卡在女士右掌骨与指骨关节处，其余三指并拢。右手五指并拢伸直，置于女士右肩胛骨外侧稍上位置。

女士双臂侧平举，两肘保持水平。右臂的大臂与小臂成 150°，右手与男士左手轻握，掌心向前，手腕松弛。女士左手虎口张开，轻轻放在男右上臂三角肌中部，其余三指可上翘，五指呈兰花指或弹指状。

（2）探戈闭式舞姿（见图 8-12）

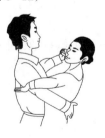

图 8-12　探戈闭式舞姿

① 站位：男女舞伴相对站立，左右脚前后错开半个脚掌，两脚相距约 10 厘米。双膝微屈，右脚尖对准对方两脚中间，双脚及身体稍前倾。男士重心在右脚，女士重心在左脚。

② 身体位置：男女均立腰，沉肩。以右腹部靠近对方，胸肋以下至右膝关节与对方相贴。

③头部位置：男女头部位置同华尔兹。

④ 手臂位置：男女握持姿势更紧密。男士左臂的大臂与小臂弯曲，角度小于 90°，左肘比肩低 3～5 厘米，左手略高于肩。右臂围绕女士背部，右手五指并拢，置于女士右肩胛骨下方，中指稍稍过女士脊柱。女士右臂动作同华尔兹。左臂环绕男士右臂外侧，左肘内侧包裹住男士的右肘关节，左手虎口张开，放在男士右上臂的腋窝下，四指并拢。

2. 开式舞姿

开式舞姿（PP）是指在闭式舞姿的基础上，男女身体略向左右打开，但是腰髋不能分离，两人身体呈 V 字形。开式舞姿也称为侧行位舞姿。

（二）反身动作位置

反身动作位置指舞者运用反身动作的原理，使身体形态相对静止在一定位置上，是一个滞留形态动作，舞者两条腿形成一直线，以展示舞蹈优美的线条与保持男女舞伴身体的接触位置，便于衔接其他动作。它与反身动作的区别在于：反身动作是动态动作，消失在一瞬间；而反身动作位置是一个相对静止的形态动作，可以保持在一个位置上。它适用于所有外侧舞伴的步伐，在跳探戈时特别强调反身动作位置。

（三）升降

升降是指在跳舞时身体的上升和下降。升降动作是在膝、踝、趾关节的屈伸动作的转换中完成的。

（四）姿态

1. 桑巴和牛仔

两腿自然轻松的站立，挺胸，脊椎骨伸直，不可耸肩，任一脚向侧跨一步，重心在支撑腿上，同时支撑腿伸直，使髋部向旁后方向移动，因而感觉重量放在支撑脚的前脚掌上，此时脚跟稍离地，膝盖稍屈。

2. 伦巴和恰恰恰

两脚自然轻松地靠拢站立，挺胸脊椎骨伸直，不可耸肩，一脚向侧跨一步，重心在支撑腿上，同时支撑腿伸直，使胯髋部向旁后方向移动，因而感觉重量放在支撑脚的前脚掌上，膝盖向后伸直锁紧，上身保持平衡不动。

3. 斗牛舞

由于斗牛舞没有髋部的动作，因此其姿势与上述几种拉丁舞不同。首先，斗牛舞并立时骨盆向前微倾；其次，身体的重量由两个脚均匀的支撑；最后，当腿伸直时，膝盖不要向后锁紧。

(五)方位

方位(见图8-13)是指舞者在舞池中的身体所面对或背对的方向。当以肩引导(侧行)时,方位不变。舞程线是指舞者沿着舞池以逆时针方向行进的路线。

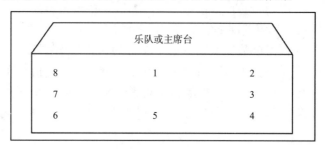

乐队或主席台

图8-13　方位

图中"1"为面向舞程线或背对逆舞程线;"2"为面向墙壁或背向中央;"3"为面向斜墙壁或背向逆中央;"4"为面向逆斜墙壁或背向斜中央;"5"为面向逆舞程线或背向舞程线;"6"为面向逆斜中央或背向斜墙壁;"7"为面向中央或背向墙壁;"8"为面向斜中央或背向逆斜墙壁。

(六)反身动作

反身动作指舞者移动脚前进或后退时,与其相对一侧的身体也向同方向移动。这种肩的转动与脚尖的朝向相对称的运动,指示转动的方向,便于引导旋转。其作用在于引导左右转动的方向,维持身体的平衡,展示人体的线条美。

(七)节奏

节奏指以一定规律反复出现、赋予音乐以性格的具有特色的节拍。

五、体育舞蹈动作术语

体育舞蹈动作术语主要包括滑步、常步、锁步、脚跟转和轴转等。

(一)滑步

滑步是指在第二步双脚并拢时第三步的舞步。

(二)常步

常步有前进常步和后退常步两种。

①前进常步:男士开始时双脚并立,重心放在任何一脚,当向前移动时,膝盖微屈,借助此力使移动脚离开地面,支撑脚(重心脚)则平伏于地。接着,从胯摆荡腿部向前,使移动脚从脚跟触地经脚掌轻微地向前滑动直至脚掌稍微离开地面,然后进入脚尖触地的位置。

②后退常步:开始时双脚并立,重心放在任何一脚,支撑腿的膝盖稍屈,由臀、胯摆荡腿部向后退,先是用脚尖着地,再过渡到脚掌,最后是掌跟,此时的重心在脚跟和脚掌之间。同时前膝稍稍伸直而不僵硬,后膝稍屈。接着,继续将重心移到后脚,身体继续后

移并带动前脚向后脚靠近，同时缓缓降下后脚跟，当前脚经过后脚旁边时，前脚的脚掌须轻触地面，此时的后脚完全降至地面。

(三)锁步

锁步是指两脚前后交叉的步子。

(四)脚跟转

在动作过程中并上的脚必须与主力脚平行，旋转结束时身体重心移动至并上的那只脚。

(五)轴转

轴转是指一脚脚掌旋转，且另一脚处于或前或后的反身动作位置。

第三节 体育舞蹈各舞种介绍

一、华尔兹

(一)音乐特点

华尔兹舞的音乐节拍是3/4拍，每小节3拍，音乐速度为每分钟30～32小节，重拍在音乐的第一拍上。

(二)华尔兹步形

华尔兹的步形主要有左足并换步、右足并换步、左转步、右转步、扫步、侧行追步、右旋转步、双左疾转步、直行追步向右、后退锁步、后退扫步、迂回步、盘旋步、减弱的外侧旋转步、旋转锁步、右旋转锁步等。

脚法中 T 指脚尖，H 指脚跟，HT 指脚跟着地逐渐过渡到脚尖，TH 指脚尖先着地逐渐过渡到脚跟。一般向前出脚时由脚跟先着地逐渐过渡到脚尖，向后出脚时则由脚尖先着地逐渐过渡到脚跟。当向旁侧出步时，均以前脚掌内侧着地滑行。

1. 左足并换步（见图 8-14）

1步　　　　　　　　2步　　　　　　　　3步

图 8-14　左足并换步

预备姿势：闭式位。

男士步序与步位：

1步 左脚沿着斜前方向前进一步，身体稍有反身动作。（HT）

2步 右脚经左脚向侧稍进一步，方位不变。（T）

3步 左脚并向右脚，方位不变。（TH）

女士步序与步位：

1步 背向斜中央，右脚后退一步，身体稍有反身动作。（TH）

2步 左脚经右脚向侧稍退一步。（T）

3步 右脚并向左脚，方位不变。（TH）

动作难点与要点：

① 处于后退的一方要给前进的一方让位。

② 注意脚法、脚掌与踝关节蹬伸力量的使用及男女步伐的协调配合。

2. 右足并换步（见图8-15）

1步　　　　　　　　　2步　　　　　　　　　3步

图8-15　右足并换步

预备姿势：闭式位。

男士步序与步位：

1步 面向斜中央，右脚前进一步。（HT）

2步 左脚经右脚向侧稍前进一步，方位不变。（T）

3步 右脚并向左脚，方位不变。（TH）

女士步序与步位：

1步 背向斜中央，左脚后退一步。（TH）

2步 右脚经左脚向侧稍后退一步，方位不变。（T）

3步 左脚并向右脚，方位不变。（TH）

动作难点与要点：

① 身体重心保持平稳，男女步伐的协调配合。

② 注意脚法、脚掌与踝关节蹬伸力量的使用。

3. 左转步（见图8-16）

预备姿势：闭式位。

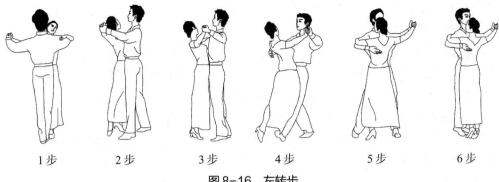

1步　　　2步　　　3步　　　4步　　　5步　　　6步

图8-16　左转步

男士步序与步位：

1步 面向斜中央，左脚向前进一步，身体有反身动作。（HT）

2步 以左脚脚掌为轴左转1/4周，右脚向侧一步，背向斜墙壁。（T）

3步 以右脚脚掌为轴左转1/8周，左脚并向右脚。（TH）

4步 右脚向后退一步，方位不变，有反身动作。（TH）

5步 以右脚脚掌为轴向左转动3/8周，身体少转一些。左脚向侧一步，双脚指向斜墙壁。（T）

6步 身体完成转动，右脚并向左脚。（TH）

女士步序与步位：

1步 背向斜中央，右脚向后退一步，身体有反身动作。（TH）

2步 以右脚脚掌为轴左转3/8周，身体少转一些。左脚向侧一步。（T）

3步 右脚并向左脚。（TH）

4步 左脚向前进一步，方位不变，有反身动作。（HT）

5步 以左脚脚掌为轴转1/4周，右脚向侧一步，背向墙壁。（T）

6步 以右脚脚掌轴左转1/8周，左脚并向右脚。（TH）

动作难点与要点：男女转体形成内转圈和外转圈，前进者为外，步幅要大；后退者为内，步幅要小。

4.右转步（见图8-17）

1步　　　2步　　　3步　　　4步　　　5步　　　6步

图8-17　右转步

预备姿势：闭式位。

男士步序与步位：

1步 面向斜墙壁，右脚向前进一步，开始向右转，身体有反身动作。（HT）

2步 以右脚脚掌为轴右转1/4周，左脚向侧一步，背向斜中央。（T）

3步 以左脚脚掌为轴右转1/8周，右脚并向左脚。（TH）

4步 左脚向后退一步，方位不变，有反身动作。（TH）

5步 以左脚脚掌为轴右转3/8周，身体少转一些。右脚向侧一步，双脚指向斜中央。（T）

6步 身体右转，左脚并向右脚，面向斜中央。（TH）

女士步序与步位：

1步 背向斜墙壁，左脚向后退一步，开始向右转，身体有反身动作。（TH）

2步 以左脚脚掌为轴右转3/8周，右脚向侧一步，双脚指向舞程线。（T）

3步 左脚并向右脚，面向舞程线。（TH）

4步 右脚向前进一步，方位不变，有反身动作。（HT）

5步 以右脚脚掌为轴右转1/4周，左脚向侧一步，背向中央。（T）

6步 以左脚脚掌为轴右转1/8周，右脚并向左脚，背向斜中央。（TH）

动作难点与要点：男女内外圈的配合。

5. 扫步（见图8-18）

1步　　　　　　　　　2步　　　　　　　　　3步

图8-18　扫步

预备姿势：闭式位。

男士步序与步位：

1步 面向斜墙壁，左脚向前进一步，身体稍有反身动作。（HT）

2步 右脚向侧稍向前，方位不变。（T）

3步 在PP位置，左脚交叉到右脚后面，方位不变。（TH）

女士步序与步位：

1步 背向斜墙，右脚向后退一步，身体稍有反身动作。（TH）

2步 身体稍右转1/4周，左脚斜向后，双脚指向斜中央。（T）

3步 在PP位置，右脚交叉到左脚后面，面向斜中央。（TH）

动作难点与要点：

① 女士第一步后退时，以右脚掌的外侧着地，向斜后方迈出。

② 开式PP位置的练习，第二拍与第三拍男女腹部不能分开，保持架型，女士头部由

左侧慢慢转向右侧。

6. 侧行追步（见图 8-19）

1步　　　　2步　　　　2步半　　　　3步

图 8-19　侧行追步

预备姿势：开式位。

男士步序与步位：

1步 面向斜墙壁，右脚向前，交叉在反身动作位置和 PP 位置。（HT）

2步 左脚向侧稍前，方位不变。（T）

2步半 右脚并向左脚，方位不变。（T）

3步 左脚向侧稍前，方位不变。（TH）

女士步序与步位：

1步 面向斜中央，左脚向前，交叉在反身动作位置和 PP 位置，身体有反身动作。（HT）

2步 身体向左转1/8周，右脚向侧，背向墙壁。（T）

2步半 身体继续向左转1/8周，身体少转一些，左脚并向右脚，背向斜墙壁。（T）

3步 身体不转动，右脚向侧稍后，方位不变。（TH）

动作难点与要点：

① 并步时通过主力腿的脚踝推力向前运动，脚步速度要快，两膝微屈，脚掌着地。

② 女士在身体最高点时，逐渐完成头部转动动作。

7. 双左疾转步（见图 8-20）

预备姿势：闭式位。

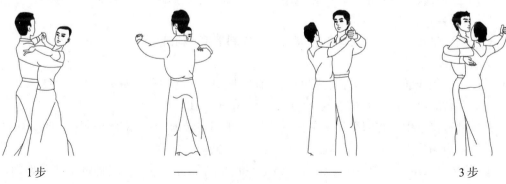

1步　　　　——　　　　——　　　　3步

图 8-20　双左疾转步

男士步序与步位：

1步 面向舞程线，左脚前进，开始向左转。(HT)

2步 右脚向侧，1～2步间左转 3/8 周，背向斜墙壁。(T)

3步 左脚并右脚 (以脚尖轴转)，不置重量。2～3步间左转 1/2 周，面向斜墙壁。(TH)

女士步序与步位：

1步 背向舞程线，右脚后退，开始向左转。(TH)

2步 左脚并右脚 (脚跟运转)，1～2步间身体左转 1/2 周，双脚面向舞程线。(HT)

2步半 右脚稍向侧后退，2～3步间左转 1/4 周，背向舞墙。(T)

3步 左脚交叉于右脚前，3～4步间左转 1/8 周，背向斜墙。(TH)

动作难点与要点：

① 女士跟转的脚法、脚掌到脚跟过渡要自然，以右脚脚跟为轴转体，注意保持身体平衡。

② 男士右脚要以弧形前进，然后以右脚前脚掌为轴旋转，转体后左脚虚点地；男女之间旋转时注意身体的配合。

8. 后退扫步（见图 8-21）

1步　　　　　　　　　　2步　　　　　　　　　　3步

图 8-21　后退扫步

预备姿势：闭式位。

男士步序与步位：

1步 逆舞程线背向斜中央，左脚后退，身体有轻微反身动作。(TH)

2步 右脚斜退，方位不变。(T)

3步 侧行位置中，左脚交叉于右脚后，面向斜墙壁。(TH)

女士步序与步位：

1步 逆舞程线面向斜中央，右脚前进，有反身动作，脚在男士身体外侧。(HT)

2步 左脚向侧，1～2步间右转 1/8 周，面向中央。(T)

3步 侧行位置中，右脚交叉于左脚后，2～3步间右转 1/8 周，双脚面斜向中央。(TH)

动作难点与要点：

① 男女交叉步时，身体会稍偏右。男士左脚交叉于右脚后时，左脚脚跟离开地面。男士引带女士向右转体。

② 女士右脚交叉于左脚后时，右脚脚跟离开地面。头部慢慢随身体的右转而转动。

9. 盘旋步（见图8-22）

1步

2步

3步

图8-22 盘旋步

预备姿势：开式位。

男士步序与步位：

1步 逆舞程线面向斜墙壁，右脚向前，身体开始向左转。（TH）

2步 左脚稍向侧前，身体稍稍左转一些。脚尖指向斜墙壁。

3步 右脚稍向侧后退，身体不转动，脚位结束于逆舞程线背向斜中央。（TH）

女士步序与步位：

1步 面向斜中央，左脚向前，身体开始向左转。（HT）

2步 右脚向侧，左脚并于右脚，1～2步间转1/4周。脚尖逆舞程线向斜中央。（T）

3步 左脚斜向前进，身体不转动，脚位结束于逆舞程线面向斜中央。（TH）

动作难点与要点：

① 男士第二步身体引带女士左转体。

② 女士第二步上体由右侧逐渐转向左侧，头部跟随身体逐渐摆动。

10. 减弱的外侧旋转步（见图8-23）

1步

2步

3步

图8-23 减弱的外侧旋转步

预备姿势：闭式位。

男士步序与步位：

1步 背向斜墙壁，脚尖向里转，左脚小步后退，身体开始向右转3/8周。（THT）

2步 右脚前进，继续向右转，面向舞程线。（HT）

3步 左脚向侧，结束时左脚后退。2～3步间右转3/8周，结束在背向斜中央。（TH）

女士步序与步位：

1步 面向斜墙壁，右脚前进，身体开始转向右。（HT）

2步 左脚并右脚。1～2步间右转1/2周，逆舞程线面向斜中央。（T）

3步 在舞伴双脚间，右脚前进，2～3步间右转1/4周，结束时面向斜中央。（TH）

动作难点与要点：舞伴身体外侧位时，男女身体位置的配合与同步摆荡。

11. 旋转锁步（见图8-24）

| 1步 | 1步半 | 2步 | 3步 |

图8-24 旋转锁步

预备姿势：闭式位。

男士步序与步位：

1步 背向斜中央，右脚后退，右肩引导，不转动。（T）

1步半 左脚交叉于右脚前，不转动。（T）

2步 右脚稍向右后退。方位不变，开始向左转。（T）

3步 左脚向侧稍前进。3～4步间左转1/4周，身体稍转，双脚指向斜墙壁。（TH）

女士步序与步位：

1步 面向斜中央，左脚前进，左肩引导，不转动。（T）

1步半 右脚交叉于左脚前。不转动。（T）

2步 左脚稍向左前进。方位不变，开始向左转。（T）

3步 右脚向侧稍后退。3～4步间左转1/4周，身体稍转，结束时背向斜墙壁。（TH）

动作难点与要点：第一步时肩引导，男女锁步时身体位置的配合。

12. 右旋转锁步（见图8-25）

| 1步 | 1步半 | 2步 | 3步 |

图8-25 右旋转锁步

预备姿势：闭式位。

男士步序与步位：

1步 背向舞程线，右脚后退，右肩引导，开始向右转。（T）

1步半 左脚轻松地交叉于右脚前，1～2步间右转 1/4 周，背向墙。（T）

2步 右脚向侧以小步前进。2～3步间右转 1/8 周，面向斜中央。（T）

3步 左脚斜进在侧行位置中以左肩引导。身体稍向右转面向舞程线。（TH）

女士步序与步位：

1步 面向舞程线，左脚前进，左肩引导。继续向右转。（T）

1步半 右脚轻松地交叉于左脚后。1～2步间右转 1/4 周，面向墙。（T）

2步 左脚稍向侧后退。2～3步间右转 1/8 周，背向舞程线。（T）

3步 侧行位置中右脚向侧滑步至左脚。3～4步间右转 1/4 周，身体稍转，结束在指向中央位置。（TH）

动作难点与要点：肩引导，男女锁步时身体位置的配合。

（三）华尔兹组合练习

预备姿势：闭式位（面对斜崎）。

左脚并换步—右转步 123—右转步 456—右脚并换步—左转步 123—左转步 456—扫步—侧行追步—右转步 123—右旋转步—左转步 456—双左疾转步—向右侧行追步—后退锁步—后退扫步—迂回步—盘旋步。

二、狐步

（一）音乐特点

狐步的音乐节拍是 4/4 拍，重拍在 1 和 3（1 强烈些）。音乐速度为每分钟 28～30 小节，动作节奏为 SSQQ，一个 S 等于两拍，一个 Q 等于一拍。

（二）狐步步形

狐步的步形主要有羽毛步、左转步、三步、右转步、换向步、右扭转步、左转波纹步、迂回步等。

1. 羽毛步（见图 8-26）

1步　　　　　　　　　　2步　　　　　　　　　　3步

图 8-26　羽毛步

预备姿势：闭式位。

男士步序与步位：

1步（S）面向斜中央，右脚向前。（HT）

2步（Q）左脚向前，左肩引导准备到舞伴外侧，不转。（T）

3步（Q）右脚向前成CBMP到舞伴外侧，方位不变。（TH）

女士步序与步位：

1步（S）背向斜中央，左脚后退。（TH）

2步（Q）右脚向后，右肩引导，不转。（TH）

3步（Q）左脚向后成CBMP，方位不变。（TH）

动作难点与要点：

① 第一步有反身动作位置。第二、三步有强烈的肩引导动作。体会反身动作和肩引导。

② 动作的升降与华尔兹相同，脚位不同，女士后退时，动力腿的脚在后移时必须脚跟拖地，因此女士上升的动作要靠腿部的上提、腰部以及扭躯干的伸展。体会身体升降的技术。

2. 三步（见图8-27）

1步　　　　　　　　　2步　　　　　　　　　3步

图8-27　三步

预备姿势：闭式位。

男士步序与步位：

1步（S）面向斜墙壁，左脚向前，有反身动作。（H）

2步（Q）右脚向前。（HT）

3步（Q）左脚向前。（TH）

女士步序与步位：

1步（S）背向斜墙壁，右脚后退，有反身动作。（TH）

2步（Q）左脚向后。（TH）

3步（Q）右脚向后。（TH）

动作难点与要点：体会男女身体倾斜时的协调配合。

3. 换向步（见图8-28）

预备姿势：闭式位。

1步　　　　　　　2步　　　　　　　3步

图8-28　换向步

男士步序与步位：

1步（S）面向斜墙壁，左脚向前，开始转向左，有反身动作。（H）

2步（S）右脚斜向前，右肩引导，左脚并向右脚，1～2步间左转1/4周，结束时面向斜中央。（TH内缘）

3步（S）左脚向前成CBMP，不转。（H）

女士步序与步位：

1步（S）背向斜墙壁，右脚向后，开始转向左，有反身动作。（TH）

2步（S）左脚斜向后，左肩引导，右脚并向左脚，1～2步间左转1/4周，结束时背向斜中央。（TH内缘）

3步（S）右脚向后成CBMP，不转。（T）

动作难点与要点：体会男女转动时的协调配合；男女脚位的练习。

4. 右扭转步（见图8-29）

1步　　2步　　3步　　4步　　5步　　6步　　7步

图8-29　右扭转步

预备姿势：闭式位。

男士步序与步位：

1步（S）面向斜墙壁，右脚前进，开始向右转。（HT）

2步（Q）左脚向侧。1～2步间右转1/4周，背向斜中央。（TH）

3步　右脚交叉于左脚后面。2～3步间右转1/8周，背向舞程线。（T）

4步、5步（Q、S）双脚扭转，结束时右脚小步向侧，侧向滑步。4～5间右转1/2周，结束在面向舞程线位置。

6步（Q）左脚向侧并稍前进。5～6步间右转1/8周，指向斜中央。（T）

7步（Q）在反身动作位置中右脚前进，身体不转动，面向斜中央结束。（TH）

女士步序与步位：

1步（S）背向斜墙壁，左脚后退，开始向右转。（TH）

2步（Q）右脚并左脚（脚跟转）。1～2步间右转3/8周，面向舞程线。（HT）

3步 左脚前进，左肩引导向舞伴外侧移动，面向斜墙壁，继续转动。（T）

4步（Q）在反身动作位置外侧舞伴中右脚前进。2～4步间右转1/8周，面向斜墙壁。（T）

5步（S）左脚向侧，右脚滑步。4～5步间右转3/8周，背向舞程线。

6步（Q）右脚向侧，方位不变，身体稍向左转。（TH）

7步（Q）在反身动作位置中左脚后退。6～7步间左转1/8周，结束在背向斜中央位置。（TH）

动作难点与要点：体会男士拧转动作和女士跟随动作的协调配合；男女脚位的练习。

5.左转波纹步（见图8-30）

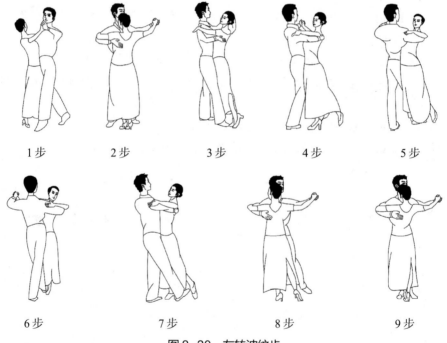

| 1步 | 2步 | 3步 | 4步 | 5步 |

| 6步 | 7步 | 8步 | 9步 |

图8-30　左转波纹步

预备姿势：闭式位。

男士步序与步位：

1步（S）面向斜中央，左脚前进，开始向左转。（HT）

2步（Q）右脚向侧，1～2步间左转3/8周，背向斜墙壁。（T）

3步（Q）左脚后退，2～3步间左转1/8周，背向舞程线。（TH）

4步（S）右脚后退，背向舞程线，继续左转。（TH）

5步（Q）左脚后退，4～6步间左转1/8周，背向斜中央。（T）

6步（Q）右脚后退，方位不变。（TH）

7步（S）左脚后退，方位不变，身体开始向右转。（TH）

8步（S）右脚小步向侧（脚跟转），7～8步间右转3/8周，背向斜墙壁（脚跟内缘，整个脚）。

9步（S）拍 左脚前进，不转动。（H）

女士步序与步位：

1步（S）背向斜中央，右脚后退，开始向左转。（TH）

2步（Q）左脚并右脚（脚跟转），1～2步间左转1/2周，面向斜墙壁。（HT）

3步（Q）右脚前进，不转动。（TH）

4步（S）左脚前进，面向斜中央，继续左转。（H）

5步（Q）右脚前进，4～6步间左转1/8周，面向中线。（HT）

6步（Q）左脚前进。（TH）

7步（S）右脚前进，身体开始向右转。（HT）

8步（S）左脚向侧，右脚滑步向左脚，7～8步间右转3/8周，面向斜墙壁。

9步（S）右脚滑步经左脚后退，不转动。（T）

动作难点与要点：男女运行的线路，4～6步身体左转弧线运行。

6. 迂回步（见图8-31）

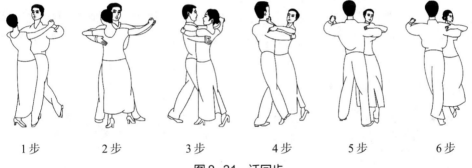

| 1步 | 2步 | 3步 | 4步 | 5步 | 6步 |

图8-31　迂回步

预备姿势：闭式位。

男士步序与步位：

1步（Q）面向斜中央，左脚前进，开始向左转。（HT）

2步（Q）右脚向侧，1～2步间左转1/8周，背向舞程线。（T）

3步（Q）在反身位置中左脚后退，2～3步间左转1/8周，背向斜中央。（T）

4步（Q）右脚后退，方位不变，继续左转。（T）

5步（Q）左脚向侧稍前进，4～6步间左转1/4周，指向斜墙壁。（T）

6步（Q）在反身动作位置中右脚前进，不转动。（TH）

女士步序与步位：

1步（Q）背向斜中央，右脚后退，开始向左转。（TH）

2步（Q）左脚向侧，1～2步间左转1/4周，指向斜中央。（T）

3步（Q）在反身位置中右脚前进，方位不变，不转动。（T）

4步（Q）左脚前进，方位不变，继续左转。（T）

5步（Q）右脚向侧，4～5步间左转1/8周，背向墙。（TH）

6步（Q）在反身动作位置中左脚后退，5～6步间左转1/8周，身体稍转，背向斜墙壁。（TH）

动作难点与要点：身体反身与倾斜动作的运用。男士第6步时要在反身动作位置中前进，并向舞伴外侧行进，身体右倾斜。女士第6步在反身位置中左脚后退时先是脚跟触地，退到右脚旁侧时改为脚尖触地。

（三）狐步组合练习

预备姿势：男士面向斜中央。

羽毛步—左转步—三步—右转步—羽毛步—换向步。

三、伦巴

（一）音乐特点

伦巴的音乐是4/4拍，音乐速度为每分钟27～31小节。伦巴是一种四拍走三步的舞蹈，要"先出胯，后出步"，节拍是"2，3，4～1"，第二拍和第三拍各走一步，第四拍和第一拍共走一步。

（二）伦巴步形

伦巴的步形主要有基本步形、扇形步、阿列曼娜、手接手、曲棍步、原地右转步、原地左转步、库卡提恰、右陀螺转步、闭式扭胯转步、右分展步、左分展步、纽约步、开式扭胯转步、螺旋步。

1. 基本步形（见图8-32）

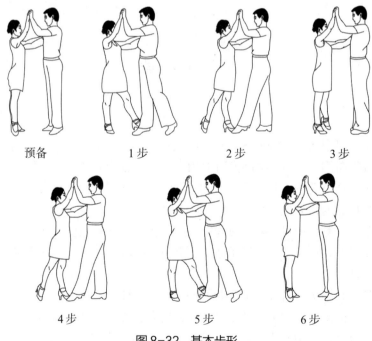

预备　　　1步　　　2步　　　3步

4步　　　5步　　　6步

图8-32　基本步形

预备姿势：闭式位。

男士步序与步位：

1步 左脚向前。

2步 重心回到右脚。

3步 左脚向侧。

4步 右脚向后。

5步 重心回到左脚。

6步 右脚向侧。

女士步序与步位：

1步 右脚向后。

2步 重心回到左脚。

3步 右脚向侧。

4步 左脚向前。

5步 重心回到右脚。

6步 左脚向侧。

动作说明：

① 节奏为2拍、3拍、4～1拍，2拍，3拍、4～1拍。

② 脚底动作：掌平—掌平—掌平—掌平—掌平—掌平。

③ 身体方位结束在闭式位。

动作难点与要点：摆动腿在前进、后退时要经过支撑腿的内侧向前或向后运步。

2. 扇形步（见图8-33）

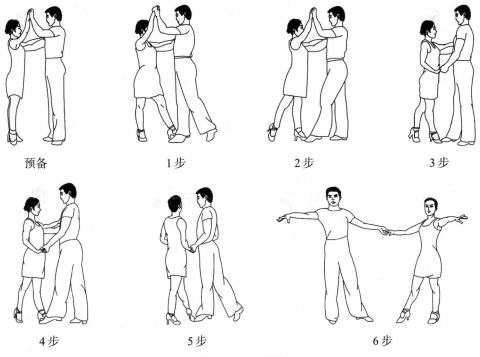

预备　　　　　　　　1步　　　　　　　　2步　　　　　　　　3步

4步　　　　　　　　　5步　　　　　　　　　　6步

图8-33　扇形步

预备姿势：闭式位。

男士步序与步位：

1步 左脚向前。

2步 重心回到右脚。

3步 左脚向侧。

4步 右脚向后。

5步 重心回到左脚。

6步 右脚向横侧，同时左转1/8周。

女士步序与步位：

1步 右脚向后。

2步 重心回到左脚。

3步 右脚稍向侧前，同时右转1/8周。

4步 左脚向前，同时左转1/8周。

5步 右脚稍向侧后，继续左转1/4周。

6步 左脚向后，继续左转1/8周。

动作说明：

① 节奏与脚底动作同基本步形。

② 动作结束方位为扇形位。

动作难点与要点：男士在第4步时把右手松开，引导女士右转。

3.阿列曼娜（见图8-34）

预备　　　　　　　　　1步　　　　　　　　　2步

3步　　　　　　　　4步　　　　　　　　5步　　　　　　　　6步

图8-34　阿列曼娜

预备姿势：扇形位。

男士步序与步位：

1步 左脚前进。

2步 重心回到右脚。

3步 左脚并步右脚左侧。

4步 右脚向后。

5步 重心回到左脚。

6步 右脚向右横步（或并步左脚右侧）。

女士步序与步位：

1步 右脚向左脚并步，同时右转1/8周，重心到右脚。

2步 左脚前进。

3步 右脚前进，同时右转1/8周，处于男士正前方。

4步 左脚交叉于右脚前，同时右转3/4周，重心在左脚。

5步 右脚前进，继续右转1/4周。

6步 左脚向左横步，继续右转1/8周。

动作说明：

① 节奏与脚底动作同基本步形。

② 身体方位结束在闭式位。

动作难点与要点：女士在第3步时右脚处于男士的正前方，尽量向男士身边靠近，有利于做右转动作。

4. 手接手（见图8-35）

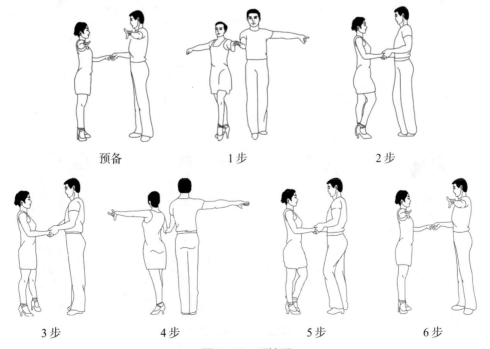

预备　　　　　　1步　　　　　　2步

3步　　　　4步　　　　5步　　　　6步

图8-35　手接手

预备姿势：闭式位，双手环握式。

男士步序与步位：

1步 左脚后退，同时左转1/4周。

2步 重心回到右脚，右转1/4周。

3步 左脚向左横步。

4步 右脚后退，同时右转1/4周。

5步 重心回到左脚，左转1/4周。

6步 右脚向右横步。

女士步序与步位：

1步 右脚后退，同时右转1/4周。

2步 重心回到左脚，左转1/4周。

3步 右脚向右横步。

4步 左脚后退，同时左转1/4周。

5步 重心回到右脚，右转1/4周。

6步 左脚向左横步。

动作说明：

① 节奏与脚底动作同基本步形。

② 男女士从双手扶抱的闭式位开始转成反侧行位，身体方位结束在双手扶抱的闭式位。

动作难点与要点：男女士在反侧行位时，成平行位置，身体重心落在后脚上。

5. 曲棍步（见图8-36）

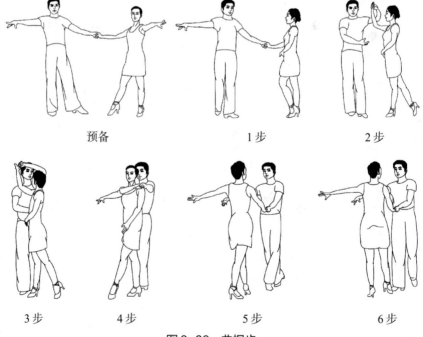

预备　　　　　　1步　　　　　　2步

3步　　　　4步　　　　　5步　　　　　6步

图8-36　曲棍步

预备姿势：扇形位。

男士步序与步位：

1步 左脚前进，脚尖外旋。

2步 重心回到右脚，引导女伴前进。

3步 左脚向右脚并步，同时抬高左臂引导女士开始左转。

4步 右脚后退（小步），同时右转1/8周。

5步 重心回到左脚，引导女伴完成左转。

6步 右脚前进。

女士步序与步位：

1步 右脚向左脚并步，重心到右脚，同时右转1/8周。

2步 左脚前进。

3步 右脚前进，在男士左前方。

4步 左脚前进，同时左转1/8周。

5步 右脚前进，同时左转1/2周。

6步 左脚后退，继续左转1/4周。

动作说明：

① 节奏为2拍、3拍、4～1拍，2拍、3拍、4～1拍。

② 身体方位结束在分式位。

动作难点与要点：女士在第3步时右脚处于男士的正前方，尽量向男士身边靠近，有利于左右转动作，同时女士的右臂屈肘在右耳侧形成一窗口，眼睛看向男士。

6. 原地左转步（见图8-37）

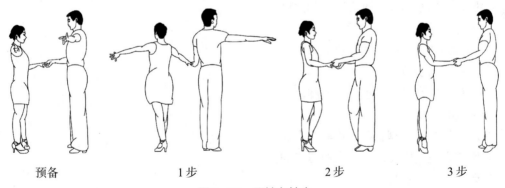

预备　　　　　　　1步　　　　　　　2步　　　　　　　3步

图8-37 原地左转步

预备姿势：分式位，男右女左相握。

男士步序与步位：

1步 右脚越过左脚前进，重心移到右脚，同时左转1/2周。

2步 重心回到左脚，右脚并向左脚右侧，继续左转1/2周。

3步 右脚向右横步，重心回到右脚。

女士步序与步位：

1步 左脚越过右脚前进，重心移到左脚，同时右转1/2周。

2步 重心回到右脚，左脚并向右脚左侧，继续右转1/2周。

3步 左脚向左横步，重心回到左脚。

动作说明：节奏、脚底动作与身体方位同原地右转步形。

动作难点与要点：在做转动时，重心要在摆动腿和支撑腿之间转换，身体转动时，头部不转，在身体完成转动时，头部瞬间快速地转动，重心要稳。

7. 库卡拉恰（见图8-38）

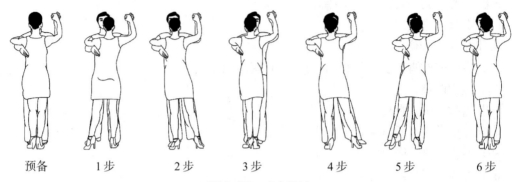

| 预备 | 1步 | 2步 | 3步 | 4步 | 5步 | 6步 |

图8-38 库卡拉恰

预备姿势：闭式位并步。

男士步序与步位：

1步 左脚向左横步，重心在两腿之间。

2步 重心回到右脚。

3步 左脚并到右脚左侧，重心在左脚。

4步 右脚向右横步，重心在两腿之间。

5步 重心回到左脚。

6步 右脚并到左脚右侧，重心在右脚。

女士步序与步位：

1步 右脚向右横步，重心在两腿之间。

2步 重心回到左脚。

3步 右脚并到左脚右侧，重心在右脚。

4步 左脚向左横步，重心在两腿之间。

5步 重心回到右脚。

6步 左脚并到右脚左侧，重心在左脚。

动作说明：

① 节奏为2拍、3拍、4～1拍，2拍、3拍、4～1拍。

② 脚底动作：掌内侧—掌平—掌平—掌内侧—掌平—掌平。

③ 身体方位结束在闭式位。

动作难点与要点：在做库卡拉恰时，男女同时做强烈的臀部扭摆动作。

8. 右陀螺转步（见图8-39）

预备姿势：闭式位。

预备　　　　　　　　1步　　　　　　　　2步　　　　　　　　3步

图8-39　右陀螺转步

男士步序与步位：

1步 右脚交叉在左脚后，右脚尖外旋并对左脚跟。

2步 左脚向左横步。

3步 右脚交叉在左脚后面，脚尖对脚跟，脚尖外旋。

舞步4～9重复舞步1～3动作2次。（左右脚顺序互换，动作相同）

女士步序与步位：

1步 左脚向左横步。

2步 右脚交叉在左脚前面，脚跟对脚尖，脚尖外旋。

3步 左脚向左横步。

舞步4～9重复舞步1～3动作2次。（左右脚顺序互换，动作相同）

动作说明：

① 节奏为2拍、3拍、4～1拍，2拍、3拍、4～1拍。

② 在舞步1～9拍全过程中，完成向右转2圈。

③ 脚底动作同基本步形。

④ 身体方位结束在闭式位。

动作难点与要点：男女始终在做同心、同半径的圈周转动，同时身体保持平衡。

9. 右分展步（见图8-40）

预备　　　　　　　　1步　　　　　　　　2步　　　　　　　　3步

图8-40　右分展步

预备姿势：闭式位。

男士步序与步位：

1步 左脚向左横步。

2步 重心回到右脚。

3步 左脚并步到右脚左侧，重心到左脚。

女士步序与步位：

1步 右脚后退，同时右转1/2周。

2步 重心回到左脚，后半拍时左转1/2周。

3步 右脚并步于到左脚右侧，重心到右脚。

动作说明：

① 节奏为2拍、3拍、4～1拍，2拍、3拍、4～1拍。

② 身体方位从闭式位开始，后转成右并肩位，结束在闭式位。

动作难点与要点：成并肩位时，女士尽量向外侧伸展，但不要失去重心。

10. 左分展步（见图8-41）

预备   1步   2步   3步

图8-41 左分展步

预备姿势：闭式位。

男士步序与步位：

1步 右脚向右横步。

2步 重心回到左脚。

3步 右脚并步到左脚右侧，重心到右脚。

女士步序与步位：

1步 左脚向左横步，左转1/2周。

2步 重心回到右脚，后半拍右转1/2周。

3步 左脚向左横步。

动作说明：

① 节奏为2拍、3拍、4～1拍，2拍、3拍、4～1拍。

② 身体从闭式位开始转成右并肩位，男士左手扶女士腰，结束时女士在男士正前方。

动作难点与要点：成并肩位，女士尽量向外侧伸展，但不要失去重心。

11. 螺旋步（见图 8-42）

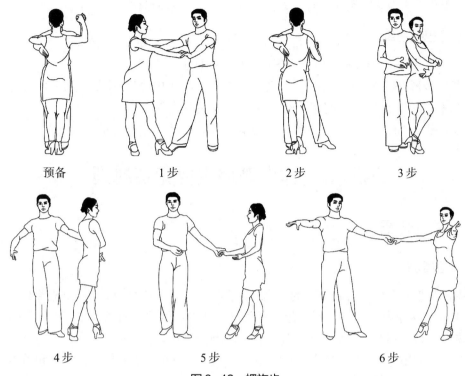

预备　　　　　1步　　　　　2步　　　　　3步

4步　　　　　　　5步　　　　　　　6步

图 8-42　螺旋步

预备姿势：闭式位并步。

男士步序与步位：

1步 左脚向左横步。

2步 重心回到右脚。

3步 左脚并到右脚左侧。

4步 右脚后退。

5步 重心回到左脚。

6步 右脚稍向右前横步，左转 1/8 周。

女士步序与步位：

1步 右脚后退，同时右转 1/4 周。

2步 右脚并到左脚右侧，重心回到左脚，同时左转 1/4 周。

3步 右脚向右横步，重心在右脚，左脚松弛地交叉在右脚前，脚尖点地，同时左转 1/2 周。

4步 左脚前进，左转 1/4 周。

5步 右脚前进并继续左转，左转 1/2 周。

6步 左脚后退左转，左转 1/8 周。

动作说明：

① 节奏同基本步形。

② 脚底动作：掌平—掌平，右脚脚尖—掌平，左脚脚尖—掌平—掌平—掌平。

③ 身体方位：开始为闭式位，女士在男士右侧成直角或并肩位；2～3 为闭式位，男士抬起左臂引导女士左转，第 3 步时男士松开右手；结束在扇形位。

(三) 伦巴组合练习

① 基本步形—扇形步—阿列曼娜—手接手—原地左转。
② 基本步形—扇形步—曲棍步—右陀螺转步—闭式扭胯步（扇形位结束）。
③ 基本步形—纽约步—臂下右转—手接手—原地左转。
④ 扇形步—曲棍步—阿列曼娜—纽约步—原地右转—左分展步。

第四节　体育舞蹈主要竞赛规则

一、总则介绍

(一) 竞赛分组

根据国际惯例和体育舞蹈协会的规则，体育舞蹈比赛一般分为专业组和业余组。

专业组比赛分为公开组和新人组。每组又分为摩登舞和拉丁舞系，各组都跳五项舞。一般来说，在公开赛上获得名次的选手不能参加新秀级比赛。

业余组分为甲组（公开、新人组）、乙组、丙组、常青组、少年组、儿童组和团体组。业余选手公开组跳五项舞，其他组另定。

(二) 比赛场地

体育舞蹈的比赛场地应为 23 米 × 15 米，运行方向原则上按照逆时针方向运行，交换舞程线时必须过中线。

(三) 裁判组的组成

一般比赛设裁判员 5～7 人，区域性比赛可设裁判 3～5 人，裁判人数必须是单数，裁判必须熟悉比赛规则，具备良好的舞蹈和音乐素养。大型比赛裁判应由持有全国体育舞蹈组织颁发的裁判员资格证书的人员担任。

(四) 比赛程序与计分方法

比赛分为预赛、复赛、半决赛和决赛。半决赛为淘汰赛，决赛为名次赛。

预赛和复赛是采取打"√"的方法，每个裁判手里都有一张表格，如果这个裁判觉得选手表现可以进入下一轮，就会在其背号下方打"√"。在计分时按"√"的多少来排名，排名靠前的进入下一轮。通常经过预赛进入复赛的选手对数为参赛总对数的三分之二，经复赛进入半决赛的选手对数应为参赛总对数的二分之一，经半决赛进入决赛的选手只能是国际规定的 6 对选手。

半决赛和决赛按以下几个方面评分：选手的基本技术为 40%，其中脚步动作、姿态、手臂稳定和移动各为 10%；对音乐的表现为 20%；对体育舞蹈风格的表现为 15%；体育舞蹈编排 10%；临场表现 10%；现场效果 5%。一般参赛者临场发挥较好，能控制动作，其节奏、平衡、配合均良好，动作幅度越大，取得的名次就越好。

二、动作的评判标准

1. 比赛要求

根据国际体育舞蹈比赛规则和我国体育舞蹈协会的要求，选手在比赛时应做到以下几点：

① 足部动作及各种步伐的方位、角度和脚与地面接触部位必须准确。

② 不同舞种的握持动作、运动过程的姿势准确、漂亮。

③ 舞伴之间用力得当，动作能保持平衡、稳定。移动是由身体带动的，不仅是脚的动作，而且移动要流畅。

④ 对舞蹈的节奏表现要清晰、准确，对各种不同音乐的风格应有很好的理解，并且能很好地表现音乐的风格和情调。

⑤ 能细致地区别各舞种在风格、韵味上的差别，在表现各舞蹈风格的同时能表现出舞者个人的风格。

⑥ 舞蹈的编排动作流畅、新颖，能体现出舞种的基本风韵，能符合音乐的基本风格和结构。

⑦ 具有良好的临场表现和发挥。

⑧ 赛场的效果、舞者的气质、出退场的总体形象良好。

2. 各舞种特定要求

华尔兹——要求足部运动正确，在前进或后退中能突出主动腿的推动。男女舞伴的身体必须保持重叠三分之二，并在运动过程中始终保持身体的接触。在移动过程中，身体的移动要流畅、连贯，在运动中身体起伏，表现华尔兹的雍容华贵、荡漾起伏的风格。

探戈舞——要求两舞伴相握手臂屈肘的夹角应小于90°，身体重叠二分之一，男女舞伴接触从横隔膜到膝盖，即使在做难度动作时也不能分开，运动时应走弧线，动作强调顿感、挫感及内在的力度，体现探戈舞豪放潇洒的风格。

狐步舞——握持及身体的接触同华尔兹舞，应注意狐步舞的跟掌关系，要起伏平缓，跳出狐步舞的悠闲、轻松和流动感。

快步舞——握持及身体的接触同华尔兹舞，动作要协调，跳步时流动要轻快、流畅。

维也纳华尔兹——握持及身体的接触同华尔兹舞，运动中身体应出现倾斜、升降和摆荡的特点，在左转退步时必须有锁步，动作雍容华贵并有轻快的流畅感。

伦巴舞——音乐为四分之四拍，音乐的第二拍为脚步的第一拍，重拍在第四拍。

桑巴舞——音乐为四分之二拍。步伐要有弹性并准确地运用胯的前后左右自然摇摆，舞蹈体现欢快、奔放的风格。

恰恰恰舞——步伐应利落、紧凑，舞蹈要求风趣、俏皮。

牛仔舞——音乐为四分之四拍，做动作时下半身呈"弹簧式"律动，胯的运动为左右摇摆并与脚的重心相反，舞蹈要求活泼、自由。

斗牛舞——音乐为四分之二拍，动作干净利落，有力度，要有西班牙斗牛士的阳刚之气。

第九章　跆拳道

📝 本章学习目标

◆ 了解跆拳道的起源、发展、特点、作用及礼仪。
◆ 掌握跆拳道的基本技术、基本战术和竞赛规则。

第一节　跆拳道概述

一、跆拳道的起源及发展

跆拳道古称跆跟、花郎道，是起源于古代朝鲜半岛的民间武艺。

1910年日本侵占朝鲜后，建立起殖民政府，一度下令禁止所有的文化活动，跆拳道自然在劫难逃，在朝鲜境内销声匿迹。一些生活逼迫的朝鲜人远离国土，到中国或日本谋生，同时把跆拳道延续下来。更为重要的是，这些人将其与中国武术和日本武道相结合，孕育了新的技术体系。第二次世界大战后，自卫术再度兴起，从异国他乡回归故土的朝鲜人也将各国的武技带回本国，逐渐与跆拳道融为一体，形成了现在的跆拳道体系。1955年正式称朝鲜的自卫术为"跆拳道"。

1961年9月，韩国成立了唐手道协会，后更名为跆拳道协会，并成为全国运动会正式竞赛项目。1966年，第一个国际组织——国际跆拳道联盟成立。1973年5月，在韩国首尔成立了"世界跆拳道联合会"。1975年，"世界跆拳道联合会"（简称世界跆联）被国际体育联合会接纳为正式会员。1980年，国际奥委会正式承认世界跆联。迄今为止，世界跆联已有144个会员国，6500多万名跆拳道爱好者。

1988年，跆拳道在韩国汉城奥运会首次亮相后，为了适应国际重大比赛，跆拳道技术在不断地变革和发展。世界跆拳道联盟的总部中有一个特别技术委员会，其主要任务就是改进现今的跆拳道技术。

现在的跆拳道动作似乎不像以前那样圆滑流畅，也不似以前那样重视运动中身体的平衡。对当今跆拳道技术的检验并不在它的外观，而是在于实战之中。具体地说，就是在实战对抗中或在被迫自卫的情形下，新型跆拳道技术无疑要比拘于形式的旧跆拳道技术更胜一筹。

二、跆拳道的特点

(一) 以腿为主，以手为辅，主要关节武器化

跆拳道技术方法中占主导地位的是腿法，腿的技法有很多种形式，可高可低、可近可

远、可左可右、可直可屈、可转可旋，威胁力极大，是实用制敌的有效方法。其次是手法，手臂的灵活性很好，可以自如地受控完成防守和进攻动作，同进也可变化为拳、掌、肘、肩的多种用法，进行实战。在实战中，人体的一些主要关节部位亦可以用作进攻的武器或防守的盾，这是跆拳道技术的本质，如人体的手、肘、膝、脚等关节部位是跆拳道实战中最常用、最有效的击打武器。

(二)方法简捷，刚直相向

跆拳道较少使用躲闪防守法。不论是在比赛时还是在实战中，跆拳道的进攻方法都是十分简捷而实效的。

对抗时双方都是直接接触，以刚制刚，用简练硬朗的方法直接击打对方，变化多；防守的运作也是以直接的格挡为主，随即是连续的反击动作。

(三)内外兼修，方法独特，以功力验水平

跆拳道理论认为，经过专门训练，人的关节部位能产生不可思议的威力，特别是拳、肘、膝和脚四个部位，尤以脚和手为甚。长期练习跆拳道，可以达到内外合一的程度，即内功和外力达到统一的巅峰。

三、跆拳道的作用

(一)修身养性，培养人优秀的意志品质

跆拳道练习推崇"以礼始，以礼终"的尚武精神，练习中要以"礼义廉耻，百折不屈"为宗旨，因此，可以培养人顽强果断、耐劳的精神，磨炼人坚韧不拔、积极向上的品质，养成礼让谦逊、宽厚待人的美德。

(二)强体防身，练就人健全的体魄

跆拳道运动紧张激烈，对抗性极强，可使人强壮筋骨，提高各关节的灵性及肌肉的伸展性和收缩能力，提高人的速度、反应、灵敏、力量和耐力素质，提高人体内脏器官的机能和人体神经系统的灵活性，增强人体的击打和抗击打能力。

(三)观赏竞技，享受击打艺术的美感

跆拳道比赛或实战时，双方腿法技术在对抗中高来低往，不仅能让观众体验击打艺术的美感，还能激发他们奋发向上的斗志，使人们在欣赏比赛的同时，潜移默化地受到意志品质教育。

四、跆拳道的礼仪

跆拳道中的"礼仪"是跆拳道基本精神的具体体现，跆拳道运动始终倡导"以礼始，以礼终"的尚武精神。"礼仪"是跆拳道运动必不可少而且十分重要的组成部分。跆拳道是练习者精神和身体的综合修炼，练习者在艰苦磨炼中培养出理想的人格和体魄，并能够真正掌握防身自卫的本领，因此，"礼仪"是练习者必不可少的教育和熏陶。

"礼节"是跆拳道练习过程中必须具备的行为规范，练习跆拳道要持正确的认识态度，

对跆拳道的历史、内容、特点、作用及教育意义有全面的了解和认识。练习者衣着端正、头发整洁，对教练、同伴时刻都要表现出恭敬、服从、谦虚、互助互学的心态。谦逊和正确的言语、忍让和友好的态度，虚心和好学的作风也是跆拳道练习者应遵循的重要礼仪。

所以，无论是在跆拳道练习还是实战中，尽管是以双方格斗的形式进行，但是不管它怎样激烈，由于双方都是以提高技艺和磨炼意志品质为目的，所以在双方各自内心深处都必须持有向对方表示尊敬和学习的心理。因此，在练习或在比赛前后都一定要向对方敬礼。

小知识

"以礼始，以礼终"——跆拳道课的礼仪

1. 开始时的礼仪程序

开始时，练习者应排列好队形，立正姿势站好。由队长或教练喊"立正、敬礼"的口令，全体向国旗敬礼，口号"跆拳"；教练先向后转，队长喊"敬礼"口号，相互敬礼。

2. 结束时的礼仪程序

结束时，站好队列。由队长或教练喊"向后转，整理服装"的口令，全体立即向后转，不对着国旗整理服装，整理好后，迅速向后转。队长喊"敬礼"的口令，全体面向国旗立正、敬礼。随后全体面向教练，互相敬礼，口号"跆拳"。

3. 训练课过程中的礼仪

在训练课的过程中，队员之间互相服务，拿脚靶进行练习。在互换脚靶时，首先要面向对方并步直体站立，上体前屈30°、头部前屈45°鞠躬致礼（见图9-1），礼毕上体还原成立正姿势。其次，递接物品时，立正姿势，双手掌心向上，向前伸出递接，同时上体向前鞠躬敬礼，礼毕还原成立正姿势。

图9-1　鞠躬致礼

五、跆拳道练习者级别的简要介绍

为了正确评价跆拳道的技术、人格、耐性、勇气、诚实性和精神，跆拳道分为十级九段。初级练习者从最低级十级开始，依次往上到一级；高级练习者从最低段开始依次往上到九段。一段到三段为学习阶段，四段到六段为步入行家阶段，从七段开始为精通阶段。

区别跆拳道选手的级别主要从腰带上来看：

十级为白带、九级为黄带、八级为黄绿带、七级为绿带、六级为绿蓝带、五级为蓝带、四级为蓝红带、三级为褐带（或橙色）、二级为红带、一级为红黑带。从一段起均为黑带。

第二节 跆拳道的基本技术

跆拳道技术经过近几十年来的发展，改进速度非常快，衍生的技术动作也十分纷繁。本节只介绍初学者必须掌握的基础技术。

一、跆拳道的基本步形和步法

(一) 基本步形

1. 基本准备姿势（见图9-2）

动作要领：在立正姿势中左脚侧跨一步并排站立；两手掌朝上，上提到胸口部位；两手在胸口前握拳的同时向内转动缓慢放下，左脚完全落地，重心放在两脚中间的同时两拳放于丹田处，站稳，两手距离和身体与拳的距离均为一拳。

使用：基本准备姿势，顾名思义是用于基本的准备，主要运用于品势的开始和结束部分。

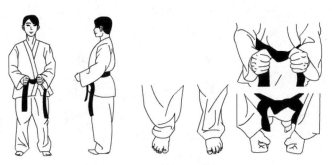

图9-2 基本准备姿势

2. 并排步（见图9-3）

动作要领：两脚开立，宽度为一步之距，两脚内侧平行；两膝挺直；体重平均落在两腿，重心放于两腿之间。

使用：站姿适用于静止状态和准备姿势。

3. 马步（见图9-4）

动作要领：两脚宽度为"两脚"距离；两脚内侧平行；上身挺直，屈膝，往下看时膝关节与脚尖要成为一条直线，小腿挺直；膝关节稍向内扣。

使用：因重心低，站姿稳，用于防守和攻击。

4. 走步（见图9-5）

动作要领：如同走路突然停下来时的姿势，距离为一脚；伸直两腿，重心放于两腿之间；要挺直躯干，胸部自然朝正前方。

使用：主要用于防守和攻击。

图9-3 并排步   图9-4 马步   图9-5 走步

5. 弓步（见图9-6）

动作要领：前后脚之间的距离为一步半的距离，两脚脚尖之间的距离为一脚；前脚脚尖朝前；上身挺直，前腿屈膝站立，往下看时膝关节与脚尖要成一条直线；后脚的内角为30°，后腿蹬直，身体重心的三分之二在前；上身斜30°左右。

使用：重心在前腿，方便移动，有利于攻击和防御。

6. 三七步（右腿后屈时为例，见图9-7）

动作要领：在并步姿势的基础上以后脚跟为轴往右转动90°；在这基础上左脚迈出一步，上身挺直两腿膝关节弯曲降低重心；右膝关节向右脚尖方向弯曲为60°～70°，左膝关节内角度为100°～110°，两腿膝关节不能像马步一样向内扣；三分之二的重心在右腿。

图9-6 弓步   图9-7 三七步

（二）基本步法

1. 实战准备姿势（见图9-8）

实战准备姿势也叫作预备姿势，是跆拳道比赛中双方开始时的基本站立姿势。准备姿势应便于进攻和防守反击以及步法的移动。左脚在前为左势，右脚在前为右势。

图9-8 实战准备姿势

动作要领（以左势为例）：两脚平行开立与肩同宽，两臂垂于体侧；身体左转，左脚以脚掌为轴向左侧转体，前脚掌内扣45°，后脚掌与前脚掌成斜向的平行线；抬起脚跟，上下颤动。双脚跟离地，上下抖动身体，体会双腿的弹性，膝关节应有一定的弯曲度；双手握拳，拳心相对，左与肩高，右与胸口平，两臂屈置于胸前。

注意事项：全身感觉自然、放松；膝关节富有弹性；重心处于游离状态，能够迅速地变化移动。

易犯错误：脚跟没有完全离开地面，膝关节没有弯曲，全身紧张；上体前倾或后仰，肩部一高一低，重心偏前或偏后，对移动不利。

2. 跳换步

动作要领（以左势为例）：以左势起，双脚同时轻轻蹬地，身体微腾空，双脚沿直线前后交换，落地成右势。

注意事项：换脚动作迅速，重心起伏小；直线交换双脚。

易犯错误：换脚时跳的太高；换脚时走弧线。

3. 上步

动作要领（以左势为例）：以左势起，以左脚掌为轴，右脚沿直线离地2～3厘米，向左脚前方迈上一步，左脚掌自然转动90°左右，成为右势。

注意事项：左脚跟要抬起，以左脚掌为转动轴；上步时右膝关节内侧贴近左大腿内侧，走直线，不拖地；上右脚的距离与肩同宽。

易犯错误：左脚全脚掌转动；上步时走弧线；上右脚时距离过宽或过窄。

4. 撤步

动作要领（以左势为例）：以左势起，以右脚掌为轴，右脚跟向外拧转90°，左脚沿直线后撤一步，与肩同宽，成右势。

注意事项：借助左脚蹬地的反弹力迅速转体，后撤左脚；脚落地后距离与肩同宽。

易犯错误：撤左脚的力度控制不好，落地后失去平衡，不利于迅速启动。

5. 前滑步

动作要领（以左势为例）：以左势起，右脚掌用力蹬地，左脚掌轻擦地面向前滑行10～20厘米，右脚随即跟上相同的距离。

注意事项：双脚前滑有加速度、突然性，滑步后保持平衡，处于弹性状态；左脚前滑，右脚跟进。动作先左脚、后右脚；双脚位移距离一致。

易犯错误：双脚同时离地跳动；滑步动作僵硬，没有弹性；滑步没有突发性；滑步后双脚距离变化。

6. 后滑步

动作要领（以左势为例）：以左势起，左脚掌用力蹬地，右脚掌向后滑动10～20厘米，左脚后滑等同距离。

注意事项：后滑有加速度、突发性，滑步后保持平衡；动作先右脚后左脚；滑动前后双脚距离一致，双脚滑动位移一致。

易犯错误：先左后右或双脚同时离地；滑步时全身僵硬，没有弹性。

7. 前跳步

动作要领（以左势为例）：以左势起，利用左脚快速、隐蔽的点地反弹力，猛收左侧腹直肌，迅速提起左膝关节，上体直立，右脚掌向前跳滑一步。

注意事项：出腿后也可落回左脚成右势；提左膝关节与右脚掌跳滑同时进行。

二、跆拳道基本的进攻和防御技术

跆拳道攻击人体的要害部位有 280 处之多，主要分为上段的人中、中段的胸口、下段的丹田处。跆拳道进攻和防御时使用的部位主要有拳、手、肘、脚、小腿、膝盖等。

(一) 基本进攻技术

1. 前踢（见图 9-9）

前踢是跆拳道中最基本的踢法，对膝关节快速屈伸能力和膝关节四周的肌肉都有很好的锻炼作用。根据跆拳道的技术原理，跆拳道的几个基本踢法都是由前踢演化而来的，所以，学好前踢是学好跆拳道踢法的基础。

图 9-9　前踢

动作要领（以左势为例）：以左势起，右脚蹬地屈膝提起，送髋、顶髋，小腿快速向前踢出，高于腰平，迅速放松弹回，成折叠状，右脚落回，恢复成左势。

注意事项：大小腿折叠充分，上提右膝时右膝内侧贴近左大腿内侧，小腿、踝关节放松，有弹性；髋往前送，上体后仰，踢心窝、下颌部位时髋关节上送，送髋时右膝以往前撞为意念；小腿收回时仍以膝关节为支点自然弹回。

易犯错误：直腿踢、直腿落，小腿与大腿没有折叠；提膝没有贴近左大腿内侧正上提，造成髋关节未能正对前方；不送髋。

2. 横踢（见图 9-10）

横踢是跆拳道比赛中使用率和得分率最高的踢法，其外形酷似散打中的边腿，其实两者却是大相径庭，跆拳道的横踢幅度小、隐蔽性好、速度更快。

图 9-10　横踢

动作要领（以左势为例）：以左势起，右脚蹬地，重心移到左脚，右脚屈膝上提，两拳置之于胸前；左脚前脚掌辗地内旋，髋关节左转，左膝内扣；随即左脚掌继续内旋转180°，右脚膝关节向前抬置水平状态；小腿快速向左前横踢出；击打目标后迅速放松收回小腿。右脚落回成实战姿势。

注意事项：膝关节夹紧，向前提膝，尽量走直线；支撑脚外旋180°；髋关节往前顺，身体与大小腿成直线，严格注意击打的力点（正脚背）；踝关节放松，击打的感觉是"鞭梢"。横踢攻击的主要部位有头部、胸部、腹部和肋部。

易犯错误：膝关节不夹紧，大小腿折叠不够；外摆的弧形太大；上身太直、太靠前、重心往下落；踝关节不放松，用脚内侧击打（应该用正脚背）。

3. 侧踢（见图 9-11）

侧踢类似于散打中的侧踹，跆拳道比赛中很少使用侧踢，因为侧踢的速度较慢。但是在跆拳道品势中，侧踢则是不可缺少的一种踢法。

图 9-11　侧踢

动作要领（以左势为例）：以左势起，右脚蹬地起腿，屈膝上提，左脚以脚掌为轴外旋180°，脚跟正对前方，右腿快速向右前方直线踢出，力点在脚跟，收腿、放松，重心向前落下，恢复成基本准备姿势。

注意事项：起腿后大小腿折叠，膝关节夹紧；转动左脚与右腿由屈到伸，发力协调，顺畅；头、肩部、髋关节、膝、踝、脚成一条直线；大小腿直线踢出、直线收回。

易犯错误：大小腿折叠不充分；左脚未及时向前转向攻击目标，收髋、撅臀；小腿没有完全伸展；踢出时，重心靠后；踢完不收腿。

4. 下劈（见图 9-12）

下劈动作类似于武术中的下砸腿，也有人称为下压，以脚掌、脚跟攻击对方的脸部。在跆拳道比赛中，女运动员下劈的得分率往往高于男运动员。

图 9-12　下劈

动作要领（以左势为例）：以左势起，右脚蹬地，重心前移至左脚。同时，右腿以髋关节为轴屈膝上提，两手握拳置于胸前；随即充分送髋，上提膝关节至胸部，右小腿以膝关节为轴向上伸直，将右腿直举于体前，右脚过头。然后放松向下以右脚后跟（或脚掌）为力点劈击，一直到前面，成实战姿势。

注意事项：腿尽量往高、往头后举，要向上送髋，重心往高起；脚放松往前落，落地要有控制；起腿要快速、果断；踝关节要放松。劈腿的主要攻击部位有头项、脸部和锁骨。

易犯错误：起腿不够高，重心未上提；踝关节紧张，往下压时太用力；腿控制不好，落地动作太重；上身后仰幅度大。

5. 推踢（见图 9-13）

推踢一般用于截、封对方的起腿，使之失去平衡，强烈的打击使对方重心摇晃或失去平衡摔倒的推踢也能得分。

图 9-13 推踢

动作要领（以左势为例）：以左势起，右脚蹬地屈膝提起，左脚以脚掌为轴外旋90°，重心往前压，右脚向右前方直线踢出，力点在脚掌，重心往前落下，迅速恢复成基本姿势。

注意事项：提膝后大小腿折叠、收紧；重心往前移；推的路线为水平往前，送髋，让力量延伸；接近目标时突然发力。

易犯错误：收腿不紧，直腿起，容易被阻截；上身太直，重心往下落，腿不能水平地向前推；上身过分后仰，重心没能前移，不利于衔接下一个技术动作，易被反击。

6. 后踢（见图 9-14）

后踢是跆拳道比赛中常用的踢法，其渗透力量极大，一般攻击对方的上腹部，常用于反击对手的横踢。

图 9-14 后踢

动作要领（以左势为例）：以左势起，左脚以脚掌为轴内旋成脚跟正对对手，上身旋转，右膝向腹部靠近，大小腿折叠，右腿用力向攻击目标直线蹬出，重心前移落下，成右势站立。

注意事项：起腿后，上身与大小腿折叠成一团；击打目标在正前方稍偏右；收回小腿时不能旋转，以防暴露空当。

易犯错误：支撑脚没有起到瞄准的作用；上身与大小腿折叠不紧，直腿上撩或斜下踩踏；转身出腿不连贯；边旋转边出腿，击打路线走弧线；肩部、上身跟着旋转，易被反击。

（二）基本防御动作

所谓防御是指受到对方攻击时保护身体要害的技术。虽有躲闪式的防御，但在无法躲闪、不得已对抗时，为保护身体要害还须使用防御技术。初学者基本的防御动作主要在品势学习中涉及。

（三）品势

1. 品势的由来及定义

跆拳道的品势原来是由单一的攻击和防御手段构成的原始武术，因为人类智慧发达、社会组织化、格斗层次提高发展成集体共同对敌现象，并在其中形成了现在的品势。

从技术角度上看，品势即跆拳道，跆拳道基本动作是品势动作的基础。

2. 太极品势

太极品势包含太极深奥的思想和意义，被指定为跆拳道入门初期的有级者品势。以品势线（"王"表示）和姿势不变化的跆拳道基本思想为背景，以太极的一元思想为基本，把八卦中的每一卦安排为一品势，加深跆拳道精神思想和技术的内涵。准备姿势为基本准备姿势，以力量源泉的下半身为重心，左右用拳发力的姿势。

（1）太极一章

太极一章指的是八卦的"乾"，乾指的是天和太阳，象征着乾是万物根源的开始，这是跆拳道第一场品势（见图9-15）。姿势由最简单的自然站立起，动作由基本的下段防御、中段防御、上段防御、中段击、前踢等组成。

动作方法（见图9-16）：

起势：站在B点，面向A方向成基本准备姿势。

动作一：C1方向迈左脚，左走步下段防御。

动作二：C1方向迈右脚，右走步中段顺拳攻击。

动作三：D1方向迈右脚，右走步下段防御。

动作四：D1方向迈左脚，左走步中段顺拳攻击。

动作五：A方向迈左脚，左弓步下段防御。

动作六：A方向原地不动，左弓步中段正拳攻击。

动作七：D2方向迈右脚，右走步中段防御。

动作八：D2方向迈左脚，左走步中段正拳攻击。

动作九：C2方向向后转，左走步中段防御。

动作十：C2 方向迈右脚，右走步中段正拳攻击。

动作十一：A 方向迈右脚，右弓步下段防御。

动作十二：A 方向原地不动，右弓步中段正拳攻击。

动作十三：C3 方向迈左脚，左走步上段防御。

动作十四：C3 方向右脚前踢，右走步中段顺拳攻击。

动作十五：D3 方向迈右脚，右走步上段防御。

动作十六：D3 方向左脚前踢，左走步中段顺拳攻击。

动作十七：B 方向迈左脚，左弓步下段防御。

动作十八：B 方向迈右脚，右弓步顺拳攻击中段（发声）。

收势：右脚不动在 B 点，左脚逆时针旋转，面向 A 方向成基本准备姿势。

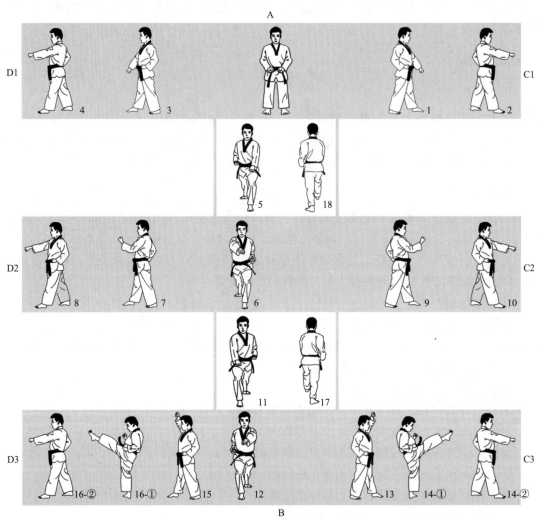

图 9-15　太极一章品势路线图

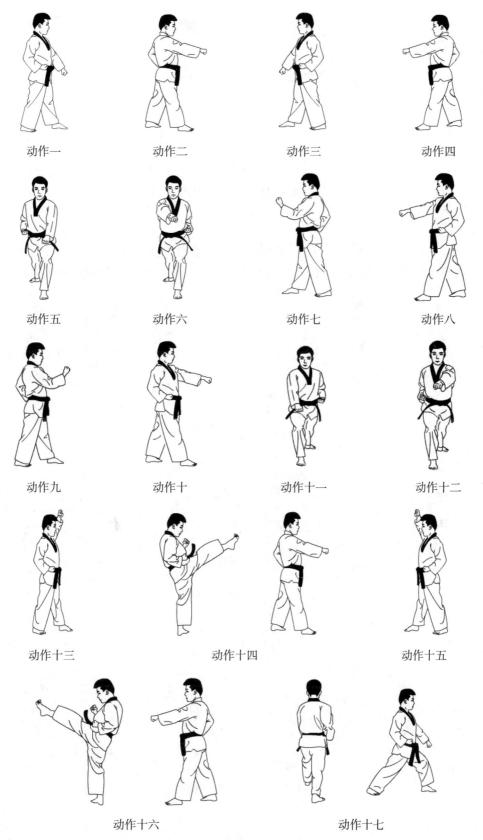

动作一　　　　　动作二　　　　　动作三　　　　　动作四

动作五　　　　　动作六　　　　　动作七　　　　　动作八

动作九　　　　　动作十　　　　　动作十一　　　　动作十二

动作十三　　　　　　　动作十四　　　　　　　动作十五

动作十六　　　　　　　　　　　动作十七

图9-16

动作十八

图9-16　太极一章动作

（2）太极二章

太极二章对应着八卦中的"兑"，是外柔内刚的意思。在修炼太极一章后，可以做出简单的防御动作和腿法。太极二章的品势线路如图9-17所示，其动作如图9-18所示。

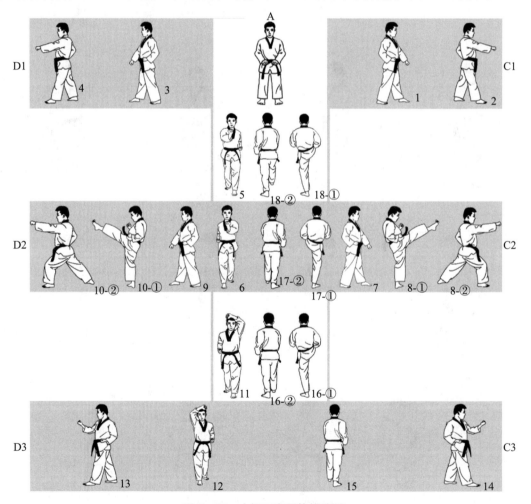

图9-17　太极二章品势线路图

动作一　　　　　动作二　　　　　动作三　　　　　动作四

动作五　　　动作六　　　　动作七　　　　　动作八

动作九　　　　　动作十　　　　　动作十一

动作十二　　　　动作十三　　　　动作十四　　　　动作十五

动作十六

图9-18

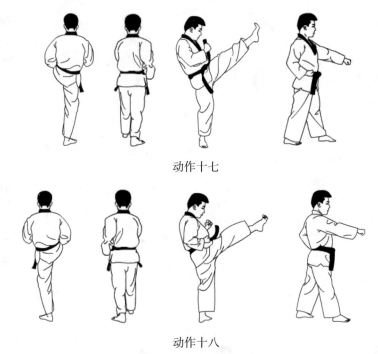

动作十七

动作十八

图 9-18　太极二章动作

起势: 站在 B 点,面向 A 方向成基本准备姿势。

动作一: C1 方向迈左脚,左走步下段防御。

动作二: C1 方向迈右脚,右弓步中段顺拳击。

动作三: D1 方向迈右脚,右走步下段防御。

动作四: D1 方向迈左脚,左弓步中段顺拳击。

动作五: A 方向迈左脚,左走步中段防御。

动作六: A 方向迈右脚,右走步中段防御。

动作七: C2 方向迈左脚,左走步下段防御。

动作八: C2 方向右脚前踢,迈步右弓步上段顺击拳。

动作九: D2 方向迈右脚,右走步下段防御。

动作十: D2 方向左脚前踢,迈步左弓步上段顺击拳。

动作十一: A 方向迈左脚,左走步上段防御。

动作十二: A 方向迈右脚,右走步上段防御。

动作十三: D3 方向迈左脚,左走步中段防御。

动作十四: C3 方向迈右脚,右走步中段防御。

动作十五: B 方向迈左脚,左走步下段防御。

动作十六: B 方向右脚前踢,迈步右走步中段顺拳击。

动作十七: B 方向左脚前踢,迈步左走步中段顺拳击。

动作十八: B 方向右脚前踢,落地右走步中段顺拳击(发声)。

收势: 右脚不动在 B 点,左脚逆时针旋转,面向 A 方向成基本准备姿势。

第三节　跆拳道基本战术

运动员在比赛中根据自己和对手的情况，充分发挥自己的身体及技术特长，限制对手的特长，为战胜对手而采取的计策和方法，叫作战术。

跆拳道比赛中的战术实质就是依据比赛中发生的各种情况，运用自己平时的技术水平，最有效地发挥优势去战胜对手。在比赛中，根据不同对手能够灵活运用战术，是战术运用的最高水平。

跆拳道比赛中的战术十分纷繁，每次比赛，对手的身体和技术水平情况都有不同，所以，每次比赛所运用的战术都不一样。但是，良好的战术水平是以优秀的技术水平为基础的。对于初学者，由于技术水平有限，战术的运用也同样受到了限制，下面仅介绍几个初学者能够运用的战术。

一、心理战术与体力战术

心理战术：比赛开始前，利用情绪、动作、表情等威慑对手，比赛中用气势压倒对手，利用规则允许的各种手段干扰对方情绪，给对方造成心理压力，使对手的技术水平发挥失常，从而发挥自己的优势，战胜对手。

体力战术：平时增强体力耐力的练习，运用良好的体力消耗对手体力，从而伺机战胜对手。

二、技术战术与防守反击战术

技术战术：利用技术的全面，变化运用各种技术，发挥自己的特长技术，掌握比赛的主动权，达到取胜的目的。

防守反击战术：利用防守好的特点，在防守的基础上伺机达到取胜的目的。

三、假动作或假象战术

当初学者对一些基本的技术到达熟练水平，并能够较流畅、自然地完成技术动作时就可以学习此项战术。用逼真的假动作或假象欺骗对手，引其上当，分散其注意力，使其露出破绽，利用这个机会猛烈攻击，取得胜利。

第四节　跆拳道基本竞赛规则

一、比赛场地及时间

(一)比赛场地

跆拳道比赛的场地是 12 米 ×12 米的正方形，水平，无任何障碍物，下铺具有一定弹性的垫子。根据实际情况，比赛场地可高出地面 40～60 厘米。为了安全起见，可以装置平衡比赛台的支撑装置，要求支撑装置与地面所成的夹角在 30° 以内。

比赛区域的划分：12 米 ×12 米的比赛场地，中央 8 米 ×8 米的区域为比赛区，其余部分为警戒区；比赛区与警戒区的表面用不同颜色划分。如同色，应用5厘米宽的白线区分，划分比赛区与警戒区的线叫作警戒线，比赛场地最外面的线叫作边界线。

（二）比赛时间

跆拳道比赛的时间无论男女均采用每场比赛3回合、每回合3分钟回合制，中间休息1分钟。根据年龄等实际情况，比赛的时间和回合也可以进行调整。例如，青年锦标赛每场比赛3回合，每回合2分钟，中间休息1分钟。

二、比赛护具

比赛时，选手应戴好护身、头盔、护裆、护臂、护腿后方可进入比赛区域，护裆、护臂、护腿应戴在道服里面。

三、体重级别

① 跆拳道比赛和散打、拳击等项目一样是通过体重来分竞赛级别的。

② 比赛体重称重：参加比赛的选手应于当日首场比赛前1小时称重完毕；称重时，男运动员身着内裤，女运动员身着内裤、胸罩，如运动员要求，也可称裸重；第一次称重不合格的选手，在规定时间内可进行第二次称重。

四、主要规则

（一）允许使用的技术

① 拳的技术：必须握紧拳，用拳的正面击打。

② 脚的技术：必须用踝关节以下、脚的前部击打。

（二）允许攻击的部位

① 躯干部位：髋骨以上，锁骨以下及两肋部，背部没有被护具保护的部位禁止攻击。

② 面部：从两耳向前的头颈的前部，只允许用脚的技术攻击。

（三）得分判定

1. 有效得分

运用正确的技术、击打正确的得分部位、打击力量强是得分有效判定的依据；如打击的力量强且技术运用正确，但击中的是非得分部位，如果使对手陷入被动，也可计得分；击倒对方，可计分。电子感应器计分时，打击的力量要达到感应标准以上，才能够计分。得分一次计"+1"分，最后得分为3个回合的总计。

下列情况不计分：攻击后故意倒地；攻击后有犯规行为；使用犯规动作攻击。

2. 犯规行为

在比赛中，犯规行为的判罚分为警告和扣分两种。

（1）判罚警告的犯规行为。

① 接触行为：抓住对手；搂抱对手；推对手；用躯干贴靠对手。

② 消极行为：故意越出警戒线；转身背对对手逃避进攻；故意倒地；伪装受伤。

③ 攻击行为：用膝部顶撞对手；故意攻击对手裆部；故意蹬踏对手的腿部和脚；用掌或拳击打对手的面部。

④ 不当行为：教练员或运动员示意得分或扣分；教练员或运动员有不文明语言或不得体行为；比赛中，教练员离开规定位置。

（2）判罚扣分的犯规行为

① 接触行为：攻击倒地对手；抓对手进攻的脚故意将其绊倒。

② 消极行为：越出边界线；故意拖延比赛时间。

③ 攻击行为：攻击倒地对手；故意击打对手后脑或后背；用手重击对手面部。

④ 不当行为：教练员或运动员有严重的过激表现或行为。

3. 犯规行为的判定

① 任何犯规行为都由主裁判判罚。

② 如属多重犯规，选择最严重的一条进行判罚。

③ 警告两次扣1分，警告次数为奇数时，最后一次不扣分。

④ 扣分一次扣1分。

⑤ 运动员违背竞赛规则和故意不服从裁判员时，主裁判有权直接判其"犯规败"。

⑥ 犯规累计扣3分，判其"犯规败"。

⑦ 警告和扣分按3回合累计。

（四）优势判定

① 因扣分造成同分时，3回合中得分多的为胜。

② 其他情况出现同分时，主裁判根据比赛的情况判定胜。比赛中积极主动的行为是判定的依据。

（五）获胜方式

① 击倒胜。

② 主裁判终止比赛胜。

③ 比分或优势胜。

④ 对手弃权胜。

⑤ 对手失去资格胜。

⑥ 犯规胜。

第十章　拳击

第一节　拳击运动概述

一、拳击运动的定义

拳击是一项在一个正方形绳围的比赛场中，佩戴特制的柔软手套，在一定的规则和条件限制下进行的对抗竞技性运动项目。这种竞技是在两个人之间进行的，是对竞技者体力、体能、技能、心理和战术等多项素质的综合考验，因而拳击又是一项实用的健身运动。在观看拳击比赛的时候，我们既为运动员娴熟、多变的技战术叫好，又非常羡慕他们强健的体魄和强有力的攻击。拳击正是具有这种双重的运动特点——强烈的对抗性和实用的健身作用，所以才造就了像阿里、泰森、霍利菲尔德等一代代拳王，同时又吸引着数以亿计的不同国度、不同民族以及不同肤色的拳迷，特别是吸引着广大青少年投身于拳击运动之中。也正是因为拳击需要精湛的技术、多变的战术、充沛的体力、强健的体魄以及良好的意志品质，所以拳击运动被人们称为"勇敢者的运动"。

作为一名拳击爱好者或运动员，从拳击的产生和发展、拳击技术和战术的演变及训练、拳击比赛的规则和常识等方面进行系统学习、了解和实践，是快速提高拳击实战技能最有效的途径。

二、拳击运动的起源和发展

在《英国大不列颠百科全书》中就有"公元前40世纪，幼发拉底和底格里斯两河流域发现拳击遗迹"的记载，距今已约有5000年的历史。考古学家在破译埃及象形文字中发现了公元前3700年有关拳击用的护具"皮绷带"的记述。后来大约在公元前17世纪，拳击运动经过地中海的克里克岛传播到古希腊。在古希腊受到许多人的欢迎，并且逐渐成为一种流行的体育运动项目。

古代拳击运动，从开始到发展中期，一直是以市民身心锻炼为主旨的业余体育活动，可是到了后期，拳击就走向了职业化和商业化的道路，拳击运动也变得更加残酷。因此，公元394年，罗马皇帝西奥多雷斯接受了基督教父的请求，下令禁止一切拳击活动，流传了十多个世纪的古希腊拳击运动走到了终点。

现代拳击运动始于英国，分为业余拳击和职业拳击两大体系。职业拳击与业余拳击在赛制、比赛规则及比赛目的等方面有很大的不同。

业余拳击代表着拳击运动健康向上的发展方向，职业拳击代表着职业化和商业化。由于职业拳击和业余拳击有着本质的区别，国际业余拳击联合会规定：任何职业拳击选手不能参加业余拳击比赛，同时业余拳击运动员也不能参加任何有奖金的职业拳击比赛。

1920年8月24日，国际业余拳击协会正式成立。由于第二次世界大战的爆发，业余拳击运动被迫中断长达 10 年之久，国际业余拳击协会也名存实亡，被迫解散。战后，业余拳击运动再度蓬勃发展起来，并形成了一股更强大的潮流。

1946 年 11 月 28 日，国际业余拳击联合会筹备会议在伦敦召开。根据英国业余拳击协会和法国拳击协会的提议，重新组建了国际业余拳击联合会（AIBA）。1986 年，中国拳击协会（CBF）正式成立。1987 年 6 月，中国拳击协会被国际业余拳击联合会（AIBA）正式接纳为第 159 个会员，中国业余拳击进入世界业余拳击的大家庭当中。

2004 年 8 月 27 日是中国拳击史上的辉煌时刻，在 2004 年第 28 届雅典奥运会中，中国拳击运动员邹市明经过激烈的比赛最终获得一枚宝贵的铜牌，这是一枚开创中国拳击历史的铜牌。

第二节　拳击基本技术

本章主要学习拳击的准备动作姿势，步法中的前滑步、后滑步、左右滑步、冲刺步、侧移步、环绕步、后撤步，基本技术中的刺拳、直拳、摆拳、勾拳、抛拳，防守和反击中的拍击、阻挡、格挡、闪躲、潜避、退让、阻挠、夹靠、掩护和拳击组合技术及各种训练方法。重点要掌握的是步法、前后直拳、摆拳和勾拳，以及掌握适合自己的组合技术。

一、拳击的准备姿势和握拳法

(一) 准备姿势 (也称为基本姿势、实战姿势)

准备姿势是拳击运动进攻、防守的基本技术，初学者首先要掌握标准的准备姿势。

左脚在前，右脚在后是右架准备姿势，左手在前，右手在后，右脚在前，左脚在后是左架准备姿势，俗称左撇子。

动作要领和步骤：以右架为准，两脚左前右后斜开立 (左架相反)，与肩同宽或略宽于肩，身体侧对对方，双手半握拳，两肩放松。左拳略高于肩，同下颌平齐，右肘弯曲约 90°，肘自然下垂；右拳置于右下颌处，后肘弯曲小于 90°，自然下垂保护右肋部位。

通常情况下，运动员可根据自身特点选择自己的基本姿势。下面的例子没有特别提示则均为以右架为例。

技术要点：右 (后) 脚抬起 5 厘米左右，将身体重心落到前后脚之间；两膝微屈。收下颌，前倾朝向对手，双目注视对手眼睛，上体应斜向对方，含胸收腹，身体左右转动时，以腰部和髋关节作转动轴。

(二) 握拳法

动作要领和步骤：在握拳时注意食指和中指、小指和无名指并拢内屈，拇指放在中指和食指的上面，拳头稍内扣，拳峰朝上，握拳不要太用劲。否则，臂肌会很快疲劳，拳速也会降低。但是在拳击对方的有效部位前一刹那，要用力握拳。

先练习左拳握法，再练习右拳握法。

试出拳，体会打中目标时握紧拳头的感觉。

技术要点：平时握拳不要太用力，只是在击打对方时的一刹那握紧用力，食指到小指的第一关节和第二关节成为一个平面，这个部位叫作指关节部位。指关节部位的中心在中指和食指之间，要用这个关节中心，也就是我们常说的"拳峰"，来击打对方的有效部位。

二、拳击的基本步法

案例：20世纪前的拳击比赛，运动员如果运用步法来避开对手的攻击，则被视为是胆怯的行为。1892年9月2日，拳击史上划时代的事件出现了。美国旧金山银行职员詹姆斯·科贝特运用灵活的脚步移动，躲开了少年大力士——约翰·沙利文强有力地打击，并像逗小孩玩一样打击沙利文，最终获得胜利，轰动了拳击界。这一新战法，使人们摒弃了以前那种不许闪躲移动的呆板的拳击，而被拳击界所广泛采用，之后逐渐发展成为今天的拳击方法。拳王穆罕默德·阿里获胜的一个重要因素就是步法移动的灵活性和打击的准确性，曾被形容为"漂浮如粉蝶，冲刺若黄蜂"。由此可见步法的重要性。

在拳击技术体系中，步法是其中重要的一节。尤其在运动员刚开始接触拳击这项运动时，要用较多的时间来进行专门的步法训练。在比赛中，运动员要保持身体平衡，灵活地移动身体，使自己始终处于进攻和防御的最佳位置，主要依靠步法来实现进攻和防守及反击的目的。

拳击的基本步法有滑步、冲刺步、侧移步、环绕步、后撤步等。

(一) 滑步

1. 前滑步

两脚向前跃出一步，即后脚掌蹬地，前脚稍离地面向前滑进一步，后脚迅速跟进。两脚以脚掌着地，重心始终保持在两腿之间。

2. 后滑步

两脚向后跃出一步，即前脚掌蹬地，后脚稍离地面向后滑步一步，前脚迅速后滑一步。两脚以脚掌着地，重心始终保持在两腿之间。

3. 左滑步

向左侧移动，即右脚蹬地，左脚向左侧横滑一步，右脚同时跟进，保持准备姿势。

4. 右滑步

向右侧移动，即左脚向右侧横滑一步，左脚同时保持准备姿势。

技术要点：使用步法移动时，身体重心要平稳，开始训练要慢速，熟练后加快速度，脚掌尽可能不离开地面，即"擦"着地面移动，全身要放松。

(二) 冲刺步

左足平放在地面上。着力点在前脚掌上，右脚掌着地，足跟稍抬起，左脚急速向前滑进一步，右脚随着跟上一步，仍保持拳击攻击姿势，刺步与前滑步动作相似，只是速度加快。

技术要点：冲刺步是一种突然进攻的步法。当对手防守上暴露出破绽时，应立即抓住有利时机配合直拳突然袭击。冲刺步易犯的错误是跨步式前进，即前脚凌空跨步前进。这样人体在凌空阶段时只有一只脚支撑，容易被对手击倒；另外，两脚着地远、足间距大也会造成行动上的迟钝。因此，学习刺步时要注意前脚不可凌空跨进或两足间距过大。

(三) 侧移步

侧移步是向对手出拳方向的外侧移上一步或向后侧方移一步，避开对手的直拳攻击，为自己创造有利攻击位置的一种步法。

1. 左侧移步

当对手用右直拳攻击头部时，左脚应先起动向前上方移动，左脚以前掌为轴，向左侧移动 50° 左右，即向对手右拳外侧移动。

2. 右侧移步

对手用左直拳攻击头部时，右脚先起动向右侧移上一步，左脚以前脚掌为轴，原地向右转 90° 左右，即向对手左拳外侧移动。左侧移步比右侧移步难度大，因为左侧移动比右侧移动更接近对手的右手，受到对方右手打击的可能性更大。掌握左侧移步法能有效发挥自己的有力武器打击对方的腹部和下颌。

技术要点：使用左右侧移动步时，两足不能走交叉步，身体尽量不要左右摇摆。侧移步是防御的一种，也是进攻的一部分，因此，在学习侧移步时应注意和反击动作结合起来。

(四) 环绕步

环绕步是以对手为中心，并围绕对手移动的一种步法。环绕步有顺时针方向和逆时针方向两种。它的动作好像侧移步法，但它不属于侧移步法，它的动作幅度较小，只稍微闪躲对方的打击。在拳击比赛中，有经验的选手常常是在进攻前为避免被对手出其不意的击打而下意识地采用环绕步，用以迷惑对手并且能够抓住对手破绽而快速反击。

1. 逆时针环绕（向右环行）

当对手用左直拳击打头部时，右脚先向有移动，左脚跟着向右移动，即只向右侧移动一点，可立即用右直拳反击对方头部。

2. 顺时针环行（向左环行）

当对手用右直拳击打头部时，左脚先向左移动，右脚跟着向左移动一点，可快速用前手拳击打对方头部。

技术要点：运用环绕步的目的是转移进攻方向，寻找进攻机会，或调整呼吸，以及短暂的休息，因此在练习和比赛中，不能消极防守，而要在防御中寻找战机，这样才能克敌制胜。

(五) 后撤步

拳击比赛中在防守中常用后撤步，即前脚掌用力蹬地，身体向后快速移动，后脚先向后撤一大步，并且几乎同时迅速收回前脚，以保持好拳击的攻守姿势。

技术要点：使用撤步的目的在于迅速脱离对手的进攻，避开对手的直拳攻击，或是调整实战状态。在后撤一步后，如对手继续跟进攻击，不可连续后撤，应迅速向右或向左侧步，避开对手的连续进攻。

步法教学步骤：先练习并熟练每种步法。进行简单的步法组合，如前滑步接后滑步，前滑步接左滑步。可结合教练员的手势或声音信号练习。两人配合练习，一人进攻步法，一人防守反击步法。结合出拳进行练习。

三、拳击基本技术

本节主要介绍了 4 种主要拳法，其中最常用的是直拳、勾拳和摆拳 3 种拳法。

(一) 刺拳

刺拳的出击路线轨迹呈直线，以对手脸部为主要击打目标。

1. 刺拳的动作要领和步骤

由蹬腿发力开始，转髋送肩，拳头直线出击。当肘臂将要伸直时，拳头向内旋转。前脚要在出拳的同时向前滑步，靠近对方，使发出的拳带"针刺"的感觉。拳打出去时，上体应稍前倾，并配合送肩动作，以加大出击力量和幅度。整个出拳像弹簧一样，弹出去并快速收回来。

先练习刺拳，再练习刺拳结合其他拳法。

2. 技术要点

前手刺拳看起来是一个连续的试探性动作，实际上它的作用远不只这些。当对方防御前手刺拳时，就会暴露出防守上的空当，这就可以使自己用其他拳法如后手的重拳配合前手刺拳来进攻。这时出击的右拳是距离大的击打，准确地打出右拳，其破坏力是相当大的。灵活的前手刺拳能增加右拳的效度，因此应重视前手刺拳。

每当使用前手刺拳时，都应该想到对方也有可能用刺拳来回敬自己。因此，打出的前手刺拳不论击中与否，另一手都要用防护姿势以防对手反击。

打出的前手刺拳不是消极的防御，而是在双手接触到对方时，要感觉到对方的反应，知道他下一步要怎样移动。在刺拳触及对方的那一瞬间，拳部的反应力就会告诉自己下一步在什么时候、什么地方移动自己的步法，这对下一步采用什么样的组合拳来说是至关重要的。

采用刺拳时注意身体重心不可超出支撑面。出击时，判断好与目标之间的距离，以手臂刚伸直即接触目标为好。收回打出的前手刺拳，不是靠拉回，而是利用肱二头肌被迫拉长后的弹性收缩回来。每次打出去的前手刺拳要按原来打出的路线返回。

前手刺拳出击未达到预定的目的时，应迅速收回拳头，同时右掌要做好防守准备，并保持好拳击攻防姿势，不给对手以可乘之机。

(二) 直拳

直拳是拳击中最基本的动作，也是运动员最常用的动作。直拳从肩部出击，轨迹呈直线，途径短，力量大，是主打拳。直拳可分为前手直拳和后手直拳两种。

技术要点：使用直拳时，通过腿的蹬力，发力于腰，利用身体的冲力，借助于腕的抖力，将出拳力量集中于拳峰上，出击的爆发力靠的是快速灵活，形如闪电，手臂屈伸要富有弹性。拳面接触到目标后，犹如触电似的迅速将拳收回。直拳的主要击打部位为对方头部，作为战术也可以击打对手的胸腹部分。当手臂尚未伸直时，拳头应向里旋转，当手臂伸直到最后一瞬间，运用出拳的速度力量以及肩部突然短促延伸，将力量集中在拳峰上击打出去。

1. 前手直拳

以右架准备姿势站立，前手直拳即左直拳，可以先从自己鼻尖向对方画一条假想直线，同自己两肩直线呈45°。出左直拳时，把自己的左肩转动到这个假想直线上，即把左拳向内转动45°，与此同时，左脚向前一步，迅速向对方出拳。出拳时，手臂和肩部的肌肉要放松，不能过分紧缩。当要击打到对方的要害部位时，才握紧拳头。出左拳时，含胸收腹，右肘贴在右肋部位，右手放到下颌位置，下颌也要往里收，以防对方的反击。

前手直拳的作用与左刺拳不同，它的进攻目的更为突出。特别是左直拳的连续攻击动作，是争取胜利非常重要的技术动作。连击的左直拳，能破坏对方的平衡，扰乱其阵脚，混乱其视线，给其他拳创造有利的进攻条件。前手直拳是用重拳打倒对方的开路先锋，是完成关键动作的向导，是争取胜利的基本技术动作。

2. 后手直拳

后手直拳即右直拳，一般也是重拳。以右架准备姿势站立，将右拳向前直击，左肩稍低一点，右脚掌用力蹬地，向内旋转。出拳的同时，前脚向前迈一步（正好击中对手的步距），以前脚掌负担身体重量，足跟平浮于地面，后足跟稍踮起。在前脚掌完成支撑的一瞬间，后脚迅速跟上一步或者前脚收回一步，仍保持好拳击攻防姿势。右直拳的发力，主要靠出拳速度、身体向前运动的速度以及送肩动作。发右直拳时应注意这三方面的密切协调配合，使全身的力量都集中在拳峰上。

右直拳的出拳距离远，击打力量大，属于后手重拳。一般认为，右直拳在没有充分把握的情况下击打时，不仅会消耗自己的体力，而且会暴露出明显的空当，给对手以还击的机会。

（三）摆拳

摆拳是从侧面袭击对手的有力拳法，又称为横拳。摆拳分为左摆拳和右摆拳两种。

技术要点：摆拳的特点是充分利用肩部和上体的旋转力。摆拳如使用得当，其威力不亚于直拳。摆拳的动作不如直拳、勾拳和刺拳的速度快，它是借用身体向相反的方向移动而出拳，以分散对手的注意力。由于摆拳的行走路线比较长、幅度大、离心力大，如果打得准，则有很大的破坏力；如打不准，则疲劳度大，且容易被对手发觉，易受对方反击。为提高摆拳的打击效果，肩部、手臂要放松，充分地利用旋转打击拳，拳击到目标的一刹那，以身体为转动纵轴，把转髋、送肩的合力汇聚在拳峰上。手腕像往下弯曲似的打击，拳的打点正击目标，这样才能发挥出摆拳的威力。

1. 前手摆拳

前手摆拳即左手摆拳，从右架准备姿势开始。左臂略向前伸，左拳向右后方摆击。摆拳路线为平面半圆形。左拳出击时，拳及小腿均向内旋，肘部上翻，但不可过高，小臂与

大臂的夹角约120°。拳心向下，拳眼向后，拳峰对准击打处，手臂呈大半月形状，两脚蹬地，用腰胯的扭动来增加发拳的力量。右拳微上举，保护下颌。摆击结束后立即收回，还原成基本姿势。打击的主要部位是对方头部的右侧。

2. 后手摆拳

后手摆拳即右手摆拳，从右架准备姿势开始。其动作与左摆拳相同，只是左右相反。学好摆拳，首先要学习如何缩短摆拳的运动路线和弧度，其次要注意犯规动作，如果打出的摆拳不是用拳峰击打，而是用拳的手掌、掌跟和拳的背侧面击打，就会出现技术犯规。

摆拳的要点提示：摆拳要以肘、肩为支撑点；出拳前不要有多余动作，以免对方识破自己的进攻意图；不要用拳峰以外的部位击打对方，以免引起技术犯规；保持出拳前后的身体平衡，使身体重心始终保持在两腿之间；出拳后，自己的胸腹、肋部等处会露出空当，易被对手用直拳、勾拳等击中，因此必须用另一只手去阻挠或预防对手的反击。

（四）勾拳

技术要点：勾拳发力迅速急促，运动路线短，在近身格斗时是最常用的，勾拳使用得法是颇具威力的。勾拳手臂形状如勾，臂肘弯曲度大约90°。勾拳分为上勾拳和平勾拳两种。

1. 上勾拳

上勾拳又分为前手上勾拳和后手上勾拳两种。上勾拳的主要击打部位是身体腰带以上正侧面部位。

（1）前手上勾拳

前手上勾拳即是左上勾拳，由右架准备姿势开始。身体稍向左侧转，接着迅速拧转上体，左脚掌用力蹬地，左拳由下向前再向上方向，前臂外旋直击对方腹部或下颌处，此时前臂与上臂的弯曲形状如勾，约90°，右拳保持原姿势不变，击打后按原路线收回。

（2）后手上勾拳

后手上勾拳即是右上勾拳，由右架准备姿势开始。身体右转略屈右腿，沉低右肩。拳峰朝上内扣，右拳略下降，迅速屈臂由下向上勾击，同时伸右腿向内碾地以增加击打力量。出拳的过程中，上体微向左转，右肩随拳转略向前移。同时左拳迅速收回，保护下颌。

2. 平勾拳

平勾拳分为前手平勾拳和后手平勾拳两种，它们目标是两腮、下颌或颈部侧面。

（1）前手平勾拳

前手的平勾拳即是左手的平勾拳，由右架准备姿势开始。拳背朝上，拳面内扣，肘臂夹角大约成90°，出拳的同时左右脚向前移小半步，击中目标时拳心斜向内下方，利用身体腰部突然转动的力量，身体重心移到右脚，并略向右侧转体30°，当击中目标时，左臂向胸部右侧方转移，臂部肌肉由放松到突然紧张，之后迅速放松，再保护上体，此时身体重心移到右脚上，左脚跟外转。左平勾拳类似左摆拳打法，只不过在平勾拳的肘臂弯曲度比左摆拳小，肘关节与前臂同高。

（2）后手平勾拳

后手的平勾拳即是右手的平勾拳，由右架准备姿势开始。右平勾拳的动作要领同左平勾拳类似，只是身体腰部向左扭转，左脚在前略向左转动，身体重心稍移向左脚。

四、拳击的防守和反击技术

拳击比赛中，攻击和防守是密切配合进行的，二者的重要性完全是对等的，每一次进攻，都有一个正确的防守来抵御攻击。在拳击运动中若能使自己不被或很少被对手击中，这就意味着赢得了胜利的一半。要做到这一点，正确地掌握和运用拳击的防守技术是十分重要和必须的。在熟练掌握拳击基本攻防姿势的基础上，进一步学好各种防守方法，并与进攻配合起来，这样在实战中才能争取主动。高超的防守技术是当今拳击冠军们的主要特点。

在拳击比赛中，防守和进攻是问题的两个方面，它们既对立又相互依存。没有进攻就没有防守，没有防守更没有进攻。不能简单地把防守看成是为了阻挡对方的攻击，拳击防守技术由拍、挡、格、闪、让、阻、掩等多种方式构成，在运用这些方法的同时，还应结合相应的反击技术一并使用，才能取得后发制人的效果。

(一)拍击

技术要点：拍击法主要用来阻止对方直拳进攻，如对手出左刺拳或右刺拳攻击，就可以张开拳掌拍击来拳，使拳改变方向，以起到阻止对方进攻的作用。用掌拍击动作的幅度不宜过大，并及时收回。

案 例 分 析

1.拍击左刺拳的防守反击方法

当对手左刺拳进攻时，就可以用右拳掌向左拍击来拳使拳改变方向，拍击动作幅度要小，保持拳击进攻姿势。在向左拍击刺拳的同时，可出左直拳反击对手头部。

2.拍击右直拳的防守反击法

当对手用右直拳进攻时，就可以用左拳向右拍击来拳，同时用右直拳击打对手头部。

(二)阻挡

阻挡防守的方法主要用来抵御对手近距离攻击，是利用身体不易受到损伤的部位，根据对手来拳击打的路线不同可采用肘、臂和肩阻止对手来拳。用阻挡防守法可有效地防守对手在中距离、近距离和远距离的各种拳法。阻挡不是理想的防御方法，尤其是当遭到重拳击打时，身体的有关部位可能会直接或间接受到伤害。但在近距离作战时使用的机会很多，需要它来对付各种拳法的打击。使用阻挡法是为了更好地反击对手，而不是消极地单纯阻挡。阻挡分为肩部阻挡法、肘部阻挡法和拳阻挡法三种。

1.肩部阻挡法

肩部阻挡法是用肩部阻挡对手的攻击，左脚跟稍拾起，右脚掌着地，同时稍向右转体，左肩稍提，重心落在右脚，右手防备对手的第二个打击。如果对方不连续进攻，可迅速旋转右肩出拳反击。

2.肘部阻挡法

肘部阻挡法主要用来防守对方的左右上勾拳和击打自己腹部的直拳等，肘和身体紧紧贴在一起。一般来说，用右肘阻挡对手的左手拳进攻，用左肘阻挡对手右手拳的进攻，也可以变换，总之要根据客观实际变化，采取适当的防守手段。

3. 拳阻挡法

拳阻挡法是指当对手的拳攻来时，自己迅速用相应的拳进行阻挡，阻止其继续进攻，使其进攻落空。

技术要点：在使用阻挡法时，与对手拳头接触的一瞬间，要憋气鼓劲儿，自己与对手来拳接触部位的肌肉要保持一定的紧张度，以增强抵抗力。

 案 例 分 析

> 1. 阻挡左摆拳或左平勾拳击头
> 当对手用左摆拳击打头部右侧时，应将上体略后让，向左转，用右肩臂阻挡对方来拳，同时用左直拳反击对手的头部。
> 2. 阻挡左上勾拳击打下颌
> 当对手用上勾拳击打下颌时，应将腰稍向左转，用右肘部阻挡，同时可用左勾拳反击对手的头部。
> 3. 阻挡右直拳击腹
> 当对手用右直拳击打腹部时，应将身体略向右转，屈左肘臂，用左臂阻挡对手的右直拳，同时用右直拳反击对手的头部。

（三）格挡

技术要点：格挡是用拳或前臂格架对方来拳，使它改变方向。格挡便于还击，从而取得有利的位置去击打对手。使用格挡法需要有准确的判断和敏捷的动作，在对手的拳击中自己身体之前，把它格开，使其改变方向。格挡法使用得当，可给自己创造有利的进攻位置和机会，用格挡对付勾拳和摆拳效果较好。

案 例 分 析

> 1. 格挡左平勾拳
> 当对手用左平勾拳击打头部时，应立即用右臂稍前伸并抬高来格挡对手的平勾拳，同时用左直拳击打对方头部。
> 2. 格挡右平勾拳
> 当对手用右平勾拳击打头部时，应立即用左前臂稍提高来格挡对手的右手勾拳，同时用右摆拳反击对手的头部。

（四）闪躲

技术要点：闪躲防守是用身体的闪躲使头离开击打路线。在实战中，闪躲被认为是一种最实用的防守方法，闪躲法专门用于防守对手攻击头部，对直拳的防守要向两侧面闪躲，对摆拳和上勾拳可向后移动。在闪躲中防守者可以空出两手以便进行反击。闪躲技术要求运动员能准确地判断时间。如果运动员掌握了良好的闪躲技术，就会使对手的来拳不断失误和击空，使之失去平衡，对其暴露的部位可趁机给予击打。在闪躲的同时可以迎击来拳，闪躲动作不要过大，要敏捷短促。闪躲法主要是采用向左右侧方向闪躲直拳，一般是向右闪躲左直拳，向左闪躲右直拳，向后闪躲对方的摆拳和平勾拳。

 案 例 分 析

---

1. 闪躲直拳

两人均右架站立，对手用右直拳进攻时，应两腿稍屈膝，身体重心落在前脚，上体稍前倾，闪躲防守对手的右直拳，使对手的直拳从自己的右肩上滑过去时可用左上勾拳反击对手的腹部。

2. 闪躲摆拳

两人均右架站立，对手用左摆拳进攻时，应迅速右手格挡，用前手左直拳迎击对手头部。

3. 后闪躲前拳

两人均右架站立，当对手用前手直拳进攻时，应将身体重心移动到后足并微屈膝，上体后让躲过前手直拳，用右直拳反击对手的头部。

（五）潜避

技术要点：潜避技术是对摆拳击头的一种主要防守方法，这一防守是在身体重心下降的同时快速完成缩身下潜动作。在潜避中运动员用头和上体画出一个半圆的连贯动作，微屈腿的同时向对手出拳方向下潜，然后直起身。在做这个动作的过程中，要始终注视着对手，动作要快而有力。这一防守动作是由整个身体和腰部动作来完成，要保持稳定的姿势，以利恢复实战预备姿势和进行还击。

 案 例 分 析

---

1. 从左向右摇避左摆拳

动作：当对方用左摆拳打头部时，迅速下蹲。同时头部和上体微向前倾，利用腰、腹力量将头部从左向右闪，从对方左臂下闪过。

要领：潜避动作幅度不可太大，也不宜蹲得太低，摇闪时两眼仍要注视对方，以便还击和进一步防守。

2. 从右向左摇避右摆拳

与左摆拳防守相同，方向相反。

（六）退让

退让法是用来对付猛冲猛打对手的一种防御技术。

技术要点：退让主要有两种形式，一种是后仰，即后腿弯曲，重心后移，以利于迅速反击对手；另一种是通过步法的移动避开对手的攻击。使用退让法目的不是为了逃跑，而是为了挫败对手突然的猛烈攻击，避其锋芒，在退让中找对方的空当进行反击。但退让时不可连续直线后退，可转向对手侧面，变被动为主动。

案例分析

> 1. 后仰防守直拳击头
> 两人均右架站立，对手用左直拳进攻，立即后仰躲避对手进攻，伺机右直拳反击。
> 2. 退让摆拳击面
> 两人均右架站立，当对手用左架摆拳进攻时，应使用后撤步的方法向后退一步，伺机右摆拳反击。

（七）阻扰

技术要点：阻挠是自己主动出拳干扰对手视线或迷惑对手。使用阻挠法的目的是不让对手有最佳出拳时机，设法让对手防御上出现漏同，从而为自己攻击创造条件。

案例分析

> 阻挠加后手直拳进攻。两人均右架站立，主动出拳干扰对手视线或迷惑对手，用右直拳重拳进攻对手头部。

（八）掩护

技术要点：运用掩护法时，应低头、含胸、收腹、将头置于两拳臂中间，借双臂进行掩护，并从两拳臂缝中监视对手伺机还击。使用此法，只有处在极度疲劳或被对手击中一时无力反击的情况下可使用。当然，如果有意识地用掩护法作为战术使用，又另当别论。

案例分析

> ① 上体右侧转，右拳掩护右下颌，左肩耸起，下颌藏于左肩下，左拳掩护胸部。
> ② 右臂提起掩护下颌，左拳掩护胸腹。
> ③ 两臂屈肘收臂紧护腹部，下颌藏于两拳之间，两眼注视对手。

五、拳击的组合技术

拳击的组合技术就是将进攻和防守反击技术有效地组合起来所形成的。在拳击比赛中，有时单单靠一拳击倒对手获胜的可能性不是太大，而常常是通过针对对手的薄弱环节进行有效地组合各种技术，有假动作，有真动作，有试探性的出拳，有全力击打，总之通过有效地组合技术达到战胜对手的目的。因此，优秀的拳击运动员都掌握一种或多种组合技术。组合技术不是一成不变的，要根据比赛场上的变化而变化。在拳击比赛中，就同一个动作来说，既可以用来进攻，又可以用来防守，这就要求运动员不能死搬硬套，而要根据实际情况灵活运用。

组合技术就是根据比赛中攻防情况的变化，将两个以上的动作组合在一起的连接技术。由于拳击比赛的日趋激烈，运动员的技术水平越来越接近，运动员可能在进攻的同时就要防守，或是在防守的同时就要反击。使用单个的技术，往往会被有经验的选手化解或反击。为了战胜对手，就必须在熟练掌握单个基本技术的基础上；掌握一些组合技术，使对手在短时间内很难适应。当然这些组合技术也不是一成不变的，运动员在比赛中要根据场上的具体情况，灵活地运用组合技术，使得对手摸不清自己技术动作的规律，以达到出奇制胜的目的。

(一) 组合技术练习注意事项

运动员在练习组合技术和比赛中要注意以下问题：

① 至少掌握两种绝招组合技术。一般来说，在比赛中能够得点的常常是自己的绝招组合技术，这要求运动员在训练中要使自己的绝招组合技术精益求精，并能够在比赛中熟练运用。

② 在熟练掌握自己常用组合技术的同时，也要基本掌握一两种相近的组合技术以防备在对手了解了自己的得点组合技术时，能够随机应变。

(二) 进攻组合种类

拳击是一种高智慧的运动，拳击运动员要学会假动作。打拳时，出拳速快、力度轻、动作标准，击打到跟前，不要打中对手，不仅是使用动作迷惑对手，而是用另一只手快速跟上，有力出拳打击对手，虚实结合，声东击西，让自己有一个良好的进攻时机，增强个人战术能力，获得比赛胜利。

1. 以直拳为主的假动作进攻组合

① 前手直拳假动作击打头部 + 后手直拳打头部。
② 前手直拳假动作击打头部 + 后手摆拳击打头部。
③ 前手直拳假动作击打头部 + 后手上勾拳击打腹部。
④ 前手直拳假动作击打头部 + 后手上勾拳击打下颌。
⑤ 前手直拳假动作击打头部 + 后手直拳击打腹部。
⑥ 后手直拳假动作击打头部 + 前手直拳击打头部。
⑦ 后手直拳假动作击打头部 + 前手摆拳击打头部。
⑧ 后手直拳假动作击打头部 + 前手上勾拳击打下颌部。
⑨ 后手直拳假动作击打头部 + 前手上勾拳击打腹部。
⑩ 前手直拳假动作击打腹部 + 后手直拳击打头部。
⑪ 前手直拳假动作击打腹部 + 后手摆拳击打头部。

2. 以摆拳假动作为主的进攻组合

① 前手摆拳假动作击打头部 + 后手直拳击打头部。
② 前手摆拳假动作击打头部 + 后手摆拳击打头部。
③ 前手摆拳假动作击打头部 + 后手上勾拳击打下颌部。
④ 前手摆拳假动作击打头部 + 后手上勾拳击打腹部。
⑤ 后手摆拳假动作击打头部 + 前手直拳击打头部。
⑥ 后手摆拳假动作击打头部 + 前手摆拳击打头部。
⑦ 后手摆拳假动作击打头部 + 前手上勾拳击打下颌部。
⑧ 后手摆拳假动作击打头部 + 前手上勾拳击打腹部。

3. 以勾拳为主的进攻组合

① 前手平勾拳击打头部 + 后手直拳击打头部。
② 前手平勾拳击打头部 + 后手摆拳击打头部。
③ 前手平勾拳击打头部 + 后手上勾拳击打下颌部。
④ 前手平勾拳击打头部 + 后手上勾拳击打腹部。
⑤ 后手平勾拳击打头部 + 前手平勾拳击打头部。
⑥ 后手平勾拳击打头部 + 前手摆拳击打头部。
⑦ 后手平勾拳击打头部 + 前手上勾拳击打下颌部。
⑧ 后手平勾拳击打头部 + 前手上勾拳击打腹部。
⑨ 前手上勾拳击打腹部 + 后手直拳击打头部。
⑩ 前手上勾拳击打腹部 + 后手摆拳击打头部。
⑪ 前手上勾拳击打腹部 + 后手上勾拳击打下颌部。
⑫ 前手上勾拳击打腹部 + 后手上勾拳击打腹部。
⑬ 前手上勾拳击打腹部 + 前手摆拳击打头部。
⑭ 后手上勾拳击打腹部 + 前手摆拳击打头部。
⑮ 后手上勾拳击打腹部 + 前手上勾拳击打下颌部。
⑯ 后手上勾拳击打腹部 + 前手上勾拳击打腹部。

4. 连续进攻组合

① 前手刺拳击打头部 + 后手直拳击打头部。
② 前手刺拳击打头部 + 后手直拳击打头部 + 前手直拳击打头部。
③ 前手刺拳击打头部 + 后手摆拳击打头部 + 前手上勾拳击打腹部。
④ 前手刺拳击打头部 + 后手上勾拳击打腹部 + 前手摆拳击打头部。
⑤ 前手直拳击打头部 + 后手直拳击打头部 + 前手直拳击打腹部。
⑥ 前手直拳击打头部 + 后手直拳击打头部 + 前手摆拳击打头部。
⑦ 前手直拳击打头部 + 后手上勾拳击打下颌部 + 前手上勾拳击打下颌部。
⑧ 前手直拳击打头部 + 前手摆拳击打头部 + 后手直拳击打头部。
⑨ 前手直拳击打头部 + 后手摆拳击打头部 + 前手摆拳击打头部。
⑩ 后手直拳击打头部 + 前手直拳击打头部 + 后手直拳击打头部。
⑪ 后手直拳击打头部 + 前手直拳击打头部 + 后手摆拳击打头部。
⑫ 后手直拳击打头部 + 前手直拳击打头部 + 后手上勾拳击打下颌部。
⑬ 后手直拳击打头部 + 前手直拳击打头部 + 前手上勾拳击打腹部。
⑭ 后手直拳击打头部 + 前手摆拳击打头部 + 后手直拳击打头部。
⑮ 后手直拳击打头部 + 前手摆拳击打头部 + 后手摆拳击打头部。
⑯ 后手直拳击打头部 + 前手摆拳击打头部 + 后手上勾拳击打下颌。

第十一章　柔道

✏️**本章学习目标**

◆ 了解柔道的服装和段位。
◆ 掌握柔道的技术分类、基本动作和常用技术。
◆ 熟悉柔道比赛场地和比赛规则。

第一节　柔道入门

　　柔道在日语中是"柔之道"的意思，就是"温柔的方式"。柔道部分起源于一种古代日本武士空手搏斗的技术——柔术。柔道通过把对手摔倒在地而赢得比赛，它是奥运会比赛中唯一允许使用窒息或扭脱关节等手段来制服对手的项目。柔道是一种对抗性很强的竞技运动，它强调选手对技巧掌握的娴熟程度，而非力量的对比，如图11-1所示。

图11-1　柔道比赛

一、柔道的服装及段位

　　在练习柔道和进行柔道比赛时，必须赤足穿柔道衣，如图11-2所示。柔道服可以抓握，而且也必须抓握住柔道服才能更好地使用各种技术而得分取胜。

　　柔道衣分为上衣、下衣（裤子）和腰带。上衣的长度要求遮盖住臀部，袖子长度要求稍微超过前臂的中部，袖口和前臂最粗的部位有5厘米以上的空隙。下衣的长度要求稍微超过小腿的中部，裤腿和小腿最粗的部位必须有7厘米以上的空隙。

　　柔道衣各部位的名称分别为：左里领、左前领、左里袖、左中袖、前腰带、左横带、左袖口、左内裆、裤腿口、左横领、后领、左后带、后腰带等。右面各部位名称与左面相同，只是有左、右之分。

腰带表示的级别或段位

新手：白带
一级：黄带
二级：橙带
三级：绿带
四级：蓝带
五级：咖啡带
一段～五段：黑带
六段～八段：红白带（红色与白色相间）
九段～十段：红带

图 11-2　柔道服装

　　为了防止上衣散开，柔道练习者或运动员还要束腰带（4～5 厘米），且腰带要打结束紧。结的两端须余有 15 厘米的长度。比赛时，双方运动员要系不同颜色的腰带。

　　柔道共分十段五级，其他人可通过腰带颜色来辨识柔道运动员的级别。其中，初学者应使用白色腰带，一级到五级应分别使用黄色、橙色、绿色、蓝色、咖啡色腰带，一段至五段应使用黑色腰带，六段至八段应使用红白相间腰带，九段和十段应使用红色腰带。不过，目前世界上只有极少数人能达到红带的水平。

小知识

　　女运动员须在柔道衣内穿一件结实的白色或米黄 T 字衫，其长度须长到能把底襟压在裤子里。

二、柔道技术分类

　　柔道的攻防技术分为投技（站立技术）、寝技（倒在地上的翻滚角斗技术），以及防身自卫击打对方的当身技。不过，现在柔道比赛中已不准使用当身技。

（一）投技

　　投技又分为站立不倒的立技和主动倒地的舍身技。而立技又可细分为：

　　① 手技，主要用手臂的技术。如"浮落"，即用两手把对方拉倒。

　　② 腰技，主要用腰背把对方摔倒。如"大腰"，就是抱住对方躯干，把对方背到背上摔下去。

　　③ 足技，主要是用腿脚把对方摔倒。如"内谷"，就是用腿把对方挑起来摔下去。再如"送足扫"，就是用脚把对方踢倒。

　　舍身技分真舍身技和横舍身技。真舍身技是施技者主动先倒下，背部着地，然后再制服对方。如"巴投"就是施技者先向后倒，两手拉着对方，用脚蹬对方的腹部，使受技者从施技者身上翻滚过去，倒在垫上。横舍身技是施技者身体先侧倒，再把对方摔倒，如"浮落"。

(二) 寝技

寝技分为固技、绞技和关节技。

① 固技是把对方的背部按压在垫子上，使之不能逃脱，而施技者保有行动自由。如果施技者的腿被对方的腿夹住，则不算使用固技成功。如"横四方固"就是施技者跪在仰卧的受技者体侧，抱压住对方。

② 绞技是两人倒在垫子上，一方用手臂或柔道服勒绞对方的颈部使之窒息而认输（以拍击垫子动作示意）。

③ 关节技是倒在垫子上，压迫对方的肘关节，使之疼痛而认输。不过，关节技只许应用肘关节。

三、柔道的基本动作

(一) 基本站立姿势

站立的基本姿势是指运动员在站立状态下进行角斗时所采用的姿势。根据站立姿势的不同，站立姿势可分为自然站立姿势、左站立姿势和右站立姿势，如图11-3所示。

自然站立　　　　　左站立　　　　　右站立

图11-3　柔道基本站立姿势

1. 自然站立姿势

两脚开立，两脚间距离基本与肩同宽，脚尖向前，两腿屈膝降低重心。自然站立对练方法：自然站立后，双方互相用左手抓住对方的右中袖外侧，用右手抓住对方左前领进行对练。

2. 左站立姿势

左脚在前、右脚在后，斜向开立，两脚间距离约等于肩宽，双膝弯曲降低重心。左站立对练方法：左站立后，双方互相用左手抓住对方的右前领，右手抓住对方的左中袖外侧进行对练。

3. 右站立姿势

右脚在前、左脚在后，斜向开立，两脚间距离约等于肩宽，双膝弯曲降低重心。右站立对练方法：右站立后，双方互相用右手抓住对方左前领，左手抓住对方的右中袖外侧进行对练。

(二) 基本步法

步法是进攻和防守的重要基础。正确的步法在比赛中能够把身体各部分的力量集中到一点，并能保持身体的稳定姿态。在前进、后退、旋转时，既可以随机变换成下一个动作，又能自如地运用技巧，灵活地移动位置，使自己处于有利地位。常用的基本步法主要有普通步、前进步、后退步、横跨步、倒插步等。

① 普通步：普通步的方法简单，和正常走路一样。如左脚在前、右脚在后站立时，右脚前进一步，即成右脚在前、左脚在后站立；左脚再前进一步，又成左脚在前、右脚在后站立。

② 前进步：当右脚在前，左脚在后站立时，第一步先迈右脚，左脚跟着进一步，仍然保持右脚在前左脚在后的身体姿势和两脚距离；右脚又前进一步，左脚随着又跟进一步，继续保持右脚在前，左脚在后。依照右脚在前，左脚在后跟进的方法前进。

③ 后退步：和前进步的动作相反，右站立时，应先退后脚，再退前脚，并保持后退前的身体姿势和两脚距离；自然站立时，根据攻、防需要可先退任何一脚，再退另一脚。

④ 横跨步：两脚左右开立，左（右）脚向左（右）侧横跨一步，右（左）脚也随着向左（右）侧跟进一步，并保持原来两脚开立的身体姿势和两脚距离。

⑤ 倒插步：右（左）脚向左（右）前方迈出一步，同时身体向左（右）后转，随即左（右）脚向右脚方向后移半步，转体后成背向对方站立。

在进行步法练习时，不要只做一个方向，要求掌握左、右两个方向的步法。左和右的动作相同，方向相反。

(三) 受身练习方法

所谓受身就是在摔倒时的自我保护技术，目的是减少摔倒时所产生的冲击，保护自己。根据投摔技术的不同，受身可分为前受身、后受身、侧受身和滚翻受身。

1. 前受身（见图 11-4）

（1）初级练习方法

双膝跪地，两前臂向内成八字状，掌心向下，手指自然并拢，两虎口相对，置于胸前，收腹绷腰，上身挺直，向前扑倒，锁紧腕关节。手掌与前臂成一体，与垫子接触，并与两膝合力支撑身体，胸、腹部不要接触垫子。

（a）　　　　　　（b）　　　　　　（c）

图 11-4　前受身初级练习方法

（2）逐步提高方法

两腿横向分开呈半站立状态，两前臂向内成八字状，掌心向下，手指自然并拢，两虎口相对，置于胸前，收腹绷腰，身体挺直，向前扑倒，锁紧腕关节，如图11-5（a）所示。

手掌与前臂形成一体，与垫子接触并与两脚尖合力支撑身体，胸、腹部不要接触垫子。如图11-5（b）所示。

（a）　　　　　　　　　　（b）

图11-5　前受身逐步提高方法

（3）终练习方法

自然站立状态，两前臂向内成八字状，掌心向下，手指自然并拢，两虎口相对，置于胸前，收腹绷腰，身体挺直，向前扑倒，锁紧腕关节，如图11-6（a）所示。

手掌与前臂形成一体，与垫子接触，并与两脚尖合力支撑身体，胸、腹部不要接触垫子，如图11-6（b）所示。

2.后受身（见图11-7）

（1）初级练习方法

全蹲状态，双臂环抱双膝，身体重心后移，臀部靠拢脚跟，同时含胸、收腹、收下颌、目视自己的小腹，如图11-8（a）所示。

随着身体后仰，两臂向身体两侧斜向挥动，两臂与身体的夹角为45°。掌心向下，手指自然并拢，两虎口向内，锁紧腕关节，手掌与前臂形成一体，如图11-8（b）所示。

臀部、腰部、背部依次着垫子并顺势向后滚动，在身体与垫子接触的同时击打垫子，如图11-8（c）所示。

（a）　　　　（b）

图11-6　前受身最终练习方法

图11-7　后受身

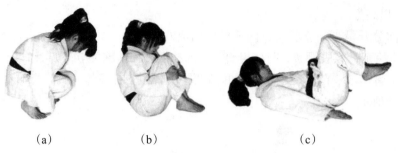

（a）　　　　　（b）　　　　　（c）

图 11-8　后受身初级练习方法

（2）逐步提高方法

半蹲状态，双臂前平举，两腿屈膝下蹲降低重心，臀部向脚跟靠拢，同时含胸、收腹、收下颌、目视自己的小腹，如图 11-9（a）所示。

随着身体后仰，两臂向身体两侧斜向挥动，两臂与身体的夹角为 45°。掌心向下，手指自然并拢，两虎口向内，锁紧腕关节，手掌与前臂形成一体。臀部、腰部、背部依次着垫子并顺势向后滚动，在身体与垫子接触的同时击打垫子，如图 11-9（b）所示。

（a）　　　　　　　　　（b）

图 11-9　后受身逐步提高方法

（3）最终练习方法

自然站立状态，两腿屈膝下蹲降低重心，两臂随身体重心下降，向上抬起成前平举，臀部向脚跟靠拢，同时含胸、收腹、收下颌、目视自己小腹，肢体后仰两臂向身体两侧斜向挥动，两臂与身体的夹角为 45°。

掌心向下，手指自然并拢，两虎口向内，锁紧腕关节，手掌与前臂形成一体。臀部、腰部、背部依次着垫子并顺势向后滚动，在身体与垫子接触的同时击打垫子。

3. 侧受身（见图 11-10）

图 11-10　侧受身

（1）初级练习方法

全蹲状态，双臂前平举，如图 11-11（a）所示。

右（左）腿支撑身体重心，右（左）手腹前，左（右）腿向前探出，如图 11-11（b）所示。

左（右）臂随左（右）腿的探出自体前摆向身体右（左）侧，前臂自然弯曲甩向右（左）肩位置，同时含胸、收腹、收下颌，目视自己小腹。

肢体向左（右）侧倾倒，左（右）臂自右（左）肩位置经胸腹前向倒地方向斜向挥动，左（右）臂与身体的夹角为 45°。

掌心向下，手指自然并拢，虎口向内，锁紧腕关节，手掌与前臂形成一体。体侧触垫，在身体与垫子接触的同时击打垫子，如图 11-11（c）所示。

(a)   (b)   (c)

图 11-11 侧受身初级练习方法

（2）逐步提高方法

半蹲状态，双臂前平举，右（左）腿支撑身体重心，右（左）手腹前，左（右）腿向前探出。如图 11-12（a）和图 11-12（b）所示。

左（右）臂随左（右）腿的探出自体前摆向身体右（左）侧，前臂自然弯曲甩向右（左）肩位置，右（左）腿屈膝下蹲降低重心，臀部向脚跟靠拢，同时含胸、收腹、收下颌，目视自己的小腹，肢体向左（右）侧倾倒，左（右）臂自右（左）肩位置经胸腹前向倒地方向斜向挥动，左（右）臂与身体的夹角为 45°。

掌心向下，手指自然并拢，虎口向内，锁紧腕关节，手掌与前臂形成一体。体侧触垫，在身体与垫子接触的同时击打垫子，如图 11-12（c）所示。

(a)   (b)   (c)

图 11-12 侧受身逐步提高方法

（3）最终练习方法

自然站立状态，右（左）腿支撑身体重心，右（左）手腹前，左（右）腿直腿抬离地面，左

（右）臂随左（右）腿的抬起，自体前摆向身体右（左）侧，如图 11-13（a）和图 11-13（b）所示。

前臂自然弯曲甩向右（左）肩位置，右（左）腿屈膝下蹲降低重心，臀部向脚跟靠拢，同时含胸、收腹、收下颌，目视自己小腹，肢体向左（右）侧倾倒，左（右）臂自右（左）肩位置经胸腹前向倒地方向斜向挥动，左（右）臂与身体的夹角为45°。掌心向下，手指自然并拢，虎口向内，锁紧腕关节，手掌与前臂形成一体。体侧触垫，在身体与垫子接触的同时击打垫子，如图 11-13（c）所示。

（a）　　　　　　（b）　　　　　　　　　（c）

图 11-13　侧受身最终练习方法

4. 滚翻受身

（1）初级练习方法

跪射姿势状态，左（右）腿屈膝在前，右（左）膝跪地在后，如图 11-14（a）和图 11-14（b）所示。

双臂前平举，手指自然并拢，双手虎口相对，身体前移，双手接触垫面，头部朝身体右（左）侧转动，同侧脸朝向垫子，双腿蹬直，使膝关节离开地面，并使身体重心向前移动，随前移方向屈肘经左（右）肩背向前滚动过去，右（左）臂随滚动方向向体侧挥动，右（左）臂与身体的夹角为45°。

掌心向下，手指自然并拢，虎口向内，锁紧腕关节，手掌与前臂形成一体，在身体与垫子接触的同时击打垫子。体侧触垫，左（右）臂置于腹前，如图 11-14（c）和图 11-14（d）所示。

（a）　　　　　　（b）　　　　　　（c）　　　　　　（d）

图 11-14　翻滚受身初级练习方法

（2）逐步提高方法

斜向站立状态，左（右）脚在前，右（左）脚在后，如图 11-15（a）所示。

手指自然并拢，双手虎口相对，双腿弯曲，身体前探，双手接近垫面，头部朝身体右（左）侧转动，同侧脸朝向垫子，双腿蹬直使身体向前移动，双手接触并撑垫子，如图11-15（b）所示。

屈肘经左（右）肩背向前滚动过去，右（左）臂随滚动方向向体侧挥动，右（左）臂与身体的夹角为45°。

掌心向下，手指自然并拢，虎口向内，锁紧腕关节，手掌与前臂形成一体，在身体与垫子接触的同时击打垫子。体侧触垫，左（右）臂置于腹前，如图11-15（c）所示。

　　　（a）　　　　　　　　　　（b）　　　　　　　　　　（c）

图11-15　翻滚受身逐步提高方法

（3）最终练习方法

自然站立状态，左（右）脚前进一步双手随出，形成左（右）脚在前，右（左）脚在后的斜向站立状态，如图11-16（a）和图11-16（b）所示。

手指自然并拢，双手虎口相对，双腿弯曲，身体前探，双手接近垫面。头部朝身体右（左）侧转动，同侧脸朝向垫子，双腿蹬直使身体向前移动，双手接触并撑垫子，如图11-16（c）所示。

屈肘经左（右）肩背向前滚动过去，右（左）臂随滚动方向向体侧挥动，右（左）臂与身体的夹角为45°。

掌心向下，手指自然并拢，虎口向内，锁紧腕关节，手掌与前臂形成一体，在身体与垫子接触的同时击打垫子。体侧触垫，左（右）臂置于腹前，如图11-16（d）所示。

　　（a）　　　　（b）　　　　　（c）　　　　　　（d）

图11-16　翻滚受身最终练习方法

（四）柔道常用术语

直门：柔道服上衣的胸襟部位。

小袖：柔道服上衣接近袖口的部位。

大领：柔道服上衣的领襟部位。

后带：腰带位于腰后侧的部位。

上步：使用技术时，为调整与对手的距离，向前迈出的一步称为上步。

背步：后插于上步脚后的步子称为背步。

(五) 柔道中的抓握方法

柔道中常用的抓握方法如图11-17所示。

（a）抓握直门的方法　　　　　　　　　　（b）抓握小袖的方法

（c）抓握大领的方法　　（d）抓握后带的方法

图 11-17　柔道中的抓握方法

四、柔道的常用基本技术

在柔道运动的实际练习和竞赛过程中，摔倒对手的技法有很多。下面将介绍一些常见和常用的技术。由于主导用力部位的不同，所以在技术开始使用时抓握的位置和用力点也不同。这里介绍的技术动作主要是以右侧为例来说明的。

(一) 单手背负投 (见图11-18)

图 11-18　单手背负投

双人面对面自然姿势站立，施技者左手抓握对手的右小袖，抬左手向斜上方牵拉对手右臂，同时左手腕关节内旋。

右脚上步至对手右脚前侧，脚前掌为主要支撑点，膝关节弯曲，右臂插于对手腋下。右小臂回收，将对手右大臂夹于自己右侧大小臂之间，左脚背步至对手左脚前侧，前脚掌为主要支撑点。膝关节弯曲，以两脚掌为轴逆时针旋转身体，从面对面状态变为同方向状态。

背部靠近对手胸腹部，臀部贴近对手小腹部。左手牵拉对手右臂向自己的左腰侧，右臂环抱紧对手的右臂，随左手方向牵拉。同时，双腿蹬直，臀部支顶对手小腹，上体前躬，头部转向左侧，右侧脸朝向自己的腿部，将对手投摔过去。

（二）双手背负投（见图 11-19）

图 11-19　双手背负投

双人面对面自然姿势站立，施技者左手抓握对手的右小袖，右手抓握对手的直门（左胸襟）。抬左手向斜上方牵拉左手腕关节随做内旋，右手配合左手同方向牵拉对手。

右脚上步至对手右脚前侧，脚前掌为主要支撑点，膝关节弯曲，右臂大小臂重叠，将小臂支于对手腋下。左脚背步至对手左脚前侧，前脚掌为主要支撑点，膝关节弯曲，以两脚掌为轴逆时针旋转身体，从面对面状态变为同方向状态。

背部靠近对手胸腹部，臀部贴近对手小腹部，膝关节弯曲。左手牵拉对手右臂向自己的左腰侧，右手随左手运动方向用力，同时双腿蹬直。臀部支顶对手小腹，上体前躬，头部转向左侧，右侧脸朝向自己的腿部，将对手投摔过去。

（三）体落（见图11-20）

图11-20　体落

双人面对面自然姿势站立，施技者左手抓握对手的右小袖，右手抓握对手的直门（左胸襟）。抬左手向斜上方牵拉左手腕关节随做内旋，右手配合左手同方向牵拉对手，右脚上步至对手右脚前侧。以脚前掌为主要支撑点，膝关节弯曲，右臂大小臂重叠，将小臂支于对手腋下。

左脚背步至对手左脚前侧，前脚掌为主要支撑点，膝关节弯曲，以两脚掌为轴逆时针旋转身体，从面对面状态变为同方向状态。

背部靠近对手胸腹部，臀部贴近对手小腹部，膝关节弯曲。左手牵拉对手右臂向自己的左腰侧，右手随左手运动方向用力，同时将右腿伸出至对手右腿外侧，两腿成左弓步状，上体向左侧旋转，将对手投摔过去。

（四）肩车（见图11-21）

图 11-21　肩车

双人面对面自然姿势站立，施技者左手抓握对手的右小袖，右手抓握对手的直门（左胸襟），抬左手向斜上方牵拉左手腕关节随做内旋，右手配合左手同方向牵拉对手。

右脚上步至对手两脚之间，脚前掌为主要支撑点，膝关节弯曲。抓握对手直门的右手松开，插入对手两腿直间，头潜入对手右侧腋下贴近体侧，右肩抵住对手小腹。

左脚前进半步调整身体重心，膝关节弯曲，两腿伸直站直身体将对手扛于右侧肩上，左手牵拉对手右臂向自己的左腰侧，右手随左手运动方向用力，将对手投摔过去。

（五）大腰（见图 11-22）

图 11-22　大腰

双人面对面自然姿势站立，施技者左手抓握对手的右小袖，右手抓握对手的直门（左胸襟），抬左手向斜上方牵拉左手腕关节随做内旋，右手配合左手同方向牵拉对手。

右脚上步至对手右脚前侧，脚前掌为主要支撑点，膝关节弯曲。右臂从对手身体左侧插入，搂抱对手腰背部，左脚背步至对手左脚前侧，前脚掌为主要支撑点，膝关节弯曲。

以两脚掌为轴逆时针旋转身体，从面对面状态变为同方向状态，臀部贴近对手小腹部，膝关节弯曲。左手牵拉对手右臂向自己的左腰侧，右手随左手运动方向用力，同时双腿蹬直，臀部支顶对手小腹，上体前躬，头部转向左侧，右侧脸朝向自己的腿部，将对手投摔过去。

第二节 柔道比赛场地及规则

男、女柔道分别在1964年第18届奥运会和1992年第25届奥运会上被列为比赛项目。在奥运会上，男选手得分并赢得比赛的时间是五分钟，女子为四分钟。如果双方都没有得分，则由三名裁判按照多数票的原则确定胜者。每个重量级别的项目都设有一块金牌，一块银牌和两块铜牌。

每个级别的选手将首先分到两个组进行单淘汰赛，然后小组前两名进入半决赛，胜者争夺冠军。

2008年北京奥运会柔道比赛共设14个小项，男女各7项，分别是男子60公斤级、66公斤级、73公斤级、81公斤级、90公斤级、100公斤级、100公斤以上级，女子48公斤级、52公斤级、57公斤级、63公斤级、70公斤级、78公斤级、78公斤以上级。

一、柔道比赛场地

柔道比赛场地面积最小为14平方米，最大为16平方米。比赛场地必须是用榻榻米的材料铺设，颜色通常为绿色，形式如图11-23所示。

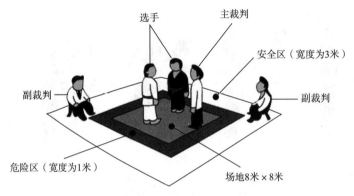

图11-23 柔道比赛场地

二、柔道比赛规则

(一) 得分

比赛时，根据运动员使用的技术，按其质量和效果评为4种分数：

① 一本。四种情况获得"一本"：比赛的一方控制对方并使用投技以相当的力量和速度把对方摔成大部分背部着地状态；在"压技"比赛中一方把对方控制住，使其在宣布"压技开始"后25秒内不能摆脱控制时；比赛的一方用手或脚拍击垫子或对方身体两次或两次以上，或喊"输了"时；当比赛的一方使用绞技或关节技，充分显示出技术效果时。另外，当比赛一方受到第四个"指导"的处罚时，另一方则获得"一本"得分。当一方获得"一本"后，即获得该场比赛的胜利。

② 技有。有两种情况获得"技有"：比赛一方控制对手并使用投技摔倒对方，但技术效果在评判"一本"的三个条件中有一项不足时；在"压技"中，比赛一方把对方控制住，达

到20秒以上。另外，当比赛一方受到第三个"指导"的处罚时，另一方则获得一个"技有"得分。比赛一方在一场比赛中获得第二次"技有"时，即获得胜利。

③ 有效。有两种情况获得"有效"：比赛一方控制对手并使用投技摔倒对方，但技术效果在评判"一本"的三个条件中有两项不足时；在"压技"中比赛一方把对方控制住15秒以上。另外，当比赛一方受到第二个"指导"的处罚时，另一方则获得一个"有效"得分。

④ 效果。有两种情况获得"效果"：比赛的一方控制对手并使用投技有速度、有力量地把对方摔成一个肩或大腿或臀部着地时；在"压技"中，比赛一方把对方控制住10秒以上。另外，当比赛一方受到"指导"的处罚时，另一方则获得一个"效果"得分。

一场比赛中，运动员获得"一本"后，该场比赛即可结束，获得"一本"的运动员获得本场比赛胜利。一场比赛中没有出现"一本"胜利时，在规定的比赛时间内，则按"技有""有效""效果"的多少评定胜负。但是一个"技有"胜过所有的"有效"和"效果"。一个"有效"胜过所有的"效果"。如果双方得分相等，则进行加时赛，加时赛中先得分者获得该场比赛胜利。加时赛结束后，如果双方得分还没有改变，则由场上三名裁判经过商议后举旗决定胜负。

(二)犯规

运动员有犯规行为或是超出比赛区时，根据情节轻重受到"指导""注意""警告""取消该场比赛资格"的处罚。运动员在一场比赛中，受到两次警告，就取消该场比赛资格，判对方获胜。最为严重的犯规是"一本"犯规，但在判罚前，裁判须与边裁商定。

不可击打对方，不可用头、肘、膝顶撞对方，不可抓对方头发及下部。用手、脚、腿或胳膊击打对手的脸部是绝对不允许的，除了肘关节外，不许对其他关节使用反关节的动作。任何可能伤害对方颈椎或脊椎的动作均被禁止。此外，在比赛中防守过度，被对手推挤出比赛区域或故意躲避对手，给对手造成危险都属于犯规。

超出比赛区域指的是柔道选手身体的任何部分超出了比赛区域。如果参赛一方将另一方摔出，而本身由于失去重心而跌出场外，则按照被摔选手的落地时间来判断其是否犯规：被摔选手若先着地，则不算犯规，反之，算犯规。在比赛中被对手用合乎规则的动作摔出场外则不属犯规。

第十二章　击剑

📝 **本章学习目标**

- ◆ 了解击剑的起源、类别、规则和术语。
- ◆ 掌握花剑的握剑方法、基本姿势和步法。
- ◆ 掌握花剑的进攻技术、防守技术和还击技术。

第一节　击剑的起源与发展

击剑是从古代剑术决斗中发展起来的一项体育项目，它结合优雅的动作和灵活的战术，要求运动员精神的高度集中和身体的协调性，体现出运动员精准的动作和敏捷的反应。早期的击剑由于缺乏良好的护具，容易对运动员的身体造成创伤，引起流血、重伤，甚至死亡。自从现代击剑中引入了完善的保护衣具，并采用钝的剑尖，已经消除了这项运动的危险性，也极大地促进了这项运动在全世界范围内的传播，如图 12-1 所示。

图 12-1　击剑比赛

一、击剑的起源

击剑运动是一项历史悠久的传统体育运动项目。早在远古时代，剑就是人类为了生存同野兽进行搏斗和猎食所使用的工具。随着人类历史的发展，剑由最初的石制、骨制发展到青铜制、铁制，最后到钢制，并作为战争的武器，逐步走上历史舞台。

击剑在古代埃及、中国、希腊、罗马、阿拉伯等国家十分盛行。公元前 11 世纪，古希腊就出现了击剑课，并有剑师讲课。有关古老的击剑形式，在希腊、埃及等国家的一些历史建筑和纪念碑上都可见到关于击剑的浮雕。

在中世纪的欧洲，击剑与骑马、游泳、打猎、下棋、吟诗、投枪一起被列为骑士的七种高尚运动。为了研究和推动击剑技术的发展，欧洲各国纷纷成立击剑行会（协会和学校）。西班牙被认为是现代击剑运动的摇篮，第一本击剑书籍就是由两位西班牙教练编著。14世纪在西班牙、法国和意大利出现了一个令人炫目的骑士阶层，他们以精湛的剑术纵横天下，博得了广泛的美誉。此后各国贵族纷纷效仿，一时间成为上流社会的时尚，以至于发展到贵族之间解决纠纷时，动辄拔剑相向，一剑定生死。

击剑运动真正得到全面的发展还是在法国亨利三世和亨利四世时期。1776年，法国著名击剑大师拉布瓦西埃发明了面罩，这一发明使击剑运动进一步走上了高雅道路。人们戴上面罩、手套，穿上击剑服，就可以安全地进行一连串的攻防交锋。面罩的问世是击剑运动发展的一个里程碑，法国成为当时欧洲击剑运动的发展中心。

16世纪末和17世纪初的欧洲盛行决斗。在这种形势下，为了满足人们对击剑的爱好和需要，又不至于伤害生命，一种剑身较短并呈四棱形，剑尖用皮条包扎的新型剑被设计出来，受到人们的普遍欢迎，并得到广泛开展，这便是花剑的雏形。从此，在欧洲的习武厅、击剑厅及专业学校里，花剑的击剑方式逐渐形成并日趋完善。

热衷于决斗的绅士和贵族从1885年开始，在习武厅使用三棱形剑练习，交锋不限制部位，这就是延续至今的重剑。

18世纪末，匈牙利人对东方波斯人、阿拉伯人及土耳其人早期骑兵用的弯形短刀进行了改革，在剑柄上装配了一个像弯月形的护手盘，在击剑时可以起到保护手指的作用。后来，意大利击剑大师朱赛普·拉达叶利将它进一步改进，使它能在击剑运动和决斗中使用，并根据骑兵作战的特点，规定有效部位为腰带以上，这便成为现代佩剑的前身。至此，人们在从事击剑时就可以自由地选择花剑、重剑和佩剑。

19世纪初，在法国击剑权威拉夫热耳的倡议下，将花、重、佩这三种不同式样的剑的重量再加以减轻，同时对一些技术原理及战术意义进行深入研究，并且在一些欧洲国家经常开展竞赛活动。击剑运动由此逐渐成为国际性的体育竞赛项目，并最早成为奥林匹克运动大家庭中的一员。

现代击剑运动是奥运会的传统项目。1896年在雅典举行的第1届现代奥运会上就设有男子花剑、佩剑的比赛。1900年在巴黎举行的第2届奥运会上增加了男子重剑比赛。1924年在巴黎举行的第8届奥运会上又增加了女子花剑比赛。1992年在巴塞罗那举行的第25届奥运会上，女子重剑被列为正式比赛项目。女子佩剑于2004年雅典奥运会上被正式列为奥运会项目。

1913年11月29日在法国巴黎成立了国际击剑联合会。1914年6月在巴黎通过了《击剑竞赛规则》，从而使击剑运动竞赛趋向公平、合理。

1931年，重剑比赛开始使用电动裁判器。1995年，电动花剑裁判器也运用于比赛。1989年，佩剑比赛开始采用电动裁判器。电动裁判器的发明也是现代击剑运动史上的一个里程碑，它使击剑比赛更加公平，同时推动击剑技术向更新的高度发展。

法国、意大利、俄罗斯、德国、匈牙利在不同时期都是击剑强国，引领着世界击剑运动发展的潮流，并各自代表一个古典的击剑流派。

二、重剑、花剑和佩剑

如前所述，击剑运动使用的剑包括重剑、花剑和佩剑。

（一）重剑（Epee）

重剑是击剑运动器械之一，如图12-2所示。重剑由剑柄、剑身和护手盘组成，全长不超过110厘米，重量不超过770克。重剑剑身为钢制，长度不超过90厘米，横截面为三棱形，剑身的宽面最大为2.4毫米，剑柄长度不超过20厘米。重剑护手盘为圆形，深度为3～5.5厘米，直径最大为13.5厘米，偏心度最大为3.5厘米。

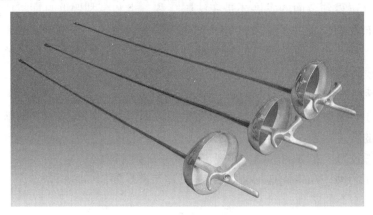

图12-2 重剑

（二）花剑（Foil）

中国曾称花剑为"轻剑"，1973年改为"花剑"。花剑由剑柄、剑身和护手盘组成，全长不超过110厘米，重量不超过500克，如图12-3所示。

花剑剑身为钢制，长度不超过90厘米，横截面为长方形。花剑剑柄长度不超过20厘米，护手为圆形，装于剑身与剑柄之间，直径不超过12厘米，禁止偏心。花剑有电动花剑和普通花剑之分，前者剑身前端包有15厘米的绝缘物，剑柄与剑身、护手盘绝缘；后者剑头直径在5.5～7毫米，长约1.5厘米。运动员在比赛中只能刺，不能劈打。

图12-3 花剑

（三）佩剑（Sabre）

中国曾称佩剑为"花式剑"，1973年改为"佩剑"。佩剑由剑柄、剑身、护手盘组成，全长不超过 105 厘米，重量不超过 500 克，如图 12-4 所示。

图 12-4　佩剑

佩剑剑身为钢制，长度不超过 88 厘米，有刃与背，横截面为近似长方形。佩剑剑柄长度不超过 17 厘米，护手盘为月牙盘，大小以能沿对角线放进 15 厘米 ×14 厘米长方形的检验筒中为准。佩剑在比赛中可劈打。

三、击剑术语

击剑术语是对学生进行击剑教学和对击剑运动员进行训练时所用的专用语言。

① 距离：在相距练习或比赛中从自己的剑尖到同伴（或对手）有效目标之间的长度。一共有四种：

- 近距离，是伸直持剑手臂，剑尖即可接触（刺中）对方身体有效目标的距离。
- 中距离，是伸直持剑手臂后并出弓步，即可使剑尖接触到对方身体有效目标的距离。
- 远距离，是向前一步再做出弓步，才可使剑尖接触到对方身体有效目标的距离。
- 超远距离，是向前一步弓步还不能使剑尖接触到对方有效目标的距离。

② 姿势：击剑运动员的持剑手臂与身体所呈现的形状，或是所形成的造型。

③ 动作：持剑运动员从一个姿势过渡到另一个姿势的过程。

④ 交叉：双方运动员的剑身相互接触的姿势。

⑤ 内交叉：自己的剑身与对方的剑身在自己小臂内侧形成的交叉。

⑥ 外交叉：自己的剑身与对方的剑身在自己小臂外侧形成的交叉。

⑦ 交换交叉：剑身由一个交叉姿势经过对方剑尖变换到另一个交叉姿势。

⑧ 有利（无利）交叉：在双方剑身接触后，一方用剑将另一方剑尖拨开，并使剑尖威胁其有效部位，而处在有利位置的叫有利交叉，反之为无利交叉。

⑨ 伪装：运动员在比赛过程中隐蔽自己真实意图，为了使对方对假象信以为真而做出的一种动作。

⑩ 控制：有目的地操纵自己的剑尖来抑制对手做某些动作的能力。

⑪ 引诱：运动员用一个或几个一连串的动作，给对方提供有利可图的机会使对方随机行动，其目的是使对方上当受骗，达到自己预期的目的。

⑫ 阻挠：用自己的剑做各种姿势或动作，以破坏对方的剑对自己的威胁，或是妨碍对方进攻的路线。

⑬ 假动作：自己用剑或用身体做动作，使对方受到威胁并做出相应的行为。

⑭ 防守：用自己的剑身将对方进攻的剑格挡开，不使对方剑接触自己的动作。

⑮ 还击：用剑将对方进攻来的剑格挡开之后，立即向对方做出的进攻动作。

⑯ 击打：用自己的剑的中部（或前部）向对方剑身的前部（或中部）做短促而有力的撞击，使对方的剑身离开所封闭的部位。

⑰ 击剑线：运动员持剑手臂伸直，使剑尖、手与肩三者成一直线，并使剑尖指向对方有效部位。

⑱ 击剑时间：完成一个简单动作所需要的时间。

⑲ 简单进攻：包括直接进攻：在同一条直线上完成的单一的进攻动作；间接进攻：从一条线上转移到另一条线上完成的进攻动作，例如一次转移进攻。

⑳ 复杂进攻：由几个动作组成的进攻，如击打两个转移刺进攻。

a. 简单还击：包括直接还击和间接还击两种。直接还击：对对方进攻防守成功之后，直接还击，或接触对方剑身还击（对抗还击）；间接还击：防守之后经过转移的还击，例如变换交叉还击、转移劈还击。

b. 复杂还击：由几个动作组成的还击，例如重复转移劈、两个转移劈还击。

c. 反还击：防开对方的还击动作之后，做出的还击动作。

d. 反攻：在对方进攻起动之后发起的进攻。它具体包括以下 3 种：

一般反攻：后于对方进攻时间的进攻。

对抗反攻：阻碍对方进攻路线的对抗进攻。

及时反攻：在一方进攻时，另一方在其最后出剑之前做出的反攻。

e. 延续进攻：进攻者第一次进攻后，在对方防守未还击或向后退拉开距离时，进攻者不收回手臂并立即做出简单进攻动作。

f. 连续进攻：进攻者第一次进攻后，在对方防守后或向后退拉开距离未做还击时，进攻者立即做简单的或复杂的进攻。

g. 重复进攻：进攻者第一次进攻后，还原成实战姿势，随后又立即做出进攻。

h. 同时进攻：双方运动员同一时间发动进攻。

i. 相互击中：双方运动员非同一时间发动进攻而相互击中。

j. 互中：双方运动员同一时间发动进攻，又同时击中。

第二节　花剑基本技术

花剑是三个剑种中的基础剑种，不少击剑的初学者往往都是从学习花剑技术开始的。刺是花剑唯一有效的得分手段，花剑有效刺中面积最小，交锋距离近，剑的接触多，变换交叉频繁，攻防转换多而快。因此，花剑要求技术全面、精细、准确、快速、多变和实用。

一、花剑的有效部位及其划分

按击剑规则规定，花剑的有效部位为除去四肢和头部的躯干部分。上面至衣服领顶端，即锁骨以上 6 厘米处。侧面至肩袖缝线，即通过肱骨的顶部。下面沿髋骨顶端成水平走向，再从髋骨顶端通过一条直线连接腹股沟（连接腹部和大腿的部位）的交汇点，如图 12-5 所示。

图 12-5　花剑的有效部位

为了便于教学和训练，花剑的有效部位又可划分为四个部分，即以实战姿势（稍后介绍）的持剑手位置的护手盘剑身根部为中心，分别画一条水平线与一条垂直线，将这两条直线在身体躯干上有效部位进行投影，可将躯干有效部位分为 4 个部分，分别称作第一、第二、第三、第四部位，如图 12-6 所示。

图 12-6　花剑有效部分的分区

与此 4 个部位相对应，花剑有 8 个基本防守动作。其中，第一部位相对应的为第一、第七防守；第二部位相对应的为第二、第八防守；第三部位相对应的为第三、第六防守；第四部位相对应的为第四、第五防守（第一至第八防守也称第一至第八姿势防守）。

另外，我们把指向水平线以上的第三、第四部位称为上线（也称上部位）；指向水平线下的第一、第二部位称为下线（也称下部位）；指向垂直线靠近持剑臂的一侧为外线（也称外部位）；指向垂直胸腹的一侧为内线（也称内部位）。

二、花剑的握剑方法

握剑方法就是用手握剑柄的方法（本书均以右手持剑为例）。对于花剑而言，握剑时，可将拇指弯曲，以指腹与食指第一指节相对（手指力量大者也可用食指指腹与拇指相对），握住剑柄上下面，中指、无名指、小指的第一指节置于剑柄的侧面，剑柄的尾部靠紧掌根中线，掌心与剑柄之间留有空隙，不要握得太紧。使剑身与前臂成一直线，如图 12-7 所示。

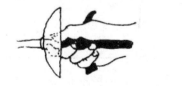 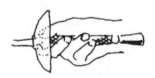

图 12-7　花剑的握剑方法

三、花剑姿势

花剑姿势主要包括立正姿势和实战姿势，下面分别进行介绍。

(一) 立正姿势与敬礼

由于击剑是从古老的西方贵族运动演变而来的，因此这项运动注重严格的礼仪。进入实战前，首先要按照规矩依次向裁判员、观众、对手和教练员行礼。

行礼的动作是面向受礼者，脚跟并拢，成立正姿势侧立，持剑手臂弯曲，剑尖向上，护手盘与脸部同高。然后，持剑手向持剑一侧斜下方一挥，表示致敬。这是每一个击剑运动练习者必须掌握的礼节，犹如中国武术中的抱拳礼，如图 12-8 所示。

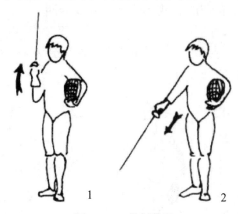

图 12-8　花剑敬礼

(二) 实战姿势

实战姿势是击剑运动所特有的姿势，是击剑运动员开始准备进行战斗的姿势。一切击剑活动都是在这样一个特定姿势下进行的。根据各剑种战术特点和实战需要，实战姿势各有不同。

这里介绍的实战姿势是一种最基本的姿势，是为初学者学会规范动作打基础，其姿势要点如下。

① 脚的位置：右脚在前，脚尖向前方；左脚在后，其脚跟垂直于右脚跟随的延长线上，脚尖向内。两脚成直角，两脚间的距离为一脚半，约与肩同宽，如图 12-9(a) 所示。

② 腿的位置：前腿膝盖在前足背的垂直线上，膝角约为 115.4°，踝角约为 64.9°；后腿膝盖在后脚尖的垂直线上，膝角约为 135°，后蹬角约为 53°，身体重心位于两脚 (支点) 之间，如图 12-9(b) 所示。

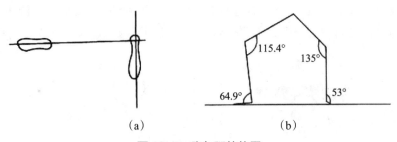

(a)　　　　　　　　　　(b)

图 12-9　脚与腿的位置

③ 持剑臂的位置：持剑手手心向内斜上方，剑身与前臂在同一直线上，剑尖与自己颈部同高，且指向对手第三部位。肘角约为123.1°，肘离身体右侧约10.15厘米。剑身、前臂、上臂与躯干保持在同一纵面上。

④ 非持剑臂的位置：手臂于体侧弯曲自然抬起，上臂与躯干约成70°，前臂与上臂约成80°，手腕自然放松。

⑤ 头与躯干的位置：躯干正直略含胸，两肩自然放松，头正直，面向前方对手，两眼平视，如图12-10所示。

图 12-10　实战姿势的侧面与正面

四、花剑步法

步法是合理有效地移动脚步的动作方法，它是击剑运动的基本技术之一。"灵活"是击剑运动的一大特点，从一定意义上说，步法比手上技术还要重要些。

(一)向前一步

动作要领：微翘起前脚尖(背屈)，摆小腿向前移动一脚掌距离，脚跟先着地，过渡到全脚掌，后脚跟上相同距离，如图12-11所示。注意：后脚要离地向前挪动，不要拖地向前。

🖋️ 小知识

足尖上抬，足背向小腿前面靠拢为踝关节的伸，习惯上称为背屈；足尖下垂为踝关节的屈，习惯上称为跖屈。

(二)向后一步

动作要领：提起后脚跟，向后挪动一脚掌，前脚紧接着向后移动同样的距离，如图12-12所示。

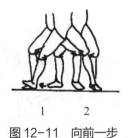

1　　2

图 12-11　向前一步

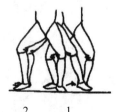

2　　1

图 12-12　向后一步

（三）弓步

弓步在击剑步法中占有极重要的地位。因为多数的有效一击都是由弓步参与，并配合手上动作完成的。

动作要领：翘起前脚尖，摆前小腿向前，躯干同时向前。后脚掌稍蹬地，使后腿蹬直。前脚跟着地，过渡到全脚掌，大腿几乎和地面平行，小腿垂直地面。同时，不持剑手臂在最后一刻用力向下挥摆，以保持平衡，如图 12-13（a）所示。

持剑做弓步进攻时，应先伸手臂使剑尖对准目标，再出脚成弓步姿势，不持剑的手臂向后摆动，有利于身体平衡，如图 12-13（b）所示。

弓步回收成实战姿势时，应先曲后腿，蹬前脚跟，使躯干后移，还原成实战姿势。

(a)　　　　　　　　　　　　　　　　　(b)

图 12-13　弓步

（四）向前或向后一步接弓步

动作要领：

① 在完成向前一步时两脚要同时着地，后脚跟进要快。

② 后脚落地是弓步发力后蹬的开始。同样，前脚掌的落地动作是弓步前摆小腿动作的开始。

③ 向前、向后一步的距离不要过大，甚至有意做得比常规小些，这样起动才快并能获得加速度和合理的节奏。

（五）冲刺步

动作要领（见图 12-14）：

① 伸出持剑臂，躯干前倾，重心前移到几乎失去平衡时后脚蹬离地面，大腿抬起前送。身体保持侧向前倾、充分展体。

② 在后大腿前送的同时，前脚蹬离地面。经过短暂腾空，两脚依次着地并向前跑动。

③ 冲刺动作的过程中，身体重心沿水平向前。

冲刺　　　　　　　　　　　　　　　　弓步接冲刺

弓步收前腿接冲刺　　　　　　　　弓步收后腿接冲刺

图 12-14　冲刺步

五、花剑进攻技术

刺是花剑进攻的动作方法，是进攻技术的核心，刺中是最终目的。刺可分为直刺、角度刺、转移刺、交叉刺、压剑刺、滑剑刺、绕剑刺和对抗刺等。下面仅简单介绍一下直刺、向前一步直刺、弓步直刺、向前一步接弓步直刺和转移刺。

(一)直刺

动作要领(见图 12-15)：

① 以实战姿势开始，剑尖下落指向目标。以剑尖领先，带动剑身和手臂，平稳地成直线向前伸展。

② 剑尖接近目标时，手臂充分伸直(有送肩动作，但不僵硬)。刺中目标时，剑尖与护手盘下沿同高，剑身弓形向上。

③ 还原成实战姿势时，肘关节下落，收臂成实战姿势时的位置。

练习方法：

① 刺靶练习。

② 同伴练习(双人对练)，按要领做直刺动作。

(二)向前一步直刺

动作要领(见图 12-16)：

① 持剑臂自然前伸，待近于伸直时向前一步刺出。在后脚蹬离地面的同时向后摆动不持剑臂，掌心向上。

② 还原时后脚先后退一步，再在前脚离地时以不持剑臂回收加以辅助，还原成实战姿势。

练习方法：同直刺，增加向前一步练习。

图 12-15　直刺　　　　　　图 12-16　向前一步直刺

(三) 弓步直刺

动作要领 (见图 12-17):

① 待持剑臂伸直时出弓步,剑尖刺到目标前一瞬间前脚跟着地,在前脚跟落地前伸直后腿。持剑臂和脚应一同加速。在后脚蹬离地面时,不持剑臂向后摆,掌心向上。

② 还原成实战姿势时,先离地回收前脚,同时回收不持剑臂加以辅助。

③ 刺出的动作要连贯、平稳,与脚的动作配合协调一致,并有加速度。

练习方法:同直刺,增加向前一步练习。

(四) 向前一步接弓步直刺

动作要领 (见图 12-18):

同弓步直刺,只是要强调三个重要环节,一是先出手;二是向前一步接弓步时的衔接要连贯、协调和有节奏;三是要有加速度。

练习方法:

① 分解练习:按伸臂、向前一步接弓步、刺出进行练习。

② 刺靶练习。

图 12-17　弓步直刺　　　　　图 12-18　向前一步接弓步直刺

(五) 转移刺

转移刺指在一条线上发动进攻,而结束在对手暴露部位的另一条线上。用剑尖在对手的剑下方做一个半圆形转移动作,同时伸臂刺向对手暴露的目标。

转移进攻时,用手指和弓腕相结合的动作来控制剑尖路线,前臂不旋转,并要求手腕动作不要太大,不让对手看出自己的意图。

六、花剑防守与还击技术

(一) 防守技术

1. 第一姿势防守

动作要领 (见图 12-19):

① 持剑前臂内旋,手心向下。

② 在前臂内旋的同时腕微屈,剑尖下落并屈肘 (肘角约为90°),持剑手内移。剑尖沿弧线划至第一

图 12-19　第一姿势

部位成第一姿势。

③ 手指、手腕适度紧张，肩关节放松。

练习方法：

① 分解练习：前臂内旋腕微屈并微内收，屈肘内移成第三姿势。

② 同伴练习：同伴近距离成实战姿势并将剑尖指向第一部位，对同伴做第一防守练习。

③ 与同伴在移动中练习：在移动中同伴刺第一部位，对同伴做第一防守练习。

2. 第二姿势防守

动作要领（见图 12-20）：

① 持剑前臂与手腕同时内旋，手心转向下方。

② 持剑臂下落时，剑尖沿弧线划动，手稍向外移动。

练习方法：

① 同伴练习：同伴以近距离实战姿势并将剑尖指向第二部位，对同伴做防守练习。

② 与同伴在移动中练习：在移动中，同伴刺第二部位，对同伴做防守练习。

图 12-20　第二姿势

3. 第三姿势防守

动作要领（见图 12-21）：

① 持剑前臂与腕同时内旋，手心转向前下方。

② 在内旋的同时，稍向外侧移动。

③ 在内旋向外移动时，手腕微伸。

练习方法：基本同前，但要按第三姿势要领练习。

图 12-21　第三姿势

4.第四姿势防守

动作要领(见图 12-22):

① 持剑臂内旋，使手心向内旋转。在内旋的同时，以前臂带动剑身向内移至第四部位。

② 剑尖与护手盘同时平行向内移动至第四部位，手指、手腕保持适度紧张。

练习方法：同前，按第四姿势练习。

图 12-22　第四姿势

(二)还击技术

1.在中近距离时的直接还击

在短促有力的击打防守动作之后，要控制住自身剑击打后的反弹力，才能快速直接还击，立即刺中对手。如距离不够时，可向前一步刺中对手；如对手进攻后继续向前时，可后退一步还击。这种快速还击多用于对付进攻者最后刺出的一剑。

2.在对手快速向前逼近出剑时直接还击

在对手刚刚出剑时就快速迎向前，直接还击刺出。

3.转移还击

防守后直接攻击对手暴露的部位。根据不同的距离，可采用不同的转移还击方式，对进攻后双方距离较近，直接还击又容易被对手防住的情况下，应在防守后稍停，再向对手暴露的部位进行攻击。若对手进攻后立即回收，使双方距离拉开，防守后应首先稍向前伸臂，引起对手防守反应，然后立即攻击对手暴露部位。

第三节　击剑的基本竞赛规则

悉尼奥运会举行前，国际击剑联合会向外界宣布，击剑比赛将首次使用无线频率探测器计算有效点击数，以此取代流行了半个世纪的电子仪器。

击剑是双人比赛，比赛中，一方用剑尖刺击对手，使剑尖准确无误地刺在有效部位并具有刺入的性质，最后有效点击数多的一方为胜。按规则，循环赛在 4 分钟内 5 次击中，淘汰赛在 9 分钟内 15 次击中。最先击中对方达有效次数，或时间到后击中对方次数多者为胜。团体赛中，最先击中对方达 45 次的团队为胜。

重剑、花剑、佩剑这三种武器的有效击中点及比赛规则有所不同，每种武器都有其竞技特点。相比而言，花剑更具运动性，佩剑速度最快，重剑则更需要技巧和准确性。

一、预备

击剑比赛场地也叫剑道，为木制材料，上面覆盖着金属网或板，长 14 米，宽约 2 米，两端各有 1.5~2 米的延伸部分。场地中央的一条线是中线，离中线各 2 米处为双方运动员的开始线，双方开始线再往后各 5 米为端线。两名运动员在这 14 米长的区域做出任何刺中都是有效的。两端距端线有 2 米的警告区。

当裁判宣布准备比赛时，双方队员在离中心线 2 米处紧急就位。队员们应该侧身站立，手中剑必须指着对手，未握剑的手靠在背后。运动员每得一分都得回到这个姿势重新比赛。

二、得分

击中就是用剑尖刺击对手，使剑尖清楚地、准确无误地刺在有效部位并具有刺入的性质。为了使之成为有效的击中并得分，落点必须在有关剑种规定的有效部位内。

重剑是完全刺击武器。只有剑尖击中才有效，剑身横击无效。击中的有效部位包括全身，即躯干、腿脚、手及臂，以及头盔。与花剑和佩剑不同，重剑每次击中都有效。若双方在四分之一秒内相互击中，双方各得一次击中数。最容易被击中的部位是手。所以，重剑比赛需要高度的准确性，攻击对方的好机会常常是当对方开始攻击的时候。两位选手的剑尖分别装有红光和绿光探测器。击中发生时，剑尖会产生一束强光。

花剑也是完全的刺击武器。只有剑尖刺中才有效，剑杆横击无效。有效击中部位是躯干。击中的有效部位由金属衣裹覆，这样，电子仪器便可以分出有效击中和无效击中。花剑比赛也讲究击中优先权。

佩剑是既劈又刺的武器。在实战中，以劈中得分为多。击中有效部位是上身、头盔及手臂。佩剑比赛也讲究击中优先权。先攻击而击中者得分。被攻击者须先做出有效抵挡动作后再进攻击中才有效。双方同时击中均不得分。佩剑速度最快，也往往用时最短。

如果电子仪器显示一位队员得分，裁判会当即中止比赛，双方队员预备后继续进行比赛。

三、赛制

击剑比赛分为个人赛与团体赛。个人赛采用小组循环制和直接淘汰制，团体赛直接采用单败淘汰赛制。直接淘汰赛的每一场比赛方法采用每盘击中 15 剑，比赛时间为 9 分钟。每盘分为 3 局，每局 3 分钟，局间休息 1 分钟。一名运动员击中 15 剑或者 9 分钟规定时间全部用完，击中剑数多的运动员获胜。

若在规定时间结束时出现平分，则需加赛 1 分钟。加赛中，击中第一剑的运动员获胜。加赛前，运动员必须进行抽签，若平分情况持续至加时赛结束，则抽中优胜权的运动员获胜。

团体赛每队 4 名队员，3 人参加团体对抗，一名队员作为替补。每场 3 分钟打 5 剑，共 9 场，先得 45 分的队获胜。如果有的运动员在规定的 3 分钟内没有刺中对方 5 剑，这一队的下一名运动员接着比赛往下打，可以打到他那场应该打到的分数，即第一场到 5 分，第二场到 10 分，第三场到 15 分……一直打到取得 45 分，结束比赛。

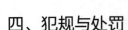

四、犯规与处罚

比赛重新开始后，一般情况下都是从同一地点开始比赛（判罚丧失场地除外）。判罚丧失场地一般是把比赛的现场向犯规的一方移1米。如果选手的双腿都触底线，将被罚击中一剑。

警告后，重犯同一错误，也会被罚击中一剑。佩剑中的冲刺冲撞，花剑中的故意做身体接触，重剑中的推挤对手也属于故意身体接触行为，都会被罚击中一剑。

转身背向对手、剑尖在场地上非法拖划和重刺，或者用不持剑手遮盖，以避免被击中等都是犯规行为。第一次给以黄牌警告，如果再犯，将出示红牌，判罚被对方击中一剑。对一些更严重的犯规行为，如报复、粗暴冲撞及与对手串通舞弊，将会直接出示黑牌驱逐出场。

第十三章　健身健美

🖊️ **本章学习目标**

- ◆ 阐述了健身运动、健美运动的相关概念。
- ◆ 介绍了两者间的关系、运动项目选择前提以及健身健美锻炼的特征和原则。
- ◆ 了解健康美的标准。

第一节　健身运动和健美运动的概念

一、健身运动的概念

健身是指为促进人体健康，达到理想的生活状态的一种行为方式。健身运动是通过不同的运动形式和方式，以达到增强身体素质、提高生活质量、延长生命为目的的体育运动。健身运动是一个广义的概念，它不是某一个体育项目，它涵盖了所有有益于身心的运动项目，包括健美、体能训练、形体修塑及娱乐与休闲健身等。

二、健美运动的概念

何谓健美？顾名思义就是健康而优美，健壮而美观。它是根据健康原则、美学原则，以及年龄和性别特征，对人体毛发、肤色、体型、姿态、动作和风度等进行的综合评价。

健美运动的英文为 body-building，翻译成中文是身体建设的意思，是一项以徒手、哑铃、杠铃、壶铃及其他轻重或特制器材，采用各种动作方式和有效的方法，来锻炼身体、增长体力、发达肌肉、改善体型体态和陶冶情操的体育运动。

健美运动可以说是在健身和健康基础上的升华与提高，它是以健身运动为基础，为增加身体的美感而进行的建设性的身体锻炼。它不仅强调"健"，而且强调"美"，是"健、力、美"的统一，也是健身运动的升华和提高。

健美运动按其性质和作用可分为大众健美和竞技健美两大类。其中，大众健美包括徒手练习、器械练习、矫正畸形；竞技健美包括肌肉竞赛、健身小姐竞赛、健身先生竞赛，见表13-1。

表 13-1　健美运动分类

健美运动	大众健美	徒手练习	单个动作练习
			组合动作练习
		器械练习	轻器械练习
			重器械练习

健美运动	大众健美	器械练习	组合器械练习
		矫正畸形	主动矫正
			被动矫正
	竞技健美	肌肉竞赛	个人项目
			双人项目
			表演项目
			特色项目
		健身小姐、健身先生	健美形体展示
			晚装展示（女）、正装展示（男）

三、健身运动与健美运动间的关联

（一）健身运动与健美运动生息共存

健康的身体要靠不懈的适宜运动造就，而健美的体格更要通过动作练习，使各部肌肉发达匀称，同时反过来又促进身体健康。因此，健身运动与健美运动之间的关系很密切。健身与健美相互依存、相互促进，健身运动的普及开展可为健美运动提供雄厚的群众基础，而健美运动技术水平的提高，又可以促进健身运动的广泛开展，成为健身与健美相互依附、共同生存、密切结合的基础。

（二）健美运动是健身运动的升华

健身运动和健美运动属于体育运动的范畴，都是一种社会体育活动的形式，也都是以身体运动为基本手段。从名称上可以看出，前者侧重于健身，后者侧重于健美，但健身运动是一个广义的概念，它包含了健美运动。健身运动与健美运动之间相互依存和相互促进的关系只有当两者相结合成整体时才能体现出来。

当健身运动达到一定水平以后，势必向更高的层次追求，即向体格健壮、体型健美的方向发展。因此，健美运动又依靠健身运动做基础，两者通过有机结合形成整体，使健身运动发挥其提高身体素质、促进健康水平的功效，为健美运动奠定良好的基础。将健美运动融入健身运动之中，健美运动才能发挥作用，成为真正的健身运动的高级形态，见表13-2。

表13-2　健美健身相互关系对照表

健身	健美
身体形态发展的部分练习过程	身体形态发展的全部练习过程
以增强体质、增进健康为目的	以发达肌肉、改善并展示形体为目的
普及人民大众体育	提高竞技运动水平

续表

健身	健美
以有氧运动为主，对体能要求不高	以综合训练为主，全面提高体能
适当进行运动，不要求提高成绩	需进行严格要求和训练，从实战出发进行大运动量训练
靶心率严格控制在上限以内	靶心率超过上限
对艺术修养要求一般	要求具有较高的艺术修养
人人可参加，老少皆宜	选人要讲究，适合青壮年参加
保证人体足够的营养即可	要高度重视营养投入
有一定经济投入即可	经济投入较大

第二节　健美运动抗阻训练及伸展放松方法

在健身健美锻炼中，发展全身各部位肌肉群的练习方法有很多，本章向练习者介绍抗阻训练技术、抗阻训练的原则及抗阻训练的基本内容。另外，还介绍了胸部、背部、腰部、肩颈部、上肢肌群、下肢肌群等具有代表性部位的健美锻炼方法、动作要点、作用和呼吸做法。

一、抗阻训练基本技术

1. 握法

握法是抗阻训练时，两手持握器械把手、杠铃和哑铃的方法。在抗阻训练中经常用到下列几种不同的握法：

正握：前臂旋前（内）的握法，如杠铃卧推时使用的就是正握的方法。

反握：前臂旋后（外）的握法，如杠铃弯举时一般使用的就是反握的方法。

正反握：一手正握，另一手反握的握法，这种握法在抗阻训练的杠铃练习保护中经常使用。

对握：两手掌心相对的握法，如哑铃锤式弯举使用的就是对握的方法。

以上握法中，拇指都要压在食指和中指上，因为这种握法稳固且安全。

2. 握距

握距是指在抗阻训练时，持握器械把手、杠铃或哑铃的两手之间的距离。通常分为窄握、中握、宽握三种。一般来说，窄握距是指两手握住器械时，两手之间的距离小于肩关节的宽度。中握距是指两手握住器械的距离与肩关节宽度相等。宽握距是指两手握住器械的距离大于肩关节宽度。

3. 身体姿态

在抗阻训练中，除了某些通过躯干本身参与运动的锻炼外，躯干都应保持稳定的状态，即收腹保持骨盆中立位；挺胸，两肩胛骨后缩；双肩下降；头部与躯干要保持在一条直线上，下巴微收。

在站姿训练时，注意两脚的距离要与肩同宽或略宽于肩。全脚掌着地，双膝微屈，不要锁定。在坐姿或卧姿训练时，要注意身体与靠背或训练凳紧密贴合，以保证训练时躯干稳定。

4. 动作节奏及呼吸方法

动作节奏是指抗阻训练时，目标肌肉向心收缩和离心收缩的时间。为了不使用惯性的力量和避免受伤，练习时目标肌肉向心收缩和离心收缩的时间一般都是 2～4 秒，也可以向心收缩快些（2～3 秒），离心收缩慢些（3～4 秒）。

抗阻训练的呼吸方法是在用力阶段呼气，在还原阶段吸气，即目标肌肉做向心收缩时呼气，做离心收缩时吸气。

二、抗阻训练原则

身体活动要达到健身的目的，必须达到一定的运动强度和运动量才能收到良好的效果。要进行科学的身体锻炼，不能盲目地去运动。因此，在进行抗阻训练时必须遵循以下基本原则：

1. 超负荷原则

超负荷原则是抗阻训练的基本原则，为了提高肌肉的力量和耐力，给肌肉以更新、更大的刺激，将运动量的要求超出平时所适应的负荷，使肌肉系统功能因训练内容而获得相对改善。

这种超量负荷是通过在抗阻训练中增加重复次数、减少每组之间的休息时间、增加重量、增加练习组数、增加练习频率等方法实现的。超量负荷的刺激应适当，应在人体能够承受的范围内进行，这样可以防止受伤或过度训练。

2. 周期性训练原则

周期性训练原则是指周期性地进行抗阻训练过程的训练原则。物质运动的周期性规律是周期性训练原则的科学依据。每一个新的运动周期，都不是上一个运动周期的简单重复，而是在原有基础上螺旋式地提高到一个新的水平。

3. 渐进性原则

进行抗阻训练时要逐步增加运动量，从而使训练能够安全有效地进行。反之，如果一月之中突然给予肌肉过强的负荷，就容易造成伤害事故。所以，应该采取渐进的方法增加强度、次数和组数。身体适应能力随着渐进的负荷量而增加，肌肉力量、耐力和肌肉体积也随之增加。

三、抗阻训练基本内容

1. 运动频率

为了获得充分的休息，应该在相同肌群的训练中间至少安排一天休息。一般来说，运动频率应根据练习者的水平而定。初级者的训练频率通常是每周两次或三次；中级者的训练频率是保持每周三次或四次；高级者的训练频率应是每周四次或五次。

2. 运动时间

运动时间取决于练习者的训练水平，但作为一般健身者来说，一次抗阻训练时间一般不超过 60 分钟。

3. 运动顺序

在抗阻训练中，运动顺序的安排应遵循前一次运动引起的疲劳对下一项运动的影响达到最小。以下是几种运动顺序的安排方法。

①一般先进行核心练习、多关节练习，然后是辅助练习、单关节练习，或先进行大肌肉群的练习，然后进行小肌肉群的练习。如进行预先疲劳训练法，则先进行单关节练习，然后进行多关节练习。

②"推"和"拉"运动交替进行。

③上肢练习和下肢练习交替进行。

④多关节练习、单关节练习与交替推拉练习相结合。通常先进行下肢的运动，然后是上肢的运动。

⑤组合组和超级组。

⑥预先疲劳训练法。

⑦循环训练。

4. 练习的组数和组间休息

一般来讲，发展肌肉力量与体积 3～6 组为宜，发展肌肉耐力 2～3 组为宜，抗阻训练目标决定了组间休息时间。肌肉耐力训练，组间休息通常是 30 秒或更少；肌肉体积训练，组间休息通常是 30～90 秒；肌肉力量训练，组间休息较长，尤其是下肢或全身性运动，长达 2～5 分钟。

5. 训练方法的变化

抗阻训练中，为了不断提高肌肉的力量、耐力或增大肌肉体积，减少枯燥感并维持训练强度和水平，就需要在运动中采用多样化的训练方法。下面重点介绍几种常用方法：

（1）基本练习法

首先通过测试确定个人 10RM（RM 指强度、重量）的重量，然后完成 3 组训练，每组 8 次，每组练习的重量依据 10RM 的百分比来确定。例如：

• 第一组 8 次 50%10RM

• 第二组 8 次 75%10RM

• 第三组 8 次 100%10RM

（2）退让练习法

退让练习法又叫反向练习法，是让已收缩的肌肉被动拉长做相反的动作。当练习者正常练习至疲劳后，陪练者可帮助其完成向心收缩动作，然后由其自己完成离心收缩动作。退让训练的强度一般会采用大重量或极限以上的重量，即极限重量的 110%～120%；组数较少，保持 2～3 次，每次退让时间为 6～8 秒，间歇 2～3 秒。

（3）金字塔练习法

先确定个人 1RM 的重量，然后依据这个重量的百分比来确定每组练习的重量。随着每组逐渐加重，每组次数逐渐减少。例如：

• 第一组 12 次 50%1RM

- 第二组 8 次 65%1RM
- 第三组 6 次或至力竭 75%1RM

（4）递减重量练习法

同金字塔练习法相反，随着每组逐渐减重，每组次数逐渐增加。例如：

- 第一组 6～8 次或至力竭约 100%10RM
- 第二组 9～12 次或至力竭约 80%10RM
- 第三组 13～15 次或至力竭约 50%10RM
- 第四组 16～18 次或至力竭约 20%10RM

（5）强迫次数练习法

当练习者做某一练习，已完成一定的次数，无力继续完成全程规范动作时，陪练者可帮助其通过动作的"顶点"继续完成 1～2 次动作，使肌肉得到最大限度的锻炼。

（6）循环训练法

把同类或不同类的动作编排在一个大组内，分为 4～6 个训练站，然后按顺序一个接一个地进行练习。

6. 注意适当的呼吸方法

在健身健美锻炼中，掌握正确的呼吸方法是十分重要的。正确的呼吸，不仅能增加氧气的吸入，加速机体内乳酸的氧化，使练习者发挥出最大的潜能，还能使练习者在完成具体动作时注意力更加集中，动作更加协调而有节奏。一般有以下几种呼吸方法：

（1）中等强度锻炼时的呼吸方法

用器械做中等强度的练习时，可采用深吸气、深呼气的呼吸方法。如持杠铃做"弯举"时，依靠肱二头肌的主动收缩，前臂在肘关节处完成屈的动作时相应做深吸气；肱二头肌放松时，动作还原，伸直前臂，相应做深呼气。

（2）大强度锻炼时的呼吸方法

用器械做大强度的练习时，可采用补偿式的呼吸方法。例如，做"仰卧推举"动作时依靠胸大肌、三角肌的收缩将杠铃上举，在上举杠铃时深吸气，动作还原时深呼气。因为肌肉负荷比较重，耗氧高，所以等完成动作时，即刻做 2～4 次短促呼吸以弥补耗氧，然后继续进行练习。

（3）最大强度负荷练习时的呼吸方法

机体在极短时间内承受极大的强度刺激，可以采用憋气的练习方法（憋气练习使体内压力增大，回心血减少，暂时性影响血液循环的正常进行，因此，建议只在大强度负荷时用）。

例如，做胸部练习动作"仰卧推举"，在开始完成推举时，先深深吸一口气，让胸廓更为扩大，并保持固定，使完成推举的主要功能肌在其胸廓上的起点附着处相对固定，形成坚固的支撑而有利于上述肌肉在推起杠铃时的近固定收缩完成工作。动作完成后即调整呼吸。

第三节　健美胸部肌肉训练

健美挺拔的胸部是人们追求健康美的主要标志之一，发达宽厚的胸部，不仅可以使身体形态变得健美，而且有助于矫正含胸驼背等不良姿态，同时还能增强心肺功能，使人充满青春活力。

胸部肌肉包括胸大肌、胸小肌、前锯肌等。胸大肌是胸部的主要肌肉，它是一块较大的扇形扁肌，从它的走向可分成上部、中部和下部，它的发达程度是一个人健美与否的主要标志之一。胸大肌的主要机能是使上臂屈、内收、旋内，可拉引躯干向上臂靠拢。胸大肌、前锯肌对外形有非常大的影响，尤其是胸大肌，是完美胸部的一个重要组成部分。

一、主要肌群介绍

(一)胸大肌

部位：在胸廓前上部浅层。肌束为锁骨部、胸肋部和腹部 3 部分。

功能：近固定时，使上臂在肩关节处屈、内收和旋内。远固定时，上肢上举后固定时，可拉引躯干向上臂靠拢，提肋助吸气。

(二)前锯肌

部位：在胸廓侧面。

功能：近固定(肋骨固定)时，使肩胛骨前伸、上回旋，该肌与斜方肌共同作用，能使上臂上举到垂直部位。远固定(肩胛骨固定)时，下部肌纤维收缩，可提肋助深呼吸。

(三)胸小肌

部位：在胸大肌深层。

功能：近固定时，拉引肩胛骨前伸、下降和下回旋。远固定时，提肋助吸气。

二、发展胸部肌肉的锻炼方法

(一)器械练习

1. 器械坐姿胸前平推

作用：发展胸大肌、三角肌(前部)、肱三头肌和前锯肌。

做法：坐姿，双膝弯曲，两脚打开与肩宽，并踩实地面。挺胸收腹背部贴紧练习凳的靠背，双臂弯曲，肘关节抬起，使上臂写地面平行，双手成正握手型握住器械的握把，做向前的手臂屈伸的动作，如图 13-1 所示。

(a)　　　　　　　　　　　　　　　　(b)

图 13-1　器械坐姿胸前平推

要点：平推时手臂伸直，肘关节不要锁死，保持微微弯曲。双肩放松，目视前方。弯曲双臂时注意要有所控制，慢慢收回。

呼吸：平推时呼气，收回时吸气。

2. 器械坐姿夹胸

作用：发展胸大肌、前锯肌等。

做法：坐于器械凳上，双膝弯曲，两脚打开与肩宽，并踩实地面，挺胸收腹背部贴紧练习凳的靠背。双臂打开，双手对握于器械把手上，双肘和前臂内侧贴住海绵垫，双臂弯曲，做向两侧打开和向中心点内收的动作，如图13-2所示。

（a）　　　　　　　　　　　　　　　（b）

图13-2　器械坐姿夹胸

要点：上臂伸展保持肘关节弯曲，双肩下沉，收腹，骨盆保持中立。

呼吸：打开时吸气，内收时呼气。

3. 双杠臂屈伸

作用：发展胸大肌、三角肌、肱三头肌等。

做法：双手成中握距对握握把，身体保持直立，双肩放松下沉，小腿相盘扣，成预备姿势。双臂向后弯曲，肘关节朝向身后，做手臂屈伸的上下运动，如图13-3所示。

（a）　　　　　　　　　　　　　　　（b）

图13-3　双杠臂屈伸

要点：肩胛骨内收，使肘关节向中心加紧。

呼吸：呼气双臂用力向下推，吸气收回。

(二) 杠铃练习

1. 平卧杠铃推举

作用：发展胸大肌、三角肌 (前部)、肱三头肌和前锯肌。

做法：双腿分开仰卧在卧推凳上，双手可采用不同握距 (中、宽、窄)，以正手抓握住杠铃杆，将杠铃 (或综合架) 自头部移到胸上后，两臂用力控制住杠铃，缓缓地将横杆放在胸大肌中部，然后用力将杠铃向垂直上方推起，直至两臂伸直，如图 13-4 所示。

 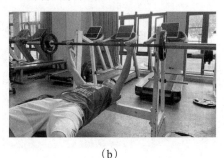

（a）　　　　　　　　　　　　　（b）

图 13-4　平卧杠铃推举

要点：将杠铃置于胸部时胸要挺起，杠铃缓慢放在胸大肌中部，用力推起时要用胸大肌发力。另外，卧推可采用宽握、中握和窄握三种握距。不同握距对共同发展的肌肉部位影响是不同的。采用宽握距对发展胸大肌效果尤为明显；采用窄握距对发展肱三头肌则有更明显的作用，因为窄握伸臂的距离最长；采用中握距则对胸大肌、三角肌 (前部)、肱三头肌和前锯肌均有良好影响。

呼吸：上推时呼气，两臂屈回落时吸气。

2. 上斜杠铃推举

作用：发展胸大肌、三角肌 (前部)、肱三头肌和前锯肌，尤其对胸大肌上部有较大的影响。

做法：躺在角度为 45°～60° 的斜凳上，宽握距，正手握住杠铃，成预备姿势。然后用力将重物自胸部向上推起，直至两臂在额前上方伸直，如图 13-5 所示。

（a）　　　　　　　　　　　　　（b）

图 13-5　上斜杠铃推举

要点：注意胸大肌上部的用力，两肘不要过早分开。

呼吸：位于上胸部和颈根部之间时吸气，向上推举杠铃至伸直手臂，动作完成时呼气。

(三) 哑铃练习

1. 平卧哑铃推举

作用：发展胸大肌的锁骨部和胸骨部、三角肌前部、肱三头肌和前锯肌等。

做法：仰卧于训练凳上，双脚踏实地面，保持脊柱正直，弯曲双臂成90°，将哑铃下降至上胸部水平，成预备姿势。向上推举哑铃至手臂伸直，还原，重复数次，如图13-6所示。

（a） （b）

图 13-6　平卧哑铃推举

要点：动作缓慢要有控制度，当向上推举时，使哑铃之间保持15厘米左右的距离，不要靠拢，在每次增加新的重量前要确保动作准确。

呼吸：向上推举哑铃时呼气，还原时吸气。

2. 斜板哑铃推举

作用：发展胸大肌的锁骨部和胸骨部、三角肌前部、肱三头肌和前锯肌等。

做法：调整好训练凳的倾斜角度，仰卧在斜凳上，双脚踏实地面，保持脊柱正直，弯曲双臂成90°，将哑铃下降至上胸部水平，成预备姿势。向上推举哑铃至手臂伸直，还原，重复数次，如图13-7所示。

（a） （b）

图 13-7　斜板哑铃推举

要点：尽可能调整斜凳的角度为15°～35°，避免耸肩，挺胸双肩下沉，双脚分开以便更好地保持平衡，在每次增加新的重量前要确保动作准确。

呼吸：向上推举时呼气，还原时吸气。

3. 仰卧哑铃飞鸟

作用：发展胸大肌、前锯肌和三角肌（前部）。

做法：两手握哑铃并置于胸前（拳心相对），然后仰卧在长凳上，两脚踏实地面，躯干呈"桥型"，上背部和臀部触及凳面，胸部和躯干用力向上挺起，两臂伸直与身体垂直。随双臂缓缓向侧下分开（肘微屈）直至肘部低于体侧，肘关节呈100°～120°，然后胸大肌主动收缩，将哑铃沿原路线升起，上升路线呈"弧形"，至双臂胸上伸直，如图13-8所示。

（a）　　　　　　　　　　　　（b）

图13-8　仰卧哑铃飞鸟

要点：向下侧分两臂时，肘部要微屈并低于体侧，这样能有效地刺激胸大肌。

呼吸：两臂张开，使肘与肩同高时吸气，呼气双臂从两侧收回上举，至初始位置。

4. 上斜哑铃飞鸟

作用：发展胸大肌上部。

做法：躺在上斜45°～60°的凳上做仰卧飞鸟动作。动作要求与仰卧飞鸟一致，对于初学者可以在掌握好仰卧飞鸟的动作要领后再进行上斜飞鸟练习，如图13-9所示。

（a）　　　　　　　　　　　　（b）

图13-9　上斜哑铃飞鸟

要点：动作前胸大肌被充分拉长，然后尽量用胸大肌发力，还原时要做退让性工作。

呼吸：同仰卧哑铃飞鸟。

（四）徒手自重练习——俯卧撑

作用：发展胸大肌、三角肌、肱三头肌和前锯肌。

做法：两手分开略大于肩，五指向前支撑地面，两臂伸直，双肩向前探出，双腿并拢，脚尖点地。始终保持身体挺直收腹，屈肘使胸部降到最低，立即伸直两臂为一次，反复练习直至疲劳再使身体回正，如图13-10所示。

（a）

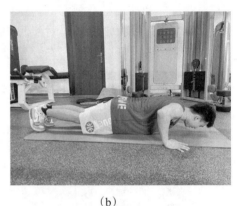
（b）

图13-10　徒手自重练习

要点：用胸大肌的力量控制躯干的前引和下降动作。屈肘时要尽量拉长胸大肌，用力时要注意胸大肌发力。

呼吸：吸气，屈肘使躯干靠近地面；呼气，推举身体回到双臂伸直的位置。

小知识

伸展练习又称牵张练习，也就是我们常讲的柔韧性练习，它包括冲击性伸展练习、静力性伸展练习和PNF练习方法。

伸展放松练习作为抗阻训练的一个重要组成部分，已被更多的练习者所重视。通过拉伸肌肉、关节可以使身体变得更加灵活，使肌肉得到放松并保持弹性，减少运动损伤的发生。在柔韧性训练过程中不要挑战自己的极限，应随身体肌肉的结构、紧张度进行个性化的伸展训练。

第四节　健美背部肌肉训练

宽阔、厚实的背部给人以体阔、挺拔、健壮的感觉，是健身健美锻炼的重要标志之一，是男子汉健美的象征。背部主要肌肉有浅层的斜方肌、肩胛提肌、菱形肌、背阔肌等；深层的竖脊肌和夹肌。斜方肌能使肩胛骨上提、向下、向上转动和内收，能使头和脊椎伸直。在儿童、少年成长时期发展斜方肌可以预防和矫正驼背；背阔肌在腰背上部，是人体最大的阔肌。发达的背阔肌使人体成美丽的倒三角，而背长肌和背短肌位于脊椎两侧，从骶骨到枕骨的脊柱伸肌，其机能是使脊柱伸展，使躯干侧屈。背阔肌的发展对于防止弓腰驼背、矫正畸形，对于工作生活和增进形体美，均有重要的意义，因此，我们应当重视背部肌肉的锻炼。

一、背部主要肌群介绍

(一)斜方肌

部位：在项部和背上部皮下，一侧呈三角形，两侧相合呈斜方形。

功能：近固定(脊柱固定)时，上部肌束收缩，使肩胛骨上提、上回旋、后缩(靠近脊柱)；中部肌束收缩，使肩胛骨后缩；下部肌束收缩，使肩胛骨下降、上回旋；两侧同时收缩，使肩胛骨后缩。远固定(肩胛骨固定)时，一侧上部肌束收缩，使头向同侧屈和对侧旋转；两侧同时收缩，使头后仰和脊柱伸直。

(二)背阔肌

部位：在腰背和胸部后外侧。

功能：近固定时，使上臂在肩关节处伸展、内收和旋内。远固定时，上肢上举后固定时，拉引躯干向上臂靠拢，提肋助吸气。

(三)菱形肌

部位：在斜方肌深面。

功能：近固定时，使肩胛骨上提、后缩和下回旋。远固定时，两侧收缩，使脊柱、颈、胸段伸展。

(四)肩胛提肌

部位：在胸锁乳突肌和斜方肌深面。

功能：近固定时，使肩胛骨上提和下回旋。远固定时，一侧收缩，使头颈向同侧屈和回旋。两侧收缩，使颈伸直。

(五)竖脊肌

部位：纵列于脊柱两侧，使躯干背部深层长肌。由棘肌、最长肌和髂肋肌三部分组成。

功能：下固定(骶部固定)时，两侧收缩，使脊柱后伸并仰头。一侧收缩，使脊柱向同侧屈。上固定时，使骨盆前倾。

二、发展背部肌肉的锻炼方法

(一)器械练习

1.坐姿器械划船

作用：主要锻炼上、中部的肌群，以及背阔肌、大圆肌、三角肌后部、肱二头肌等。

做法：坐在凳上，两腿屈膝，双脚踏住下方脚踏，两臂自然伸直，肩关节放松，双手成窄握距对握把手。上体微倾胸部贴住支撑垫，以背部收缩力量，使两臂屈肘贴伸向胸腹部拉引，同时挺胸收腹，肩胛骨向脊柱靠拢，双手拉到肋两侧后，沿原线路返回，如

图 13-11 所示。

（a） （b）

图 13-11　坐姿器械划船

要点：拉至极限时，控制上体与地面的角度，同时挺胸收腹，避免下背部拱起。肩胛骨向脊柱靠拢，使背部肌群充分收缩。

呼吸：在用力拉动手柄至胸廓下部时吸气，动作完成时呼气。

2. 低位单臂拉力器俯身划船

作用：发展背阔肌、大圆肌等。

做法：微屈膝，身体前倾，以骨盆为轴使身体向前弯曲。一只手握住拉力器，另一只手可以放于膝盖上支撑身体，伸直手臂成预备式。屈臂从低位向斜后方上提拉力器，拉至腹前再慢慢放下，伸直手臂，如图 13-12 所示。

（a） （b）

图 13-12　低位单臂拉力器俯身划船

要点：始终保持脊柱挺直，收腹挺胸，手臂弯曲时尽量贴于身体一侧。
呼吸：吸气，屈臂上拉；呼气，伸直手臂还原。

3. 器械正手颈前下拉

作用：发展背阔肌、大圆肌、胸大肌等，高位下拉还发展斜方肌和肱三头肌。

做法：面向器械坐下，膝部抵于海绵固定轴下方，固定双腿，身体直立，伸展手臂，使双手成正握宽握距握住 T 形拉杆的两头，成预备姿势。两臂屈肘向下拉至胸前，使肘关节贴近身体的两侧，拉力架横杆贴近颈部。然后慢慢放松还原，如图 13-13 所示。

（a）　　　　　　　　　　　　　　（b）

图 13-13　器械正手颈前下拉

要点：练习时注意双肩放松下沉，腰部挺直，避免耸肩弓背，身体稍后倾，调动腹肌参与保持稳定。不论是直立还是跪姿，都应挺胸直立身体，下拉时不要爆发式用力，还原时也要控制速度。

呼吸：向下拉时吸气，慢慢还原时呼气。

4. 正握引体向上

作用：发展背阔肌、大圆肌、胸大肌、三角肌后部，手臂的运动还锻炼了肱二头肌、肱肌及斜方肌等。

做法：双手成宽握距正握杠，手臂伸展，双脚相交，使身体成悬挂的预备式。身体向上牵拉，缓慢进行运动，如图 13-14 所示。

（a）　　　　　　　　　　　　　　（b）

图 13-14　正握引体向上

要点：避免耸肩和弓背，挺胸，两肩下沉。身体下降时，避免以肩关节为轴摇晃身体，尽可能调动背部稳定肌参与维持身体稳定。

呼吸：吸气引体向上，呼气还原。

5. 直臂下拉

作用：发展背阔肌、大圆肌、胸大肌和三角肌后部等。

做法：双脚前后站立、身体微前倾、收腹挺胸、腰部立直。双手中握距正握拉力器。通过伸展肩关节下拉横杠至大腿前方，与身体中轴线平行，然后在控制下还原，如图13-15所示。

（a）　　　　　　　　　　　　（b）

图13-15　直臂下拉

要点：避免强烈运动，避免耸肩和弓背，保证躯干稳定，脊柱居中，腹肌收缩，参与维持身体稳定。将70%的体重压在前腿上。

呼吸：吸气下拉，呼气还原。

（二）杠铃练习

1. 直腿杠铃硬拉

作用：发展背阔肌、竖脊肌等。

做法：两腿伸直站立，上体前屈，挺胸收紧腰背，两臂伸直正手握住杠铃，然后伸髋、展体，将杠铃拉起至身体挺直，如图13-16所示，

（a）　　　　　　　　　　　　（b）

图13-16　直腿杠铃硬拉

要点：杠铃贴身，腰背肌收紧，手伸直悬吊住杠铃。

呼吸：用力前吸气，将杠铃提离地面，身体充分伸直后调整呼吸。

2. 俯身杠铃划船

作用：发展背阔肌、大圆肌、三角肌后部，以及肱二头肌、菱形肌和斜方肌等。

做法：双脚打开与肩宽，微屈双膝，双手成宽握距正手握杠，收腹挺胸，保持直立。身体前倾45°，成预备式。将杠铃向上拉至上腰部，还原，如图 13-17 所示。

（a）

（b）

图 13-17 俯身杠铃划船

要点：身体始终保持蹲伏姿势，双臂运动。

呼吸：吸气拉杠上提，呼气伸展手臂。

（三）哑铃练习

1. 提铃耸肩

作用：发展斜方肌上束，同时发展三角肌。

做法：双脚左右开立与肩同宽，正握哑铃，双臂伸直，成宽握距，双臂持铃下垂。做时用力向上耸肩（不屈肘）至最高位，然后复原再做，如图 13-18 所示。

（a）

（b）

图 13-18 提铃耸肩

要点：向上耸肩时要注意斜方肌和肩胛提肌的积极用力，不得屈肘，身体保持立，挺胸塌腰。

呼吸：耸肩时吸气，复原时呼气。

2. 哑铃直臂侧平举

作用：发展斜方肌上、下部肌束，以及三角肌和肱肌等。

做法：双脚左右开立与肩同宽，对握哑铃，双臂垂于身体两侧，成预备姿势。双臂从身体两侧向上打开到与地面平行，然后复原再做，如图 13-19 所示。

（a）　　　　　　　　　　　（b）

图 13-19　哑铃直臂侧平举

要点：向两侧扩胸时，肘可微屈，尽可能向后用力，胸、腰部高高挺起。这个练习有扩胸动作，因此，易被误认为能发展胸大肌，其实该练习对背部斜方肌及冈上肌，冈下肌，大、小圆肌有较大的影响，对胸大肌则影响甚微。这个练习对发展三角肌有较大的作用，因为三角肌一直在做静力支撑工作。

呼吸：向后扩胸时吸气，向前复原时呼气。

3. 单手哑铃划船

作用：发展背阔肌、大圆肌、三角肌后部、斜方肌和菱形肌。

做法：单手持哑铃，另一手和膝支撑于长凳上，身体前倾，保持身体稳定。持铃侧手臂先垂直地面向下，提拉时屈肘向后、向上，尽量提拉哑铃至最高处，保持肘部朝后，提拉手臂与身体保持一定的距离，如图 13-20 所示。

（a）　　　　　　　　　　　（b）

图 13-20　单手哑铃划船

要点：由一侧手臂和膝盖支撑身体，保持身体的稳定。

呼吸：吸气，提铃屈肘，完成动作时呼气。

4. 哑铃仰卧直臂上拉

作用：发展背阔肌、三角肌、前锯肌、斜方肌等。

做法：仰卧在训练凳上，双手握住哑铃，双臂伸展过头顶，成预备姿势。双臂同时用力成直臂上拉，将哑铃拉至胸上方，双臂垂直身体，还原、重复数次，如图 13-21 所示。

（a）

（b）

图 13-21　哑铃仰卧直臂上拉

要点：手臂保持自然伸展，举臂时尽量不要屈臂，身体脊柱居中，双脚踩实地面。

呼吸：上举时吸气，下落时呼气。

（四）徒手练习

1. 俯卧挺身

作用：强化臀大肌和股二头肌，增强竖脊肌等其他背部肌群。

做法：练习者俯卧在罗马椅（或垫子）上，将脚踝固定，身体用力挺直，背部用力收紧，保持挺直姿势 6～8 秒，如图 13-22（a）、（b）所示。

（a）

（b）

图 13-22　俯卧挺身

要点：挺直躯干，收紧腰部。

呼吸：吸气身体挺直，呼气恢复原位。

2. 俯卧两头起

作用：发展背脊肌、臀肌。

做法：俯卧在垫子上，两臂伸直放在体前，然后迅速抬起上体和下肢，让腹部支撑，以维持平衡，如图 13-23 所示。

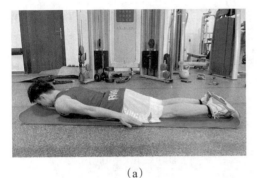

（a）　　　　　　　　　　　　　　　　　（b）

图 13-23　俯卧两头起

要点：身体成反弓越大，对锻炼背肌越有利。
呼吸：挺身前吸气，放松时呼气。

3. 跪撑躯干挺身

作用：发展三角肌后部、斜方肌、大圆肌，以及臀大肌和腘绳肌等。

做法：跪姿，双手放于地面，双手打开与肩同宽，使手与膝关节分别位于肩关节和髋关节下方。保持身体平直，腹部收紧。保持身体平衡，慢慢抬高左腿和右手臂至水平位，保持一会儿后慢慢还原，换对侧肢体，如图 13-24 所示。

图 13-24　跪撑躯干挺身

要点：避免下背部拱起和扭曲。使脊柱挺直，骨盆处于自然位置。挺胸，两肩下沉。如稳定性差，可以单独抬起腿或手臂。
呼吸：上抬手臂和腿时吸气，停留时自然呼吸。呼气还原。

三、背阔肌的伸展

1. 站立伸展

做法：站立，双臂前平举，双手交叉，身体随呼气向后拱背，低头合胸，将注意力放在背部的伸展上。保持 10～30 秒，自然呼吸，然后恢复正常站立，如图 13-25 所示。

图 13-25　站立伸展

要点：双脚打开与肩同宽，双膝微屈，尾骨内收，骨盆微后倾。

2. 站立侧伸展

做法：双脚打开大于肩同宽，单臂上举 (或单臂上举弯曲手扶头)，随呼气身体向一侧侧弯，收腹，伸展脊柱，保持 5～10 秒，然后交换另一侧伸展，如图 13-26 所示。

（a）

（b）

图 13-26　站立侧伸展

要点：脊柱居中，侧身时腰部不要扭转。

3. 站立扭转

做法：双脚并拢站立，双臂上举，身体先向一侧扭转到极限后，再含胸拱背眼看自己一侧的脚跟，保持 5～10 秒，然后回到原位，交换另一侧伸展，如图 13-27 所示。

（a）

（b）

图 13-27　站立扭转

要点：这是一个可以充分拉伸到肩胛骨、背部的伸展练习，动作要缓慢，保持脊柱居中，肩放松。

4. 站立俯身

做法：站立于把杆前，双手向上伸展，然后将手放在把杆上，双臂打开大于肩，调整双脚与把杆的距离，使身体慢慢向下俯身成 90° 折叠，保持这个姿势 10～30 秒，自然呼吸，如图 13-28 所示。

要点：尽量使身体平展，把杆的高度应尽量高于胯部。

5. 站立弓背

做法：站立，双脚打开与肩同宽。双手在胸前交叉，伸展双臂向前，同时慢慢推背向共起，尾骨内收，骨盆有种向后倾的感觉，如图 13-29 所示。

要点：骨盆要灵活，双膝可以微屈。

图 13-28　站立俯身

图 13-29　站立弓背

伸展练习同抗阻练习一样，首先要明确目标肌肉，根据目标肌肉的起止点、功能，分析某个伸展练习动作是否能够牵拉到目标肌肉，以保证伸展练习动作的正确性和有效性。

伸展训练必须达到一定的运动强度和运动量才能收到良好的效果，因此，超负荷原则也是伸展训练的基本原则。对伸展训练运动量的要求同样是要超出平时所适应的负荷，从而使柔韧性得到改善。

改善柔韧性要逐步增加运动量，从而使运动计划能够安全有效。在改善柔韧性的训练中，如果突然给予肌肉过强的负荷，容易造成锻炼者受伤。所以，应采取渐进的方法使身体适应能力随着渐进的负荷而增加。

由于柔韧性具有关节的特殊性，因此，要改善某一关节的柔韧性就要伸展与其相关的特定的肌肉。例如，改善肩关节的柔韧性与改善膝关节所要伸展的肌肉是完全不同的。

第五节　健美腰腹部肌肉训练

腰腹部是连接人体上、下两部分的枢纽，是人体做前后屈、体侧屈及旋转等各方面运动的一架万能轴，承担着各种生活技能和运动技能的繁重工作。另外，人体腰腹部又集中着人体消化、排泄、生殖等重要器官。

腹部位于骨盆与胸腔之间，主要包括腹直肌、腹外斜肌、腹内斜肌和腰方肌。腰部肌肉位于脊柱腰部两侧和骨盆内，由腰大肌和髂肌两部分组成。腰腹肌群的主要机能是使躯干直立、前屈侧屈，旋转和骨盆后倾。腰腹肌群对人体行、站、立、坐起着重要的作用，这部分肌群的增强，可预防驼背、脊柱弯曲、椎间盘突出及脂肪囤积等问题，同时提高腹内压，有助于维护腹腔器官的正常位置。

此外，从外形上讲，扁平的、结实的腹部和流线型的腰部是形体美的一种体现，给人健康、积极向上的感受，也是当代人们追求健与美的目标方向。

一、腰腹部主要肌群的介绍

(一) 腹直肌

部位：在腹前壁正中线两侧的腹直肌鞘中。

功能：上固定时，两侧同时收缩，使骨盆后倾或保持水平位即收腹。下固定时，一侧收缩，协助脊柱侧屈，还可降肋助呼气。

(二) 腹外斜肌

部位：在腹外前部外侧面浅层。肌纤维由外上方向前内下方斜行。

功能：上固定时，两侧同时收缩，使骨盆后倾或呈水平位。下固定时，一侧收缩，使脊柱向同侧侧屈和对侧回旋。两侧同时收缩可下拉胸廓，使脊柱前屈。

（三）腹内斜肌

部位：在腹外斜肌深面。肌纤维由外下方向内上方斜行。

功能：上固定时，两侧收缩使骨盆后倾。下固定时一侧收缩，使脊柱向同侧侧屈和向同侧回旋（与对侧腹外斜肌协同作用，完成使脊柱向同侧回旋的动作）。

（四）髂腰肌

部位：在腰椎两侧和骨盆内面，由腰大肌、髂肌组成。

功能：近固定时，使大腿在髂关节处屈和外旋。远固定时，一侧收缩，使躯干侧屈。两侧同时收缩，使躯干前屈和骨盆前倾。

（五）腹横肌

部位：在腹内斜肌深面。

功能：与其他腰肌协同收缩，可维持腹压，协助完成如咳嗽、呕吐和排便等生理功能。

二、发展腰腹部肌肉的锻炼方法

（一）器械练习

1. 器械支撑屈膝上举

作用：发展髂腰肌、腹直肌及股直肌等。

做法：两臂弯曲，将前臂和两肘置于托架上，腰部贴近支撑靠背，双腿与地面垂直，成预备姿势。双膝屈上举，使之与臀部同高（或是加大难度，使膝关节接近胸部），保持躯干稳定，还原。要想增加难度也可以直腿练习，如图 13-30 所示。

（a）　　　　　　（b）　　　　　　（c）

图 13-30　器械支撑屈膝上举

要点：身体保持立直，不要耸肩，通过斜方肌下部和前锯肌的力量下拉肩胛骨，上提躯干。腹部收缩若要锻炼腹肌可多停留几秒，这样可以更好地锻炼腹部斜肌。

呼吸：抬腿屈膝呼气，回落还原吸气。

2. 器械凳卷腹

作用：发展腹直肌。

做法：调整好器械凳的角度，仰卧于器械凳上，双腿微屈，将膝盖窝贴靠于海绵圆垫上，脚踝上侧扣住另外一个海绵圆垫，双脚上勾。弯曲双臂，将双手放于头下（或双臂交叉放于胸前），成预备姿势。腹肌主动发力，将头、肩、肩胛骨下缘依次缓慢地离开练习凳，然后缓慢地落回凳上，还原。根据自身情况重复数次，如图 13-31 和图 13-32 所示。

（a）

（b）

图 13-31　器械凳卷腹（一）

（a）

（b）

图 13-32　器械凳卷腹（二）

要点：腰部不要离开凳面，向上时双手不要给颈部过大的拉力，避免颈椎受损。

呼吸：向上卷腹时呼气，还原吸气。

3. 器械悬垂屈膝举腿

作用：发展腹直肌、髂腰肌和股直肌。

做法：双手成宽握距握住器械横杠，身体自然悬垂，成预备姿势。上提膝关节，使之与臀部同高（或尝试加大难度，收腹让双膝向胸部靠近），躯干保持固定，还原，如图 13-33 所示。

(a)   (b)   (c)

图13-33　器械悬垂屈膝举腿

要点：动作缓慢，避免强力运动。不要缩肩弓背，通过斜方肌下部和前锯肌的力量下拉肩胛骨上提躯干。

呼吸：屈膝上提呼气，还原吸气。

4. 拉力器侧身扭转

作用：发展腹直肌、腹内斜肌、腹外斜肌及伸展躯干的力量。

做法：两脚开立，站于拉力架一侧，挺胸收腹，双手在左侧相握于拉力器握把，成预备姿势。身体向右侧扭转，双手持拉力器握把，一起拉向右肩上方，双臂伸展，头跟随扭转，眼睛盯着双手，转到最大幅度时略停留1～2秒，还原。重复数次后换另一侧持铃再做，如图13-34所示。

(a)   (b)

图13-34　拉力器侧身扭转

要点：两膝部不要锁死，保持微屈，扭转时，上体对侧的腹外斜肌要充分拉长，转体速度要缓慢，应运用腹外斜肌及腰大肌之力使躯干扭动90°～100°。

呼吸：扭转举臂时吸气，回位时呼气。

(二)杠铃体旋转练习

作用：发展腹内斜肌、腹外斜肌的力量。

做法：身体直立，两脚开立略大于肩宽，肩负杠铃成预备姿势。身体缓慢做向左、向右转体动作。每一侧转体都应做到最大限度，如图 13-35 所示。

(a) (b)

图 13-35　杠铃体旋转练习

要点：旋转时会产生一种离心力，这时要用对侧的腹内、外斜肌加以控制，然后向另一侧旋转。

呼吸：转体时呼气，还原时吸气。

(三)哑铃练习

1. 哑铃体侧屈

作用：发展腹直肌、腹内、外斜肌、腰方肌等。

做法：身体直立，两脚开立约比肩宽，右手叉腰，左手握住哑铃，成预备姿势。身体向左侧弯曲，缓慢下降，再缓慢还原。重复数次动作，然后回到起始位置，左右侧交换，如图 13-36 所示。

(a) (b)

图 13-36　哑铃体侧屈

要点：避免强烈运动，随呼吸配合缓慢运动；挺胸收腹，身体立直侧弯不要扭转。从髋部到脚应保持稳定，多关注哑铃对侧的腹肌和下背部。

呼吸：脊柱侧屈时吸气，回位时呼气。

2. 直立侧上拉

作用：发展腹直肌、腹内斜肌、腹外斜肌及伸展躯干的力量。

做法：两脚开立、双臂放于身体两侧，右手持小哑铃，成预备姿势。开始练习时先将身体向右侧微微扭转，使左手和右手相扣，然后身体再向左侧扭转，双手持铃一起向左肩上方伸展，头跟随扭转，眼睛盯着双手。重复数次后换另一侧持铃再做，如图 13-37 所示。

（a）　　　　　　　　　　　　　（b）

图 13-37　直立侧上拉

要点：两膝部不要锁死，保持微屈，扭转时上体对侧的腹外斜肌要充分拉长，转体速度要缓慢，应运用腹外斜肌及腰大肌之力使躯干扭动 90°～100°。

呼吸：扭转举臂时吸气，回位时呼气。

(四) 徒手练习

1. 屈膝仰卧起坐

作用：发展腹直肌、腹内外斜肌，髂腰肌和腹直肌 (以上腹部为主)。

做法：仰卧在凳上或垫上，手抱头或负轻重物，下肢固定，快速收腹起坐，再慢慢倒体至水平后重复做，如图 13-38 所示。

（a）　　　　　　　　　　　　　（b）

图 13-38　屈膝仰卧起坐

要点：斜板起坐效果更好，斜板角度越大，对锻炼腹肌及髂腰肌效果越好。做时要在拉长腹直肌的基础上，尽量收腹折体，使胸部贴近大腿。倒体时慢，折体时要稍快。

呼吸：起坐时呼气，还原时吸气。

2. 转体侧身起坐

作用：发展腹内外斜肌为主。

做法：仰卧，弯曲双膝，将左脚踝放于右膝盖上，弯曲右臂，将右手放在头后，左臂向一侧伸展，成预备姿势。用腹部及腹外斜肌的力量带起右肩。右侧背部离开地面，保持左臂向下贴住地面，还原，重复数次，如图13-39所示。

（a） （b）

图13-39 转体侧身起坐

要点：这个动作难度稍大，转体侧身起坐时注意腰部不要离开地面，让右肩努力往高处起，右肘努力向左膝处靠拢，才能达到锻炼的目的。

呼吸：用力时呼气，还原时吸气。

3. 直膝两头起

作用：采用无固定的两头起动作，对整个腹部均有锻炼作用。

做法：仰卧，两臂在头上伸展，成预备姿势。收腹起坐，同时直膝（或屈膝）上举，两臂前摆，手接近脚面（或手抱弯曲的膝部），瞬间停留时保持臀部支撑身体。重复数次，如图13-40所示。

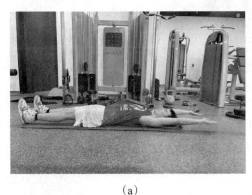 

（a） （b）

图13-40 直膝两头起

要点：避免下颌和颈部过度前伸。保持脊椎中立，双肩下沉。

呼吸：两头起时呼气，还原时吸气。

4. 仰卧上举腿

作用：发展腹直肌群。

做法：仰卧在垫子上，身体正直，双手放在身体两侧，成预备姿势。慢慢上举双腿向上，使腿与地面成90°，然后再缓慢放回地面（或加大难度，脚不落到地面）。重复数次，如图13-41所示。

要点：身体正直，腿并拢，双臂向下按压地面。

呼吸：举腿时吸气，落腿时呼气。

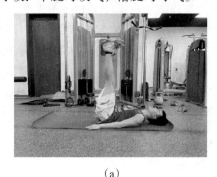 

（a）　　　　　　　　　　　　　　（b）

图13-41　仰卧上举腿

5. 肘支撑

作用：这是一个发展全身的动作。腹横肌在这个动作中得到锻炼。

做法：俯卧垫上，将双肘弯曲成90°，支撑身体离开垫子，双臂打开与肩同宽，双腿伸直，脚尖着地，身体成一条线，保持数秒后还原，如图13-42所示。

图13-42　肘支撑

要点：腹部用力保持身体挺直，脊柱居中，不要塌腰和弓背。

呼吸：停留时保持自然呼吸。

6. 侧板式

作用：发展腹内斜肌、腹外斜肌，以及强化脊柱、腰背肌群。

做法：跪在垫子上，身体直立，髋关节伸展，身体向右侧侧弯，将左手放在身体的正下方,成预备姿势。先将右腿向左侧伸展,右脚内侧踩实地面,然后慢慢将左腿向右侧伸展,使左脚与右脚并拢,身体在左臂和双脚的支撑下成一斜线(或加大难度将右腿向上方抬起),在这个姿势上保持数秒,还原,如图13-43所示。

（a）

（b）

图13-43　侧板式

要点:肩放松,收缩腹肌保持平衡,保证头、颈、脊柱在一条直线上,髋关节摆正,不要向前旋转。

呼吸:保持自然呼吸。

三、腹直肌、腹内斜肌、腹外斜肌的主动伸展和被动伸展

1. 俯卧主动伸展

做法:俯卧在垫子上,将双臂弯曲,使前臂贴于垫子上,前臂与大臂折叠成90°,身体腹部保持贴于地面,上身向上伸展,双肩放松。若感觉腹部拉伸的程度不够,还可以将双手推地伸直双臂,带起上身离开地面,让腹部得到充分伸展,注意是肩部放松,不要端肩。保持10~30秒,自然呼吸,然后随呼气慢慢回原位,如图13-44所示。

（a）

（b）

图13-44　俯卧主动伸展

要点:尽量保持双肩放松,随身体向上仰起,同时腹部向下沉,加强腹直肌的拉伸感。

2. 弓式伸展

做法:俯卧于垫上,弯曲双膝,双手握住双脚脚踝或小腿(若够不到也可用练习带帮助),形成一个弓的形状。随吸气,上半身在双臂和双腿的拉引下慢慢离开地面,尝试用腹部支撑。这一刻尽可能使双臂和双脚向上空伸展,以拉伸到腹部,如图13-45所示。

要点：腹部贴于地面，双手扣住双脚。

图 13-45　弓式伸展

3. 坐姿扭转

做法：坐于垫子上，弯曲一侧膝盖（如右腿），将这一侧的脚紧贴于另一侧（左腿）的大腿外侧，身体立直，将左臂盘抱在右腿上，右手放于身后的地面上，右臂伸展支撑身体。随呼气，身体向右侧扭转，保持在最大限度上 10～30 秒，自然呼吸。然后交换另一侧，如图 13-46 所示。

图 13-46　坐姿扭转

要点：腰立直，以腰部为轴扭转，双肩放松。

4. 坐姿伸腿扭转

做法：坐于垫子上，双腿伸展，双手放于身体后方地面上，伸直双臂支撑，并使身体略微向后倾斜。将右脚脚跟放于左脚脚趾上（双脚落一起），双腿伸直，随呼吸臀部抬起，身体向左扭转，双脚侧面贴于地面，保持自然呼吸 5～10 秒，然后再转向右侧，保持 5～10 秒。然后交换另一侧完成左右的扭转，如图 13-47 所示。

　　　　（a）　　　　　　　　　　　　　　　　　　（b）

图 13-47　坐姿伸腿扭转

要点：髋关节在扭转的同时向前顶，尽可能最大扭转，将双脚侧面贴地。

 小知识

伸展训练的注意事项

① 做伸展训练之前最好先进行热身，这样可以大大减少受损伤的概率。

② 起始的姿势必须正确和稳定。

③ 呼吸自然顺畅，不要屏息和强力拉伸肌肉。

④ 拉伸肌肉，使之保持在中等强度，在这个强度下，仅有轻微的刺痛感，拉伸过度会使肌肉刺痛感加强。

⑤ 感到肌肉被拉伸后，放松。静态伸展需要持续 10～30 秒，一般不要超过 30 秒。

⑥ 伸展训练应先拉伸大肌肉关节，再拉伸小肌肉关节。

第十四章　休闲体育运动

✎ 本章学习目标

- ◆ 掌握台球运动的基本技术和比赛规则。
- ◆ 掌握保龄球运动的基本技术、比赛规则和礼仪。
- ◆ 掌握高尔夫球运动的基本技术、比赛规则和礼仪。
- ◆ 掌握登山运动的分类、攀岩基本技术和装备。
- ◆ 掌握定向运动分类、定向越野技能和装备。
- ◆ 掌握轮滑的基本技术与比赛规则。
- ◆ 熟悉飞镖的基本技术与比赛规则。
- ◆ 熟悉极限飞盘的基本技术与比赛规则。

第一节　台球

台球又称桌球，它与网球、保龄球和高尔夫球并称为"四大绅士运动"。台球运动既有激烈的竞争性，又有很高的艺术性，需要智力与体力的相互结合。

根据球台的不同，台球可以分成落袋台球赛和开伦台球赛。其中落袋台球赛是指在有袋球台上进行的比赛；开伦台球赛是指在无袋球台上进行的比赛。

台球流行于世界各国，目前比较流行的有英式台球、美式台球和法式台球。其中，英式和美式台球属于落袋式台球，法式台球属于开伦式台球。

英式台球中的斯诺克台球，竞争激烈，趣味无穷，是世界台球大赛的重要项目。斯诺克台球不仅可以球员自己击球入袋得分，还可以有意识地打出让对方无法施展技术的障碍球，从而使对方受阻被罚。

一、基本技术

(一) 握杆姿势

握杆时，用手的拇指和食指捏在一起，做成一个圆圈，把球杆套在圈里面，其余三个手指虚握。然后调整球杆直至平衡为止，套在球杆上的手指位置就是这支球杆的重心。再

图 14-1　后手握杆姿势

从这个重心向杆尾移动20～30厘米，这个部位一般是握杆的合适位置，如图14-1所示。若有特殊打法需要，可以调整握杆位置。

（二）架杆姿势

打法不同，球所处的位置不同，架杆的姿势也会随之调整。这里介绍两种最基本的架杆方式，即平背式和凤眼式。

① 平背式：将前手手心向下平放在球台上，把除拇指以外的其余四指分开，然后手背稍微拱起，拇指翘起和食指的背峰成一个夹角，球杆就架在这个夹角里，如图14-2（a）所示。落袋式打法一般采用平背式架杆姿势。

② 凤眼式：将前手五指轻轻分开平放在球台上，然后食指弯曲，食指指尖按在中指第二关节的侧面，拇指轻轻接触食指指尖，形成一个指圈。球杆就放在指圈中，如图14-2（b）所示。开伦式打法一般采用凤眼式架杆姿势。

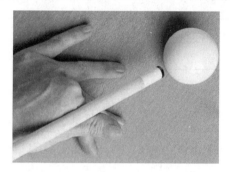
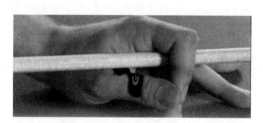

（a）平背式　　　　　　　　　　　　　　（b）凤眼式

图14-2　前手架杆姿势

（三）击球姿势

站位和身体的姿势决定了击球的方向，保持正确、稳定的身体姿势有助于完成正确的击球动作，如图14-3所示。

身体位置确定后，左脚向左前方迈出一小步，两脚距离与肩同宽。左腿稍微弯曲，右腿保持自然直立。脚的位置确定后，左臂伸向台面，身体前俯。下颌接近球杆，双眼顺球方向平视。确定击打主球的部位后，后手手臂进行运杆，以获得击球的准确性。运杆节奏要均匀，3～4次为宜。击球时，果断利落地送出球杆，注意力集中，不可有杂念。击球后，进行自然协调的跟进动作。

图14-3　击球姿势

(四) 击球方法

① 推进球：运用小臂的力量击打主球中心击点，注意用力要适度，不宜过重。主球与目标球相撞后，目标球前进，主球缓慢跟进，前进距离不大。

② 跟进球：运用小臂的力量击打主球中上部击点，主球和目标球相撞后，目标球被撞前进，主球同时也紧跟在后面，前进距离较远。

③ 定位球：运用手腕的爆发力击打主球中心稍微偏下的击点，主球与目标球相撞后，目标球前进，主球停在原位不动。目标球在袋口附近，且主球、目标球和袋口成一条直线时，使用定位球，可避免主球入袋犯规。

④ 拉杆球：运用手腕的爆发力击打主球的中下部击点，主球与目标球相撞后，目标球被撞前进，主球则借相撞的反力后旋转退回。

小知识

主球：是指自始至终用球杆直接击打的球。

目标球：是指用主球可以直接撞击到的球。

二、斯诺克比赛规则

(一) 设施和装备

1. 球台

标准球台内的竞赛面积为 3568 毫米 × 1778 毫米，球桌的高度为 851～876 毫米。

2. 球杆

球杆一般用优质的木材制成。球杆的长短和重量都没有统一的规定，但杆长一般都在 145 厘米左右。

(二) 球的位置

在斯诺克打法中，台球共有 22 个，开球前位置如图 14-4 所示。其中红球 15 个，黄球、绿球、棕球、蓝球、粉球、黑球和白球各 1 个。白色为主球，其余 21 个球为目标球。

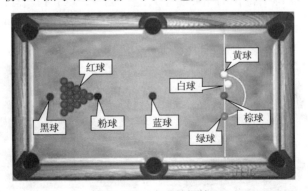

图 14-4　台球的摆放

（三）计分方式

21个目标球中，15个红球各1分，黄球2分，绿球3分，棕球4分，蓝球5分，粉球6分，黑球7分。

选手所得分数为按规则击进球的分值。另外，选手因犯规被罚的分值，应加在对方选手的成绩上。若选手在局中认输，对方的得分为现有的分数加上台面上所剩球的分值（此时红球每个按8分计算）。一般斯诺克一杆最高得分为147分，即 $15 \times 8 + 2 + 3 + 4 + 5 + 6 + 7 = 147$。

（四）比赛方法

① 比赛由两个或两个以上的人单独或分边进行。参赛各方应采用抽签或彼此同意的方式来确定比赛次序。

② 开球时，主球必须击中红球，开球时如果发生违例、犯规，按规则罚分，由对方获得击球权。

③ 开球后，将红球与彩球分别交替击打入袋，在全部红球离台之前，彩球落袋后要放回原置球点。红球全部离台之后，彩球按分值由低到高的顺序离台入袋。

第二节　保龄球

保龄球最初起源于一种宗教仪式，竖着的柱子表示邪恶，球代表正义，教徒们以球击柱，希望求得好运。

如今，保龄球受到越来越多人的喜爱，已经成为现代社会中的一项时尚的室内运动。它不仅可以增进健康、增强体质，还可以锻炼人的意志，提高人的心理素质。

一、基本技术

（一）握球方法

左手将球托住，右手的大拇指、中指和无名指分别插入指孔，掌心贴在球的弧面，手腕保持平直，手臂保持90°，需要注意的是，肘部要紧贴身体。这里以右手球员进行讲解，如图14-5所示。

图14-5　握球方法

(二) 站位

助跑投球前，先要找到合适的助跑起点。其方法是：背对跑道的目标箭头方向，站在距犯规线内 5～7 厘米处，向助跑道方向走四个自然步，再加上半步 (滑步)，然后转身 180° 面向球道。

(三) 投球动作

一般四步助跑投球的连贯姿势如图 14-6 所示。

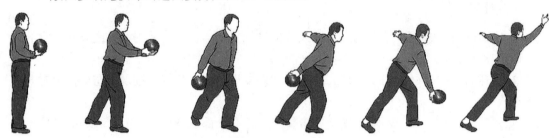

图 14-6　投球示意图

① 首先站在合适的助跑起点，正确握球。

② 右脚向前迈出一步，步幅稍小，速度稍慢；同时右手臂伸直，球置于身体正前方，左手臂离球自然外展。

③ 左脚迅速跟上一步，步幅比前一步稍大些；同时右手臂在球的重力下自然下摆，左手臂继续外展。

④ 右脚迈出，步幅稍大，速度稍快；同时右手臂在惯性和手臂外力的作用下，由下摆过渡到后摆至几乎与右肩齐平，肘部紧贴身体。此时，身体前屈，保持平衡。

⑤ 左脚迈出，速度加快，同时右手臂再持球向下回摆，伴随左脚冲力，右脚向前自然滑动 20～30 厘米，至犯规线 5～7 厘米处制动，此时，球已回摆至左脚内侧，利用爆发力将球投出。

(四) 投球路线

① 直线球：投球时，拇指要置于正上方即球的 12 点方向正对目标，中指和无名指置于正后方即球的正后方 6 点方向，手掌心正对球瓶区，出球点一般在球道的中间，以中心箭标为引导性依据，使球产生往前的旋转力直线滚出。此种投法适合初学者练习，如图 14-7 (a) 所示。

② 斜线球：实质上是斜直线球。它和直线球所不同的是，投球点尽可能在外侧，以增大入射角使球进一步产生威力，如图 14-7(b) 所示。

③ 曲线球：曲线球有自然曲线球、短曲线球、反曲线球和弧线球等，不同类型的曲线球站位的角度和手腕的翻转程度也不同。打曲线球时，拇指朝向 12 点或 1 点的位置，当球向前下摆到下摆的后半段时，手腕向内侧旋转，出手时拇指朝向 9 点方向旋转，中指和无名指在 3 点方向，提拉使球发生侧向旋转，如图 14-7(c) 所示。

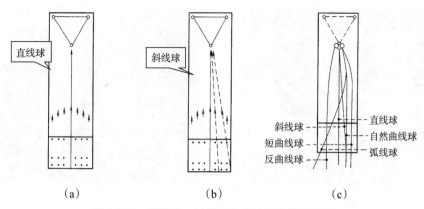

图14-7 直线球、斜线球和曲线球路线示意图

二、比赛规则及礼仪

(一)比赛规则

1.设施和装备

球道。保龄球球道一般有AMF、宾士域和大石三种。AMF是慢速球道，球道为木质，适合有一定技术水平的人士使用；宾士域是快速球道，以复合材料为主，适合初学者使用；大石球道结合以上两种球道的优点，只是在工艺上还稍有差距，其价格一般为AMF和宾士域的一半，球道如图14-8所示。

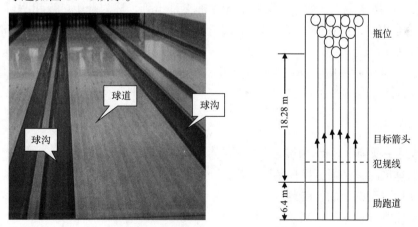

图14-8 保龄球球道实图及示意图

球和木瓶。保龄球一般是用塑料、胶木和树脂等高分子材料合成。球上有三个洞孔用来方便握球。球的重量一般6～16磅（lb）不等，要根据年龄和体重来选择合适的球。

木瓶一般是以枫木为主要材料黏合而成的，10个木瓶以等边三角形排列构成倒三角，球和木瓶如图14-9（a）所示。

鞋。打保龄球穿的鞋，如图14-9（b）所示。一只鞋用来滑步，鞋底光滑，摩擦力小；另一只鞋用来刹车，鞋底有棱角，摩擦力大。另外，鞋底可以更换。

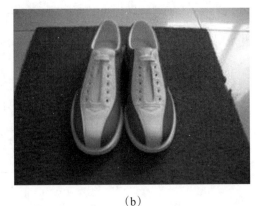

(a)　　　　　　　　　　　　　　　　　　　(b)

图14-9　保龄球、木瓶、鞋

2. 计分方式

保龄球比赛时，抽签决定道次，每局在相邻的一对球道上进行比赛。每轮互换球道，直至全局结束。一局分10轮，以6局总分决定名次。

每轮有两次投球机会。在一轮中，如果第一次把10个木瓶全部击倒（称为全中），就不能再投第二次。但按规则规定，应奖励下轮两个球的所得分。它们所得分之和为该轮的应得分。

每击倒一个木瓶得1分，投完一轮将两球的得分相加，为该轮的应得分，10轮累计为全局的总分。

如果第一次球未全中，而第二球将剩余木瓶全部击到，称为补中。该轮所得分为10分。

第10轮全中时，应在同一条球道上继续投最后两个球结束全局。这两个球的所得分应累计在该局总分内。

第10轮为补中时，应在同一条球道上继续投完最后一个球结束全局。这个球的所得分应累计在该局总分内。

(二) 礼仪

保龄球是一项绅士运动，比赛过程中要体现出绅士的风度与气韵。

① 进投球区时，必须更换保龄专用鞋。

② 只使用自己选定的保龄球。

③ 不随便进入投球区。

④ 待球瓶完全排好后再投球。

⑤ 不侵入相邻的球道。

⑥ 当相邻投球区的人已准备好时，要让其先投球。

⑦ 在投球区，投球的预备姿势不可太久。

⑧ 投球动作结束后，不可长时间地站在投球区。

⑨ 不可投出高球。

⑩ 不打扰投球人的注意力。

⑪ 不在投球区挥动保龄球，特别是在别人休息的座椅前。

⑫ 成绩不佳时，不轻率迁怒球道。

⑬ 不随便批评别人的缺点。

⑭ 不能将饮料洒落于球道上。

第三节　高尔夫球

高尔夫运动员利用不同的高尔夫球杆将高尔夫球打进球洞的一项运动项目。

高尔夫运动的英文是 GOLF，G—Green 绿色；O—Oxygen 氧气；L—Light 阳光；F—Foot 步履。它是一项把享受大自然乐趣和体育锻炼集于一身的极富魅力的高雅运动。

一、基本技术

(一) 握杆姿势

握杆是高尔夫运动中的最基本动作，握杆的方法大体上可以分为十指式、连锁式和重叠式三种，如图 14-10 所示。

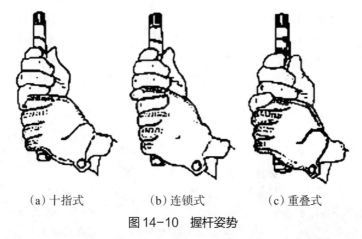

(a) 十指式　　　(b) 连锁式　　　(c) 重叠式

图 14-10　握杆姿势

十指式：又称棒式或自然式，像握棒球杆一样左右两手分开用十指握住球杆，右手的小指与左手的食指相贴。这种握法比较容易握住球杆，适合年龄小或者年龄大的爱好者。

连锁式：右手的小指插入左手食指与中指之间，钩锁住食指。这种握法容易产生一体感，利于使用右手力量。这种握法适合手比较小、比较厚或者挥杆的杆头速度非常快的球手。

重叠式：右手小指扣住左手食指的关节，右手食指成扣扳机状扣住球杆，并与中指明显分开，左手拇指含在右手掌心。采用重叠式握法手的感觉比较敏锐，击球的时候容易打出技巧球，目前 90% 左右的人都采用这种握法。

(二) 击球准备姿势

根据击球的方向选定两脚的位置，两脚分开，略比肩宽，两脚尖连线与准备击球的路线平行。身体重心放在两脚的后跟，双膝略弯曲并稍向内收。上体微微前倾，两臂弯曲并稍稍内扣，球杆顶端距离身体约一个半拳头。头颈部保持正直、放松，目视球，调整身体各个部位，保证在击球瞬间杆头面正好对着球。另外，在开始挥杆之前轻轻左右摆动一下杆头，有利于松弛全身肌肉的紧张，集中精力，如图 14-11 所示。

(三) 击球姿势

整个击球过程可以分解为后引杆、上挥杆、下挥杆、顺势摆动和结束动作。

① 后引杆：杆头从击球的准备状态开始，向身体的后上方摆动。假设球位于时钟 6 点位置，球员将球杆后引至 8 点位置为后引杆。此阶段手腕和手臂不能弯曲，杆面始终正对球的飞行方向，如图 14-12 所示动作 1 和动作 2。

② 上挥杆：球员将球杆继续向上挥动至 2 点位置，用手臂和肩的动作带动身体旋转，如图 14-12 所示动作 3 和动作 4。

图 14-11　准备姿势

③ 下挥杆：因上挥杆向右扭紧的身体向左还原的动作环节。当球杆到达 6 点位置时，杆头速度达到最快，打击力达到最大，左手臂与球杆成一条直线将球击出，如图 14-12 所示动作 5 和动作 6。

④ 顺势摆动：击球后，杆头顺势向前挥动一段距离，头保持击球前的状态，以左腿为轴身体向左转动，如图 14-12 所示动作 7。

⑤ 结束动作：动作结束时，身体正对击球方向，体重完全由左腿支撑，如图 14-12 所示动作 8。

图 14-12　击球连贯姿势

二、比赛规则及礼仪

(一)比赛规则

1. 场地和装备

(1) 球场

高尔夫球场由草地、湖泊、沙地和树木等自然景观组成，如图14-13所示。一个标准的高尔夫球场占地60～100公顷（ha），一般包括4个3杆洞、10个4杆洞和4个5杆洞，共18个球洞。根据18个洞球，划分为18个大小不一的场地，每块场地均由发球台、球道、果岭和球洞四部分组成。

图 14-13　高尔夫球场

(2) 球杆和球

高尔夫球杆由杆头、杆身与握把三部分组成，其长度一般在0.91～1.29米，如图14-14(a) 所示。根据击球远近不同的需要，每个选手最多可带14根球杆进场，以如下配置为宜：4根木杆、9根铁杆和1根推杆。

木杆其实也是合金材料，因为早期是用柿子木等高弹性、高硬度木料制作的，所以现在还叫它木杆。木杆特点是比较长，杆头很大。木杆适合击远距离球。铁杆相对来说短一些，杆头小。铁杆的击球距离没有木杆远，但是可以控制球的落点在一个比较精准的程度。推杆是在果岭上推球入洞的专用球杆。

高尔夫球一般是用橡胶制成的实心小白球，表面均匀地布满微凹，有利于稳定飞行和提高准确性，如图14-14(b) 所示。高尔夫球的硬度一般是70°～105°，度数越高，球就越硬，方向越难掌握，初学者适合选用硬度较低的球。

(3) 鞋

高尔夫球鞋的鞋底一般有6～7个鞋底钉，可防止滑动，使选手挥杆时保持身体平衡，如图14-14(c) 所示。

　　(a)　　　　　　　　　　(b)　　　　　　　　　　(c)

图 14-14　高尔夫球杆、球和球鞋

2.比赛方法

比赛从1号洞开始，依次打完18个洞称为一场球。以最少杆数打完一场球为胜者。

18个洞的标准杆数为72杆。选手击球入洞的杆数与标准杆相同，称为"帕"（par）；低于标准杆一杆，成为"小鸟球"（birdie）；低于标准杆两杆，称为"老鹰球"（eagle）；比标准杆多一杆，称为"补给"（bogey）。

在第一洞发球台上，应通过抽签确定首先击球者。此后每个洞的胜者首先击球，如果上一洞未分胜负，则前一个洞的胜者首先击球。其他人的击球顺序，从击球进洞所用杆数少者开始。在球道中，应由距离球洞较远的人先打。

当球被击出后，要等到球处于静止状态后才可继续进行比赛。

不可触摸或挪动球的位置，不能为求便于挥杆而改变周遭的环境。

（二）礼仪

遵守开赛及发球时间，迟到是参加高尔夫比赛的最大禁忌。

球员在击球或进行练习挥杆时，应确保球杆可能击打到的地方及其附近无人站立。

为其他球员着想，击球时不要干扰或影响他人。

对球场进行保护，避免造成不必须的损伤。

第四节　登山运动

登山运动是徒手或使用专门装备攀登各种不同地形的山峰或山岭的一种运动。

一、登山运动的分类

根据山峰的地势以及攀登方式，登山运动可以大致分为探险登山（又称高山探险）、健身登山和竞技登山（包括攀岩和攀冰等）。

（一）探险登山

探险登山所面对的山峰往往是海拔4000米以上并覆有终年积雪的山峰。登山队员会面临陡峭地形、强风低温、高山缺氧以及随之而来的各种山间危险。因此，探险登山不是队员之间的比赛，而是运动团队与恶劣的自然环境的抗争。

登山探险运动并不是每个人都能够轻易进行尝试的，登山队员需要具备良好的体能、登山知识和技能。另外个人装备以及整个队伍的后方保障系统也至关重要。探险登山如图14-15（a）所示。

（二）健身登山

健身登山运动一般在海拔3500米以下的山地进行。健身登山的形式多样，可以登山与旅游相结合，也可以组织定向登山比赛等，健身登山如图14-15（b）所示。健身登山比探险登山更具实施的可能性，这里介绍一些登山经验。

（a）　　　　　　　　　　　　　　（b）

图 14-15　探险登山和健身登山

① 如果攀登的山比较高或者平时很少登山，那么，在登山前利用 10 ~ 20 分钟做一些热身运动来放松全身肌肉，这样攀登时会感觉轻松许多。

② 向上攀登时，目光保留在前方 3 ~ 5 米处最好，往上看往往使人产生一种疲惫感。

③ 如果山路比较陡峭，则可做"Z"字形攀登，这样比较省力。

④ 下山时，一定要控制住自己的脚步，不可冲得太快，这样很容易受伤。

（三）竞技登山

竞技登山是指运用熟练的攀登技术和各种技术装备，专门攀登悬崖峭壁或冰壁的登山活动。攀岩、攀冰如图 14-16 所示。

图 14-16　攀岩和攀冰

二、攀岩知识与基本技术

（一）保护点的设置

保护点的设置分为上方保护点的设置和中间保护点（又称临时性保护点）的设置。根据不同的岩壁条件，所需的固定保护点数量从一个到多个不等。

① 上方保护点：选择的固定点要绝对安全，如人工岩壁上设置好的横栏、自然岩壁上的大树等。在使用前必须仔细测试其牢固程度和可承受力。

② 中间保护点：可利用岩壁的树木、犄角状岩体等，或者使用机械锥和岩石锤等利用

岩壁裂缝来制作保护点。具有多个中间保护点时，要注意尽量让这些保护点均匀受力。

（二）攀爬技术

攀岩需要良好的身体条件，更需要全面的技术。手脚的配合、全身的协调用力会使攀岩动作更加流畅。

1. 手法

岩壁上的支点形状很多，攀登者要根据这些支点的形状，采取不同的抓握方式，常用的有开握、扣握、反抠、曲握和捏等方法。

① 开握：如果支点的边缘或某些点的小洞可以支撑住手指的第二关节，此时可以手指并拢，让手指与支点充分接触，整个手掌不用紧握支点。

② 扣握：遇到相对较小的支点时，四指并拢后能套住支点。用大拇指压住食指，这样支点就被完全套在手中。

③ 反抠：是指手掌向上抠握支点的方法，反抠动作可以用来维持身体平衡。用手反抠时，手要尽可能伸到支点的背后。

④ 曲握：是把手掌弯曲，四指并拢，大拇指压在食指上，用手掌的外边缘抠握支点的方法。曲握主要用于抠握小球状的突出支点及圆点。

⑤ 捏：当一个支点的形状没有可把住的边时，只能通过捏来增加握点的可靠性。有些点可以让大拇指压在支点的边，与四指的方向成90°。但当支点很小时，只能用拇指和食指的第二关节外侧去捏握。

2. 脚法

腿的负重能力和爆发力都很大，而且耐力强，攀登中要充分利用腿脚力量。常用的脚法有正蹬、侧蹬和换脚。

① 正蹬：正蹬就是用鞋正前尖和鞋尖内侧边（拇趾），即运用脚的前部、大拇指处。正蹬动作时，后脚跟要立起来。岩壁上不规则、粗糙的地方以及缺口和凹处都可以使用正蹬。

② 侧蹬：侧蹬就是用鞋的外侧去踩光滑的支点。侧蹬能让攀爬者的身体更加贴紧岩壁，也有利于把身体的重量放在脚上，同时减少手的拉力。

③ 换脚：以从右脚换到左脚为例，先把左脚提到右脚上方，右脚以脚在支点上最右侧为轴逆时针方向转动，把支点左侧空出来，此时体重还在右脚上，左脚从上方切入，踩点，右脚须势抽出，体重过渡到左脚。

（三）下降技术

下降过程中，沿主绳依次向下倒手，在倒手时一手先将抓结捋一下，两脚随着双手的下移，也同时向下倒步。倒手和移步要协调配合，前脚掌尽量踩住突起的岩石或棱角，以便减轻手臂的负担，两腿稍分开，以便身体保持平衡。由于臂力不足倒手有困难时，也可双手沿绳下滑，注意速度不能过快，防止擦伤。

三、攀岩运动装备

攀岩的装备器材不仅是攀岩者向上攀登的工具，更为攀岩者提供可靠的安全保证，常用的攀岩设备如图 14-17 所示。

图 14-17 攀岩运动设备

① 安全带：为攀登者提供一种舒适、安全的固定。并且方便与绳子连接，可以把坠落的冲击力分散到腰部和腿部。

② 主绳：由高强度的尼龙按特殊的方法编织而成，具有较大的延展性，可以吸收脱落时所产生的大部分冲击力，从而降低对攀登者的伤害。

③ 扁带：在保护系统中做软性连接。

④ 保护片和下降器：在保护和下降过程中，通过它们与绳子产生的摩擦力来保障安全。

⑤ 铁锁和快挂：用来连接绳子、保护点、安全带与保护片、下降器和携带器材等，在保护系统中做钢性连接。

⑥ 岩石锥：固定于岩壁上的保护器械，根据岩缝的不同使用不同的岩石锥。

⑦ 岩石锤：钉岩石锥时使用的工具。

⑧ 攀岩鞋：一种摩擦力很大的专用鞋，穿起来可以节省很多体力。

⑨ 头盔：在攀登过程中避免头部受落石或上方抛下的装备引起的伤害，起到保护头部的作用。

⑩ 镁粉：吸收手上的汗液和支点表面的水分，以增大摩擦力。镁粉袋一般要挂于腰后，双手可随时涂抹。

第五节　定向运动

定向运动就是利用地图和指北针到访地图上所指示的各个点标，以最短时间到达所有点标者为胜者。

一、定向运动的分类

常见的定向运动有以下几种形式。

（一）定向越野

定向越野组织方法比较简便，是开展最为广泛的一种定向运动。运动员在到达的每一个点标处使用打卡器打卡，打卡系统不仅能证实是否按顺序正确到访，还能记录到访时间。

(二) 接力定向

在接力比赛中，比赛的路线分成若干段 (国际比赛通常为四段)，每名选手完成其中的一段，各段参赛选手的成绩相加为该队团体总成绩。

为便于观众欣赏各选手之间的激烈竞争，接力定向的场地必须设置一个中心站，各段选手的交接 (即换段) 在中心站以触手方式进行 (不使用接力棒)。

(三) 记分定向

记分定向通常以个人方式进行。在比赛区域内预先设置许多检查点，并根据地形的难易程度、距离远近、点的位置的相互关系不同而赋予每个检查点以不同分值。选手在规定时间内寻找若干或全部检查点，积分最高者为胜者。

(四) 专线定向

专线定向与其他定向活动的最大区别是在地图上明确地标出了比赛的路线。运动员必须按这些规定的路线行进，并将途中遇到的检查点位置标绘到图上去，成绩以所用时间的长短和检查点位置标绘的准确程度来确定。

(五) 五日定向

五日定向是瑞典独有的一项特别吸引人的比赛项目。比赛共进行五日，比赛路线由若干段组成，每段都单独记录个人的成绩，最后再算出总成绩。

在百余公里的多条比赛路线中，除设置了许多检查点之外，还设有若干营地，供运动员、观众休息和参加丰富多彩的文化娱乐活动。

(六) 夜间定向

夜间定向是定向运动的一种高难度的比赛形式，在视觉不良的夜间进行，增加了比赛的难度，但同时对观众和选手自己增加了刺激和吸引力。

(七) 滑雪定向

滑雪定向可以按个人、团体或接力比赛等形式进行。滑雪定向活动中，选手需要使用滑雪装具 (非机动的) 来进行。供比赛用的滑道需要使用摩托雪橇来开辟，同一比赛路线上的滑道通常不止一条，便于选手自行选择。

(八) 山地自行车定向

山地自行车定向运动中的交通工具为山地自行车，一般在半山区进行，其与定向越野的规则基本相同。

二、定向越野装备

地图和指北针是定向越野的必备装备，如图 14-18 所示。

定向越野服装以轻便舒适为宜，过紧或太厚的衣物会感觉举步维艰；鞋的选择以轻便结实为主，另外，鞋底的材料和造型应能牢固的"抓住"所有类型的地面，包括湿滑的泥泞地面和坚硬的岩石地面。

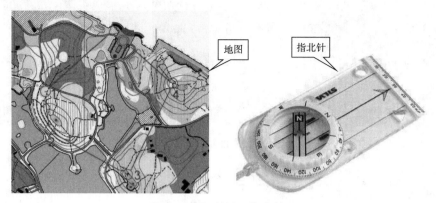

图 14-18　地图和指北针

三、定向越野技能

(一) 地图和指北针

1. 地图

大多数森林定向图的比例尺为 1：10000 (即地图上的 1 厘米相当于实际地形中的 100 米)，公园定向地图一般为 1：5000 或 4000 (1 厘米相当于实际地形中的 50 米或 40 米)。定向地图中颜色和符号的含义如下：

①黑色：表示人造景象，如建筑物、道路、小径和岩石等。

②棕色：等高线和路径颜色，表示山丘、小坑、高速公路和主干道等。

③蓝色：表示任何有水的地方，如湖泊、溪流和泥沼等。

④绿色：表示被植被覆盖，浓密而难通过的地区，绿色越深，表示越难通过。

⑤白色：表示普通的林区，容易通过。

⑥黄色：表示空旷地，易于奔跑。

⑦紫色：表示线路。

2. 指北针

标定地图。标定地图是为了使越野地图的方位与现行的方向一致，先使指北针的定向箭头"↑"朝向地图上方，并使箭头两侧的平行线与地图上的磁北线重合 (或平行)，然后转动地图，使指针北端正对磁北方向，此时地图已标定。

确定行进方向。使用指北针还可以确定行进的正确方向，步骤如图 14-19 所示。指北针直尺边切目标方向线 (目标点在前，站立点在后)。转动分度盘，使磁北标定线与图上的磁北线重合 (或平行)。移开地图，并将指北针平持于胸前适当位置，转动身体，使磁针与定向箭头重合，目标点即在前进箭头所指的方向。

图14-19　使用指北针确定行进方向

(二)路线选择

选择最佳路线，不仅安全，而且省体力、省时间，一般遵循如下规则：

① 有路不越野：尽量选择沿道路行进。在道路上容易确定站立点，使人更具信心；地面相对平坦，有利于提高奔跑速度。

② 走高不走低：如果不得不越野，要尽量站在高处（如山脊、山背等）行进，避免在低处（如山谷、凹地等）行进。地势高，展望好，便于确定站立点和保持行进方向；高处通风、干燥，荆棘、杂草、虫害及其他危险少。在山脊这样的地方，常常会有放牧、砍柴的人踏出的小路，利用它，便于提高运动速度。

第六节　轮滑

轮滑又称为滑旱冰和滚轴运动等，是人们穿着带滚轮的特制鞋在坚实平整而光滑的场地上滑行的一种运动项目。

轮滑起源于欧洲。18世纪，一名荷兰人为了能够在夏天进行滑冰，发明了滑轮溜冰。后来经过欧美人多次对轮滑鞋改造，使这项运动在欧洲各国得到发展和普及，并逐渐发展成为竞赛项目。1952年国际轮滑联合会成立，每年举办一次世界锦标赛，使轮滑在全世界范围内发展起来。

轮滑于19世纪传入中国，当时仅在沿海个别城市作为一种娱乐项目开展。直到20世纪80年代初期才出现正式比赛。1980年9月，中国加入国际轮滑联合会，轮滑得到了迅速地发展。

轮滑比赛包括速度轮滑、花样轮滑、自由式轮滑、轮滑球和极限轮滑等。

一、基本技术

轮滑的基本技术包括站立、平衡、移动、滑行、滑行停止和弯道滑行等。

(一)站立、平衡和移动

1. 站立姿势练习

站立的姿势主要包括丁字形、八字形和平行站立等。

① 丁字形站立。动作说明：左脚跟紧靠右脚内侧（或右脚跟紧靠左脚的内侧），使双脚

成丁字形。双膝微屈，重心稍偏于位置居后的脚，上体略前倾，抬头目视前方，两臂自然垂于体侧。

② 八字形站立。动作说明：双脚脚跟靠近，脚尖自然分开，成八字形。双膝弯曲，重心落于两脚间，目视前方，两臂自然垂于体侧。

③ 平行站立。动作说明：双脚左右开立，与肩同宽。两脚间稍内扣，上体微前倾，双膝微屈，重心落于两脚间，两臂自然垂于体侧。

2. 平衡练习

平衡练习主要包括原地移动重心、原地踏步和原地蹲起等。

① 原地移动重心。动作说明：在双脚平行站立的基础上，上体左移，并逐渐将身体重心完全移至左脚支撑站立。待平稳后上体右移，再向右脚移动重心。练习时左右交替移动。

② 原地踏步。动作说明：在八字形站立的基础上，重心移到一只脚上，另一只腿屈膝上提，使脚离地面5～10厘米再落下。然后重心移至另一只脚上，两脚交替踏步练习。

③ 原地蹲起。动作说明：在双脚平行站立或八字形站立的基础上，做下蹲、起立动作，重心保持在两脚间。两臂自然打开，协助身体平衡。

3. 移动练习

移动练习包括双脚原地前后滑动、向前八字走和横向迈步移动等。

① 两脚原地前后滑动。动作说明：在平行站立的基础上，两腿伸直，大腿发力做一脚向前，同时另一脚向后的前后滑动，两臂前后摆动，协助身体平衡。

② 向前八字走。动作说明：在丁字形或八字形站立的基础上，一脚向前迈出一小步，脚尖外展，同时身体重心迅速移至前脚。当重心落至前脚时，后脚再抬起向前迈步。两脚交替进行，移动身体重心。

③ 横向迈步移动。动作说明：在平行站立的基础上，向右横向迈步移动时，左脚用力蹬地，重心左移，右脚向右迈出一步，随之重心迅速移至右脚，左脚靠拢右脚内侧着地。重心移至左脚，右脚继续横向迈步移动；向左横向迈步移动时，动作要领相仿。

（二）滑行

初学者在掌握了走步移动身体重心后，就可以开始学习向前滑行动作。常用的滑行方法包括走步双滑行、高姿势交替蹬地交替滑行、低姿势交替蹬地交替滑行和交替蹬地接双脚滑行等。

1. 走步双滑行

动作说明：在向前八字走的基础上，每次连续走几步就可产生一定的惯性，然后两脚迅速并拢，由八字形变为两脚平行站立，借助惯性向前滑行，保持重心在两脚间，体会身体向前滑的感觉。两臂自然前后摆动，协助身体平衡。然后走几步再并拢双脚滑行，连续练习。

2. 高姿势交替蹬地交替滑行

动作说明：两脚八字形站立，膝、踝微屈，上体直立。两脚同时向两侧蹬地，使双脚同时开始前滑。重心移至左（右）腿，右（左）脚侧蹬地，左（右）腿支撑滑行，右（左）脚蹬地后迅速收回，向左（右）腿靠拢，落地两脚自然成八字形，同时重心移至右（左）腿，左（右）腿侧蹬地，如此两脚交替进行。两臂自然前后摆动，协助身体平衡。

3. 低姿势交替蹬地交替滑行

低姿势交替蹬地交替滑行比高姿势交替蹬地交替滑行动作幅度大，用力时间长，所以滑行起来较快，可应用于速滑。

动作说明：在高姿势交替蹬地交替滑行的基础上，成深蹲姿势，上体前倾，重心移至左（右）脚，右（左）脚侧蹬地，左（右）腿支撑滑行，右（左）脚蹬地后迅速收回，向左（右）脚并拢，落地两脚成八字形。重心移至右（左）脚，左（右）脚侧蹬地，如此两脚交替进行滑行。两臂自然前后摆动，协助身体平衡。

4. 交替蹬地接双脚滑行

动作说明：两脚交替蹬地交替滑行三四步或五六步后，双脚并拢成平行站立，借助惯性向前滑行，两臂自然前后摆动，协助身体平衡，然后交替蹬地几步，再惯性滑行。

（三）滑行停止

常用的滑行急停包括八字停止法和丁字停止法等。

1. 八字停止法

动作说明：在两脚交替蹬地交替向前滑行的过程中，两脚平行分开站立，随后两脚尖内转成内八字形，两腿弯曲，上体稍前倾，臀部下蹲，两臂前伸维持身体平衡，两脚以鞋轮内侧摩擦地面，直至滑行停止。

2. 丁字停止法

动作说明：在前滑的过程中，将身体重心移至前脚，前腿屈膝，后脚横放在前脚内侧成丁字步，后脚鞋轮内侧摩擦地面，加大阻力，直至滑行停止。

（四）弯道滑行

初学者在进行简单的直线滑行时，也可进行一些简单的转弯练习。常用的弯道滑行有走步转弯、惯性转弯和短步转弯等。

1. 走步转弯

动作说明：向前做八字走左转弯时，在每一次落脚时脚尖都向左转动一点，身体也随之向左转动一点，逐渐成弧形的走滑路线。右转弯时，动作相仿。

2. 惯性转弯

动作说明：当向前滑行有一定的速度后，两脚平行稍靠近，如向左转时则左脚略靠前，右脚靠后，重心落于两脚之间前 1/3 处，最好是前腿略弓，后腿直。身体重量压在左脚和右脚的内侧，利用惯性向左滑一较大的弧线。右转弯时，动作相仿。

3. 短步转弯

动作说明：左转弯时，在学会慢转弯动作的基础上，屈膝下蹲，重心完全落在左腿上，甚至超过左腿的支点，右脚向右侧蹬地后迅速收回，靠近左脚落地做短暂支撑。同时左脚迅速向左稍转脚尖，右脚再迅速向侧蹬地，连续做此动作可以加速转弯。如向右转，动作相仿。

二、比赛规则

(一)比赛场地

速度轮滑比赛场地的规格由比赛项目决定。

1. 场地跑道比赛

场地赛的跑道长度不得短于 125 米，不得长于 400 米，宽度不得小于 5 米。弯道跑道周长不得短于 125 米，不得长于 250 米，直道不应少于跑道总长度的 33%。终点线要用白色线标出，线宽 5 厘米。

2. 公路比赛

公路跑道的宽度全程均不得少于 6 米。起、终点要用宽 5 厘米的白色线标出。公路赛包括"开放式"和"封闭式"公路赛两种，"开放式"公路赛的起点和终点不衔接，且有坡度的赛段不得超过跑道总长的 25%；"封闭式"公路的起点和终点衔接，且跑道的长度不得短于 400 米，不得长于 1000 米。

(二)装备

速度轮滑的装备包括服装、护具和轮滑鞋等。

1. 比赛服装

参加比赛的同一个单位的所有运动员都必须身着统一长袖或者短袖服装，颜色和图案要一致。

2. 护具

护具包括头盔、护腕、护肘和护膝。头盔要完整、坚固、没有尾翼。

3. 轮滑鞋

轮滑鞋分双排轮滑鞋和直排轮滑鞋两种。双排轮滑鞋主要应用在花式轮滑表演和轮滑球运动，如图 14-20(a)所示；直排轮滑鞋主要应用在速滑比赛、轮滑球运动和室内外休闲运动等，如图 14-20(b)所示。

（a）　　　　　　　　　　（b）

图 14-20　轮滑鞋

速滑比赛允许穿双排轮滑鞋或者直排轮滑鞋参赛。轮子的直径最大不得超过 100 毫米，轮滑鞋全长不得超过50厘米。轮架必须与鞋靴固定，轮轴不能突出到轮子以外。轮滑鞋禁止装有制动装置，允许使用没有传动装置的克莱普（即脱跟）轮滑鞋。

（三）竞赛通则

① 所有比赛的起跑均为站立式，用发令枪或哨子发出起跑信号。

② 发令员在起点召集运动员时，如运动员未到，1分钟后重新召集，仍不到者立即取消比赛资格。

③ 发令员在发出起动信号前运动员起动均为抢跑。第一次抢跑给予警告，三次抢跑则取消比赛资格。

④ 任何情况下，运动员不允许推其他运动员或者在他们前面横切，禁止拉、推、阻碍或者援助他人滑行。

⑤ 在弯道滑跑时，除非沿内侧有足够的空间可以通过，否则只能从外侧超越其他运动员。

⑥ 禁止运动员的轮滑鞋触及或踏出跑道线。

⑦ 在"封闭式"公路跑道或场地跑道上，运动员应按逆时针方向滑行。

第七节　飞镖

飞镖运动是指运动员站在一定距离内，用单手持镖向悬挂在一定高度并刻有20个分数区的镖盘进行投准的一项运动。目前，飞镖运动的比赛项目包括男子单人项目、女子单人项目、男子双人项目、女子双人项目、男女混合双人项目、团体项目等。

一、基本技术

要想射中目标，提高飞镖技术，练习者要力求身体平衡、姿势优美，要保证握镖与投镖方式正确，手臂和手腕的动作协调，击靶数字搭配合理及注意力集中，做到心、眼、手、脑协调配合。飞镖运动的基本技术包括握镖、站立姿势和投镖。

（一）握镖

常见的握镖方法有两指法、三指法、五指法和四指三维握法（又称毛笔式握法）四种，如图14-21所示。两指法、三指法、五指法的手势类似，只是握镖的手指数量不同。四指三维握法跟握毛笔的方法基本一致，即拇指放在镖身的一侧、食指和中指放在镖身的另一侧、无名指放在镖身的下侧、小指自然展开或蜷曲。使用四指三维握法时，飞镖的受力点相对较多，便于初学者把握飞镖出手的方向。

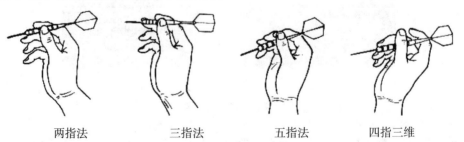

两指法　　　　三指法　　　　五指法　　　　四指三维

图14-21　握镖的方法

(二) 站立姿势

站立姿势舒适、平衡和协调，是运动员准确投镖的前提。其中，舒适是指运动员站立时身体自然、放松；平衡是指重心稳定，投镖时身体不因手臂摆动而摇晃；协调是指身体各部位动作协调。

不同的站立姿势下，双脚的位置有所不同，身体重心位置和发力部位也不同。常见的投镖站立姿势有以下三种。第一种站立姿势是运动员身体侧立，双脚靠拢，双脚尖连线与投镖线呈直角，如图14-22（a）所示。第二种站立姿势是运动员身体侧立，身体右半部分对着镖盘，脚尖与脚跟的连线与投镖线呈45°，将身体重心控制在前脚，也可身体前探将重心放于前脚的脚掌，如图14-22（b）所示。第三种站立姿势是运动员身体直立面向镖盘，脚尖朝前，如图14-22（c）所示。

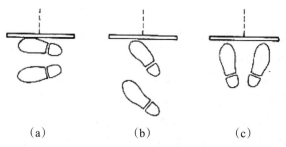

（a） （b） （c）

图14-22 三种站立姿势

(三) 投镖

投镖包括三个步骤：预备、送镖和顺势动作。这三个连贯动作类似于篮球的投篮动作，动作的基本要求也很相似，即要做到流畅、舒展、协调。

1. 预备

预备姿势如图14-23所示。运动员站在投镖线后，两眼盯着目标，肘关节抬起并保持稳定，以肘关节作为动作支点，镖稍向后引，镖尖向前，准备投镖。

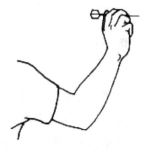

图14-23 预备姿势

2. 送镖

送镖是指运动员向镖盘上目标区域投镖的过程。送镖时，运动员前臂发力并向前摆动，手指松开，将飞镖送出，如图14-24（a）所示。投镖所用的力量要使镖能够在空中画出一道优美的弧线，并且能够恰好地插到镖盘上，如图14-24（b）所示。

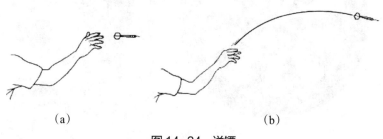

（a） （b）

图14-24 送镖

3. 顺势动作

正确的投镖动作是流畅和舒展的，不应急停急起。在镖送出后，运动员应自然展开手臂、手腕并放松各关节，顺势向前跟进，如图 14-25 所示。

图 14-25　顺势动作

二、比赛规则

飞镖包括镖尖、镖身、镖杆、镖羽四个部分，如图 14-26 所示。

镖尖：指飞镖前端的钢针。

镖身：呈筒状的金属部分，是飞镖最主要的部分，也是决定飞镖重量、质地和形状的关键。常见的形状有直筒形、酒桶形、鱼雷形等。

镖杆：连接镖身和镖羽的部分，常以铝、钛、尼龙等材料制成。

镖羽：位于飞镖末端的叶片，是帮助飞镖稳定飞行的"翅膀"。

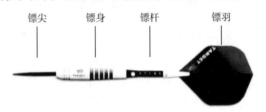

图 14-26　飞镖

镖盘计分规则如图 14-27 所示。镖盘上有一个大圆，被等分为 20 个分数区，中间有一个靶心区。从外至内，每个分数区又分为双倍区、单倍区、三倍区、单倍区四个部分。打中单倍区就得到该分数区的分数，打中双倍区可得到该分数区的双倍分，打中三倍区可得到该分数区的三倍分，打中靶心可得 50 分，打中靶心的外一层可得 25 分。

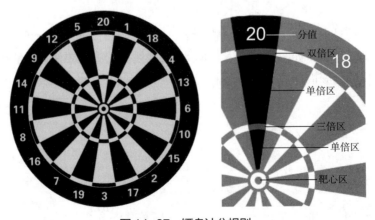

图 14-27　镖盘计分规则

第八节　极限飞盘

　　飞盘是一种起源于美国的游戏，有多种玩法，包括掷远、掷准、花式飞盘、极限飞盘等。极限飞盘（图14-28）又称飞盘争夺赛，是一项紧张激烈的团队竞技运动，融合了足球式的折返跑、篮球式的跑位、橄榄球式的得分等多项运动的特点。玩者通过各种战术方式的跑动、传递飞盘，让自己的队友在得分区接盘，从而得分。为了赢得比赛，参与的选手必须要具备良好的体能、飞快的速度、明锐的判断以及高超的控盘技巧。

图14-28　极限飞盘

一、基本技术

（一）握盘

　　握盘会影响到掷盘的质量。握盘的姿势取决于掷盘的方法。最常使用的握盘姿势是反手掷盘握法和正手掷盘握法。

　　反手掷盘握法［见图14-29（a）］是将食指放在飞盘外缘，将其他手指握于盘缘内侧，同时中指伸直指向飞盘中心。正手掷盘握法［见图14-29（b）］是将中指和食指的位置发生变化，中指要抵住飞盘内侧。这两种握法都能很好地掌控出盘方向和稳定性。

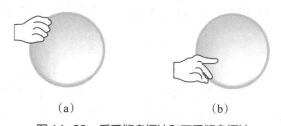

（a）　　　　　　　　　　　　（b）

图14-29　反手掷盘握法和正手掷盘握法

（二）接盘

　　接盘是非常重要的技能，再好的传盘也需要接住才行。接盘方法主要有三明治接盘法、双手接盘法和单手抢盘法。

　　1.三明治接盘法

　　三明治接盘法是指两手五指微张，一手在盘面，另一手在盘底，合住飞盘，这是最保险的接盘方法，如图 14-30 所示。

2. 双手接盘法

双手接盘法是指双手伸出，四指并拢与大拇指一起握成"U"形，握取飞过来的飞盘，这是较稳定、快速的接盘方法，如图 14-31 所示。

图 14-30　三明治接盘法

图 14-31　双手接盘法

3. 单手抢盘法

单手抢盘法是指在拼抢中跳起来或蹲下去单手抢盘，分为高位抢盘法〔见图 14-32(a)〕和低位抢盘法〔见图 14-32(b)〕。

（a）　　　　　　　　　（b）

图 14-32　高位抢盘法和低位抢盘法

（三）身体姿势

身体姿势和脚的站位对身体平衡和掷盘形态有很大的影响。掷盘时，双脚应与肩同宽，同时屈膝保持躯干挺直，将胸部、臀部和掷盘的肩部面对目标，这样可以通过保持重心在臀部来维持平衡。同时将脚指向与膝盖和臀部相同的方向，这样可以防止受伤。

（四）步伐与出手

非轴心脚向前迈出将飞盘出手，掷盘时的力量应该从肩部到肘部，再到手腕，最终到达手指部位。换句话说，就是掷盘是手腕往前用力像用鞭子抽打的动作，而不是弧线般地向前转动。要将注意力集中在甩动手腕上，而不是用手臂的力量掷飞盘。

（五）旋转和曲线

加强手腕甩动可以使飞盘在飞行中旋转，旋转使飞盘滑行更平稳、更远、更直。掷盘时将飞盘微微往后倾斜可以达到同样效果。从左到右、从右到左或以一定角度出盘则可以使飞盘产生有弧度的路线。注意手的角度和飞盘的角度要匹配，任何的不一致都会导致飞盘产生不稳定的飞行轨迹。此外，要求飞盘飞行速度较慢时，掷盘就要注重手腕的动作；要求飞盘飞行速度较快时，掷盘则要注意从臂膀动作中获取力量。

二、比赛规则

极限飞盘比赛场地是一块长100米，宽37米的长方形草地，一般是每队7人的男女混合比赛，平时比赛人数弹性较大，也可以是每队5人或6人，男女比例也可按两队情况决定。

比赛规则如下（图14-33）：

① 开始比赛时，双方队员站在自己防守的得分线上，防守方向进攻方发盘。

② 进攻方在防守方的得分区接到队员传的盘，即得分。每次得分后双方交换场地进行下一回合比赛。

③ 可向任意方向传递飞盘，持盘者不能跑动，且必须在10秒内将飞盘传出，防守者为持盘者延时计数。

④ 当传接飞盘失误时（飞盘出界、掉落或被防守队员阻挡、拦截），防守方马上持盘，转换为进攻方。

⑤ 队员间发生身体接触即为犯规。如果犯规造成对方失误，则由被犯规方持盘，比赛继续。

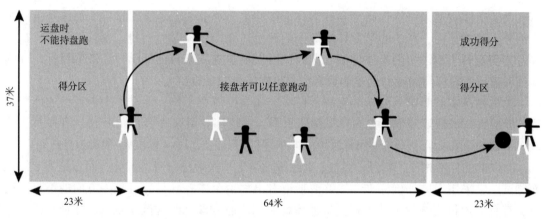

图 14-33 极限飞盘规则

第十五章 大学生体质健康标准及测定

◆ 了解《国家学生体质健康标准》的主要内容。
◆ 掌握大学生体质健康评价指标与分值。
◆ 熟悉《国家学生体质健康标准》实施方法。
◆ 掌握大学生体质健康主要测试项目的测试仪器和测试方法。

第一节 了解《国家学生体质健康标准》

大学生体质健康评价是高等学校体育工作的重要环节，也是学校教育评价体系重要组成部分。建立全面、科学的学生体质健康的评价体系，可使学生自身、家长、学校、社会等各方面及时了解学生的身体健康状况，从而促使学生调整自己的学习和锻炼目标，并为学校和教育管理部门制定和调整体育教育政策提供科学依据。

为贯彻落实健康第一的指导思想，切实加强学校体育工作，促进学生积极参加体育锻炼，养成良好的锻炼习惯，提高体质健康水平，教育部和国家体育总局于2014年7月正式颁布了新的《国家学生体质健康标准（2014年修订）》（以下简称《标准》）和实施办法。

与以前的标准相比，新颁《标准》重在激励学生积极地进行身体锻炼，而不是为了测试而测试。它采用个体评价标准，能够清晰地看出学生个体差异与自身某些方面的不足，这十分有利于通过测试促进学生积极参加体育锻炼，通过锻炼改善健康状况，弥补差距，从而促进身体健康全面发展。

此外，新颁《标准》还突出了对改善学生健康有直接影响且关系密切的身体成分、心肺循环系统功能、肌肉力量和耐力及柔韧性等指标，体现了现代社会对健康的具体要求，实现了测试指标由"运动技术指标"向"健康指标"的过渡。

下面就结合修订后的《国家学生体质健康标准》，简要介绍一下大学生体质健康评价的要点与方法。

一、《国家学生体质健康标准》说明

本标准是国家学校教育工作的基础性指导文件和教育质量基本标准，是评价学生综合素质、评估学校工作和衡量各地教育发展的重要依据，是《国家体育锻炼标准》在学校的具体实施，适用于全日制普通小学、初中、普通高中、中等职业学校、普通高等学校的学生。

本标准的修订坚持健康第一，落实相关有关要求，着重提高《标准》应用的信度、效度和区分度，着重强化其教育激励、反馈调整和引导锻炼的功能，着重提高其教育监测和绩效评价的支撑能力。

本标准从身体形态、身体机能和身体素质等方面综合评定学生的体质健康水平，是促进学生体质健康发展、激励学生积极进行身体锻炼的教育手段，也是国家学生发展核心素养体系和学业质量标准的重要组成部分，还是学生体质健康的个体评价标准。

本标准将适用对象划分为以下组别：小学、初中、高中按每个年级为一组，其中小学为六组、初中为三组、高中为三组。大学一、二年级为一组，三、四年级为一组。

小学、初中、高中、大学各组别的测试指标均为必测指标。其中，身体形态类中的身高、体重，身体机能类中的肺活量，以及身体素质类中的50米跑、坐位体前屈为各年级学生共性指标。

本标准的学年总分由标准分与附加分之和构成，满分为120分。标准分由各单项指标得分与权重乘积之和组成，满分为100分。附加分根据实测成绩确定，即对成绩超过100分的加分指标进行加分，满分为20分；小学的加分指标为1分钟跳绳，加分幅度为20分；初中、高中和大学的加分指标为男生引体向上和1000米跑，女生1分钟仰卧起坐和800米跑，各指标加分幅度均为10分。

根据学生学年总分评定等级：90.0分及以上为优秀，80.0～89.9分为良好，60.0～79.9分为及格，59.9分及以下为不及格。

二、大学生体质健康评价指标与权重

《标准》中对大学生体质健康的评价指标与权重见表15-1。

表 15-1　大学生体质健康标准评价指标与权重

评价指标（测试项目）	权重 /%
体重指数（BMI）	15
肺活量	15
50米跑	20
坐位体前屈	10
立定跳远	10
引体向上（男）/1分钟仰卧起坐（女）	10
1000米跑（男）/800米跑（女）	20

注：体重指数（BMI）= 体重（千克）/ 身高的平方（平方米）。

（一）单项指标评分表

大学一～四年级男生和女生体重指数（BMI）单项评分见表15-2，肺活量单项评分见表15-3，50米跑单项评分见表15-4，坐位体前屈单项评分见表15-5，立定跳远单项评分见表15-6；大学男生引体向上和1000米跑评分见表15-7，大学女生仰卧起坐和800米跑评分见表15-8。

表 15-2　大学生体重指数（BMI）单项评分表

等级	单项得分	男生	女生
正常	100	17.9～23.9	17.2～23.9
低体重	80	≤ 17.8	≤ 17.1
超重		24.0～27.9	24.0～27.9
肥胖	60	≥ 28.0	≥ 28.0

表 15-3　大学生肺活量单项评分表　　　　　　　　单位：毫升

等级	单项得分	男生		女生	
		大一 大二	大三 大四	大一 大二	大三 大四
优秀	100	5040	5140	3400	3450
	95	4920	5020	3350	3400
	90	4800	4900	3300	3350
良好	85	4550	4650	3150	3200
	80	4300	4400	3000	3050
及格	78	4180	4280	2900	2950
	76	4060	4160	2800	2850
	74	3940	4040	2700	2750
	72	3820	3920	2600	2650
	70	3700	3800	2500	2550
	68	3580	3680	2400	2450
	66	3460	3560	2300	2350
	64	3340	3440	2200	2250
	62	3220	3320	2100	2150
	60	3100	3200	2000	2050
不及格	50	2940	3030	1960	2010
	40	2780	2860	1920	1970
	30	2620	2690	1880	1930
	20	2460	2520	1840	1890
	10	2300	2350	1800	1850

表15-4　大学生50米跑单项评分表

单位：秒

等级	单项得分	男生		女生	
		大一 大二	大三 大四	大一 大二	大三 大四
优秀	100	6.7	6.6	7.5	7.4
	95	6.8	6.7	7.6	7.5
	90	6.9	6.8	7.7	7.6
良好	85	7.0	6.9	8.0	7.9
	80	7.1	7.0	8.3	8.2
及格	78	7.3	7.2	8.5	8.4
	76	7.5	7.4	8.7	8.6
	74	7.7	7.6	8.9	8.8
	72	7.9	7.8	9.1	9.0
	70	8.1	8.0	9.3	9.2
	68	8.3	8.2	9.5	9.4
	66	8.5	8.4	9.7	9.6
	64	8.7	8.6	9.9	9.8
	62	8.9	8.8	10.1	10.0
	60	9.1	9.0	10.3	10.2
不及格	50	9.3	9.2	10.5	10.4
	40	9.5	9.4	10.7	10.6
	30	9.7	9.6	10.9	10.8
	20	9.9	9.8	11.1	11.0
	10	10.1	10.0	11.3	11.2

表15-5　大学生坐位体前屈单项评分表

单位：厘米

等级	单项得分	男生		女生	
		大一 大二	大三 大四	大一 大二	大三 大四
优秀	100	24.9	25.1	25.8	26.3
	95	23.1	23.3	24.0	24.4
	90	21.3	21.5	22.2	22.4

等级	单项得分	男生		女生	
		大一 大二	大三 大四	大一 大二	大三 大四
良好	85	19.5	19.9	20.6	21.0
	80	17.7	18.2	19.0	19.5
及格	78	16.3	16.8	17.7	18.2
	76	14.9	15.4	16.4	16.9
	74	13.5	14.0	15.1	15.6
	72	12.1	12.6	13.8	14.3
	70	10.7	11.2	12.5	13.0
	68	9.3	9.8	11.2	11.7
	66	7.9	8.4	9.9	10.4
	64	6.5	7.0	8.6	9.1
	62	5.1	5.6	7.3	7.8
	60	3.7	4.2	6.0	6.5
不及格	50	2.7	3.2	5.2	5.7
	40	1.7	2.2	4.4	4.9
	30	0.7	1.2	3.6	4.1
	20	-0.3	0.2	2.8	3.3
	10	-1.3	-0.8	2.0	2.5

表 15-6 　大学生立定跳远单项评分表 　　　　　　　　单位：厘米

等级	单项得分	男生		女生	
		大一 大二	大三 大四	大一 大二	大三 大四
优秀	100	273	275	207	208
	95	268	270	201	202
	90	263	265	195	196
良好	85	256	258	188	189
	80	248	250	181	182

等级	单项得分	男生		女生	
		大一 大二	大三 大四	大一 大二	大三 大四
及格	78	244	246	178	179
	76	240	242	175	176
	74	236	238	172	173
	72	232	234	169	170
	70	228	230	166	167
	68	224	226	163	164
	66	220	222	160	161
	64	216	218	157	158
	62	212	214	154	155
	60	208	210	151	152
不及格	50	203	205	146	147
	40	198	200	141	142
	30	193	195	136	137
	20	188	190	131	132
	10	183	185	126	127

表 15-7　大学男生引体向上和 1000 米跑评分表

等级	单项得分	1分钟引体向上 / 次		1000 米跑	
		大一 大二	大三 大四	大一 大二	大三 大四
优秀	100	19	20	3′ 17″	3′ 15″
	95	18	19	3′ 22″	3′ 20″
	90	17	18	3′ 27″	3′ 25″
良好	85	16	17	3′ 34″	3′ 32″
	80	15	16	3′ 42″	3′ 40″
及格	78	—	—	3′ 47″	3′ 45″
	76	14	15	3′ 52″	3′ 50″
	74	—	—	3′ 57″	3′ 55″

续表

等级	单项得分	1分钟引体向上／次		1000米跑	
		大一 大二	大三 大四	大一 大二	大三 大四
及格	72	13	14	4′02″	4′00″
	70	—	—	4′07″	4′05″
	68	12	13	4′12″	4′10″
	66	—	—	4′17″	4′15″
	64	11	12	4′22″	4′20″
	62	—	—	4′27″	4′25″
	60	10	11	4′32″	4′30″
不及格	50	9	10	4′52″	4′50″
	40	8	9	5′12″	5′10″
	30	7	8	5′32″	5′30″
	20	6	7	5′52″	5′50″
	10	5	6	6′12″	6′10″

表 15-8　大学女生仰卧起坐和 800 米跑评分表

等级	单项得分	1分钟仰卧起坐／次		800米跑	
		大一 大二	大三 大四	大一 大二	大三 大四
优秀	100	56	57	3′18″	3′16″
	95	54	55	3′24″	3′22″
	90	52	53	3′30″	3′28″
良好	85	49	50	3′37″	3′35″
	80	46	47	3′44″	3′42″
及格	78	44	45	3′49″	3′47″
	76	42	43	3′54″	3′52″
	74	40	41	3′59″	3′57″
	72	38	39	4′04″	4′02″
	70	36	37	4′09″	4′07″
	68	34	35	4′14″	4′12″

续表

等级	单项得分	1分钟仰卧起坐 / 次		800 米跑	
		大一 大二	大三 大四	大一 大二	大三 大四
及格	66	32	33	4′19″	4′17″
	64	30	31	4′24″	4′22″
	62	28	29	4′29″	4′27″
	60	26	27	4′34″	4′32″
不及格	50	24	25	4′44″	4′42″
	40	22	23	4′54″	4′52″
	30	20	21	5′04″	5′02″
	20	18	19	5′14″	5′12″
	10	16	17	5′24″	5′22″

（二）加分指标评分表（见表15-9）

表 15-9 大学生加分指标评分表

加分	男生1分钟引体向上 / 次		女生1分钟仰卧起坐 / 次		男生1000 米跑		女生800 米跑	
	大一 大二	大三 大四	大一 大二	大三 大四	大一 大二	大三 大四	大一 大二	大三 大四
10	10	10	13	13	−35″	−35″	−50″	−50″
9	9	9	12	12	−32″	−32″	−45″	−45″
8	8	8	11	11	−29″	−29″	−40″	−40″
7	7	7	10	10	−26″	−26″	−35″	−35″
6	6	6	9	9	−23″	−23″	−30″	−30″
5	5	5	8	8	−20″	−20″	−25″	−25″
4	4	4	7	7	−16″	−16″	−20″	−20″
3	3	3	6	6	−12″	−12″	−15″	−15″
2	2	2	4	4	−8″	−8″	−10″	−10″
1	1	1	2	2	−4″	−4″	−5″	−5″

注：引体向上、仰卧起坐均为高优指标，学生成绩超过单项评分100分后，以超过的次数所对应的分数进行加分；1000米跑、800米跑均为低优指标，学生成绩低于单项评分100分后，以减少的秒数所对应的分数进行加分。

三、《国家学生体质健康标准》实施办法

为了落实《国家学生体质健康标准》，教育部、国家体育总局还制定了相应的实施办法，其要点如下：

每个学生每学年评定一次，记入《〈国家学生体质健康标准〉登记卡》。特殊学制的学校，在填写登记卡时可以按规定和需求相应地增减栏目。学生毕业时的成绩和等级，按毕业当年学年总分的50%与其他学年总分平均得分的50%之和进行评定。

学生测试成绩评定达到良好及以上者，方可参加评优与评奖；成绩达到优秀者，方可获体育奖学分。测试成绩评定不及格者，在本学年度准予补测一次，补测仍不及格，则学年成绩评定为不及格。普通高中、中等职业学校和普通高等学校学生毕业时，《标准》测试的成绩达不到50分者按结业或肄业处理。

学生因病或残疾可向学校提交暂缓或免予执行《标准》的申请，经医疗单位证明，体育教学部门核准，可暂缓或免予执行《标准》，并填写《免予执行〈国家学生体质健康标准〉申请表》，存入学生档案。确实丧失运动能力、被免予执行《标准》的残疾学生，仍可参加评优与评奖，毕业时《标准》成绩需注明免测。

各学校每学年开展覆盖本校各年级学生的《标准》测试工作，《标准》测试数据经当地教育行政部门按要求审核后，通过"中国学生体质健康网"上传至"国家学生体质健康标准数据管理系统"。测试和数据上传时间由教育行政部门确定。

第二节　主要测试项目简介

为了便于大家进一步了解和实施《标准》，下面简要介绍一下主要测试项目的测试意义、所需测试器材及具体的测试方法。

一、体重指数

该项目是将身高和体重综合起来，以每厘米身高的体重来确定学生的体形匀称度，可反映学生是营养不良、正常体重，还是超重和肥胖。

如果所测得的体重指数数值小于或大于同年龄段的体重指数的范围，就说明身体的匀称度欠佳，需要通过调整饮食结构或积极参加体育运动来增加肌肉组织或减少体内多余的脂肪。

1. 测试器材

测试器材为身高体重测量仪。

2. 测试方法

受试者赤足，立正姿势站在测试仪托盘上，同时上肢自然下垂，足跟并拢，足尖分开约成60°，足跟、骶骨部及两肩胛区同时与立柱相接触，躯干自然挺直，头部直立，耳屏上缘与眼眶下缘呈水平，如图15-1所示。

测试者站在受试者右侧，将水平压板轻轻沿立柱下滑，轻压于受试者头顶，然后读出身高测量结果，读数时注意双眼与压板水平面一致。接着读出体重测量结果，并将其记录

下来。

　　身高的测量单位为厘米，测量结果精确到一位小数，测量误差不得超过 0.5 厘米。体重的测量单位为千克，测量结果精确到一位小数，测量误差不得超过 0.1 千克。

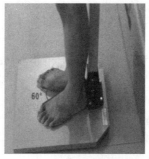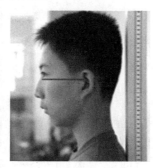

图 15-1　身高体重测试

二、肺活量体重指数

　　肺活量是指在不限时间的情况下，一次最大吸气后再尽最大气量所呼出的气体量，单位为毫升。它是反映人体呼吸系统机能状况、人体生长发育水平的重要机能指标之一。

　　1. 测试器材

　　测试器材为电子肺活量计和干燥的一次性吹嘴。

　　2. 测试方法

　　将电子肺活量计放置在平稳桌面上。受试者面对仪器站立，手持吹嘴，试吹一至两次，检查仪器表有无反应和吹嘴或鼻处是否漏气。如果仪器一切正常，受试者深吸气，然后屏住气对准吹嘴尽力深呼气，直到不能呼气为止。此时液晶屏上显示的数字即为肺活量值。测试中不得二次吸气、吹气，被测者也不必紧张，以中等速度和力度吹气效果最好。每位受试者测 3 次，每次间隔 15 秒。测试者记录每次数值，选取最大值作为测试结果，具体如图 15-2 所示。

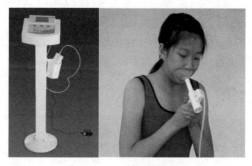

图 15-2　肺活量测试

三、1000 米跑（男）、800 米跑（女）与 50 米跑

1000 米跑（男）与 800 米跑（女）是一项要求学生较长时间保持较高速度行进的项目，是

对学生的速度、耐力、协调性、灵敏性和柔韧性等要求较高的体能类测试项目。

50米跑是国际上通用的测试项目，通过较短距离的高强度跑步测试学生的速度素质。速度素质可以反映人体中枢神经系统的机能状态、神经与肌肉的调节机能，也可以综合反映人体的爆发力、反应速度、柔韧性等素质。

1. 测试器材

400米、300米、200米田径场跑道，发令旗一面，秒表若干块。

2. 测试方法

受试者至少两人一组进行测试，以站立式预备，当听到"跑"口令后开始起跑。发令员在发出口令的同时摆动发令旗，此时计时员开始计时。当受试者身体到达终点线的垂直面时，停止计时，具体如图15-3所示。

1000米跑（男）与800米跑（女）的测量单位为分钟和秒，测试结果不计小数；50米跑的测量单位为秒，测试结果保留一位小数。

图15-3　跑步测试（手动计时）

四、立定跳远

立定跳远是测试爆发力的项目，爆发力是在最短时间内发挥的最大力量。爆发力的大小不仅取决于力量，而且取决于力量和速度的配合。

立定跳远的测量单位为厘米，测试结果只保留整数。

1. 测试器材

测试器材为沙坑、丈量尺。

2. 测试方法

受试者两脚自然分开，站立在起跳线后，脚尖不得踩线，跳跃时两脚同时起跳，不得有垫步或连跳动作。每人试跳3次，具体如图15-4所示。

立定跳远的距离是指起跳线后缘至最近着地点后缘的垂直距离。测试结果取3次成绩中最好的一次。

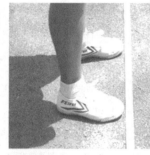

图 15-4　立定跳远测试（人工测量）

五、引体向上（男）

引体向上主要测试上肢肌肉力量的发展水平，为男性上肢力量的考查项目，也是衡量男性体质的重要参考标准和项目之一。

1. 测试器材

准备高单杠或高横杠若干，杠的粗细以受试者手能握住为准。

2. 测试方法

受试者面向单杠，自然站立；然后向后摆动双臂，跳起，双手分开与肩同宽，正握杠，身体呈直臂悬垂姿势。待身体停止晃动后，两臂同时用力，向上引体（身体不能有任何附加动作）；当下颌超过横杠上缘时，还原，呈直臂悬垂姿势，为完成 1 次，具体如图 15-5 所示。测试人员记录受试者完成的次数，以次为单位。

图 15-5　引体向上测试

六、仰卧起坐（女）

仰卧起坐是一种比较安全地测试腹肌力量和耐力的项目。由于腹肌在仰卧起坐中发挥主要作用的同时，髋部肌肉也参与了工作，所以，这种测试既能够反映腹肌的耐力，也能够反映髋部肌肉的耐力。女生这两部分肌肉的力量和耐力与其生理功能有密切的联系，因此，仰卧起坐被单独列为女生的一个测试项目。

仰卧起坐直接用次数作为评价指标。

1. 测试器材

测试器材为垫子和秒表。

2. 测试方法

受试者身体仰卧于地垫上，膝部屈成90°左右，两手指交叉于脑后，找同伴帮忙压住其踝关节，以便固定下肢；腰部发力将上身卷起，然后缓慢下降使身体复位。受试者起坐时两肘触及或超过双膝为完成1次，仰卧时两肩胛必须触垫，连续做1分钟，具体如图15-6所示。

图15-6　仰卧起坐测试

七、坐位体前屈

坐位体前屈是用于反映人体柔韧性的测试项目。柔是指肌肉、韧带拉长的范围；韧是指肌肉、韧带保持一定长度的力量。柔韧性对于保护关节不受损伤具有重要意义。长时间缺乏柔韧性练习，可导致关节或关节周围软组织发生变性、挛缩，甚至粘连，因而限制了关节的运动幅度，牵拉时必然产生疼痛，所以扩大关节运动的幅度即扩大了人体活动的无痛范围。

1. 测试器材

测试仪器为坐位体前屈测试计。

2. 测试方法

受试者两腿伸直，两脚距离10～15厘米，平蹬测试纵板坐在平地上。测试时，受试者上体前屈，两臂伸直向前，两手并拢，并用两手中指尖轻轻推动标尺上的游标，直到不能向前推动为止，如图15-7所示。

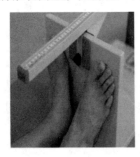

图15-7　坐位体前屈测试

坐位体前屈的测量单位为厘米，测试结果精确到一位小数，然后查表评分。

参考文献

[1] 姜明. 大学体育 [M]. 北京：北京师范大学出版社，2017.

[2] 张巍. 高职体育教程 [M]. 北京：高等教育出版社，2018.

[3] 宋志伟，陈建军. 大学生安全教育 [M]. 北京：清华大学出版社，2019.

[4] 徐春华，单小忠. 大学体育与健康教程 [M]. 北京：中国水利水电出版社，2016.

[5] 邓文冲，蹇晓彬. 大学体育立体化实用教程 [M]. 北京：北京体育大学出版社，2018.

[6] 邱建国. 大学体育 [M]. 北京：高等教育出版社，2015.

[7] 袁静. 大学体育与健康 [M]. 北京：中国农业出版社，2014.

[8]《大学体育与健康教程》编委会. 大学体育与健康教程 [M]. 北京：人民出版社，2011.

[9]《新编体育与健康教程》编写组. 新编体育与健康教程 [M]. 苏州：苏州大学出版社，2011.